国際関係史の技法

歴史研究の組み立て方

マーク・トラクテンバーグ [著]

村田晃嗣
中谷直司 [訳]
山口　航

ミネルヴァ書房

日本語版の読者へ

　今あなたが手にとっている本書を執筆中，ささやかな目標を私は心に思い描いていた。それを一言で表現するなら，歴史学・政治科学を問わずに，国際政治の研究を志す若い新たな世代に「バトンを渡す」役割の一端を本書に担わせることだ。国際政治の歴史研究に着手するための方法を，できる限り実践的かつ「使い勝手のいい」かたちで，次代を担う若者たちに示したいと思ったのである。長年にわたって国際政治史の研究を行ってきたおかげなのだが，本書の執筆を始めたとき，若い人たちに受けとってもらいたいと思う歴史研究の具体的な技術を私はいくつか身につけていた。そういった技法の大部分は，基本的にとても単純なものだ。たとえば，具体的なテーマにのっとって主要な先行研究をリストアップする方法や，目を通すべきいくつもの資料を特定する手段，資料館での調査のやり方などである。ただし，こういった単純な技術にとどまらない，もう少し本質的な歴史研究の方法論も説明しようと思った。重要な先行研究や資料を検討する際には筋道だった方法論が必要で，その実践にはかなり集中的な思考が必要になる。だから私は，歴史研究における思考過程が実際にどのようなものなのか説明しようと思った。こういった思考を存分に働かせて先行研究や資料を検討する段階でも，特定の技術は必要になる。ただし習得はそれほど難しくない。そして，読者にこうした技術を身につけてもらう最良の方法は，歴史家が思考をどう働かせているかを実際に見てもらうことだと考えたのである。

　思考過程の動きを実演してみせる格好の事例を用意して議論を展開したのが，第4章である。同時に第4章の事例には，日本の読者であれば最大の関心を持つはずだ。なぜなら太平洋戦争の開戦原因を扱っているからである。太平洋戦争というテーマは，私にとって，実例を示すための題材でしかない。本書の目的は，新しいテーマにどう着手して研究を進めていけばいいかを読者にわかってもらうことにある。だから，自分がこれまで十分に研究してきたテーマから題材を選びたくはなかった。これまで専門的に研究したことのない歴史事例を

1つ取り上げて，それに先立つ第3章で大枠を説明する方法論だけに頼って，どこまでの成果を出せるのか，自分自身で確かめてみようと考えたのである。1941年の日米開戦を選んだのは，担当する外交史の授業で太平洋戦争の開戦過程を説明するたびに，実際の開戦原因を自分では理解できていないと常々感じていたからだ。もっと率直に言えば，日米開戦に至る国際政治過程のすべてが，私には謎だらけだった。勝利の条件が見えない日中戦争にはまり込んでいる最中に，なぜ日本はアメリカ合衆国を攻撃しようと決意したのだろうか。潜在的な戦争遂行能力で評価すると，アメリカは疑いなく世界最強の国家だったのに，である。しかもある有名な歴史家の表現を借りるなら，アメリカは「放置されることを望む」国家だった。なのに，一体どうして日本は対米開戦を選択したのか。真珠湾攻撃を純粋で単純な侵略の一例と見なす一般的な議論は，どれも受け入れがたかった。当然のことだが，こうした感覚には，私が長年をかけて培ってきた国際政治に対する一般的な理解が大きく影響していた。国家の行動はそんなに純粋でも単純でもない。通説的な理解は国際政治の実際の姿と一致していない。太平洋戦争の開戦原因を理解したければ，もっと多くの要素を加味して考えなければならない。本書の執筆時点で私は，こう考えるようになっていた。

　実際に，太平洋戦争の開戦原因に関連する重要な論点に関して私がたどり着いた結論は，どれも一般的な理解とは一致しなかった。詳しくは第4章を読んで確認してもらいたいが，第一に，開戦に至る国際政治過程でアメリカが果たした役割は，非常に積極的なものだったと，私は判断した。しかも，開戦直前のアメリカの政策を理解するにあたって何にもまして重要な背景は，同時期のアメリカのドイツ政策であると，私は考えた。1941年7月後半に実施に移した石油の全面禁輸を皮切りに，ローズヴェルト（Franklin D. Roosevelt）は対日強硬策に舵を切ったのだが，私の見解では，その基本的な目的は対独戦にアメリカを参戦させることだった。もちろん，ローズヴェルトの政策目的を「裏口」を通ったヨーロッパ戦争への参戦だったと考えること自体は，新しい見解でも何でもない。こうした主張は第二次世界大戦の直後の時期に，主にローズヴェルトの政策を批判する右翼的な批評家によって展開されたし，真珠湾攻撃に関する陰謀論ともよく結びついてきた。陰謀論の代表的なパターンを紹介すれば，ローズヴェルトは事前に真珠湾に対する日本の攻撃計画を知っていたのだが，

食い止めるための対策をわざととらなかった。自らの指導下に怒りに目覚め復讐に燃えるアメリカ社会を結集し，自身の戦争政策を支持させようと企んだというわけである。私自身は，こうした陰謀論を，馬鹿げた事実無根の主張だと見なしている。1941年12月ともなれば，戦争は目前に迫っているとローズヴェルトが判断していたのは確実である。しかし，いよいよ日本がアメリカの領土を攻撃してくる場合でも，先制攻撃の標的とローズヴェルトが考えていたのは，恐らくフィリピンであってハワイではない。くわえて，私の考えるような「裏口政策」をローズヴェルトが実施していたのなら，彼を批判した右翼的な評論家とは違って，個人的にはその政策判断を責める気にはなれない。非常に困難な状況への対処を迫られる中で，ローズヴェルトはできる限り最良の政策判断を行ったと，私は考えている。友人で国際政治学者のジョン・ミアシャイマー（John Mearsheimer）は，2001年に出版した本に『大国政治の悲劇』（奥山真司訳，五月書房新社，2019年［新装完全版］：*The Tragedy of Great Power Politics*）というタイトルをつけたが，国際政治の非常に重要な性質を理解するにあたって，この命名はまさに的を射ている。大国間の国際政治の基本原理には，悲劇的な結末を強力に引き寄せる要素が含まれているのである。アメリカと日本の戦争を引き起こしたのも，まさにそうした要素のなせる技だった。

　裏口参戦論と，右翼的な人たちによるローズヴェルト非難や様々な形の狂気じみた陰謀論とが結びついてしまった事実が，アメリカの学界で主流となれる開戦原因論の性格を明白に限定した。私の見立てでは，主にこうした結びつきのために，アメリカ側の主だった学者たちは，よく検討もせずに裏口参戦論を否定しがちだった。現在でも，アメリカ側の研究者の大部分は，裏口参戦論を真剣に取り上げることに及び腰だ。本書の第4章で私が提示した結論も広くは支持してもらえていない。とはいえ，原著の出版後に私の印象に残ったのは，他の歴史家との結論の違いではなく（こういうことは，結局いつも覚悟していることだ），意味のある論争を実現するのが困難だったことである。第4章では，太平洋戦争の開戦原因に関する重要なトピックごとに，私が結論を導き出すまでの研究・調査の過程をかなり詳しく説明した。これらの結論を進んで支持してくれる研究者はほとんどいなかったのだが，私の結論の根拠となっている議論のどこが間違っているのかを誰も指摘しようとはしてくれなかったのである。たった一人の例外はダン・ライター（Dan Reiter）で，彼とだけはおもしろい

議論のやりとりができた[1]。しかし総じて言えば，奇妙と思うほかない反応しか得られなかったのである。通常，アメリカの研究者は自国の対外政策を批判するのを厭わない。だが，私には皆目見当がつかない理由で，1941年の日米開戦の再検討は立ち入ってはならない聖域と見なされているようだ。さらに，日本の歴史家の間でも同じような問題が見られるのではないかと，私は考えている。開戦直前期の日本の攻撃性を低く見積もったり，相対化したりできるような議論は嫌がられる。日本国内の国家主義的な右翼の主張を後押しして，彼らに満足感を与えるような結果を誰も望まない，または日本の庇護者となったアメリカとの関係にも気兼ねしているのだ[2]。

　しかし私たちが議論しているのは，75年も前に起こった出来事だ。とくに歴史家であれば，可能なかぎり制限を取り払って，太平洋戦争の開戦原因を解明することだけを共通の目的とする段階にすでに進んでいてしかるべきだろう。「東京裁判史観」と決別するという考えは全体としては支持されるべきで，右翼的な国家主義に基づく偏った主張として非難されるべきではない（しかし，こうした非難は日本でよく見られるのではないか）。「日本が1941年12月7日に開始したイギリス，アメリカ合衆国及びオランダに対する攻撃は，侵略戦争であった」──これら3か国に対する日本の侵略戦争は「挑発を受けない攻撃であり，その動機はこれらの諸国の領土を占拠しようとする欲望であった」との東京裁判の判決は，控えめに言っても，単純にすぎる〔極東軍事裁判所編『東京裁判判決──極東国際軍事裁判所判決文』毎日新聞社，1949年，256頁〔国立国会図書館デジタルコレクションで閲覧，一部の漢数字を英数字に，漢字の旧字体を新字体に直した。以下同じ〕〕。1951年にアメリカが日本と結んだサンフランシスコ講和条約が（その11条で）日本に東京裁判の判決を受け入れるように求めているのも馬鹿げたことである。こうした歴史的判断は，そこにもし何らかの妥当性を期待するなら，歴史問題を客観的に検討するトレーニングを積んだ歴史学の専門家が，すべての関係国のあらゆる利用可能な資料を踏まえて行うべきなのだ。

　とはいえ，歴史の解釈を誰が行うべきかという問題は，これぐらいにしておいた方がいいかもしれない。実は，もっと根本的な問題が別にあるからだ。私の考えでは，真に問うべき問題は誰が歴史的な判断を下すべきかではなく，日本の戦争責任を問うこと自体にそもそも意味があるのかどうかである。子供の頃，自分を取り巻くアメリカ社会の文化的な価値観から身につけた見方といえ

ば，戦争はいつも侵略の結果として起こるのだから，戦争の原因を知りたければ，やるべきことは侵略者を特定するほかなかった。こうした戦争観は当時のアメリカ社会でとても一般的だった。一例を挙げよう。冷戦の全期間を通じてアメリカの根本的な対外戦略であった抑止戦略は，同じ考え方を前提としていた。つまり侵略者を——もっと言えば侵略者だけを思いとどまらせるべきだという前提である。戦争理解のこうした初歩的なやり方を，私は「戦争の侵略者原因論」とよんでいるが，今でも非常に一般的な戦争観だ。しかし，国際関係史を学ぶことで得られる最も重要な洞察とは，現実がそのように単純であることはありえず，武力紛争の原因を知りたいなら，ほとんどのケースでは関係国の間の政治過程の所産として理解した方が正確だということである。そして国際的な政治過程では独特の原理が働いているのだから，道徳的な判断に頼ってしまうと，たいてい理解の大きな妨げとなってしまう。

　よって，戦争原因に関心を持つ国際関係史の研究者が最たる目標とすべきなのは，開戦過程の中核を占める国際政治を明らかにすることなのである。責任者の究明こそが歴史解釈だと見なす歴史観とは決別しよう。現実政治上の問題や（対照的なのは，たとえば，壮大なイデオロギー上の目標である），中でも国際政治における勢力関係といった相対的な要因こそが政策を形づくるのだと心しよう。紛争に関与したすべての国家の視点から問題を検討し，とくにすべての国の行動に影響していた国際政治上の制約を理解することが肝要である。以上の問題理解の仕方こそが，私の考えでは，太平洋戦争の開戦原因のような課題に取り組む場合に採用すべき研究上の態度なのだ。まず歴史家は過去に対する裁判官にどうしてもなりがちなので，少なくともこうした思考態度に陥らずにすめば，それだけで意味がある。だが利点はこれだけではない。資料などの根拠に基づく妥当な議論を展開できているなら，国際政治を動かす基本原理に対する自分自身の理解まで深まる可能性がある。なぜなら，数多くの大規模な国際紛争の展開を規定しているのは純粋に政治的な要素だと言えそうなら，個別のケースにとどまらずに，もっと総体的に国際関係の性質を考えるにあたっても，主たる原動力は政治的な要素に違いないと——つまり国際関係は政治的な要素を中核にして展開するはずだと推測できるからである。そして，こうしたまさに総合的な知見にたどり着ければ，今度は逆に，現代世界のものを含めて個別の外交問題を検討する際の視角がふたたび変化するのである。国際政治の問題

を道徳的な観点から，もっと言えば独善的に考える態度を控えるようになるだろう。つまり，相手の視点をもっと意識的に自分の分析に組み込むようになるのである。

　このように相手の視点や立場への意識を高めることは，具体的な研究テーマが何であれ，第4章で具体例を示す研究を実施するための最初の一歩と言えるし，そうした研究を経験することで促進される変化でもある。しかし，歴史研究を通じたこういった意識変化のプロセスは，いわば終わりのない旅だ。研究の途中では，暗中模索と感じることがしばしば起こるだろう。ある研究計画をやり遂げても，出した結論を多かれ少なかれ一時的なものと感じることは珍しくない。ここでも日米の開戦過程を扱った第4章は最適の例だ。太平洋戦争の原因について，私自身が決定的な結論を出したとは，間違っても言えないからだ。日本語の資料や文献を参照していないのに，言えるはずがない。もっと言えば，日米開戦に関係する英語資料についても，資料館でしか見られない未公刊資料の調査を私はこれまで一切行っていない。そのような私にも断言できることは，1つだけである。日米開戦というテーマには，一層の研究の余地がある——とくにこれまで未使用だった資料を使用できればなおさらである。しかもこうした新たな知見をもたらす研究の多くは日本語資料を用いて，かつ日本の研究者によってなされるはずだ。私としては，こうして新しい分析の地平が開かれることを期待している。そうなれば，国際政治史・外交史にとってまさに誇るべき成果である。適切な方法論を用いれば，私たちは自分で予想した以上の分析を実現できる。われわれは重要な結論に到達できるのである。重要な結論とは，戦争と平和をめぐる根源的な問題に新たな理解を付け加える結論である。とくに社会通念に挑戦する結論ならば，その効果は一層高い。

　最後に，私の方法論の著作を日本語で出版する計画に関わった方々に御礼を述べたい。とくに訳者の村田晃嗣，中谷直司，山口航に感謝する。研究者が個人として期待できる最大の栄誉の1つは，自国以外で自身の研究が評価されることである。だから本書が日本語に翻訳中との連絡を受けたとき，私はことのほか嬉しかったのである。そして，本書の価値が日本の読者に理解されることを非常に強く願っている。

注

1） 2007年12月に H-Diplo〔著者が本書171頁の最終段落で説明しているように「E
メールを用いた外交史家同士の議論のためのネットワークである」。「H-Diplo」で
検索するとすぐにたどり着ける〕が本書の合評（ラウンドテーブル）を公開したが，論評の多くが
1941年のアメリカ参戦を扱った第4章に向けられていた。私も，2007年に *Security
Studies* に掲載された自分の論文 "Preventive War and U. S. Foreign Policy"
（「予防戦争とアメリカの対外政策」）のまるまる一節を，1941年のアメリカ参戦に
あてた。この論文は2012年に出版した著書 *Cold War and After*（『冷戦とその
後』）に再録したのだが，同書に対する H-Diplo のラウンドテーブルでも，何人か
の寄稿者がやはり1941年のアメリカ参戦の議論に焦点を合わせていた。2010年には，
政治科学者のジョン・シュースラー（John Schuessler）が，"The Deception Divi-
dend: FDR's Undeclared War"（「偽りから得られる利益──FDR の宣戦布告な
き戦争」）と題した論文を発表したが（掲載誌は *International Security*），この論
文の議論は基本的に「裏口参戦論」を受け入れていて，同年の春に私はその批評を
H-Diplo と International Security Studies Forum の合同サイト H-Diplo/ISSF に
投稿した。結果，H-Diplo では私も加わって活発な議論になった。シュースラーの
論文がきっかけで起こったこの議論に，おそらく最も重要な貢献をしたのは，政治
科学者のダン・ライターが2012年10月に *Security Studies* に発表した論文だ。ライ
ターの論文に対しては，私も論文 "Dan Reiter and America's Road to War in
1941"（「ダン・ライターと1941年のアメリカ参戦への道」）で応答した。この私の
論文は，議論に加わった他の様々な投稿（その中には私の論文へのライターの応答
も含まれる）と一緒に，2013年3月に公表された H-Diplo/ISSF のラウンドテーブ
ルにまとめられている。この注で引用した文献の完全な書誌情報と，こうした文献
の多くに直接アクセスできる URL は，私の履歴書（Curriculum Vitae）を参照の
こと（http://www.sscnet.ucla.edu/polisci/faculty/trachtenberg/cv/cv.html）。

2） 2番目のポイントについては，Yoshida Yutaka, "Debates over Historical
Consciousness," in Sven Saaler and Christopher W. A. Szpilman, eds., *Rout-
ledge Handbook of Modern Japanese History*（New York: Routledge, 2018）, pp.
411, 417 が引用している大畑康男『いわゆる「A 級戦犯」合祀と靖国問題につい
て』（生涯学習ブックレット）モラロジー研究所，2008年と冷泉彰彦『「反米」日本
の正体』文春新書，2015年を参照のこと。

は じ め に

　私が本書で目指すのは，国際政治の歴史学的研究に実践的な手引きを提供することだ。つまりこの分野の研究を実際にどう行えばいいのかを示す手引きであり，この分野で研究している人たちに，たしかに有用だと思ってもらえる手引きだ。

　しかし，こういった本は実際にはどれほど必要だろうか。手法という問題にたいして関心を向けなくても，歴史家は長年かなりうまくやってきた，もしくはそう見えるのではないだろうか。名高い科学史家のチャールズ・ギリスピー（Charles Gillispie）は，大学院で受けたトレーニングをこう振り返っている。「歴史専攻の学生が教えられたのは，資料を読め，すべての資料を読めということだけだった」。私の経験も同じである。私たち歴史家は，定式化された方法論のトレーニングをほとんど受けていない。しかし，だからといって「資料を読め」というシンプルなアドバイスに勝る指導がありうるだろうか。もちろん，資料を愚かな方法で読んではいけない。では，資料をどう読むべきかについて，何か見るべき有用な方法があるのだろうか。

　私は見るべき方法がいくつかあると思う。重要なポイントの1つとして，たとえば，資料を検討する際には，具体的な問いを意識している必要がある。検討している資料から意味を読み取るためには，疑問がないといけないのである。しかし疑問を持つためには，ちょっとした理論に頼ってテーマに取り組む必要がある。ちょっとした理論というのは，物事が通常どのように起こったかに関する，一般的な判断力である。そして，結論を提示するにあたっても——つまり，資料の意味を読み取り，出来事の意義を見出すためにも——物事がどのように展開するかに関する何らかの判断力を働かせる必要がある。

　以上の理由で，本当に価値のある歴史学の研究なら，確固たる概念的な核があるはずである。この基本的な主張の大部分は，私のオリジナルではない。1960年代に私がカリフォルニア大学バークリー校の大学院生だった頃，シェルドン・ウォリン（Sheldon Wolin）がこう教えてくれた——偉大な歴史研究の中

核には，例外なく，何らかの政治理論，つまり政治がどのように展開するかに
関する何らかの観念（a certain concept）を見出すことができる（とくに例として
挙げていたのはトゥキュディデス（Thucydides）だ）。同じ頃に履修した大学院の
別の授業では，エドワード・シーゲル（Edward Segel）がこう強調していた
――一流の歴史研究の多くは，歴史がどのように進むかについての，何らかの
理解（a certain conception）を中核としているのだと（彼はチャーチル（Winston
Churchill）の「巻き起こる嵐」［*The Gathering Storm*］［ウィンストン・チャーチル，
毎日新聞社翻訳委員会訳『第二次大戦回顧録』の 1 〜 4 巻所収，毎日新聞社，1949〜
1950年］を引き合いに出していた）。この本でこれから私が述べることの多くは，
以上の主張の要点――つまり40年前の院生生活で私が吸収した洞察――に対す
る長い注釈ぐらいに思ってほしい。

　彼らの洞察は，方法論という課題を真剣に考えるための出発点になってくれ
る。こうした洞察が言わんとしているのはこういうことだ。歴史研究の秘訣,
そしておそらく国際政治一般の研究の秘訣も，その大部分は，学問上の概念的
な営みと経験的（実証的）な営みを結びつける何らかの方法を見つけることに
かかっている。よってこの課題は，本書を通じての重要テーマの1つである。

　しかし，以上のような一般的な主張は，たしかに重要だが，それだけでは十
分ではない。歴史学の研究がどのようになされるかを知るためには，その作業
場のドアというドアを開けてみるべきである。立派で，小綺麗に整えられた完
成品を相手にするだけではダメだ。個々の歴史家が考えを文章にまとめる前に
たどった思考の過程と言えるものを，自分で確かめてみる必要がある。

　以上の理由で本書では，1941年のアメリカの参戦過程を検討する一章を設け
た。もちろん，この章は完成された研究ではまったくない。もし完成した論文
なら，だいたい2分の1の長さになるはずである。しかし，本書の目的のため
に，作業の後片づけをあえてしなかった。歴史学的な解釈がどのような作業な
のかを見てもらおうと思ったからだ。解釈ができあがる過程がどのようなもの
なのか，感触をつかんでもらえるようにしたかったのである。

　だから，別の言い方をすれば，本書の焦点は，著名な歴史家であるマルク・
ブロック（Marc Block）が「歴史家の技法」と呼んだもののうち，基本部分に
合わせてある。これから本書で述べる多くは，私が苦い経験によって学んだこ
とだ。本来はまったく技術的なことも多い。私の願いは，こうした本を読むこ

とで，若い研究者が私のような苦労を極力せずに，最初から効率的に——ともかく，研究者人生をスタートしたときの私よりは上手く——研究できるようになってくれることである。

　実際にこの本が主に念頭に置いているのは，歴史学か政治科学のどちらかを専攻している若い研究者，中でも大学院生や上級レベルの学部生である。とくに私は政治科学を専攻している人たちにこの本を読んでほしい。なぜなら，政治科学の研究者，少なくとも国際関係論の研究者は，歴史学の研究がどのように行われるのかを知っておくべきだと，私は思っているからである。もちろん，他にも知っておくべきことはあるだろう。しかし，本格的な歴史学の分析手法を知らずに，国際政治を理解できるなどと思ってはいけない。

　以上の主張はけんか腰だろうか。多くの政治科学者は，歴史に対する理解が政治科学の目的にとって重要であることは，認めてくれると思う——総論としては。だが，いざ実践となると，自分たちが到達を望めるレベルに限度があることを，彼らは当然の前提にしてしまう。政治科学の性質を考えると，政治科学者は比較的広い課題を扱わないといけないので，個々の問題を深く掘り下げて研究することが難しい。つまり，カバーするべき範囲がとても広いので，歴史家がやるようには，個別の歴史的な事象を研究することは不可能というわけだ。さらに政治科学者は，本格的な歴史研究に必要なトレーニングを自分たちがまったく受けていないと思いがちである。つまりこう思っているように見える——比較的難解な歴史学の手法が一揃いあって，歴史家はそれを大学院で教わっており，よって，そのような技術をまったく教えられていない研究者による歴史研究は，あきれるほどの素人仕事になってしまうと。

　以上のどちらの考えも私は支持しない。歴史学上の主要な問題について，極端に時間をかけずとも，だいたい３〜４か月も継続して作業すれば，比較的信頼できる結論に至る方法論があると私は思っている。このことは，第３章と第４章の主題だ。つまり，歴史学に奥義はない。もちろん，いくつかの必要な技能は確かにあるが，そのほとんどは技術的なもので，門外漢に理解できないものなどまったくない。ともかく，本書の主要な目的の１つは，歴史学の神秘性を取り払って，歴史研究をやってみようと政治科学者に思わせることだ。

　本書は15年かけて徐々に完成した。最初にこうした方法論の問題について書き始めたとき，このような本にするつもりはまったくなかった。私はイェール

大学の大学院で歴史学専攻の1年生がとる授業を教えていて，そのクラスが扱っている時期（冷戦期）の国際政治の歴史研究を，具体的にどのように行えばいいのか示したかった。だが授業では，たんなる技術的な内容を説明するのに時間をかけたくなかった。たとえば，どのような資料が利用可能で，文献調査はどうやってすればいいのかについてだ。この悩みを解決する最も簡単な方法は，説明すべき内容を書いてしまうことだと思った。そしてコピーして，授業の資料集として配ればいい。だが，せっかく学生に買ってもらうことになるなら，この際，私が何年もかけて蓄積してきたその他の事柄も，たくさん含めるべきだと思った。たとえば，様々なマイクロフィルムの出版情報や，情報公開法（Freedom of Information Act）の使い方，各大統領図書館の研究助成への応募方法などである。学生の反応は上々で，結果，1990年代にペンシルヴェニア大学で私が教えた多くの大学院ゼミでは，最初のバージョンをコースパックとして使いつづけた。90年代の終わり頃にはインターネットが一般的になって，多くの資料や資料館の概要付きの目録がオンラインで利用可能になってきたので，オンライン版も作成した。ちょうどそのとき，たまたまだが，冷戦に関する本も執筆していた。その本のために「ネット附録」を作ったのだが，そこにオンライン版のガイドをそのまま冷戦史の研究案内として含めることにした。このネット附録はときどきアップデートしていて，私が新しい情報を発見するたびに，それらを追加してきた。[2]

　この頃までに私は，政治科学者とのたくさんの共同研究を経験するようになっていた。私が知り合った政治科学者はみな，歴史に強い関心を持っていて，それどころか歴史がどう研究されるのかに対してもかなりの関心を示していた。たしかに彼らは，歴史学を特徴のある1つの学問分野だと見なして，もっと学ぶことに関心を持っていたのだ。こうしたテーマについて政治科学者と繰り返し話す機会があったし，1985年には同様のテーマで論文まで書いた。[3]だからこの本の内容のうちいくつかは，かなりの間，自分の頭の中で考え続けてきたことだ。しかし，こうした本を書こうと思ったのは1999年かその後である。しかも自分ひとりで決心がついたわけではない。スタンフォード大学のアレクサンダー・ジョージ（Alexander George）がこういった本を書くことを強くすすめてくれた。歴史研究に関する何らかのガイドを政治科学者は間違いなく必要としている。そう彼が感じていたからだ。もし彼がいなかったら，この本を書く

ことはたぶんなかった。しかし本書を書くことに同意したときも、どの程度の責任を引き受けてしまったのか自分ではよくわかっていなかった。そのときは歴史研究の方法論の本を書くことを、とりわけて困難だとは思っていなかったのだ。なにより、冷戦史研究を対象にした古いバージョンはもうできあがっていたし、方法論は院生時代からずっと取り組んできたテーマでもある。だから、要領はもう十分につかんでいるので、こうした本ならかなり早く仕上げられると思った。もちろん、追加ですべきことが何かしらあるのはわかっていた。とくに、私が主張することに「哲学的」な基盤を与えたかったし、そのための研究がある程度必要にはなるだろうと思っていた。それでも、だいたい1年で完成稿を出せると予想していた。

蓋を開けてみれば、約5年を費やした。文章を推敲するのにとくに時間がかかった――本書で伝えたい内容にコメントをもらうたびに鍵となる議論を見直し、鍵となる章を書き直したからだ。この本は広く参照してもらうために書いたので、読者と想定した人たちが本書の性格を決めるのに重要な役割を果たしてくれた。本書を執筆中に多種多様な事柄で、以下の人たちからフィードバックを得ることができた。アレックス・ジョージやロバート・ジャーヴィス、ブルース・ククリックやスティーヴン・ヴァン・エヴェラ、アンディー・モラフチークやマーク・シーツ、そしてフレデリック・ロッジヴォールから得たすべての助けに――そのうちいくつかは本当にありがたいものだった――私は当然感謝の気持ちでいっぱいである。さらに本書で示した考えのいくつかは、イェール大や、ペンシルヴェニア大、コロンビア大、中でもここ数年間はUCLA〔カリフォルニア大学ロサンゼルス校〕で、院生や学部生相手に披露してみた。本書の原稿が完成してからは、シカゴ大やMIT〔マサチューセッツ工科大学〕、それにSAIS〔ジョンズ・ホプキンス大学ポール・H・ニッツェ高等国際関係大学院〕の学生たち（と教授陣）に、やはり本書の議論の一部を話す機会が何度もあった。このように学生に説明する機会は、すこぶる貴重だった――少なくとも私にとっては。学生とのやりとりを通じてのみ、彼らがどのような主張に感化され、どのような議論に説得されないのか、よく理解できたからだ。なので、彼らすべての学生に御礼を述べたい――私が伝えようとしていることに率直に反応してくれたことに。私の議論に真剣に耳を傾け、学生にとって何が有用なのかを理解させてくれたことに。

注

1) Charles C. Gillispie, "A Professional Life in the History of Science," *Historically Speaking* 5, no. 3 (January 2004): 3.

2) このガイドは今もオンラインで利用可能である。http://www.polisci.ucla.edu/ faculty/trachtenberg/guide/guidehome.html.〔このページを含む原著者のウェブサイトの URL は,現在 http://www.sscnet.ucla.edu/polisci/faculty/trachtenberg/〕

3) "Making Sense of the Nuclear Age," written for a conference held at Columbia University's Institute of War and Peace Studies in 1985 and published in Marc Trachtenberg, *History and Strategy* (Princeton: Princeton University Press, 1991).

国際関係史の技法
——歴史研究の組み立て方——

目　次

凡　例

- 本書は，Marc Trachtenberg, *The Craft of International History : A Guide to Method*（Princeton: Princeton University Press, 2006）のうち，Appendix I・II を除く全訳である。Appendix I・II は附録 I・II としてウェブ上で公開（URL 等の情報は後掲）するが，翻訳にあたっては原著所収のものではなく，原著者の希望でオンライン版（2021年6月現在）を使用した。

- とくに学部教育でのテキストとしての使用を念頭に，原著者の意図をできるだけ自然な日本語で正確に表現することを目指した。このため，1語単位での逐語訳とはしていない。

- Political science は「政治学」と，political scientist は「政治学者」と訳されるのが一般的である。だが，こうした分野・専門家と対比する形で本書が盛んに言及する歴史学（history）や歴史学者（historian）のおおよそ半数が，日本では「政治学」「政治学者」の範疇に入る（主たる研究手法は歴史学であるが，大学院教育は法学研究科政治学専攻で受けている研究者が日本には多い）。つまり，アメリカにおける政治学や政治学者の範囲は日本よりも狭い。よって，原著の意図を明確にするために，本翻訳では political science を「政治科学」と，political scientist を「政治科学者」と訳した。

- 原著内の強調（*italic*）は傍点に（慣例的にイタリック表記されるラテン語表現を除く），引用文中の原著者による補足（〔　〕）は〔　〕とした（ただし，訳者による補足文中でも使用している）。

- 引用文中の「……」は本書の原著者による省略である。ただし〔　〕内の場合は，以下のように訳者による。

- 〔　〕内は訳者による補足である。ただし年月日表記のズレや書籍タイトルの欠落などの単純な誤りは，原著者に確認した上で，文中では断らずに訂正している。また，原著者の希望で，第4章注157）の表現を一部修正した（原著者の研究の進展を補足するため）。

- 原著の注は，各ページの下部に記載される脚注（footnote）だが，本邦訳では編集上の都合で後注（章末注）とした。

- 日本の読者になじみのない地名などへの簡単な補足は，地の文に入れた（例：ナッソーで開催された……→当時イギリスの自治領だったバハマの首都ナッソーで開催された……）。同時に，日本の読者にとって固有名詞に置き換えたり，フルネームにした

りした方が自然な場合も，地の文に入れた（例：ある有力な高官→天皇側近である木戸幸一；ボブ・ジャーヴィス→ロバート・ジャーヴィス；海軍大臣の及川→海軍大臣の及川古志郎）。

・本文中で言及がある書籍・論文については，邦訳があるものは『邦訳』（*The Original Title*）として，管見の限りで確認できない場合は，*The Original Title*（『訳者による仮題』）として，2回目以降は（　）内を省いた（ただし，表現上の判断で逆にした場合がある）。

・引用のうち，既存の邦訳があるものは，場所が特定できる直接引用の場合は基本的にそれを用い，出典箇所を追記した。ただし，文体などを合わせるために，一部もしくは全部を訳し直した場合がある。

・日本語資料の引用にあたっては，できるだけ原典によった。その際に，地の文がカタカナ書きの場合は，名詞を除きひらがなに直した。また読点とルビを加えた場合がある。

・原著者が参照を指示している URL は原著出版当時のものである。リンク切れの場合は，https://archive.org/ も利用されたい。

附録Ⅰ・Ⅱはこちらから

　本書の訳者である中谷直司と山口航の個人ページ（researchmap 内）でそれぞれ公開している。アップロードしているファイルの内容は同一である。

 （中谷直司の個人ページ　https://researchmap.jp/potcleaner 内の「資料公開」）

 （山口航の個人ページ　https://researchmap.jp/wataruyamaguchi 内の「資料公開」）

第1章
歴史研究の理論

THE THEORY OF HISTORICAL INQUIRY

　本書は方法論の本である。国際政治を理解するために歴史家が使っている主要な手法を説明するための本だ。しかし方法論に関する問題を，何の前提知識もなしには論じられない。歴史研究がどのようになされるのかを知るためには，そもそも歴史家たちが何をしようと必死になっているのか，ある程度は理解しておくことが必要だ。歴史分析の目的とは何だろうか。この知的活動の一分野全体にとっての核心とは何だろうか。これは，根本的に重要な問いだ。そして，実践的な意味でもこの点は変わらない。歴史学の根本的な目的を理解すること──つまり，歴史学的な理解とはどのようなもので，歴史学的な説明とは何かを知ることは，歴史研究をしている者にとって大きな財産となりうる。こうした知識はいわば歴史家にとっての灯台となる。歴史家に研究の進め方を教えてくれるのだ。

　歴史哲学の文献は，歴史家にとって必須の導き手だろうか。この問題は本章の最初の2節の論点だが，結論だけ言えば，答えはノーだ。では，歴史家にとっては哲学者の議論はあまり重要でないと私は言いたいのか。やはり答えはノーだ。重要かつ有用な洞察はいくつもある。ただし，それらが書かれているのは科学哲学の文献である。こうした業績こそが実践的な歴史家にとって本来重要なのだ。このことは，本章の最後のセクションでくわしく論じよう。その際には，科学哲学の業績から得られる洞察のうちのいくつかを紹介して，歴史学にどのように当てはまるのかを示してみたい。

著名な伝統──ヘンペル vs コリングウッド

　1942年，哲学者のカール・ヘンペル（Carl Hempel）が1篇の論文を発表した。

I

"The Function of General Laws in History"（「歴史における一般法則の役割」）がそれであり，その中でヘンペルは歴史解釈の理論を1つ打ち出したのである。¹⁾科学と同様に，歴史学でも説明とはつまり演繹である。このようにヘンペルは主張した。説明の役割とは，明白な初期条件として何が存在しており，かつその初期条件が満たされていれば，何が起こるのかを決める一般法則を明示することである。つまり，現象の発生は，当然ながらこうした一般法則と初期条件によってあらかじめ決定されるのである。ヘンペルに言わせれば，もし歴史学がこのような様式に従わないのなら，その説明は，本当の説明とは見なせない。それは，せいぜいたんなる「説明の下書き」である。この一般的には「被覆法則」理論（the "covering law" theory）として知られるヘンペルの説明理論〔被覆法則理論は，説明対象を包含する演繹的法則の提示を「説明」と見なす〕は，1970年ぐらいまで哲学上の主要な争点であり続けた。²⁾実際，ある一流の学者が指摘しているように，歴史解釈をめぐる論争に加わった研究者のほとんどが，「すぐにヘンペル主義者か反ヘンペル主義者になってしまう」ほど，ヘンペル論文の影響力は絶大だった。³⁾

　ヘンペルの理論が魅力的だったのは，説明とはどうあるべきかに関する学者たちの感覚にうまく響いたためだ。ある出来事を必然的に引き起こした理由ではなく，引き起こしたかもしれない理由をただ説明するだけなら，ある意味，その説明は本来の説明からはかけ離れている。歴史哲学の大家の表現を借りれば，こういうことだ。「ある出来事を私たちが説明する際に，その出来事が起こらなかったかもしれない可能性を完全に排除できなければ，なぜ特定の条件下である出来事が・た・し・か・に起こったのかを理解しているとは言えそうにない。つまり別の表現をすれば，なぜその条件下では，その出来事が，実際とは違って発生しない可能性がなかったのかを理解できていないのである。こうした可能性を排除できる唯一の方法は，その出来事は起こる・し・か・な・か・っ・た，だから・必・然・的・に起こったのだと論証することだ。そして，以上の論証を可能するのは，科学的な説明に不可欠の演繹なのである」。⁴⁾

　以上の主張は，しかし，ほとんどの歴史家には受け入れられなかった。ヘンペル・アプローチは抽象的かつ形式主義的で，実際の歴史研究を念頭には置いていないと歴史家たちは感じたのである。歴史家にとっての説明の意味をヘンペル理論は理解しようとはしなかったし，このために歴史家の理解に立脚して

議論を組み立てる努力もしなかった。社会科学の「法則」を重視したヘンペル
は，説明という行為をあまりに厳格なモデルの中に押し込んでしまおうとして
いた。ヘンペルが歴史学を個性を持った1つの学問分野としてうまく捉えてい
るようには，思われなかったのだ。事実，このような尺度を外部から一方的に
歴史学に押しつけることに，多くの哲学者も反対した。こうした尺度に照らし
て，「分析にちょうどいいサイズに縮め」られないなら，はみ出した部分は
「顕彰用の余計な飾りとして切り取って」しまえという意見に哲学者は与しな
かった。歴史学のような分野は，基本的にはありのままで受け入れられるべき
だと考えたのである。彼らの意見は，そのうちの1人の表現を借りれば，こう
なる。社会科学のいずれもが，中でも歴史学は「物理学の出来損ないの模造
品」に改造されるべきではない。そして，被覆法則アプローチでは，人間の営
みが排除されてしまう——つまり歴史の展開に対して個々の人間が果たす役割
をまったく扱えない——だから受け入れられないとの歴史家の主張を支持した
のである。

　さらに，以上に見た哲学者たちは，ヘンペル理論が——たとえその土俵だけ
で判断しても——さほど優秀ではないことを明らかにした。一例を挙げよう。
アラン・ドナガン（Alan Donagan）は，高い評価を得た "Popper-Hempel The-
ory"（「ポパー＝ヘンペル理論」）という論文の中で，被覆法則が容易に応用可能
だとするヘンペル理論の前提の誤りを見事に指摘している。とりわけ目を引く
のは，被覆理論を提唱した論文でヘンペルが示した例——3つの明白な被覆法
則に基づいた説明——には説得力がないとの指摘だ。なぜなら「3つとも誤っ
ているからである」！　ヘンペル論文のより根本的な問題は，ヘンペルも自ら
認めているように，自身の理論に基づいた説明そのものを示せたとは主張して
いないことである。ヘンペルができたのは，彼が考える出来事の説明が備えて
いるべきいくつかの要素のうち，1つを示したことだけだ。ヘンペルの考えで
は，出来事の説明は，対象となっている出来事がたしかに起きたと考えられる
十分な根拠を示さないといけない。ここでの問題は，ヘンペル自身が指摘して
いるように，「ある種の情報」——たとえば「何らかの科学的な測定の結果」
——は「理由をまったく説明しないままに」ある出来事が発生したと推測する
に十分な根拠を提供する可能性を持っていることである。気圧計の測定値が天
候の悪化を予測することはあるが，測定値の変化が大気条件の変化を引き起こ

すわけではないだろう。予測する力だけでは説明する力にならないのである。追加で何かが必要なのだが，しかしそれは何か。この問いは根本的な問題だったはずだが，ヘンペルは避けて通ってしまった。

　以上の主張は，ヘンペル論文が典型的に示した考え方の実際的な価値を完全に否定するわけではない。たしかにヘンペル・アプローチは，社会科学における法則性を最重視する自らの立場にあまりにこだわり過ぎたのかもしれない。しかし（あとでみるように）原因を説明することは演繹法と密接に関係しているとの主張は，実際にとても重要である。さらにヘンペルのアプローチは，いくつかの派生的な課題を明らかにした。一例を挙げれば，ヘンペルの主張の要点とは，説明と予測が類似した概念であると示したことにある。つまり，ある出来事を説明するということは，同時に——ある一般的な原則と特定の条件がそろっていれば——同じ出来事が起きると予測できることを意味する。そしてこうした知見は，方法論上のあるポイントにつながるのである。[12] どのような段階のものでもいいので歴史解釈を1つ取り上げて，ここまでに明らかになったことで，今後の研究の展開を予測できるか，歴史家は考えてみればいい。こうした反実仮想は，個々の歴史解釈にどれほど説明する力があるかを確かめる有益なテストになる。なぜなら，強力な説明は信頼できる予測力を持つはずだからだ。もっと言えば，説明は予測を生み出す。つまりもし説明が確かなら，他にどのような発見ができると期待できるかということだ。つきつめて言うと，意識しようがしまいが，新奇な資料がもたらす新たな知見を歴史家はいつも予測しているのである。そして，こうした予測は，歴史家一人一人の解釈の有効性を判断するのにとても便利なのだ。

　だからヘンペルの方法論をそのまま否定してしまうべきではない。たしかに，ヘンペルの議論の中核部分は，少なくとも実証的な歴史家にとってはあまり価値がない。他方で，ヘンペルの枠組みだけが，歴史哲学の専門家たちがたどり着けた考え方（アイディア）というわけでもない。実際に，ヘンペルの理論とは別の基礎理論が過去に1つ提示されている。その基礎理論は，イギリスの哲学者であるR・G・コリングウッド（Robin George Collingwood）から大きな影響を受けている。事実，1950年代から60年代に出版された歴史哲学の文献では，コリングウッドの理論こそが，ヘンペル理論に取って代わる唯一の選択肢として扱われていた。では，コリングウッドの歴史哲学は，歴史家が求めたものと一致していたのだ

ろうか。

　コリングウッドの理論は並外れていた。彼自身の説明によれば，歴史家が関心を持つのは出来事そのものだけでなく，行為だ。つまり「意志によって引き起こされ，それゆえに自由で理知的な行為者の思考を示す出来事」に歴史家は関心を持つのである。コリングウッドの主張では，歴史家は「自身の心中でこの思考を再現することで，それを解明する」。過去の思想の「再思考」による「過去の追体験」である。以上こそが，コリングウッドにとっては，歴史学の存在意義であり，歴史解釈の目的なのであった。コリングウッドはこうも主張している。「歴史家が自身の心中で過去の行為者の思考を再現することで，ひとたび歴史的事実が突き止められ，理解されたのであれば，その事実はすでに説明されたのである。歴史家にとって，何が起こったのかを解明することと，それがなぜ起こったのかを解明することは，異なる事柄ではない」。たとえば，歴史家が「『なぜブルータスはシーザーを刺し殺したか』を問題にしているとき，彼が実際に問うているのは『ブルータスはどのような考えで，シーザーを刺し殺すと決心したのか』である。歴史家にとって，出来事の原因とは，出来事を引き起こした行為の主体が，心中で抱いていた思考なのだ。そして，この思考は出来事と区別されるものではなく，まさに出来事の一部なのである[13]」。

　以上が，歴史を科学から区別する特徴の一つであるとコリングウッドは主張する。その理由はこうだ。「自然の中で観察される経緯〈プロセス〉を，出来事の連続として記述することは妥当であろうが，歴史的な経緯については，そうは言えない。歴史上の経緯は，たんなる出来事の経緯ではなく行為の経緯である。しかもこの経緯には内面があって，その内面を形づくっているのが思考の経緯なのである。そして，こうした思考の経緯をこそ，歴史家は明らかにしようとしているのである」。歴史家は「自身の心中で」こうした思考を再現することで，過去の思考の経緯を解明する。「シーザーの心中でどのような思考が，彼にその行為を決心させたのかを解明しようと」試みるのである。「すなわち当時のシーザーの立場を自ら心象化することによって，自身の置かれた状況をシーザーがどう捉え，その状況にどう対処しようと思考したのかを，歴史家は考える」。こうして，「思考の歴史，すなわちすべての歴史は，過去の思考を歴史家自身の心中で追体験することである[14]」とコリングウッドは結論する。

　以上のように，歴史家の目標とは，過去の思考を現在の視点から再考するこ

とで過去にふたたび息吹を与えることなのだ。実際にコリングウッドは，これが歴史家の唯一の目標だと主張する。彼が言うには，歴史とは「歴史家自身の精神における過去の思考の再現に他ならない」。歴史家は「自ら再現しうる」思考「だけを歴史的に認識しうる」。「思考以外の一切のものに関して，歴史はありえない」。人間の理性こそが，歴史家が唯一関心を向ける対象なのだ。この点に関して，コリングウッドの評価では，モンテスキュー（Charles-Louis de Montesquieu）は多種多様な国家や文化の違いを生み出す「本質を誤解していた」。つまり「人間の理性に注目してそれぞれの歴史を説明するのではなく，地理や風土の違いが歴史の原因だと考えたのである」。「このように理解された歴史は，人間に関する自然史，つまり人類学のようになってしまう。このような歴史では，人間の社会制度は，発展を見せる人間の理性の自由な創造物ではなく，自然条件の必然的な結果として描かれる」とコリングウッドは言う。たしかにコリングウッドも認めるように，「あらゆる文化は，その自然環境と密接に関係している。しかし文化の性質を決定するものは環境的な事実そのものではなく，人間が環境的な事実から何を獲得できるかである。そして何を獲得できるかは，その人間がいかなる人間であるかによって決まるのである」。[15)]

　コリングウッドの方法論は，現在では，たとえ非常に保守的な歴史家にとっても偏狭かつ教条主義的で，もっと言えば風変わりに映るのではないだろうか。それに対して哲学者の評価は，昔も今もコリングウッドにより共感的だ。とはいえ，そのような哲学者の中にも，実用上の困難を指摘する声はある。[16)] たとえばだが，コリングウッドのように，社会的な制度を「人間の理性の自由な創造物」と単純に見なして本当にいいものだろうか。コリングウッドのように，彼の基準でいう「行為」と「理性的思考」にほとんど関係ない要素をそこまで軽視していいものだろうか。この問題に対して，コリングウッドは非常に単純に基本原則をこう示すだろう。「人間の動物性と呼びうるもの，つまり衝動や欲求で決定されている人間の行為に関して言えば，それは非歴史的である」。[17)] だがこれは，ずいぶん恣意的な基準と言うほかないだろう。たしかに，人間の意識的な思考は，歴史の展開に対して大きな影響を与える。ときには，非常に大きな影響を与えることもある。このため，研究対象としている当事者の視点から歴史解釈を試みることは，歴史学の基本的な技法の１つだ。しかし，過去を理解するという歴史学の目的にとって重要なのは，個々の要因がどう関係した

かの分析を通じて，研究対象としている歴史上の出来事の根底にあった大きな
流れを理解することである。そして，そういった大きな流れは，しばしば個々
の人間の思考とは無関係の要因と固く結びついている。たとえば，人口動態の
変動，経済成長，国家間の勢力分布の変化などで，こうした要因が歴史の展開
を大きく左右しているのは明らかだろう。ブルータスがシーザーを刺し殺した
原因を理解しようとするとき（コリングウッドと同じ例を使って考えてみる），当
時のローマで社会的，経済的，文化的に，何よりも政治的にどのような変化が
生じていたのかを知りたいと思うのが歴史家なのである。なぜなら，歴史家の
関心は，事件の瞬間にブルータスが考えていた事柄というよりも，シーザー暗
殺をもたらした社会的な変化全体を理解することにあるからだ。もっと一般的
に要点を述べよう。生物の 進　化 もそうであるように，歴史的な 展　開 を
引き起こすのが，いつも人間の意志というわけではない。なぜなら「構造は変
化を選択する（structure selects）」からである。環境は，社会的なものでも自
然的なものでも，どちらも重要な役割を果たすのであり，だからこそ「原因」
を知りたければ個人の思考だけに注目していてはダメなのだ。[18]

　だから，ほとんどの歴史家はコリングウッドの方法論をあまり重要とは思わ
なかった。つまりコリングウッド流，ヘンペル流のどちらの考え方も，哲学的
な指針として有益だと歴史家が感じるような知見を含んでいなかった。２つの
流儀は，スペクトラムの両端に位置していたのだ。ヘンペルは構造や法則とも
言えるような規則性を重視し，コリングウッドは人間の自由意志と行為の重要
性を強調する。とはいえ，歴史研究を行う者なら誰でも，２つの要素はともに
重要であることを理解している。研究対象とする具体的な事例で，構造と個々
のアクターの役割のバランスを正確に見極められる能力こそが，ある面では歴
史家に求められる技術の粋であり，当然それは，哲学ではなく，実践の問題で
ある。1950年代から60年代にかけて，ヘンペル学派とコリングウッド学派は，
たしかに歴史に関する英米哲学の二大巨頭だった。しかしどちらも，歴史研究
がどうなされるべきかを歴史研究者に教えてはくれなかったのである。

構成主義者の挑戦

　これまでの話からもわかるように，1960年代が終わる頃までは，実証的な歴

史家は歴史哲学の文献をまったく評価していなかった。たとえば，1967年に
J・H・ヘクスター（Jack H. Hexter）は，「歴史家にとって何か興味深い知見を
提示しようと論文を発表し続けた，才能豊かな多くの歴史哲学者が作り上げた
長年にわたる失敗の積み重なり」と表現している[19]。他の歴史家にしても，多く
が同じように感じていた。しかし，ヘクスターが批判した歴史哲学の悪しき伝
統はすでに終わりを迎えようとしており，その間にまったく新しい歴史理論の
潮流が出現していたのだ。こうした理論の研究者たちは，歴史家が注目すべき
知見を提示していた．．．．。しかし，この新たな歴史理論の核は，時代遅れになった
それまでの歴史哲学に比べて，実際に歴史家の必要に応えるものと言えただろ
うか。

　歴史哲学の新たな展開の中心にあった考えの発想自体は，特段新しいもので
はなかった。歴史は発見されるのではなく発明されるとの主張だ[20]。この考え方
に基づけば，過去そのものはすでに消えてしまっている。つまり過去に起きた
ことを直接に知覚できないのであれば，過去をそのまま知ることなど不可能な
のである。こうして歴史研究は，過去のイメージを作り出すための想像の行為
となる。よって作り出される過去のイメージは様々な形を取りうるのだが，い
ずれも同じように正しい。こうした歴史哲学の立役者であるヘイドン・ホワイ
ト（Hyden White）の説明によれば，「何であれ歴史叙述の対象となるものには，
同等の説得力を持つ描写や事態の経過に関する語りが，同時にたくさん存在し
うるのだ」[21]。

　ホワイトの主張にのっとれば，研究対象である歴史的な事実をそのまま説明
できる何らかの一貫したストーリーが，そもそも存在すると考えてはならない。
つまり「認識論上の妥当性から評価した場合，歴史を客観的に理解できるとの
信念と，どうやっても歴史は客観的に理解できないとする信念の間に基本的な
違いはない」[22]。歴史家が扱う資料は，実は彼らの解釈にとってかなり大きな制
約要因で，このため歴史を書くという作業は，昔ながらの歴史の専門家が認め
てもいいと思っている以上に，発明的な作業なのだ。以上を前提にホワイトは
こう主張する。「見たままに——すなわちレトリックだけで作り上げられたも
のとして——歴史家の叙述を受け止めれば，歴史家は，文章という形態を用い
て，書き物として自分の歴史叙述の題材を事実上作り出していることがまずわ
かるだろう。それだけではない。つきつめて言えば，歴史家が文章で表現して

8

いる内容は，研究によって判明したことの報告ではなく，自分たちがそもそも興味を抱いた対象の原因は何かと想・像・し・た・ものなのである[23]」。

　それに対して，旧来型の歴史家たちはストーリー仕立てを基本とする歴史研究を「歴史上の出来事を説明するための中立的な手段」と思っているが，ホワイトのこれまでの議論から言えば間違っている。そのようなやり方は，むしろ「現実を神話的に解釈する典型例」だ。つまり，歴史叙述の意味は，文学的な構造によって作り出されているのである[24]。よって，そのままの「事実」の提示は歴史学にとって重要な要素ではない。すべての歴史叙述は，そもそも「寓話」と考えた方がいい。歴史学の「建前と実際は大きく異なっている」というわけだ[25]。ホワイトの理解では，歴史家というものはある一貫したストーリー仕立てをいわば戦略として用いて，「本質的には詩・的・な・行為を行っている。つまり，歴史の場を，あらかじめ形象化し，『実際に起きたこと』を説明するための特定の理論を持ち込む領域として設定するのである[26]」。こうしたホワイトの考えを，ある研究者はこう表現している。解釈の核心は「つまるところ歴史家独自の創作に宿る[27]」と。ホワイトはこうも言っている。「歴史叙述がとることのできる様式」とは，「歴史家の思考上は先にできあがっていた詩的な洞察を形・式・化・したものである」。さらに，詩的な洞察である以上，それぞれの解釈の「現実性」に優劣はありえない。このように，歴史家がどのような叙述戦略を選ぼうが「現実」の説明能力に違いは生じないのだから，歴史叙述の方針を決めているのは，「究極的には審美的または倫理的なもの」であって，個々の方針が持つ「現実」の認識能力ではない[28]。よって，ホワイトの結論は旧来型の歴史家には当然衝撃的なものとなる。「人間は望むままに『歴史』を想像することができる。なぜなら人間は望むように歴史を解釈できるからである[29]」。

　以上のホワイトの結論を踏まえれば，歴史叙述と「口承の物語」に違いはない。歴史と神話を区別する本質的な違いなどないからだ[30]。歴史と物語を区別するために一般的に使われる概念は，たとえば「真実」であったり「現実性」であったりする。しかし，こうした概念自体が信用に足らないのである。ホワイトのような立場に立つ研究者は，自身の主張を裏づけるために，ロラン・バルト（Roland Barthes）に代表される文学理論を大いに利用する。バルトは，歴史的な叙述と物語を区別できるとの考えを否定したフランスの批評家である。バルトの主張では，思考は言語の囚人でしかないからだ[31]。

9

ホワイト自身が指摘するように，バルトのような文学理論に頼って歴史哲学を議論する立場に対しては，「結果として得られる説明が体系的でありさえすれば，歴史資料をどのようなに都合よく解釈してもよしとする，頽廃的な相対主義」を助長しているとの批判が強くあった。ホワイトらの主張に従えば，たとえばホロコーストの事実さえ否定するナチス的な歴史解釈にも，「最低限の信頼性はある」ことになってしまうからだ。つまりホワイトの批判者はこう問うていた。あなたの理論が正しいとすると，ホロコーストが実際にあったか否かは「たんに見解の相違」となるが，それでいいのかと。本当に「好みのままに歴史を書いていい」[32)]のかと。

　ホワイトは，よくないとは明言しなかった。それどころか自身が好む「歴史の捉え方」が「ファシスト的な政治体制の基本理念」と「形式上は結びつきがいい」と認めている。だからと言って，自身の歴史哲学を引っ込める理由にはまったくならなかった。ホワイトに言わせれば，「ファシストの基本理念と形式上はよく結びついてきたとの理由だけで，こうした歴史観を捨て去ろうとする感情論に反論する」のが何より重要だったのである。それだけではない。「歴史記録の解釈について言えば，その記録だけを見て，どのような解釈が優れているかを判断することはできない」とやはり主張している[33)]。しかし，こうしたホワイトの反論は，ナチスの歴史観も他の歴史観と同じ価値を持つと言いたいのかと問う批判を勢いづかせただけだった。

　ホワイトは以上の批判に直接答えようとはせず，別の問答で対処しようとした。ナチスの犠牲者であるユダヤ人たちは，自分たちの政治目的のために歴史解釈をでっち上げても問題ないかと提起したのである。ホワイト自身の答えは，問題なしであった。ホワイトの理解では，イスラエル国家をイデオロギー的に正統化しようとする人々は，紀元前に始まるユダヤ民族の「離散（ディアスポラ）」生活の必然的な結果として，ナチスによるホロコーストを説明する理論を打ち出していた。あくまでもホワイトによればだが，こうした理論はパレスチナのヨルダン川西岸でイスラエルがとる政策の「ファシスト的とは言わないが，全体主義的な」特徴の原因かもしれなかった。しかし，そのような問題を抱えていても，こうした歴史解釈はユダヤ人が歴史上体験した「離散」の「無意味さに対処するための，道義的には意義のある対応」と見なすべきというのが，ホワイトの回答である。「真実でない」として否定していいものではないのである。実際

に「その歴史解釈としての『真実性』を作り出しているのは，現在のイスラエルが採用している様々な政治方針を正統化できる有効性である。イスラエルの政策立案者の観点に立てば，そうした政治方針は，ユダヤ民族の安全と生存そのものにとって不可欠」だからである。では，こうした政治目的のための歴史と，客観性を自称する歴史は，ホワイトの基準ではどう対比されるのだろうか。後者の客観性を旨とする歴史は，「どのような政治的な目的にもとらわれずに，過去の真実を明らかにすることだけを目的にしている」と言う。それだけでなく「過去の解釈をできるだけ偏らずに示せば，権威への恭順と復讐心ではなく，寛容と自制の精神を広められる」と主張する。だが実際によりまともなのは，政治化された歴史解釈である。客観性を重視する歴史観に立てば「激しい復讐心」など無視すべきなのだが，こうした理解を「広めるのはいつも政治権力の中心にいる人たち」なのだ。このため，客観的な歴史観が推奨する寛容などというものは「支配者側に立つ人々だけが享受できる贅沢品ということになる」。だから，政治的な観点から言えば，客観的に歴史を書こうなどと思ってはならない。客観的な歴史を諦めることこそが，相互性のある寛容への道だからである。真実の探究を歴史叙述の「目的」とするべきではなく，政治的な有効性こそが歴史解釈の妥当性を決めるべきなのだ。[34]

　こうした議論を展開したのはホワイトだけではなかったし，もっと過激な意見もあった。たとえばハンス・ケルナー（Hans Kellner）の主張では，「歴史的な客観性」に価値を置くのはたんなる自己欺瞞にとどまらない。それどころか，こういった信念を支える様々な規範が一体となって，抑圧のための現実の手段と化す。こうしたケルナーの主張によれば，「『真理』や『現実』といったものは「言うまでもなく，現代の全体主義が用いる主要な武器なのである」。[35]

　こうした歴史哲学の考え方は，非常に政治化されたタイプの歴史叙述を認める結果につながるものだった。ミシェル・フーコー（Michel Foucault）は以下のように指摘している。かりに「真実の生産を通じてしかわれわれは権力を行使できない」との主張が正しいのであれば，自分自身の「真実」を作り出すことで権力を得ようとしても間違ってはいないだろう。自らの政治的な目的に沿うように筆を走らせていいのである。[36]このように考えると，歴史叙述の目的も例外ではない。なぜなら「歴史学の目的に関して対抗関係にある観念——歴史が目指すのは，過去の真実をありのままに語ることだとする古くさい考え方

——はもはや完全に意味を持たないからである」。以上の見方に立てば，歴史家は正直であろうと努力する必要さえない。彼の賛同者の一人は，「過去・現在・未来をユートピア的に解釈する正統派のやり方にやすやすと勝る，『創造的・解釈的な歪曲』」を可能にするものだと「ホワイトの歴史観」を称賛する[37]。さらに議論を進めれば，歴史叙述の要諦とは「ありのままの物語を示すこと」ではなく「物語をねじ曲げて見せること」となるのである[38]。

　以上に見た考え方は，従来の歴史研究に期待された姿とあまりにかけ離れていたので，すんなりと受け入れられる余地はほとんどなかった。結局，純粋な歴史哲学として見れば，実際の歴史研究への影響は無視していいものだった。ホワイトの賛同者たちが悔しげに書き記した評価から例を引こう。ホワイトの業績は歴史研究のあり方に対して「目に見える影響を事実上残さなかった」。「不適切な読まれ方をし，歴史家が目を通す学術誌で書評される機会もほとんどなく，めったに引用されず，議論の対象にもならず，このためにいつも決まりきったやり方で，手ひどく誤解されるだけだった」。ホワイトの影響を論じた代表的な研究の1つがたどり着いた結論にしてこれだ[39]。ホワイトの歴史哲学が影響力を持てなかった理由については，それぞれの研究者が様々な見解を示している。しかし，おそらく最も根本的な原因は，ホワイトの理論——とくに歴史叙述というのは「本質的には詩的な行為」だとするその主張が，歴史家自身の認識とかけ離れていたためだ。歴史研究が真剣になされた場合，1つの解釈ができあがるのに数年，場合によっては数十年かかることも珍しくない。だから歴史家たちは，歴史叙述を完成させるには，完全に理性的な思考過程が不可欠と考えていたのである。歴史解釈とは結局のところはたんに「詩的な行為」の一種であるとの主張は，歴史研究に実際に従事している者にとっては，とても納得できるものではなかった。

　しかし，ほとんどの歴史家には受け入れがたかったとはいえ，ホワイトが先導した歴史哲学の新たな運動がまったく何も残さなかったわけではない。運動にとって重要な意味を持ったアイディアの多くは，より穏当な形ではあるが，広く受け入れられた。政治的な目的に沿って歴史研究がなされるのは，少なくともある程度は正当化できるとの考えは，かなり一般的になったのである[40]。対して，歴史は客観的であるべしとする古くからの理想は，一気に受けが悪くなった。客観的な歴史研究が可能だとの信念自体が誤っている——このような考

えが珍しくなくなってしまった。客観性を目指して努力することにも意味はな
く，書き手にとって大事なのは，自らの偏見をいかに明示するかだと結論する
議論さえ見られるようになった。

　以上に見たような歴史観が，通常の歴史家の間でも支持されたのはなぜだろ
うか。まず言えるのは，20世紀の後半に知的な潮流全体が急速な変化を経験し
たことだ。とくに1970年代から1980年代にかけて，人文学のあらゆる分野で真
理という概念（アイディア）そのものに挑戦する動きが活発になった。しかも，こうした挑
戦は相当に過激な方法で実行された。この潮流を担った代表的な理論家の一人
（ボードリヤール［Jean Baudrillard］のことだが）は，「学問の秘訣」とは「真理が
存在しない」ことだと主張している。[41]　さらに著名な理論家（フーコーだが）の
見解も同様で，「現実は存在しない」「存在するのは言葉のみ」なのである。[42]　し
かも，こうした考え方を主張したのは，多くの著名なフランス人思想家に限ら
なかった。

　アメリカでも事情は変わらず，「合理性」や「客観性」といった観念の価値
を低く見積る潮流がたしかに存在した。たとえば，哲学者のリチャード・ロー
ティ（Richard Rorty）の業績はその代表例で，知識と見解の境界線は曖昧だと
の前提に立って，私たちが「自らの信念と言語の限界から脱出するすべはな
い」と主張したのである。ローティに言わせれば，「真理」や「知識」といっ
た用語はたんに「社会的な慣行の問題」で，実際のところは「とても妥当だか
ら一層の正当化は——今のところは——必要ないと，私たちが思っている信
念」に向けられたお世辞に過ぎない。[43]　ローティの主張では，もし知識と見解の
間に違いがあるとしても，それはたんに一般的に受け入れられている考えか，
もしくは「意見の一致を得るのが相対的には困難な」考えかの違いに過ぎない。[44]
こうした彼の観点から言えば，「客観性を望む」のは，「個々人の主観同士がで
きるだけ一致することを望む」のとなんら変わらない。[45]　それ以上を求める——
つまり正確な記述のために「合理性」と「客観性」を明確に示そうとするのは，
「現時点における一般的な言説を永続化しようとする自己欺瞞的な努力」でし
かなかった。[46]　実際に彼の理解では，啓蒙主義的な合理主義に由来する時代がか
った用語は「民主社会の発展に対する障碍」となってしまっていた。これほど
「時代遅れ」なのだから，現在の政治的な価値観にもっとふさわしい新しい表
現方法に道を譲るべきなのである。[47]　以上のローティの主張はかなりの影響力を

持った。とりわけ，歴史の客観性を否定する主張の最新版に，哲学的な信憑性という化粧を施すことになった。[48]

　だがローティの議論の全体像をみれば，かなりおかしなところがあった。たとえば，過去に通説であったときの天動説と，現在の通説である地動説が，「真理」というレベルでは同一であると本当に言えるだろうか。しかしローティが誇る名声と，その見解はもはやコンセンサスと言えるとの主張に，多くの人が多少なりとも気圧されたのである。未だ「現実」や「真理」をそのまま信じている人たちは誰だ？　ローティたちはこう問いかけて，そのような「形而上学にとらわれた先生方」は急速に消滅しつつあると主張したのである。[49]

　とはいえ，ローティの見解は，コンセンサスと言うにはほど遠かった。歴史理解の問題に関して，かなり常識に近い見解をとる哲学者が多くいたからだ。その中には，非常に高名な人たちも含まれていた。[50]たとえば，現代アメリカを代表する哲学者の1人であるジョン・サール（John Searle）は，大胆にもこう宣言している。「私たちの思考と言葉から独立した実在の世界が存在するという考え」や「真実に関する私たちの言説が実際に真であるかどうかを決めるのは，基本的には実在の世界の状態であるという考え」は「あらゆる健全な哲学にとって，必須の前提条件」[51]なのだ。

　以上のようなことは，当然だが，哲学者にとってはおなじみの問題だった。知識の本質をめぐる問題は，古代以来，哲学上の最重要課題だったからだ。しかも，古代から何世紀にもわたって議論されたおかげで，いくつかの重要なポイントには，すでに明快な見解が存在していた。たとえば，懐疑論者の主張に反証する手段は存在しないとわかっている。一例を挙げると，「世界が誕生したのは5秒前で，その誕生時の姿は今とまったく同じで，そのとき全人類はまったくでたらめな過去の『記憶を持って』生まれてきた」可能性を完全に排除することはできない。[52]このように，知識は決して絶対的ではないとわかっていた。自分を取り巻く外的世界そのものが，たしかに存在すると証明することさえできないのである。だが以上の事実が持つ意味は，たいして深刻ではない。知的な性質を持つ私たちの活動のすべては，私たちが体系だって思い違いをしているわけではないとの想定を前提にしているというだけである。つまり，現実に関する——より具体的に言えば，思考と感覚を組み合わせて知覚できる外的世界に関する——私たちの信念は，実際に正しいのだとの想定を，私たちは

共通の出発点にしているのだ。ヒューム（David Hume）の指摘を見よう。「物体があるのかないのか，と問うのは無益なことである。これは，あらゆる推論で認めてかからねばならぬ点なのである[53]」。懐疑論者が反証されることはなく，認識論上の最も基本的な課題は残りつづける。しかし私たちは，存在する現実とその現実を私たちがどの程度知ることができるかに関して常識的な前提を立て，それを頼りに前に進むのである。

以上のように，知識の一般的なあり方をめぐる問題には，基本的な結論が出ている。だから，その結論は，より個別の問題である歴史に関する知識にも当てはまる。しかし議論はこれで十分なのか。あるいは，他に考慮すべき歴史の知識に固有の問題が存在するだろうか。つまり，他の形態の知識と，歴史に関する知識は根本的に異なるのだろうか。もっと具体的に言えば，歴史に関する知識と自然科学上の知識は根本的に違うのだろうか。もし違わないのであれば，歴史研究が探し求めている手引きとして，おそらく科学哲学は役に立つ。

科学哲学は歴史哲学でもある

歴史研究と科学研究の間に違いはあるか。科学研究は自然現象を扱い，歴史学は人間とその社会を対象とするのだから，両者は違うのだろうか[54]。そのようなことがないのは明らかだ。たとえば実験心理学のように，人間を研究対象とする科学研究はたくさんある。では，科学の真実は「観察および実験によって，われわれが実際に知覚できる形で実証できた場合に」発見されるが，「他方，過去はすでに消滅しており，過去についてのわれわれの観念は，科学的仮説のようには証明できない」[55]のだから，科学と歴史学は違うのではないか。答えは，やはりノーである。過去に生じた現象の痕跡を手がかりに，科学研究が行われるのは珍しくない。たとえば，天体物理学がそうだし，同じように進化生物学や地質学をはじめ，他にも多くの分野を挙げることができる。生物学者は化石記録を頼りに研究し，同じく歴者学者は文書記録を頼りに研究する。認識論上，証拠としての化石記録と，証拠としての文書記録を区別できるだろうか。

歴史学と科学の本当の違いは，研究対象が持つ一般性のレベルにあるとの議論もよくなされる。よく耳にするのは，歴史家が個別具体的な現象に関心を持つのに対して，科学者の関心は一般的な現象に向けられるという指摘である。

つまり，科学者の目的は一般法則の体系を定式化することにあるが，それとは対照的に，歴史家の「最大の関心事」は「個別の現象の正確な経過」の解明にあるというのだ[56]。しかし，科学分野の学術誌で発表されている研究論文などから判断すると，ほとんどの科学者の関心はかなり限定された問題に向けられている。もちろん，相当に大きな問題関心を背景に，こうした研究は行われている。しかし，同じことが歴史家にも言える。個々の研究テーマは比較的限定されているかもしれないが，根本的な概念上の問題を意識していない研究はめったにない。

　歴史学はどうしても研究が選択的になるので，主観的で非科学的だとの主張もたまに目にする[57]。だが，ある哲学者が指摘しているように「歴史学が選択的で科学はそうでないと考えるのはまったく間違っている。実際は，科学研究でも関心を引く事実や事実のある側面が選択されているのだが，そのやり方が，歴史学では考えられないぐらいに厳格で明示的なのである」[58]。

　または，歴史学と科学の違いを説明する基準として，研究者の間のコンセンサスのあり方が持ち出されることもある。つまりこういうことだ。科学者は研究対象に関する「標準的な思考様式を発達させて」きた。この結果，科学的な思考法は「偏らず非属人的」なのである。前提となる推論や原則は共有されており，だから各研究の結論は，一定の水準に達した科学者であれば誰もが納得するものになる。以上の議論に基づけば，この事実こそが，物理学のような分野を「科学」たらしめている特徴の1つで，同時に「客観的な知識」を自然科学が提供できる理由なのである[59]。他方で，歴史家の間では，多くの重要な研究課題について見解の激しい対立が見られるのが一般的だ。このことを根拠に，歴史学は科学とは見なせないと主張される。

　しかし，コンセンサスの存否は自然科学の質をはかる指標ではない。なぜなら，たとえば物理学が最も顕著な発展を遂げたのは，統一見解が存在せず，根本的な問題をめぐって激しい議論が交わされた時代だったからだ。同じような評価は，現代の進化生物学にも言える。だから，もし歴史家たちが，歴史研究の重要な課題の全部で標準的な解釈に達したとしても，必ずしも歴史学が科学となって，より高度な客観性を達成した証拠にはならない。コンセンサスの程度は，まったく表面的な指標なのだ。科学であるかどうかは，論証のされ方とその質にかかっている。つまり，論理的に説得力のあるやり方で洞察を深める

ことができる手法を用いているかどうか，およびそうした洞察を裏づけている
のが，容易に利用できる実証可能な根拠であるかどうかが重要なのである。
　よって，各学問分野が科学かどうかを決めるのは，主たる研究手法の性質な
のだ。この観点から言えば，一般的な印象とは違って，歴史学と自然科学はよ
く似ている。以上の点をコリングウッドはかなり的確に論証している。

　法律家で哲学者だったフランシス・ベーコン（Francis Bacon）は印象深い言
　葉をいくつも残しているが，その一つで，自然科学者は「自然を訊問」しな
　ければならないと断言している。つまりベーコンは，自然科学者が自然に対
　して示すべき態度は，礼儀正しい心遣いではないと言ったのである。自然が
　語りかけてくれるのを待ち，自然が与えてくれたものだけを頼りに自らの理
　論を構築してはならない。このように，ベーコンの言葉は 2 つの警句を同時
　に含んでいる。第一に，主導権をとるべきなのは自然ではなく科学者でなけ
　ればならない。つまり科学者は，何を明らかにしたいのかを自ら決めた上で，
　疑問として明確化し，意識しなければならない。第二に，科学者は自然に答
　えを強いる方法を見出さなければならない。つまり，科学者は，自然が黙っ
　てはいられない拷問を考案せねばならないのだ。このようにベーコンは，短
　い警句一つで，実験的科学の真の理論を万事定めたのであった。[60]

以上の議論でコリングウッドが紛れもなく示した洞察とは，ベーコンの指摘が
当てはまるのが自然科学だけではないということである。コリングウッドが言
うように，ベーコンは「歴史手法の真の理論」にまで考えを広げている。こう
してコリングウッドは，『歴史の観念』およびそれ以前の業績でも，歴史研究
は科学研究と同様に疑問主導型（question-driven）でないといけないと強調し
た。コリングウッドが言うように「考えはじめる前に，証拠を集めることなど
できない」。なぜなら，考えるとはすなわち「問いを立てること」なのだから
「何らかの明確な疑問なしには」何が証拠かはわからないのである。[61]
　コリングウッドの主張の根本的な重要性を疑う余地はまったくない。歴史を
研究するときに，もし正しい方法で行いたいのであれば，やるべきは研究テー
マに関する勉強だけではない。疑問に答えようと努力しないといけないのだ。
しかも疑問は 1 つではなく，複数の組み合わせかもしれない。そして，疑問に

うまく枠組みを与えることがとても重要だ。証拠に基づいて答えが出るような形で，問いを示す必要がある。答えようとしている疑問が基本的に瑣末なものだと，あまり意味はない。歴史家が軽蔑を込めて「古物収集」と呼ぶ研究になってしまう。それに対して，本来の意味で大きな問題（たとえば戦争の原因であるとか，安定した国際秩序の条件など）に新たな洞察をもたらそうとしている歴史研究であれば，研究を通じて直接答えようとしている個別具体的な問題の重要性もかなり高まる。なぜなら，具体的な問題を明らかにすることで，戦争の原因や国際秩序の安定といった基本的な問題にも新しい理解をもたらすからだ。だからといって，歴史家はきわめて一般的な課題を直接の研究対象にすべきだと言いたいわけでは，もちろんない。そのような研究は雲をつかむようなものである。何か一般的な問題への貢献を目指すのなら，その一般的な問題を現実的な個別の問題に置き換えて，具体的な内容を研究対象とする必要がある。たとえば，「戦争の原因は何か」ではなく「第一次世界大戦の原因は何か」と問う。または「開戦に至る1914年7月の危機は，なぜあのように展開したのか」と一層具体化する。答えるべき問いが限定されているほど，研究はやりやすくなる。ただし直接の研究対象を限定する際には，一般的な論点との関係を見失わないように注意しないといけない。歴史家が提示する新たな知見は，直接の研究課題を越えた重要性がないといけないのだ。だが以上の条件は，歴史研究だけでなく，科学全体に求められていることである。

　要するに，言われているほど科学と歴史学の間に大きな違いはない。実のところ，両者に根本的な違いがあると考えるのは，相当に旧態依然で理想化された科学像が背景にある。こうした伝統的な科学観では，科学とは観察された事実に基づくものとされた。ここでいう事実とは，いわば基本元素のようなものだ。このため，一度発見された事実を疑う必要はない。だから事実は，理論を構築するための基本単位なのである。理論の妥当性をめぐって科学者の間で論争が起きることはあるだろう。しかしそのときは，実験によって発見される事実が「上告裁判所」の役割を果たす。実験結果の観察が論争に決着をつけるのだ。しかも判決を強制されるのでなく，知的に考えれば納得せざるをえないから論争に決着がつく。別の表現を使えば，経験的な観察を理論的な結論に結びつけるための方法論が科学にはあって，ほとんどの場合，アルゴリズムとして定式化されている。つまり，こうした手法によって生み出される理論は，決し

て恣意的にはならない。自然界のありのままの姿が，明らかにされていくのだ。[62)]

　以上に見た科学像は，全体として1960年代に基本的にすべてが放棄された。科学が発展していく道筋は，従来考えられていたよりもはるかに無規律で，アルゴリズムという概念で科学を捉えようとするのも，実際の研究の姿を正確に反映していないと主張されたのである。たとえば，事実は事実であって，理論とは独立して存在しているとの基本的な考え方自体が，それなりに問題含みだと思われるようになった。なぜなら，観察結果の意味は，関連するいくつかの理論的な想定に基づく文脈の中でしか判断できないからだ。だから，伝統的な実証主義者が考えたほどには，事実と理論の境界線は明確ではない。そして，[63)]「浜辺の小石のように」ただ積み上げられた事実から，理論そのものが自動的に姿を現すことなどありえない。事実が「自ら語る」など決してないのだ。[64)]この考え方は，アインシュタイン（Albert Einstein）の見解とまったく一致している。アインシュタインの主張では，事実から「物理学の根本概念にまで自動的に誘導してくれる方法論」は存在しない。「経験された事実に導かれて理論ができあがってくると信じている理論家たちは，まったく間違っている」。[65)]

　とはいえ，理論が観察からそのまま生み出されないのなら，一体何が個々の理論に知的な妥当性を与えているのか。決定的に思われる証拠の検証も，実はそうでないことが多い。なぜなら観察が「自ら語る」ことなどなく，観察結果は解釈されないといけないので，理論にはどうしても想定がつきものだからである。だがこうなると，どうしても論理的な堂々めぐりが生じる。よって，矛盾しているように見える証拠が出てきただけでは，理論は放棄できない。その場かぎりの議論で切り捨ててしまえることが多いからだ。そうはいきそうにない証拠であっても，当初は整合性がなかった観察結果に合わせて，理論を修正すればいい。[66)]だから正当化を最重視する方法論——「事実」を最後の裁定者のように見なす方法論と言ってもいい——は，期待とは裏腹に，相当に無力だ。しかし，以上の主張がすべて妥当だとしたら，一体何が理論選択の決め手となるのか。つまり，理論選択とは本質的には恣意的な作業ということなのか。

　1950年代や1960年代の初め頃に，こうした問題に答えようとした哲学者には，たとえばN・R・ハンソン（Norwood Russell Hanson）やスティーヴン・トゥールミン（Stephen Toulmin），そしてトーマス・クーン（Thomas Kuhn）がいた。彼らは科学史が手がかりになると考えていた。形式主義を最重視する伝統的な

解釈は，科学研究の実際の歴史にほとんど関心を払っていなかったからである。伝統的な解釈が重視したのは「正当化の文脈」だった。前提であったのは，科学研究の手法は最終的には理論を合理的に正当化できるものになっている，との想定であった。だから，関心の対象は，このような理論の正当性を確実にする形式的な方法論である。科学的な発見の問題――つまり科学理論がどのような歴史的な過程の中で発展してきたのかの問題は，「たんに心理的」な問題として片づけられてしまったのである。一例を挙げよう。『科学的発見の論理』(*The Logic of Scientific Discovery*) の著者であるにもかかわらず，カール・ポパー（Karl Popper）は新たな理論が生み出される歴史プロセスにはあまり関心を払わなかった。こうした態度をハンソンは笑いものにしている。ハンソンに言わせれば，ポパーに代表される伝統的な科学哲学の専門家が実際に関心を持ったのは，「発見の論理」ではなく，もっぱら「研究の最終報告書の論理」だった。だが歴史重視の新しい科学哲学の観点から言えば，2つの論理はそこまで区別できず，「正当化の論理」には「発見の論理」も含まれているのである。

とはいえ，もし理論が様々な可能性のあった歴史的プロセスの産物なら，このことは科学理論の認識論上の位置づけについて何を意味するのか。科学における理論選択は，純粋に合理的かつ客観的な方法で決まっていないと認めること――つまり，理論選択は「客観的要素のみならず主観的要素にも左右される」と認めること――は，さらに深刻な問いに道を開く行為だと当時は思われていた。それだけで十分な説得性を備えた合理的な基盤を科学理論が持っていないと認めた場合，科学はどうやって真理を提示したらいいのか。それでは「主観主義の扉」が「完全に開いて」しまわないのだろうか。

こうした新しい科学哲学の旗手が，トーマス・クーンだった。驚異的な成功を収めた著書『科学革命の構造』(*The Structure of Scientific Revolutions*) の中で，クーンは新しい科学哲学の姿を非常に明確に描き出した。クーンの科学哲学の中核にあったのは「パラダイム」という概念だ。科学史上の時代ごとに，科学思考の基本的な枠組みとなったものを，クーンはこう呼んだのである。クーンの議論によれば，科学の発達は2つの異なる形態に区別される。1つは「通常科学」で，特定のパラダイムを前提に，その内部で起こる科学の発展を示す概念である。もう1つは「革命科学」で，古いパラダイムから新しいパラダイムへの交替プロセスを意味する。そして，新旧のパラダイムの交替は，純

粋に合理的な理由で生じるわけではないというのが，クーンの議論の眼目だった。クーンが言うには「パラダイム選択の問題」が「論理と実験だけですっきりと決まることはありえない[73]」。代わりにクーンが注目したのは，「通常科学」が進展するにつれ，例外が積み上がっていくプロセスだ。こうした矛盾の累積に，通常科学はうまく対処できない。既存のパラダイムを所与のものと考えるために，見直しができないのである。このため，通常科学が陥る危機を解決できるのは，一種の革命だけだ。つまり，新たなパラダイムが出現して，そちらに多数の科学者が「転向」するのである。

　科学革命の全体像を完全に合理的なプロセスとして理解すべきではないとクーンは主張した。クーンの考えでは，科学の危機に終止符を打つのは「思索や解釈」からなる時間のかかるプロセスではなく「かなり急激で非計画的な出来事」である。認識の枠組みが新しくなると，瞬時にすべてがまったく違って見える「ゲシュタルト転換」のように，パラダイムの交替は起こる。「科学者はしばしば，『目から鱗が落ちる』とか，これまで不可解なパズルに『閃きをもたらす』ということが起こって，そのパズルには初めて解答をもたらすような新しい方法でそれを見ることができるのである。ある場合には，閃きは眠っている間に訪れる。『解釈』という言葉の普通の意味では，このような新しいパラダイムを生み出す直観の閃きに当てはまるものではない[74]」。新しい科学観の受け入れは，基本的には「信念による[75]」。古い考え方が間違っていると誰の目にも明らかに示されるわけではないので，古い科学観を信じている人々が，本質的には合理的な議論の結果，納得ずくで考えを改めるようなことは起こらない。実際に，新しい科学観を支持する人たちと，古い科学観を支持する人たちの議論は，うまくかみ合わないことがほとんどだ。こうした論争に参加している科学者が「相手の観点を完璧に理解する」ことはない[76]（クーンは「通約（共約）不可能性」問題と呼んだ）。新しい科学観は徐々に勝利を固めていくのだが，（すべてではないものの）主に「主観的・審美的」な理由で勝利するのである[77]。よって，新しい科学観への抵抗は理性で判断すれば正当なもので，最後まで「非論理的，非科学的」にはならない[78]。抵抗が廃れる理由は，古いパラダイムの信奉者が先に死んでいくからである。つまり古い方のパラダイムが，知的な意味で実際に敗れ去ることは決して起こらないと，クーンは主張したのだ。

　クーンの議論は間違いなく大袈裟である。たとえば，新しい科学観は「ゲシ

ュタルト転換」のように「かなり急激」に現れてくるとの主張がそうだ。ゲシ⁷⁹⁾
ュタルト心理学の基本的な概念を科学哲学に取り入れたのは，ハンソンの『科
学的発見のパターン』(*Patterns of Discovery*) である。ゲシュタルト転換を論じ
た箇所でクーンは，自身の議論の出発点として，このハンソンの業績に言及し
ている。しかしハンソンは，重要な理論が「かなり急激」には生じないと論証
すべく，相当に力を入れた議論を展開している。クーンに比べてハンソンの科⁸⁰⁾
学観は抑制が効いていて，あくまでも合理性が中核にある。ケプラー (Jo-
hannes Kepler) の法則が構築されるまでの，長くて困難な思考の繰り返しを必
要とした道のりを詳細に分析することで，ハンソンが伝えようとしたのは，物
事の理解を大幅に変える新しい考え方は長くて困難な過程を経て出現するので
あり，そこでは独自のロジックが働いているとの主張だった。⁸¹⁾

　しかしクーンの議論では相当に極端な内容になってしまい，このためにクー
ンが受けた反論も過激なものになってしまった。たとえばイムレ・ラカトシュ
(Imre Lakatos) は，「クーンの見方では，科学革命は不合理な理由で起きてし
まう群集心理の問題となる」と非難している。こうした非難はクーンの断固拒⁸²⁾
否するところで，科学の発展を合理的な発想で理解することはまったく不可能
だとの考えに自分は与していないと言い張り，とくに晩年の研究でその点が顕
著だった。クーンに言わせれば，ラカトシュのような非難は「馬鹿げて」いて
「脱構築が発狂したらどうなるかの実例」だった。しかもこうした非難が「自
分たちをクーン主義者と呼ぶことの多い人たちからなされた」事実は，クーン
を悩ませた。⁸³⁾

　クーンは非合理主義者ではなかった。科学の発展に関する彼の説明の中で，
合理的な要因は重要な地位を占めていた。ただし合理的な要因そのものの役割
は，決定的ではなかった。もっと言えば，決定的な役割を果たせない議論にな
っていたのである。このために，クーンは合理主義者ではなく，相対主義者の
側に分類されてしまったようだ。しかし彼の努力が向けられていたのは，実際
には合理主義と相対主義の分類を乗りこえることだった。そして，このクーン
の努力にこそ問題の核心はあった。一方でクーンは，科学が発展する際の過程
をそのまま描き出そうとした。どこか無規律で，純粋に合理的な要素だけです
べてが決まるわけではない科学発展の過程を。だが他方で，科学にはたしかに
特別な性格がある。こうした特徴によって（トゥールミンの表現を借りるなら）

「私たちを敬服させる本物の知的な権威」を科学は持つのである[84]。完全に合理的とは言えないプロセスで科学は発展するのに，そこからすばらしい成果が生み出されるのはなぜか。科学研究の実態は完璧に合理的とは言えないのに，なぜ「現実の世界の本質について，真実の——もしくは信憑性の高い——結論」を生み出すことができているのだろうか。以上の問いは，クーンにとって「重大な問題」だった。人類が「この疑問に答えることができないために，科学的な知識の本質に関するわれわれの理解には重大な欠陥がある」とクーンは考えていたのである[85]。

　以上の問題を根本的だと思っていたのは，クーンひとりではなかった。トゥールミンやハンソンといった，クーンと並ぶ新しい科学哲学の開拓者たちも同様で，彼らも相対主義と絶対主義の間に立つ「中庸」「中道」を見出そうとしていたのである[86]。クーンと同じく，トゥールミンもハンソンも歴史的な観点から科学の発展を考察していた。クーンもそうであったように，2人は科学的な「真理」という考え方には満足できず，むしろ科学が発展するプロセスの合理性に好んで注目した。理論選択は社会的な現象である。つまり，互いに関連した非常に多くの尺度に基づいて科学者たちは理論選択を行うのだが，どの尺度を重視するかは個々の裁量次第で，一様ではない[87]。しかも理論選択の基準となる「精密さ，単純性，有効性というようなもの」[88]は，クーンが言うように「主観的・審美的」な性質を持っていそうだった[89]。しかし，だからと言って，理論選択が非合理だということにはならない。実態は真逆だ。なぜなら，最終的な理論選択を行うのは科学者の共同体だからである。理論選択の根底にあるのは，科学者が共同体の一員として実行する慎重な判断である。以上の事実によって，科学発展の合理性が大幅に担保される[90]。クーンの指摘では，あのラカトシュでさえも「論理的規則性によってではなく，熟練した科学者の成熟した感受性によって左右される決定」の重要性を強調しているのだ[91]。

　では，以上の議論は歴史家にとって一体どのような意味を持つのか。第一に，歴史研究の合理性と科学性を評価するための妥当な基準が得られる。それは，かつて理想化されていた科学の姿ではなく，実際の科学の姿である。この基準ならかなり控えめだから，歴史研究に満たせないと考える必要はない。科学者が判断するのと同じように歴史家も判断を下すのだから，科学のプロセスが合理的であるなら，歴史研究のプロセスにもまったく同様のことが言える[92]。客観

性は実現不可能で，解釈の余地は必ず生じるので「主観性という汚点」から歴史研究はどう考えても逃れられず，このため客観的であろうと努力することにさえほとんど意味はない。こうした気の滅入るような前提が，そのまますべて歴史研究に当てはまるとしても，その深刻さは科学と変わらないのである。

　だが，これだけではない。以上の議論の基本的なポイントは，認識論の観点から見ると，科学も歴史学も大きく変わらないということだ。だから，科学哲学の専門家が——たとえば真理や知識，理解，説明について——構築してきた洞察は，歴史学の同様の概念にもそのまま適用できるのである。こうした科学哲学の転換作業は，歴史家がまさに希望する通りの歴史哲学とまではいかないかもしれない。しかし，少なくとも，重要な問題を考察するためのとても有用な枠組みを歴史学に与えてくれる。

　とりわけ有用なのが，歴史学の究極の目標が何かを考えるときだ。それは，真理に到達することだろうか。一般的にはそう思われている（少なくとも以前はそう思われていた）。とはいえ同時に，本質的には到達が不可能な目標であるとも了解されていた。こうした歴史家にとっての常識を，オランダの著名な歴史家であるピーテル・ヘイル（Pieter Geyl）が見事に説明している。1954年にイェール大学でヘイルが行った講演でのことだ。歴史の女神は「真理を知っているかもしれません。他のなにものでもなく真理をです」。しかし女神が歴史家に「許してくれるのは，よくて真理を垣間見るチャンスだけです。彼女の持つ真理という宝物すべてを，そのまま与えてくれることなど，決してないのです。私たち歴史家が望みうる最良のものは，過去の部分的な再現，近似だけなのです」。その理由をヘイルはこう説明する。過去を知り，事実をありのままに理解しようと思ったときに，歴史家が行わざるをえないのは「読むべき資料を取捨選択し，互いの関係を整理して，解釈することです。こうして，歴史には主観的な要素がどうしても生じてしまいます。つまり，絶対で不変の真理は歴史家によって歪められ，あるいは傷つけられてしまうのです[93]」。

　「絶対で不変の真理」——こういった概念をクーンやトゥールミンに代表される科学哲学者は好まなかったが，当然の態度だった。「真理」の概念を文字[94]通りの意味で受けとれば，実用性の点でとても問題が多く，また不必要だからだ。自然界のある側面や，歴史上のある時代の「真理」について語るとは一体何を意味するのか。「真理」という言葉が与える印象は，研究の対象が何かよ

く定義された性質のもので，大切に包装されてどこかに置いてあって，しかし全体像は必ずしも明確ではないという感じだろう——ヘイルの表現通り，垣間見ることはできるが，決して手に入らない宝物のようだ。だがこうした比喩が生み出すイメージにほとんど価値はなく，実用的な目的のために「真理」という概念が役立ってくれる場面もまったくないのである。現実とはまさに現実そのもので，過去とは過去そのものだ。だから，研究対象をそのまま研究すればいいのである。たとえば，第一次世界大戦の開戦過程を研究したければ，そのまま研究すればいい。第一次世界大戦の開戦過程に関する「真理」を知ることが，研究の目的だなどと思う必要はない。

　以上の理由から，研究対象の真理を知ることが目的だとの考え方は，安心して却下できる。だがこうして却下するのであれば，理解するための努力は「絶対的・根本的な真理」を損なう行為なので不道徳的だとの考えも一緒に却下すべきだ。こうして，理解することそのものが研究の最重要の目的になる。理解は，「真理」という神秘的で究極の手の届かぬ目的に近づく手段ではなく，研究の目的になる。こうなれば，過去を理解する行為が真実を歪める原因だと，ヘイル流で考える必要はなくなる。その代わりに，過去を理解しようとするのは，歴史という営みの中核を占めると考えるべきだ。「真理」の究明ではなく，過去の理解こそが，歴史家が必死になって達成すべき目標なのである。

　では「理解」とは一体どういうことか。これに関しては，ハンソンの業績がとても参考になる。ハンソンの考えでは，理解の中心的な意味は，物事同士がどのように関係しているかの解明だ。ハンソンの見事な議論が示すように，科学者は観察から始め，そこから「課題を設定する[95]」。課題設定の目的は，観察で得られたデータの説明である。もしその科学者が物理学者なら，「今回の観察で得られたデータが，既存の広く知られたデータに明瞭に合致する構造的なパターンを見出すことが目的になる[96]」。こうやって科学理論が生み出されるのである。

　物理理論が提供するパターンによって，データは理解可能になる。……観測された現象をつなぎ合わせても理論にはならない。むしろ理論によって，現象は観察可能ある種の実在性を持ち，他の現象との関係も示されるのである。現象に体系性を与えるのは理論なのだ。では理論の構築はというと「逆

廻し」で行われる——結果から原因を推測してなされるのだ。理論とは, 物事を明らかにしようとした末に得られた様々な結論の塊である。現象から観察された性質をもとに, 今度はそうした性質を当然の結果として説明できる根本的なアイディアは何かと, 物理学者は合理的な推論を働かせるのだ[97]。

よって, 理論というものは「原因から結果を推測できる」演繹システムなのだ[98]。実際に, 因果関係が存在していると主張するためには, こうした保証が必要になる。なぜなら, 「真の因果関係とたんなる偶然の一致を明確に区別するのは, 理論が因果的推論に与えるこの論理的保証だからである」[99]。2つの現象の間に, 一方が原因で他方が結果という関係があるのなら, 両者の間には必然的なつながりがないといけない。そして, その必然性という要素を説明できるのは理論だけなのである。理論だけが——なぜなら演繹システムであるがゆえに——なぜ一方が原因で他方が結果の関係であらねばならないのかを説明できるのである。つまり「原因および結果として解釈される2つの出来事の組み合わせには, 通常は必然性がある。ではこの必然性が一体どこで生じるのかというと, 1つの出来事からもう1つの出来事への推論を保証する理論の前提と結論の間なのである」[100]。

　以上に見た理論の理解は, ヘンペルの議論とどう違うのか。ヘンペルにとっても, 説明とは演繹のことだった。だが, ヘンペルはここで議論をやめてしまった。ハンソンには, こうしたヘンペルのアプローチがあまりに機械論的で, あまりに形式主義的だった。ヘンペルが理論に求めた基本的な条件を満たすには, たんなる「予測装置」でありさえすればよかった。しかしハンソンに言わせれば, それでは理論に値する説明能力を持てない。理論は予測装置以上の何かでないといけないのである。つまり, 何かが本当に説明されているという感覚を私たちに与えてくれるものでなければならない——その理論のおかげで, 以前は理解できなかったものを理解できたという感覚だ[101]。たとえば, ある直角三角形を選んで, その2つの短辺の2乗を合わせた長さが, 残りの長辺の2乗と等しくなる理由を, 理解したいとしよう。ここで必要なのは, まずたくさんの直角三角形の各辺の長さを測った上で, すべてのケースで斜辺の2乗が残り2辺のそれぞれの2乗の和に等しかったことを記録し, 以上の事実を経験的な「法則」であると宣言して, この法則を引証に, 最初の三角形のケースを「説

明する」ような単純なことではない。そうではなくて，ピタゴラスの定理を学ぶことで──つまりピタゴラスの定理の証明を確認して，相対的には確実と言えるいくつかの前提から結論が導かれる過程をたどってみれば──なぜたまたま選んだ直角三角形の斜辺の2乗が，残りの2辺のそれぞれの2乗の和に等しくなったのか理解することができるのである。こうやって観察結果が説明されることで，初めて「理解したという感覚」を覚えるはずだ。[102]

　ハンソンの議論から学ぶべき重要な論点は，他にもある。まず，因果関係の説明でなぜ理論が重要なのか，ついで理解の本質とは何か，そして理解はそもそも「客観的」たりうるのか，などである。理解，説明，因果関係といった概念の実際の意味を，ハンソンは突き詰めようとした。その際にハンソンは，過度に機械論的な方法論を用いずに，分析を進めようとしたのである。

　とくにハンソンが避けようとしたのは，因果関係の機械的（もしくは「因果連鎖」）モデルである。現実世界で直接に観察可能な現象としてではなく，理論という文脈を与えられて初めて認識できる何かとして，ハンソンは因果関係を把握しようとした。ハンソンは言う。「原因はたしかに結果と結びついている。しかし原因と結果が結びついている理由は，私たちの理論が両者を結びつけているからであって，宇宙規模の接着剤で世界が結びついているからではない」。[103]ぶつかり合うビリヤード玉の動き一つとっても，本来は自明ではない。フランスの数学者で天文学者のピエール・ルイ・モーペルチュイ（Pierre-Louis Maupertuis）は，1732年に次のように指摘している。「動作中の物体が他の物体にその運動を伝えるのを目撃しても，人々が驚くことはない。その現象を見慣れてしまっているので，いかに驚嘆すべき現象であるのかわからないのである」。[104]こうした現象の因果関係を理解するためには，何か自然に関する理論（ハンソンが言うには「どのようなに原始的なものであっても」）を知っている必要がある。[105]

　よって，理論は私たちの頭の中に存在する。ハンソン曰く「因果＝話法の場所は物理的世界の中にはない」。「『因果的結合』という名称にかなっているもので，見たり，触れたり，蹴ったりできるものなど，まったく何一つ存在しない」。もっとも，事実または事実だと主張されていることも，私たちが触れることはできない。だからと言ってこうした観念に「ひどく主観的な」もしくは「現実離れした」性質があるわけではない。つまり「世界がありのままに存在するように，事実，事実だと主張されていること，そして因果関係もたしかに

27

存在する」のであって，よって「正しい結論へ向けて正当な論証をすることには主観的な」点など何もないのだ。[106]

　だが，以上のハンソンの主張がまったく客観的というわけではない。実際にハンソンが考える理論の目的とは，現実をそのまま映す鏡ではなかった。現実のデータを蓄積していくことは，理論の目的にはならないとハンソンは主張していた。目指すべきは理解なのである。だから，全体像をぼやかしてしまう冗長な詳細は不要だ。ハンソン曰く「地図が現実の鏡像に近づくほど，地図としては使い物にならなくなる」[107]。理論はモデルに近いというのだ。モデルの最も大事な目的とは，ある種の「全体構造に関する理解」を提示することである。研究対象の最も根本的な要素を取り出してみせるのも，モデルに期待されている役割だ。だから，ある程度の定式化は，モデルをモデルたらしめるためだけでなく，「理論を理論たらしめる」ために，さらには「科学を科学たらしめる」ためにも必要なのである。[108]

　よって，単純さには価値がある。理論の目的は，比較的シンプルな前提を少数組み合わせて，説明のための体系を打ち立てることにあるからだ。「ガリレオ，ケプラー，ニュートン，マクスウェル，アインシュタイン，ボーア，シュレディンガー，ハイゼンベルクらの果たした素晴らしい統一作業が，いろいろな現象についての説明を当然のこととして導きだせる，簡潔な公式類を見事に見つけ出した」[109]ようにだ。単純さを求める努力は，数学による定式化を求める努力につながる。その様を，カント（Immanuel Kant）の有名な格言が見事に表現している。「個々の自然科学において，数学がその中に占める位置が大きいだけ，正当な科学と言うことができよう」[110]。

　理解することが理論の目的であれば，理論選択の基準は理論そのものが持つ性質でなければならない。こうした根本的な基準にあたるのは，分析の簡潔性であるとか，説明能力の豊かさといったものだ。だが，科学者の共同体が共有する主観的・審美的な価値観を反映した，たんなる恣意的なガイドラインではない。こうした基準が果たす機能は合理的なのである[111]。シンプルで簡潔な論理構造の下では，核となる少数の前提をもとに適用範囲が広くて深い考えを発展させることで，演繹的に仮説が構築される。そして，演繹的に構築された仮説は実験によって検証できる——仮説構築の核となった前提は直接試験できなくても，である[112]。もし特定の仮説が妥当だと判明すれば，理論の裏づけが強まる

だろう。ただし仮説が実証されない場合でも、そうした実験結果の意義は相当
に大きいかもしれない。仮説とは、一般的な前提から推論されたものである。
だから、仮説が妥当でないとわかることも、重要な意味を持つ。構造こそが洞
察を生み出すのだ。だからこうした構造なしに行われる、出たとこ勝負の観察
から得られるものは少ない。それに対して、大きな理論をもとに生み出された
仮説が失敗すれば、私たちは根本的な問題の検討に向かわざるをえなくなる。
ベーコン曰く「真理は混乱からよりも誤りから速やかに現れ出る」のである。[113]

　要は、分析の簡潔性や説明能力の豊かさは、恣意的で主観的な基準では決し
てないのである。美しさだけを求めて、科学者が強力な演繹の体系を構築する
ことはない。こうした体系が目指すのは、「全体構造に関する理解」を何らか
の形で実現することだ。物事同士がどのように関係しているのかを示そうとし
ている。そして、以上に述べたことすべてが重要なのは、理解するとは何を意
味するのかの説明となっているからだ。現象を理解するとは、つまりこうした
意味なのである。

　では、以上のことは歴史研究にどれくらい当てはまるだろうか。歴史家も科
学者のように観察から研究を始めるし、こうした観察から「課題を設定する」。
たとえば戦争が勃発したら、どのような説明が必要だろうか。物理学者が目指
すのは、「今回の観察で得られたデータが、既存の広く知られたデータに明瞭
に合致する構造的なパターンを見出すこと」である。[114]歴史家が見出そうとする
のも同様のパターンだ――出来事の根底にあったロジックを理解しようとする
のである。科学において「ある 1 つの事象が説明されたと言えるのは、説明の
必要がない、いくつかの事象にまで原因をさかのぼることができたとき」であ
り、その結果「そういったいくつかの事象に共通した明確なパターンに、その
出来事も当てはまると示された場合」だ。[115]歴史学でも目的は同じで、「いくつ
もの事象に共通して見られる明確なパターン」に、個別の事例がどう当てはま
っているのかを説明しようとしているのである。一見したところ説明が困難な
個別事例（たとえば真珠湾攻撃であるとか）を研究するとき、理解がそこまで困
難でない原因にまでさかのぼってわかりやすい解釈を示すのは、うまくいく説
明のやり方だ。つまり、ストーリーを与えるのである。

　歴史的な説明・解釈というのは、物理理論とまさに相似の関係にある。歴史
解釈の目的も「データが理解可能になる」枠組みを提供することにあるからだ。

物理理論と同じように，歴史解釈でも「観測された現象をつなぎ合わせても理論にはならない。むしろ理論によって，現象は観察可能なある種の実在性を持ち，他の現象との関係も示されるのである」。科学における事実と同様に，歴史における事実も「自ら語る」ことなど決してないのだ。しかも歴史解釈の構築も，ハンソンが物理理論について説明したのとまったく同じやり方でなされる。ハンソンが言うように，物理学者が「探究しているのは，物理学的な解釈さえ当てはめれば，今問題にしているデータが論理的に導き出される演繹の推論システムそのものであることはまずない。そうではなくて，得ようとしているのはデータの説明なのだ。つまり今回の観察で得られたデータが，既存の広く知られたデータに明瞭に合致する構造的なパターンを見出そうとしているのである」。同じように，歴史家が特定の歴史解釈の構築を最初から目指すことは稀である。歴史家が意識的に目指すのは，歴史過程の中で実際に何が生じていたのかの理解であり，その上で理解した歴史過程の意義を明らかにすることである。そうする中で，歴史解釈は自然とできあがってくる。[116]

　ハンソンは，理論を演繹のための推論システムだと捉えていた。比較的シンプルな少数の原理の組み合わせで，生じている出来事を推論して現象を説明するのが理論なのである。こうした演繹システムは，単純でなければならない。なぜなら，理論の「洗練された簡潔性」が，その価値を大きく左右するからである。歴史学でも同様で，単純性と分析の「洗練」が相当に重視される。より具体的に言えば，過去の描写で力を注ぐ必要があるのは，写実的な再現ではなく，重要な要素を浮き彫りにすることだ。比較的単純ではあるが信頼性の高い前提を少数組み合わせて，過去の出来事について多くを説明できれば，その説明の価値は相当に高い。さらに，もし用いた前提なしには説明のしようがないか，もしくは思いもよらない知見を示しているなら，その説明はより秀でているということになる。

　だから，歴史上の具体的な出来事を説明するための研究によって，結果的に演繹のシステムがある程度できあがることもある。そして，こうした歴史研究を通じて形成される考え方を定式化した歴史解釈は，演繹のための構造と言えるものを，可能な限り備えているはずだ。アイゼンハワー（Dwight David Eisenhower）政権のヨーロッパ基本政策に関する歴史研究を例に考えよう。まず，近い将来にヨーロッパから撤退することが，アイゼンハワー大統領の望み

であったと説明したとしよう。次に来るだろう説明は，西ヨーロッパが世界政治における「第三のブロック」となって，アメリカの直接的な援助なしにソ連に対抗できるようになるべきだと暗に想定されていたことだ。こうすれば，ヨーロッパの統合支援，ヨーロッパ駐留のアメリカ軍の戦力削減，西ヨーロッパ諸国との核共有政策といった，当時のアメリカがヨーロッパで追求した異なる個々の政策が，同一の基本政策から導き出されたものであったと示せるだろう。ヘンペル流の社会科学上の法則ではないが，説明にはなっている。説明を説明たらしめているのは，一般と特殊をつなぐロジックである。つまりこの場合は，アイゼンハワーの基本政策を踏まえておけば，大統領が実施した個々の政策は「当然」実施されたのだと理解できるのだ。

　とはいえ，こうした説明の構造を歴史家が作ろうとする際には，やり過ぎないように配慮するのが肝要だ。歴史の過程では，偶然の要素が大きな役割を果たしている。よって，歴史の流れを左右するロジックは，数学の定理ほど厳密なものには決してならない。比較的シンプルな少数の前提を組み合わせることで，説明できる事例の範囲が，どの程度まで幅広く多様なのかを確認するぐらいが目標になるだろう。しかしそのときに，実際の歴史的な事実の中に存在した以上の構造を読み取ってしまわないように，歴史家は心する必要がある。

　だから，現実との適合性を確かめることは必須である。たしかに歴史の解釈は構築されたものだ。それは私たちの心の中に存在する。しかし，だからと言って，「ひどく主観的な」ものになってしまい，恣意的で得体の知れない要素でしか因果関係を語れないわけではない。この点は，因果関係を主張するという行為の一般的な特徴に関して，ハンソンが指摘している通りである。つまり「世界がありのままに存在するように，事実，事実だと主張されていること，そして因果関係もたしかに存在する」のだ。[117] 観察は紙の上に書かれた点ではない。好みのままに結びつけるわけにはいかないのである。限られた組み合わせにのみ妥当性がある。つまり歴史解釈とは，歴史から得られたデータに基づいて，ようやく正しく描ける絵画なのだ。よって描き方は「世界がたしかにそこにある」という事実で制約される。歴史にふさわしく言い換えれば，過去はたしかにそこにあったという事実によって制約されるのである。

　では，以上の制約の中で，研究者はどこまで強力で，かつ説得力のある解釈を構築できるのだろうか。あらゆる要素を考慮してみないと，答えはわからな

い。個別の研究対象の性質にも左右されるし，利用可能な資料の性質によって
も変わってくる。ただし研究者の技能や熟練度も，結果を左右する。しかもこ
うした能力は伸ばすことができる。歴史を研究するために，誰もが実際に習得
できる方法論が存在するのである。

注

1) Carl Hempel, "The Function of General Laws in History," *Journal of Philosophy* 39 (1942): 35-48; reprinted in Patrick Gardiner, ed., *Theories of History* (New York: Free Press, 1959), pp. 344-356. 本書ではガーディナー版に所収のものを主に参照した。

2) William Dray, *Laws and Explanation in History* (Oxford: Oxford University Press, 1957) を参照。こうした説明の捉え方を，アラン・ドナガン（Alan Donagan）は「ポパー＝ヘンペル」理論と呼んで特徴づけている。Alan Donagan, "The Popper-Hempel Theory Reconsidered," *History and Theory* 1 (1964): 3-26. このドナガンの論文は，若干の修正を加えて *Philosophical Analysis and History,* ed. William Dray (New York: Harper and Row, 1966), pp. 127-159 に再録されている。本書では，後者の修正版を主に参照した。ただし，ドナガンの論文が出版された頃のポパーが，自身が「歴史主義（ヒストリシズム）」と名づけた考え方にきわめて批判的だったことに注意が必要である。ポパーは歴史主義（ヒストリシズム）を「歴史の進化の根底にある」法則を発見することに最大の関心を向ける「社会科学上の研究態度（アプローチ）」と定義している。 Karl Popper, *The Poverty of Historicism* (London: Routledge, 1961), p. 3（カール・R・ポパー［久野収・市井三郎訳］『歴史主義の貧困——社会科学の方法と実践』中央公論社，1961年，18頁；カール・ポパー［岩坂彰訳］『歴史主義の貧困』日経 BP クラシックス，2013年，20頁。後者に従い，本翻訳でも「歴史主義」にすべてルビを振った）。 後のポパーは「この［歴史主義という］危険に敢然と立ち向かう」ドナガンを称賛するほどであった。Paul A. Schilpp, ed., *The Philosophy of Karl Popper,* 2 vols. (La Salle, Ill.: Open Court, 1974), 2 : 1174. もちろん，「歴史主義（ヒストリシズム）」という言葉は，多種多様な意味で使われてきた。この点については，Georg Iggers, *The German Conception of History* (Middletown, Conn.: Wesleyan University Press, 1968), pp. 287-290（1983年に出版された改訂版では pp. 295-298）と，同書の該当頁で引用されている文献を参照のこと。

3) William Dray, *On History and Philosophers of History* (Leiden: Brill, 1989), p. 13. Donagan, "Popper-Hempel Theory," p. 127 もあわせて参照のこと。

4) William Dray, *Philosophy of History* (Englewood Cliffs, N. J.: Prentice-Hall, 1964), pp. 6-7（強調はドレイ）. 引用したのは，ドレイが別の哲学者の議論を解釈

している部分である。

5）とくに J. H. Hexter, "The One That Got Away," *New York Review of Books*, February 9, 1967 を参照のこと。

6）たとえば，Dray, *Laws and Explanation in History*, p. 12, and Alan Donagan, "Can Philosophers Learn from Historians?" in *Mind, Science, and History*, ed. Howard Kiefer and Milton Munitz（Albany: State University of New York Press, 1970）, p. 244.

7）Marvin Levich, "Interpretation in History," *History and Theory* 24 (1985): 61.

8）Donagan, "Popper-Hempel Theory," p. 157.

9）William Dray, "The Historical Explanation of Actions Reconsidered," in *Philosophy and History : A Symposium*, ed. Sidney Hook（New York: New York University Press, 1963）, p. 133.

10）Donagan, "Popper-Hempel Theory," p. 142.

11）Carl Hempel, "Reasons and Covering Laws in Historical Explanation," in Hook, *Philosophy and History*, p. 146. あわせて N. R. Hanson, *Observation and Explanation : A Guide to Philosophy of Science*（New York: Harper, 1971）, pp. 39-49, esp. pp. 42, 48-49.

12）Hempel, "Function of General Laws," pp. 347-348. ポパーも同様の議論を提示している。Karl Popper, *The Open Society and Its Enemies*, 4th ed.（London: Routledge, 1962）, 2: 262 を参照。しかし，説明と予測の関係は，ヘンペルが考えたほど単純なものではない。N. R. Hanson, *The Concept of the Positron : A Philosophical Analysis*（Cambridge: Cambridge University Press, 1963）, pp. 25-41 の "Explaining and Predicting" と題された章を参照。

13）R. G. Collingwood, *The Idea of History*（New York: Oxford University Press, 1956）, pp. 175-178, 214-215.（R・G・コリングウッド［小松茂夫・三浦修訳］『歴史の観念　復刊版』紀伊國屋書店，2002年，187-190，230頁）

14）Ibid., p. 215.（コリングウッド『歴史の観念』230-231頁）

15）Ibid., pp. 78-79, 218, 228, 304（強調はトラクテンバーグ）.（コリングウッド『歴史の観念』83，234，245頁）

16）とくに R. F. Atkinson, *Knowledge and Explanation in History*（Ithaca: Cornell University Press, 1978）, pp. 26-27 を参照。

17）Collingwood, *Idea of History*, p. 216.（コリングウッド『歴史の観念』232頁）

18）この単純なポイントは，進化論の根幹部分だ。こうした考え方の政治現象への適用については，Kenneth Waltz, *Theory of International Politics*（New York: McGraw-Hill, 1979）, とくに pp. 76-77, 82-88, 118. 引用した表現は p. 92.（ケネ

ス・ウォルツ［河野勝，岡垣知子訳］『国際政治の理論』勁草書房，2010年，123
頁）ロバート・アクセルロッドが（Robert Axelrod）が *The Evolution of Coop-
eration*（New York: Basic Books, 1984）の中で一貫して用いた研究手法にも注目
だ（ロバート・アクセルロッド［松田裕之訳］『つきあい方の科学──バクテリア
から国際関係まで』HBJ 出版局，1987年；ミネルヴァ書房，1998年）。進化の観点
から行われたこの研究で，アクセルロッドは，知性が行動を生み出すとの前提を置
かなかった。アクセルロッドの表現では，生命体が「ゲームをするのに頭脳がなく
てもかまわない」のだ。だからアクセルロッドの「協力」の理論は，人間にもバク
テリアにも同じように適用できる。Ibid., p. 18; chapter 5 も参照。(アクセルロッ
ド『つきあい方の科学』18頁；第 5 章「生物における協調関係の進化」)

19) Reply to Morton White, *New York Review of Books*, March 23, 1967, p. 29.

20) イギリスの哲学者，マイケル・オークショット（Michael Oakeshott）は1933
年に「歴史家の仕事は発見ではないし，再現とも違うし，解釈でさえない。創りだ
し，築き上げることだ」と主張している。Michael Oakeshott, *Experience and Its
Modes*（Cambridge: Cambridge University Press, 1933), p. 93. ちなみに，オー
クショットが以上の主張を展開している章を評して，コリングウッドは「現在ある
歴史思想の中で，最も鋭い分析である」と言っている。David Boucher, "The
Creation of the Past: British Idealism and Michael Oakeshott's Philosophy of
History," *History and Theory* 23（1984）: 193 から再引用。

21) Hayden White, *The Content of the Form : Narrative Discourse and Histori-
cal Representation*（Baltimore: Johns Hopkins University Press, 1987), p. 76. 過
去の「非存在」に関して，驚くほど共通した議論を提示しているものとして，At-
kinson, *Knowledge and Explanation in History*, pp. 51-53 を参照。

22) White, *Content of the Form*, p. 73.

23) Hayden White, response to Arthur Marwick, *Journal of Contemporary His-
tory* 30（April 1995): 240（強調はホワイト）.

24) White, *Content of the Form*, pp. ix, 43-44.

25) Ibid., p. 45.

26) Hayden White, *Metahistory : The Historical Imagination in Nineteenth-Cen-
tury Europe*（Baltimore: Johns Hopkins University Press, 1973), p. x（強調はホ
ワイト）. (ヘイドン・ホワイト［岩崎稔訳］『メタヒストリー──19世紀ヨーロッ
パにおける歴史的創造力』作品社，2017年，42頁)

27) Maurice Mandelbaum, "The Presuppositions of *Metahistory*," *History and
Theory* 19, Beiheft（1980）: 46.

28) White, *Metahistory*, p. xii（強調はホワイト）. (ホワイト『メタヒストリー』42,
44頁)

29)　Ibid., p. 433.（ホワイト『メタヒストリー』659頁）

30)　Hayden White, *Tropics of Discourse : Essays in Cultural Criticism*（Baltimore: Johns Hopkins University Press, 1978）, p. 82.

31)　White, *Metahistory*, p. xi（ホワイト『メタヒストリー』）; White, *Content of the Form*, pp. 35, 37. 後者では，バルトの言葉（"le fait n'a jamais qu'une existence linguistique"［事実は言語的な存在でしかない］）が題辞として引用されている。

32)　White, *Content of the Form*, p. 76; White, *Metahistory*, p. 433.（ホワイト『メタヒストリー』）

33)　White, *Content of the Form*, pp. 74-75.

34)　Ibid., pp. 80-81; p. 73 もあわせて参照のこと。

35)　Hans Kellner, "Narrativity in History: Post-Structuralism and Since," *History and Theory* 26, Beiheft 26（December 1987）: 6.

36)　Michel Foucault, *Power/Knowledge : Selected Interviews and Other Writings, 1972-1977*（New York: Pantheon, 1980）, p. 93.

37)　Keith Jenkins, *On "What Is History ?" : From Carr and Elton to Rorty and White*（London: Routledge, 1995）, p. 42（強調はジェンキンス）.

38)　スティーヴン・バン（Stephen Bann）による。以下の文献から再引用。Hans Kellner, *Language and Historical Representation : Getting the Story Crooked*（Madison: University of Wisconsin Press, 1989）, p. 3. および J. L. Gorman's review of the Kellner book in *History and Theory* 30（1991）: 359（強調はケルナー）.

39)　Nancy Partner, "Hayden White（and the Content and the Form and Everyone Else）at the AHA," *History and Theory* 36（1997）: 104, and Richard Vann, "The Reception of Hayden White," *History and Theory* 37（1998）.

40)　たとえば，Joyce Appleby, Lynn Hunt, and Margaret Jacob, *Telling the Truth about History*（New York: Norton, 1994）, p. 4 を参照。「これまで以上に民主主義社会を進展させてくれる過去の見方と現在に対する知的な姿勢を，私たちは手に入れようと努力しているのだ」。あわせて，Thomas L. Haskell, *Objectivity Is Not Neutrality : Explanatory Schemes in History*（Baltimore: Johns Hopkins University Press, 1998）, p. 150 と，Peter Novick, *That Noble Dream : The "Objectivity Question" and the American Historical Profession*（Cambridge: Cambridge University Press, 1988）, p. 598 で引用されている一連の主張も参照。

41)　Jean Baudrillard, interview with Sylvere Lotringer, "Forgetting Baudrillard," *Social Text*, no. 15（Fall 1986）: 142.

42)　この広く引用されているフーコーの指摘が最初に活字になったのは，"Débat sur le roman," published in *Tel Quel* 117（Spring 1964）: 45 であり，同論文が

再録された Michel Foucault, *Dits et Ecrits, 1954-1988*, vol. 1 (Paris: Gallimard, 1994), p. 380 でも見ることができる（「小説をめぐる討論」[堀江敏幸訳]『ミシェル・フーコー思考集成 II ——文学／言語／エピステモロジー』筑摩書房, 1999年, 77-149頁）。

43) Richard Rorty, *Philosophy and the Mirror of Nature* (Princeton: Princeton University Press, 1979), pp. 10, 11, 178, 385（リチャード・ローティ [野家啓一監訳, 伊藤春樹・須藤訓任・野家伸也・柴田正良訳]『哲学と自然の鏡』産業図書, 1993年, 194, 195頁）; Richard Rorty, *Objectivism, Relativism, and Truth* (Cambridge: Cambridge University Press, 1991), p. 24.

44) Rorty, *Objectivism, Relativism, and Truth*, p. 23.

45) Ibid.

46) Rorty, *Philosophy and the Mirror of Nature*, p. 11.（ローティ『哲学と自然の鏡』30頁）

47) Richard Rorty, "The Contingency of Community," *London Review of Books*, July 24, 1986, p. 10.

48) とくに Jenkins, *On "What Is History?"* を参照。あわせて人文学全般に対するローティの影響を論じたジョン・サール (John Searle) の "The Storm over the University," *New York Review of Books*, December 6, 1990, p. 40 も重要。

49) Richard Rorty, "Deconstruction and Circumvention," in his *Philosophical Papers*, vol. 2, *Essays on Heidegger and Others* (New York: Cambridge University Press, 1991), p. 86. この論文の初出は, *Critical Inquiry* (September 1984).

50) たとえば, W・V・クワイン (W. V. Quine) は, ローティによってクワインのものだとされた見解（「言説の意味にとって『事実』は何の関係もないとの主張」）を明確に否定している。クワインに言わせれば, 主張の意義は「事実と非常に関係している」のだ。ドナルド・デーヴィッドソン (Donald Davidson) の発言も見よう。「意味を決定的に左右するのは客観的な真理条件だと考えて, 実在論者の真理観を受け入れていい。知識は, 私たちの思考や言葉から独立した客観世界のものだと主張していいのである」。W. V. Quine, "Let Me Accentuate the Positive," and Donald Davidson, "A Coherence Theory of Truth and Knowledge," in *Reading Rorty : Critical Response to Philosophy and the Mirror of Nature (and Beyond)*, ed. Alan Malachowski (Oxford: Blackwell, 1990), pp. 117, 120-121.

51) John Searle, *The Construction of Social Reality* (New York: Free Press, 1995), p. xiii. 以上の前提を裏づけるための議論が, 同書の 7 ～ 9 章で展開されている。

52) Bertrand Russell, *The Analysis of Mind* (London: George Allen and Unwin, 1921), p. 160. こうした議論は, 認識論ではお馴染みのものである。たとえばデカ

ルトは，「究極の力と狡猾さをもった欺き手がいて，計画的に私をだまし続けてい
る」可能性を指摘している。René Descartes, *The Philosophical Writings of Des-*
cartes, Vol. II, trans. John Cottingham, Robert Stoothoff, and Dugald Murdoch
(Cambridge: Cambridge University Press, 1984), p. 17.（ルネ・デカルト［山田
弘明訳］『省察』ちくま学芸文庫，2006年，44-45頁）

53)　David Hume, *A Treatise of Human Nature,* ed. L. A. Selby-Bigge, 2d ed.
(Oxford: Clarendon, 1978), p. 187（強調表現はヒューム）.（ヒューム［土岐邦
夫・小西嘉四郎訳］『人性論』中公クラシックス，2010年，93頁［土岐邦夫訳］；底
本は『世界の名著27　ロック　ヒューム』中央公論社，1968年）

54)　たとえば，アンソニー・オヘア（Anthony O'Hear）が主張するようにである。
Anthony O'Hear, *Introduction to the Philosophy of Science* (Oxford: Clarendon,
1989), p. 6.

55)　Collingwood, *Idea of History,* p. 5.（コリングウッド『歴史の観念』5-6頁）

56)　W. H. Walsh, *An Introduction to the Philosophy of History* (London:
Hutchinson's, 1951), pp. 24, 38. あわせて Maurice Mandelbaum, *The Problem of*
Historical Knowledge : An Answer to Relativism (New York: Liveright, 1938),
p. 3 も参照のこと。

57)　こうしたなじみの指摘は少なくともデカルトにまでさかのぼる。Collingwood,
Idea of History, p. 59（コリングウッド『歴史の観念』）が引用している，デカル
トによる一節を参照のこと。

58)　Atkinson, *Knowledge and Explanation in History,* p. 79.

59)　Walsh, *Introduction to the Philosophy of History,* pp. 96-97, 114.

60)　Collingwood, *Idea of History,* p. 269.（コリングウッド『歴史の観念』290頁）

61)　Ibid., p. 281.（コリングウッド『歴史の観念』305頁）

62)　Thomas Kuhn, *The Trouble with the Historical Philosophy of Science*
(Cambridge, Mass.: Harvard History of Science Department, 1991), pp. 4-5;
Stephen Toulmin, "From Form to Function: Philosophy and History of Science
in the 1950s and Now," *Daedalus* 106, no. 3 (Summer 1977): esp. 147, 150-151.

63)　以上の問題は，N・R・ハンソンによる研究の基本テーマの1つである。以下の
文献を参照のこと。Hanson, *Observation and Explanation,* pp. 1-15, esp. 4-5; N.
R. Hanson, *Patterns of Discovery : An Inquiry into the Conceptual Foundations*
of Science (Cambridge: Cambridge University Press, 1958), chaps. 1 and 2
（N・R・ハンソン［村上陽一郎訳］『科学的発見のパターン』講談社学術文庫，
1986年）; and N. R. Hanson, *Perception and Discovery : An Introduction to Sci-*
entific Inquiry (San Francisco: Freeman, Cooper, 1969), parts 2 and 3.（ノーウ
ッド・ラッセル・ハンソン［野家啓一・渡辺博訳］『知覚と発見——科学的探究の

論理』上下，紀伊國屋書店，1982年）こうした理解の仕方がまったく新しかったわけでは当然ない。事実，中核となる考え方は半世紀前にピエール・デュエムが明確に提示している。とくに Pierre Duhem, *La Theorie physique, son objet, sa structure* (Paris: Chevalier et Riviere, 1906) と，同書の英語版である *The Aim and Structure of Physical Theory* (Princeton: Princeton University Press, 1954) を参照のこと。中でも同書の part II, chaps. 4 and 6.

64) Hanson, *Perception and Discovery*, pp. 220, 237.（ハンソン『知覚と発見』下，35，56頁）Hanson, *Patterns of Discovery*, pp. 183-184 にある引用も参照のこと。

65) Albert Einstein, "Physics and Reality," in Albert Einstein, *Ideas and Opinions* (New York: Crown, 1954), pp. 301, 307. この論考の初出は1936年。

66) とくに Imre Lakatos, "Falsification and the Methodology of Scientific Research Programmes," in *Criticism and the Growth of Knowledge*, ed. Imre Lakatos and Alan Musgrave (Cambridge: Cambridge University Press, 1970), pp. 100-101（イムレ・ラカトシュ［中山伸樹訳］「反証と科学的研究プログラムの方法論」イムレ・ラカトシュ，アラン・マスグレーヴ編［森博監訳］『批判と知識の成長』木鐸社，1985年）を参照のこと。

67) Imre Lakatos. 以下から再引用。Stephen Toulmin, *Human Understanding*, vol. 1 (Princeton: Princeton University Press, 1972), p. 482n.

68) Karl Popper, "Normal Science and Its Dangers," in Lakatos and Musgrave, *Criticism and the Growth of Knowledge*, pp. 57-58.（K・R・ポパー［森博訳］「通常科学とその危険」ラカトシュ，マスグレーヴ編『批判と知識の成長』）同じ論集に寄稿した論文の中でクーンは以上のポパーの議論を引用している（そして批判している）。Ibid., p. 235.（クーン［立花希一訳］「私の批判者たちに関する考察」325頁）

69) N. R. Hanson, *What I Do Not Believe, and Other Essays* (Dordrecht: Reidel, 1972), pp. 288-289.

70) Thomas Kuhn, *The Essential Tension : Selected Studies in Scientific Tradition and Change* (Chicago: University of Chicago Press, 1977), p. 325.（トーマス・S・クーン［安孫子誠也・佐野正博訳］『科学革命における本質的緊張——トーマス・クーン論文集』みすず書房，1998年［『本質的緊張』1・2，1992年の改題・合本]，423頁）ある研究者はこの一節を引用して，クーンにとっては「科学におけるあらゆる理論選択が主観的である」との自説を裏づけようとしている！Larry Laudan, *Beyond Positivism and Relativism : Theory, Method, and Evidence* (Boulder, Colo.: Westview, 1996), p. 249.

71) R. W. Newell, *Objectivity, Empiricism and Truth* (London: Routledge, 1986), pp. 2-3, 115 n. 1. あわせて Toulmin, *Human Understanding*, 1 : 19 も参照。

72)　こうした意味でパラダイムという言葉を用いたのはクーンが最初ではない。た
とえば，Stephen Toulmin, *Foresight and Understanding : An Enquiry into the
Aims of Science* (New York: Harper, 1961), p. 16 を見よ（Stephen Toulmin［水
野益継訳］『学問への洞察眼と理解力──人間学的な科学目標の探究』水野益継，
1993年［Ryukyus 郷学研究ブックレット，No. 11]）。

73)　Thomas Kuhn, *The Structure of Scientific Revolutions*, 2d ed.（Chicago:
University of Chicago Press, 1970), p. 94. 初版の出版は1962年（トーマス・クー
ン［中山茂訳］『科学革命の構造』みすず書房，1971年，107頁［底本は原著初版だ
が，第 2 版に追加された "Postscript-1969" は，もとはこの日本語訳のために用意
されたもので，原著第 2 版と同じように「補章────一九六九年」として所収されて
いる。また訳者あとがき［とくに270頁］から判断すると，原著第 2 版と同様の改
訂を，クーンからの要請で反映しているようである]）。

74)　Ibid., pp. 122-123.（クーン『科学革命の構造』138頁）

75)　Ibid., p. 158.（クーン『科学革命の構造』178頁）

76)　Ibid., p. 148.（クーン『科学革命の構造』167頁）

77)　Ibid., p. 156.（クーン『科学革命の構造』176頁）

78)　Ibid., pp. 152, 159.（クーン『科学革命の構造』，引用は176頁）

79)　Ibid., p. 122.（クーン『科学革命の構造』138頁）

80)　Hanson, *Patterns of Discovery*, pp. 8-19, 90.（ハンソン『科学的発見のパター
ン』）認知心理学の文献を紹介している pp. 180-181 の記述も重要。クーンがハン
ソンの業績に言及しているのは，Kuhn, *Structure of Scientific Revolutions*, p.
113.

81)　ケプラーに関する議論は Hanson, *Patterns of Discovery*, pp. 72-85.（ハンソン
『科学的発見のパターン』）ハンソンの以下の記述と見解もあわせて参照を。「ガリ
レオは，その落体の等加速の仮説を確信をもって打ち出すまでに，34年間の苦闘を
重ねたのであった」(p. 72［邦訳155頁]）「ある仮説が最初に提起される場合」は
「直観，洞察，予感その他，伝記作者や科学者自身がよく言うような思いがけない
ことによって影響されることは，むしろ，そうままあることではない」(p. 71［邦
訳153頁]）。

82)　Lakatos, "Falsification and the Methodology of Scientific Research Pro-
grammes," p. 178（強調はラカトシュ）.（ラカトシュ「反証と科学的研究のプログ
ラムの方法論」253頁）

83)　Thomas Kuhn, "Reflections on My Critics," in Lakatos and Musgrave, *Criti-
cism and the Growth of Knowledge*, pp. 259-264（クーン「批判者に対する考察」，
引用は368頁）; Kuhn, *Essential Tension*, pp. 320-321（クーン『科学革命におけ
る本質的緊張』）; and Kuhn, *Trouble with the Historical Philosophy of Science*,

pp. 3, 8-9. 実際に，構築主義の見解はときどき極端になってしまう。一例として，1882年にロベルト・コッホ（Robert Koch）に発見されるまでの結核菌の存在を否定するブリューノ・ラトゥール（Bruno Latour）の議論があり，Alan Sokal and Jean Bricmont, *Fashionable Nonsense : Postmodern Intellectuals' Abuse of Science* (New York: St. Martin's, 1998), pp. 96-97 で取り上げられている。他の例として，Richard Dawkins, "The Moon Is not a Calabash," *Times Higher Education Supplement,* September 30, 1994, p. 17 も参照。「月とは，木のこずえにたまたま放り投げられた古いヒョウタン」だと信じる部族がもし仮にいたとしたらどう思うと，ドーキンスはある社会科学者に訊ねたことがあった。この部族の観念と「月とは，地球からだいたい25万マイル離れた空間にある巨大な衛星だとの私たちの科学的な信念とは，真実の程度でまったく同じ」だと，本当に考えるのか聞いてみたのである。ドーキンスによると，その社会科学者は「私たちの月に関する考えが真実であるのとまったく同じく，その部族の見解も真実だ」と答えたのである。

84) Toulmin, *Human Understanding,* 1 : 50.

85) Kuhn, *Trouble with the Historical Philosophy of Science,* p. 8.

86) Toulmin, *Human Understanding,* 1 : 88; Hanson, *Observation and Explanation,* pp. 1, 13.

87) たとえば以下を参照。Toulmin, *Human Understanding,* 1 : 135 and 139 （ここはトゥールミンの革命観について），168-170 and 225-226 （「真理」に関するトゥールミンの理解について），and 229 （標準尺度［the standard criteria］について）。「真理」についてのクーンの捉え方は以下を参照。Kuhn, *Structure of Scientific Revolutions,* pp. 170-171 and 206 （クーン『科学革命の構造』），and his "Reflections on My Critics," pp. 264-265 （クーン「批判者に関する考察」）。

88) Kuhn, *Structure of Scientific Revolutions,* p. 199. （クーン『科学革命の構造』228頁）

89) Ibid., pp. 155-156, 158. （クーン『科学革命の構造』176頁）実際に，審美的な側面を重視する科学者の姿勢は特筆ものだ。ノーベル賞を受賞したある科学者が紹介しているエピソードがある。1957年に開かれた会合で，物理学者のマレー・ゲル＝マン（Murray Gell-Mann）が弱い相互作用に関する新しい理論を説明していた。ファインマン（Richard P. Feynman）と一緒にゲル＝マンが考案したばかりの理論だった。このとき，その新理論と相容れない実験記録が３つも存在したのに，「３つの実験には必ず欠陥がある，なぜなら自分の新理論はあまりに美しいので間違っているはずがないからだと，ゲル＝マンは堂々と主張していた。そして後年の実験で，ゲル＝マンの主張が正しかったことが完全に証明されたのである」。このように記した上で，このノーベル賞科学者は別の著名な物理学者（ポール・ディラック［Paul Dirac］）の発言も引用している。「私たちの方程式にとってずっと大事

なことは美しさであって，実験結果に合わせることではない」。Jerome Friedman, "Creativity in Science," in Jerome Friedman et al., *The Humanities and the Sciences*, ACLS Occasional Paper No. 47 (New York: American Council of Learned Societies, 1999), pp. 12-13 (強調はトラクテンバーグ). Toulmin, *Fore-sight and Understanding*, p. 81 も参照のこと。

90)　Kuhn, "Reflections on My Critics," pp. 237-238, 262-264 (クーン「批判者に関する考察」), and Toulmin, *Human Understanding*, 1 : 227, 229, 242-243, and esp. 482.

91)　Kuhn, "Reflections on My Critics," p. 233. (クーン「批判者に関する考察」326-327頁) あわせて *Human Understanding*, 1 : 482 に見られるトゥールミンによるラカトシュ評と，同書，p. 243でトゥールミン自身が「権威と経験を兼ねそなえた人たちによる判断」に言及している部分も参照のこと。

92)　Toulmin, *Human Understanding*, 1 : 371 を参照のこと。

93)　Pieter Geyl, *Use and Abuse of History* (New Haven: Yale University Press, 1955; reprint, Archon Books, 1970), pp. 62-64 (強調はヘイル).

94)　注87) で引用した文献を参照。

95)　Hanson, *Patterns of Discovery*, p. 72. (ハンソン『科学的発見のパターン』156頁)

96)　Ibid.

97)　Ibid., p. 90. (ハンソン『科学的発見のパターン』189頁)「リトロダクション」(もしくは「アブダクション」と呼ばれる概念) は，「事実の検討と，事実を説明する理論の構築」を意味する。哲学者のチャールズ・サンダーズ・パース (Charles Sanders Peirce) による一節を引用して，ハンソンはこの用語の定義を示している。Ibid., p. 85. (ハンソン『科学的発見のパターン』180頁)

98)　Hanson, *Perception and Discovery*, p. 309. (ハンソン『知覚と発見』下，177頁)

99)　Ibid., pp. 292, 309 (直接引用部分は後者). (ハンソン『知覚と発見』下，引用は177頁)

100)　Hanson, *Patterns of Discovery*, p. 90. (ハンソン『科学的発見のパターン』190頁)

101)　Hanson, *Observation and Explanation*, pp. 41-49, esp. pp. 42-44 and 48-49.

102)　Ibid., p. 44. Hanson, *Patterns of Discovery*, p. 71 の以下の記述も重要だ。「面取り加工した鏡が太陽光線のスペクトルを示す理由を説明したければ，面取り加工した鏡なら全部そうなるからだと言うのではダメなのだ」(ハンソン『科学的発見のパターン』152頁)。ただし，ピタゴラスの定理の例は私が考えた。

103)　Hanson, *Patterns of Discovery*, chap. 3 (直接引用箇所は p. 64) (ハンソン

『科学的発見のパターン』，引用は137頁）; N. R. Hanson, "Causal Chains," *Mind* 64 (1955): 289-311; and Hanson, *Perception and Discovery*, pp. 312-313 （ハンソン『知覚と発見』）.

104) Maupertuis (1732). 以下の文献からの再引用。Alexandre Koyre, *Newtonian Studies* (Cambridge, Mass.: Harvard University Press, 1965), p. 162.

105) Hanson, *Perception and Discovery*, p. 292. （ハンソン『知覚と発見』下，150頁）

106) Ibid., pp. 312-313. （ハンソン『知覚と発見』下，182頁）

107) Hanson, *Patterns of Discovery*, p. 28. （ハンソン『科学的発見のパターン』61頁）

108) Hanson, *Observation and Explanation*, pp. 81-82 （強調はハンソン）.

109) Hanson, *Patterns of Discovery*, p. 109. （ハンソン『科学的発見のパターン』230頁）

110) Ibid., p. 193. （ハンソン『科学的発見のパターン』349頁［第3章の注27内]）

111) Hanson, *What I Do Not Believe*, p. 300.

112) Hanson, *Perception and Discovery*, pp. 230-236. （ハンソン『科学的発見のパターン』）

113) Kuhn, *Structure of Scientific Revolutions*, p. 18から再引用（クーン『科学革命の構造』21頁）。クーンは出典を書いていないが，原典はFrancis Bacon, *The New Organon*, ed. Lisa Jardine and Michael Silverthorne (Cambridge: Cambridge University Press, 2000), p. 173 (book II: XX) でみられる（ベーコン［服部英次郎訳］「ノヴム・オルガヌム 第2巻」20『世界の大思想6 ベーコン ——学問の進歩他』河出書房新社，1966年，323頁）。イギリスの論理学者，オーガスタス・ド・モルガンも同様の指摘をしている。「誤った仮説は，正しく役立てられるときには，無方針な観察よりも有益な結果を生み出してきた」。Hanson, *Perception and Discovery*, p. 236から再引用（ハンソン『知覚と発見』上，59頁）。Karl Popper, *Conjectures and Refutations*, 2d ed. (New York: Basic Books, 1965) の最初の文章で言われていることも重要。「本書を構成している論文や講義録は，1つのきわめて簡単なテーマを中心に展開される——すなわちわれわれは自己の過誤から学びうる，という考え方である」(p. vii; 強調はポパー）（カール・ポパー［藤本隆志・石垣壽郎・森博訳］『推測と反駁——科学的知識の発展』法政大学出版局，1980年，xi頁［既存訳では強調表現はなされていない]）。

114) Hanson, *Patterns of Discovery*, p. 72. （ハンソン『科学的発見のパターン』155頁）

115) Ibid., p. 94. （ハンソン『科学的発見のパターン』197-198頁）

116) Ibid., pp. 72, 90. （ハンソン『科学的発見のパターン』155, 189頁）事実が「自

ら語る」ことがないとの表現は，Hanson, *Perception and Discovery,* p. 200（ハンソン『科学的発見のパターン』56頁）と，さらに Hanson, *Observation and Explanation,* p. 25.

117)　Hanson, *Perception and Discovery,* pp. 312-313.（ハンソン『科学的発見のパターン』182頁）

第2章
外交史と国際関係理論

DIPLOMATIC HISTORY AND INTERNATIONAL RELATIONS THEORY

　歴史解釈には概念的な核が必要である。事実が「それ自身で語る」ことなど，実際にはまったくないからだ。だから歴史家は，ある種の理論を用いて事実に「語ら」せねばならない。ここで言う理論とは，物事がどう展開するかについての，何らかの感覚的な理解，センスである。しかしセンスと言ったところで，具体的にはどう発揮されるのか。実際の歴史研究で，こうした広い意味での理論はどのような役割を果たすのだろうか。個々の概念的な分析枠組みが歴史家の思考の中で形を現す瞬間に，何が起こっているのか。過去を理解するために必要となる理論的な枠組みの構築に，歴史家はどのように取り組む・べき・だろうか。基本的な概念上の問題に対処するためには，国際関係理論の文献を読み込んでその内容を把握するという，より直接的な手法をとるべきなのか。もしくは，歴史研究の目的にとっては，もっと間接的で緩やかな手法で十分なのだろうか。

　他方で理論家は，歴史から何を学べると期待したらいいのだろうか（もし学べるものがあるとしてだが）。歴史研究の成果を理論的な問題に接合するには，どうすればいいだろうか。理論家は歴史研究から一般的に何が学べるのか。概念的な核が歴史解釈につきものならば，理論の検証に使える事例をひっぱり出せる大きな倉庫以上のものとして，歴史研究を捉えるべきなのだろうか。理論家が歴史研究を正しく読みこなせれば，事実にとどまらない，もっと多くのことを学べる可能性があるのだろうか。

歴史家と国際関係理論

こうした問いに取り組むことで，本章は歴史と理論の関係を論じる。まず，

歴史家の視点から議論を始めよう。そもそも，歴史家は実際のところ，どのように理論を使っているのだろうか。とても一般的な言い方をすれば，答えはシンプルだ。歴史家にとって理論は何よりも分析のための手段の1つで，くわえて——理論による分析結果によっては——歴史解釈の基盤にもなる。ただし，以上の説明だけでは一般的に過ぎるので，私の意図を説明するために，具体例を1つ挙げよう。題材となるのは，フランスの歴史家であるエリー・アレヴィ（Elie Halevy）が80年近く前に書いた論文の一節だ。彼のことを，当時の最も優れた歴史家と呼んでいいだろう。

　もとは1929年のオックスフォード大学のローズ講義の1回分だったその論文では，第一次世界大戦の原因が一段落でまったく見事に要約されている。1914年までに，オーストリアの指導者たちは，スラブ・ナショナリズムの問題に対処するためには，セルビアを軍事的に打倒するしかないと結論していたとアレヴィは説明する。「しかし，オーストリアがセルビアに宣戦布告すれば，ロシアの汎スラブ感情に火がつき，そのときのロシア政府の方針がどうであれ抑えが効かなくなるのは，こうした状況を考えたことがある者なら，誰もがわかっていた」。こうして「もしロシアがオーストリアに宣戦布告しそうだとなれば，今度は汎ゲルマン感情に火がつき，ドイツ政府が参戦に向かわざるをえないことも，状況を直視する者にとっては，常識だったのである」。「同じように常識だったことはまだある」。アレヴィの指摘はさらに続く。「ドイツがロシアに宣戦布告するときは，それがいかなる状況でも，自国の西側に依然としてヨーロッパで2番目に強力な陸軍が存在する状況を放置できない。よってドイツ軍は最初にパリに進撃して，フランスの陸軍力を粉砕する。その上で東にとって返し，ロシアを片づけるのである」。加えて，以上の作戦を実施する際には，ドイツ軍がベルギーを通過してフランスに進撃することも自明だった。しかし，その結果「ベルギーからフランスにかけての沿岸部がドイツに征服されかねない事態となれば，自国の威信と安全がともに脅かされているとイギリスが判断して，両国を支援するために参戦するのも確実だった」。つまり1914年の段階で，戦争は不可避と言える状況になってしまっていた。「ヨーロッパ戦争が目前に迫っていること，さらにその戦争がどのようなものになるのかも，状況から目を背けなければ，容易に予想がついたのである[1]」。

　アレヴィは掛け値なしに偉大な歴史家で，たった一段落で表現しきった内容

のなんと豊かなことか。第一次大戦が終結してからまだ10年しか経っていなかったのに，超然とした公平な視点から，アレヴィは大戦の原因を分析してみせたのだ。アレヴィは国際政治の持つ悲劇性をよく理解していた。容赦なく否応のない力学（ロジック）にしたがって事態は展開するのだから，特定の陣営に戦争の責任を負わせるのではなく，戦争を引き起こした現実の力学をそのまま描き出すことが歴史家の責務なのである。とはいえ，その説明がいかに見事でも，アレヴィの議論のすべてに納得できるだろうか。どのような状況でも，ロシアはセルビアを助けるほかなかったのだろうか——その結果がドイツ・オーストリア両国との戦争だとわかっていても，そう言えるだろうか。むしろロシアの政策決定にとって重要だったのは，独墺を同時に相手にする戦争に勝てる可能性が十分あるかどうかではなかったか。そして，こうしたロシアの勝敗予測でとくに重要なのは，イギリスとフランスから積極的な軍事協力を得られるか否かではないだろうか。ということは，フランスとイギリスは，ロシアと距離を置きたがるのではないか。独墺と戦争になった場合に覚悟しないといけないリスクや犠牲を考えると，戦争を避けられるものならそうしたいと英仏は判断するのではないだろうか。しかも犠牲には，政治的な要素も含まれる。完全勝利でさえも，手放しでは喜べないかもしれないのだ。ドイツを叩きのめせば，ヨーロッパ大陸でロシアを抑制できる勢力を失ってしまうのであり，そうした結果がどこまで英仏の利益になるだろうか。そのようなことになるなら，戦争よりも，何らかの形でヨーロッパ大陸の勢力均衡が保たれている方がよほど好ましくないだろうか。以上に述べたような要素は，各国の政策判断でおそらく考慮されたはずで，もしそうなら，第一次世界大戦以外にも，歴史が進んでいたかもしれない方向はたくさんあったのである。こうして考えてみると，次にどのような疑問が浮かんでくるだろうか。アレヴィの議論では，すべてを説明できていないと思えないだろうか。

　私自身は，40年以上にわたって国際関係史の研究を続けてきたおかげで，こうした疑問の連鎖が頭の中ですぐに起きる。その際に暗黙の前提となっているのが，国際政治の特徴に関する自分なりの理解である。先ほどのアレヴィの説明を読んだときに，こうはいかないと私は自然と思った。セルビアを助けるためなら，どのような状況であってもロシアが戦争を選んだとは，私にはとても考えられなかったからだ。一次資料はまったく見ていなかったが，アレヴィの

議論に対する私の疑念は強力だった。第一次大戦の開戦に至るロシアの政策決定を強力に左右したのは，戦争になった場合のフランスとイギリスの動きをロシアの政策決定者たちがどう予測したかであるはずだ。別の表現を使えば，こうした国家間の力関係への考慮こそが，政策判断で根本的に重要だったに違いないと私は推測した。つまり，こうした要素を無視して，汎スラブ感情や汎ゲルマン感情に押し流されて政策が決まっていく事態を見過ごすことは，ヨーロッパ各国の指導者たちにはできなかったのではと考えたのだ。

　以上の文章で，傍点を打った言葉に注目してほしい。こうした言葉を使っているのは，必然性という要素を説明の中に盛り込むためであり，ひいては（前の章で確認したように）事態の展開に関係した因果関係を明らかにするためである。もちろん，必然性とか因果関係といった言葉を，私はかなり緩やかな意味で使っている。それ以外の説明が物理的または論理的に不可能だと主張しているわけではない。アレヴィの議論が本質的には正しい可能性が，絶対ないとは言えないからだ。だから，勢力関係が果たした役割はアレヴィが想定したよりも重要なはずだと頭の中で考えているときに，私が実際に思っているのは，勢力関係への考慮が重要な意味を持たなかったとはすぐには信じられないというだけのことである。しかし，疑念を思い描いているだけでも，アレヴィの議論にこうやって反応するために，私がある種の理論を用いているのは明らかだ——つまり「物事がどうあらねばならなかったのか」に関するおおまかな感覚を働かせている。そしてこうしたおおまかな感覚のもととなっているのは，国際政治とはそもそもどのようなものかに関するおおまかな理解だ。

　ただし，理論が実際に果たす役割には留意が必要だ——もし私と同じ意味で理論という言葉を使う場合はだが。理論ができあいの答えを与えてくれるわけではない。その代わりに，実証研究でしか答えが出せない，相互に関連する個別具体的な問いを組み立てるのに理論は力を発揮する。たとえば，もしセルビアをめぐってロシアが戦争に向かえば，フランスとイギリスはどう動くとロシア側は実際に考えていたのか。そして1914年7月にロシアが実施に移した政策方針は，英仏の反応をどう織り込んでいたのか。こういった問いだ。つまり，（こういう表現が問題ないとして）理論は，実証的な分析の代わりにはならない。なぜかと言えば，理論は分析の原動力だからである。理論を用いれば，どの具体的な問題に分析の焦点を合わせるべきなのか，判断しやすくなる。理論を用

いることで，大きな問い（例：第一次大戦の原因）を，もっと限定された問題に
変換することが容易になる（例：ロシアが予測した英仏の反応と，そうした予測が
開戦過程でロシアの行動に与えた影響）。こうやって理論を活用すれば，研究しよ
うと思っている歴史問題の「構造（アーキテクチャー）」を把握できるようになるし，どのよう
に研究を進めていけばいいのか，見通しがついてくる。効率的な研究方針を組
み立てるのに，理論はとても重要な貢献をしてくれるのだ。

　私の主張の要点を理解したければ，別の研究手法と比較してみればいい。そ
れは，はっきりとした概念的な枠組みを完全に欠いたまま研究に着手するやり
方だ。もし後者を用いるなら，どのような具合に研究を進めることになるだろ
うか。そのような状況になれば，資料の山にただ正面から突っ込んで，何の手
がかりも持たずに，とにかく資料を読み進めることになる。仮説の1つもない
ままだが，それでも十分な情報が頭に入りさえすれば，ともかく解釈と言えそ
うなものが自然と思い浮かんでくると期待するのだろうか。何を言いたいかは
もうわかるだろう。科学研究と同じように，歴史研究でも「浜辺の小石のよう
に」事実をただ集めるだけでは，まったく無意味だ。経験的な観察をつなぎあ
わせれば，あとはすべて機械的に概念的な枠組みが手に入るかと言えば，そう
はいかない。つまり，研究を進めるには思考を存分に働かせる必要がある——
資料を読むときは問いに導かれないといけないからだ。ということは，そもそ
も問うべき疑問が何なのかを知るためのセンスが必要になる。こうした疑問を
生み出すのを手助けしてくれる何かが必要なのである。研究のこの場面でこそ，
理論が——つまり国際政治がどのように動いているのかの感覚的な理解が——
本当に不可欠になる。

　とはいえ，一筋縄ではいかない。理論を誤用してしまうかもしれないからだ。
ある特定の理論を用いるというのは，その理論が重視する以外のものを見落と
してしまったり，すでに持っている理論的な枠組みに観察から得られた事実を
無理矢理に当てはめてしまったりするリスクを伴う。惚れ込んでしまったモノ
の見方に合うように，過去を解釈してしまいかねないからだ。ただし，こうし
た問題に対処する方法はある。重要なポイントとしては，理論を用いる際に得
られるのは決して答えそのものではなくて，その真骨頂は，分析の軸となる疑
問を浮かび上がらせることにあると心しておくのだ。

　では具体的にはどうすればいいのだろうか。具体的なテーマを設定して歴史

49

研究をする際に，つねに頭を働かせないといけないのは，個々の出来事同士が
どのように関係しているのかを理解することだ。そのときに，歴史をある期間
に生じた様々な出来事の数珠つなぎの固まりとたんに考えるのは絶対に避けた
い。歴史研究が目的とするのは，このようなことではなく，歴史の展開を根底
で規定していた力学を理解することにあるからである。そして理論的な考え方
が効果を発揮するのは，まさにこうした場面なのだ。

　たとえば，研究の目的が第一次大戦の原因の理解にあるとしよう。第一次大
戦の開戦過程で，ロシアのバルカン政策が重要な意味を持ったことは，研究を
始める前からわかっているはずだ。1914年にロシアが戦争への道を進んだのは，
もちろんセルビアを守るためだったからである。しかし，ロシアのバルカン政
策は具体的にはどのようなものだったのだろうか。いかにして立案され決定さ
れたのか。そもそもなぜそうした政策になったのだろうか。こうした問いに導
かれて研究を進めてみると，大戦に至るまでの数年間にロシアがとったバルカ
ン政策が，純粋に防衛的で現状維持を目的としたものではなかったとわかって
くるはずだ。たとえば1912年にロシアは，オスマン帝国への対抗を名目とする
バルカン同盟の結成を後押ししている。しかし，その際にフランス首相のポア
ンカレ（Raymond Poincaré）が指摘したように，バルカン同盟を成立させた条
約は「対トルコ戦争だけではなく，対オーストリア戦争の種も一緒に含んでい
た」。オーストリアはドイツと同盟関係にあったのだから，ロシアの行為はど
う見ても危険な政策だった。こうした背景を踏まえれば，ロシアのバルカン政
策はどのように評価できるだろうか。

　以上の問いに答えるには，理論的な枠組みを備えた一定の想定に頼らないと
いけない。まずロシアの国力では，ドイツと単独で戦うことは困難だった。そ
のような政策をとれば自殺的な効果を発揮したに違いなかったのだ。だから研
究にあたっては，こうした力の現実はロシアの政策決定に織り込まれていたは
ずだと想定できる。とはいえ，ロシアは孤立していたわけではない。フランス
の援助をあてにでき，ひょっとしたらイギリスの加勢も得られるかもしれなか
った。だから英仏の態度は決定的な意味を持っていたのだが，しかしロシアの
バルカン政策のために英仏が進んで戦争を覚悟する状況とはどのようなものだ
ろうか。少し調べれば，露仏同盟が結ばれたばかりの1890年代には，バルカン
問題に対してフランスは相当に慎重な態度をとっていたとわかるだろう。その

後，なぜフランスの立場は変わってしまったのか。原因はドイツにあるのではないだろうか。もっと具体的に言えば，大戦前の10年間に仏独関係（と英独関係）が悪化したことが，フランスの政策を変化させたのではないか。こう考える際に，ドイツと英仏の関係が悪化すれば，それだけ両国がロシアに頼る部分が大きくなると想定しておくのは妥当だろう。理論的と言える想定を，ここでもう1つ新たに導入するのだ。英仏がだいたい無条件と言える態度でロシアの立場を支持しておかないと，西ヨーロッパでドイツとの戦争が発生した場合のロシアの動きが読めなくなるし，そもそも戦争になる前から，ロシアはドイツとの関係改善に乗り出すかもしれない。ドイツにとっても事情は同じで，英仏からロシアを引き離す政策に大きな利益を見出して，実現に向けて努力する。こうして理論に頼って考えていけば，当時のヨーロッパ情勢がロシアを支配的な地位に押し上げる流れにあったことがわかる。ロシアは行動の自由を手に入れつつあったのである——つまり，バルカン半島で積極的な政策に打って出る自由だ。

このように理論を利用することで，相互に関連する仮説がいくつも手に入った。フランスの政策，ドイツの政策，ロシアの政策，イギリスの政策に関する仮説だ。これらの仮説は，これから何を確かめるために資料を読まないといけないのかを教えてくれる。状況にかかわらずロシアを支持する必要があると，フランスは本当に考えていたのだろうか。もしそうなら，こうしたフランスの政策判断の原因となったのは，それまでの対独関係がたどった経緯だったのか。ロシアはと言えば，英仏側もドイツ側も自国にすり寄ろうとしていると考えていたのか。またこうした考えは，バルカン半島で首尾よく達成可能だとロシアが判断した政策の内容に何かしらの影響を与えたのかどうか。ここでもう一度確認しておくが，理論はこうした疑問には答えてくれない。その代わりに，問うべき疑問が何なのかを判断する力を——つまり，分析の中核を担う問いを見極める判断力を，理論は与えてくれるのである。

ここでは，以上の問いに答えるのに必要な能力を，読者の皆さんがすでに身につけていることにしてしまう。さらに，研究の出発点とした仮説が，証拠資料から判断して妥当だとしておこう。こうして研究が進展すれば，歴史を説明できるようになる。ここまで来れば，相互に関連しながら生じた非常に多くの出来事を体系化できるようになる。つまり，英仏とドイツの関係を悪化させ，

ひいてはバルカン半島でのロシアの政策を自己主張の強いものとした事態の展開を把握できるのである。そして，こうした説明を支えるのも理論である——もっと明確に言えば，仮説の構築に利用したのとまったく同じ理論が，説明の根拠にもなる。

　つまり，説明を組み立てる際には——具体的に言えば，事態がどのように展開し1914年の開戦に至ったのかを説明するために——理論的な性質を備えた信頼性の高いいくつかの原則を，利用することになる。では，第一次大戦の開戦過程を説明する場合，最重要の基本原則は何だろうか。それは，大国間もしくは大国からなる同盟同士の関係が悪化すると，それ以外の大国の立場が必然的に強化されることである。そしてこうした変化が起これば，関係大国の政策は必ず重要な影響を受ける。しかもこの原則は，ヘンペル流の経験的な規則性とは違って，たまたま発見されるものではない。直接目撃しなくとも少し考えさえすれば，なぜ物事がおおよそそのように展開せ̇ざ̇る̇を̇え̇な̇い̇のか理解可能な原則なのである。

　以上の理論的な基本原則は，第一次大戦の開戦以外でも，様々な歴史研究で利用可能だ。たとえば，1960年代後半から1970年代初頭にかけての大国間政治に関心があるとしよう。周知のように，その直前の時期に中ソ関係が劇的に悪化している。だから先ほどの理論を適用すれば，中ソ関係の悪化が，その後の1970年頃までにヨーロッパで生じた緊張緩和（デタント）や中ソ双方とのアメリカの関係改善に大いに関係があったと仮説を立てられるだろう。一次資料をまったく見ずに，ただ広く知られた一般的な知識と理論的な性質を持つ想定だけを頼りにして，その後に資料との整合性が確認できれば，歴史解釈にまで発展させられるかもしれない仮説を構築することが可能なのだ。

　ただし，こういう原則に基づいた国際政治理解を絶対不変のものと考えてはいけない。理論は，固定された状態でいつも「そこ」に待機していて，必要に応じて歴史家がその理論をそのまま使えばいいというものではないのだ。具体的な歴史解釈を目的として歴史家が概念的な課題に取り組むことで，ようやく理論は実体を持ち始める——理論が具体的なものに発展してくるのである。とくに他の歴史家の解釈に異を唱えるときに，中でもたしかな理論的な発想を背景に歴史論争に新たな議論を持ち込むときに，理論は発展を見せる。

　1939年の第二次世界大戦の勃発を例に考えてみよう。終戦後のしばらくは，

大戦の原因を説明するのは簡単だと当然視されていた。開戦の責めを負うべき
はヒトラー（Adolf Hitler）であり，他に付け加えるべき重要な原因はないとい
うわけである。しかし1961年にA・J・P・テイラー（Alan John Percivale Tay-
lor）が有名な『第二次世界大戦の起源』（*The Origins of the Second World War*）
を出版し，第二次大戦の原因をヒトラーのみに求める社会通念に攻撃を加えた。
テイラーが言うには，第一次大戦後の国際政治にとって根本的な問題であった
のは「ドイツの侵略性とか軍国主義，あるいはドイツの支配者たちの邪悪さと
いった問題ではなかった」[3]。テイラーが理解した真の問題は，つまるところ大
陸ヨーロッパのどの大国と比較しても，ドイツの国力が強すぎたことである。
戦争を熱望するファシズムの思想は決定的な要因ではなかった——もっと言え
ば，決定的な要因にはなりようがなかった。「ファシズムを信奉する独裁者た
ちですら，勝利の見込みがなければ，戦争に踏み切れなかっただろう」[4]。だか
ら，勢力関係の現実こそが根本的に重要に違いないというのである。戦間期の
ヨーロッパで「最も本質的な問題」であったと（『第二次世界大戦の起源』のおそ
らく最も重要な文章中で）テイラーが見なすのは「政治的なものであり，道徳的
なものではなかった」——要するに，第二次大戦の原因を探るために見るべき
要因は大国間の実際の力関係であり，指導者が抱いていた侵略の意志ではない
のである[5]。

　テイラーの議論は明らかに行きすぎだ（この点は次の章でもう少し詳しく扱う）。
ただし，テイラーの議論をよく検討したおかげで，政治的・軍事的な条件に注
意を払わず，ただヒトラーの意図だけで第二次大戦の原因を説明するのはナン
センスだとの彼の基本的な主張は，正しかったはずだと明確にわかる。大国間
の勢力関係という国際政治の構造全体が，事態の段階ごとにどのようなもので，
かつ時間とともにどう変化していったのかは，重要な意味を持ったはずだから
だ。よって第二次世界大戦の原因を理解したければ，1930年代の国際政治の基
本的な展開を再現する必要がある。そして，そのストーリーに大いに影響を
与えていたのは勢力関係の現実である。こうしたテイラーの主張の切れ味を鋭
くしているのは，少なくともかつて一度は広く受け入れられた通念に挑戦して
いるからだ。もっぱら道徳的な要因に注目して，勢力関係の影響をほとんど考
慮しない第二次大戦の原因理解に異議を申し立てているからなのである。

　テイラーの議論の意義として私が最後に指摘した点は，本書の議論にとって

すこぶる重要である。従来注目されてこなかった特徴に目を向けることで，国際政治に関する理解は進展する。このとき，研究者は特定のアイディア——特定の議論の道筋——を深く信頼して，国際政治の特徴を新たに捉え直す。だが実際の問題について新たな結論に到達することによっても，国際政治に対する理解は進展する。トーマス・クーンが，なぜ自分や同世代の科学哲学者たちが科学史に関心を向けたのかを語った記録が残っている。「私たちは伝統的な科学哲学にすでに不満が一杯で，科学哲学を刷新する行動の手がかりを求めていた」。こうしたクーンたちの目的を達成するために，歴史は一種の跳躍台の役割を果たすことができた。実際に「歴史記録の分析を通じて私たちが到達した最重要の結論の多くは，逆に最も根本的な一般原則からも導き［出せる］」とクーンは最後には確信した。歴史研究の結論がしばしば「手がかり」になるとは，このような意味なのだ。個別具体的な歴史研究で到達した結論は，より一般的な国際政治理解に接近するためのきっかけになる。ハンソンの表現を借りれば，個別の歴史研究で新たな結論を手に入れたなら，その結論が「当然のことだ」と納得させてくれる基本原則を探さずにはいられなくなるのである。

　とくに歴史研究の結論が劇的で予想外のものだと，国際政治理解が進展する度合いはきわめて大きくなる。研究を始める前の自分自身の通念も見事に裏切るような結論だと，効果はなおさらだ。こうなったら——何か重要な歴史問題について自分の理解は間違っていたと結論できたら——お宝を手に入れた（finding gold in your hands）も同然だ。間違いの原因を追求せざるをえず，国際政治に関する自分自身の基本的な想定も考え直すことになるからである。結果，国際政治の基本的な性質に関する自分自身の理解も深化する。

　だから，歴史研究を重ねるにつれて，国際政治理解は発展していく。個々の歴史解釈の根底にある最も基本的な想定を踏まえれば，何が言えるのか。自分自身でとことん考えてみよう。その上で関連資料を読んでいけば，そこまで意識せずとも，様々な一般的な想定を検証することになる。資料の内容を踏まえて，妥当に思える見解はどれだろうか。反対に，現実世界で何が起こっていたのかを説明するために役に立ちそうにない想定はどれか。ときには，自分自身の予測が間違っていたとわかることもある。なぜ間違ってしまったのか，とことん追求してみよう。何か重要なポイントを見落としていたのではないかと，検討するのだ。こうした思考過程を積み重ねることで，国際政治に対する理解

は自然と質を高めていく。

　以上のやり方で，思考の中に概念的な分析枠組みができあがっていく。とは
いえ，もっと直接的なやり方で，歴史家が分析枠組みを手に入れることもでき
るのではないか。歴史家が強い関心を持つべき一般的な問題について，政治科
学やその他の分野の理論家たちが，すでにたくさんの知見を蓄積しているから
だ。歴史家としては，こうした理論的な研究を勉強して，その内容を理解して
受け入れる方が，理にかなっていないか。もしくは，私がここまで論じてきた
ような自家製の理論さえあれば，歴史研究には十分なのだろうか。

　多くの歴史家は，理論家が行うような研究をあまり重要だと思っていない
——ちょうど，多くの理論家から，歴史家がたんなる事実屋とさげすまれ
がちなのと同じだ。私自身はどちらの態度も正しいとは思わないが，ここでは
1つだけ言わせてほしい。国際関係の理論を真剣に学ぶことは，様々な点で，
外交史家にとってプラスになる。第一の，そして最も明白な点を見よう。歴史
家が体系的に理解しておく必要のある，国際政治上の基礎的な問題はいくつも
あるのだが，こうした場面で理論研究の知見が大切な手がかりになってくれる。
たとえば，核兵器が出現して以降の国際政治を研究するとしよう。核兵器につ
いてのある程度の知識や，核兵器の出現が国際政治の性質に与えたインパクト
を理解しておく必要があるのは当然だろう。互いに核兵器を持てば「効果は相
殺される」のだろうか。または，核兵器には国際関係をより平和にする力があ
るのか，もしくは以前よりも不安定にするのだろうか。こうした問題を理解す
るにあたって，トーマス・シェリング（Thomas C. Schelling）やバーナード・
ブローディ（Bernard Brodie）の研究は絶対に読んでおくべき必須文献だ。

　以上のように，ある個別のテーマを研究するにあたって，ある種の理論研究
は歴史家の助けになってくれる。とはいえ，国際関係論の文献を歴史家が勉強
するべき理由はこれだけではない。数段落前で，私は「劇的」な結論にたどり
着く重要性を説明した。事実，科学哲学者たちも，こうした結論こそが重要だ
とよく強調する。しかし結論が「劇的」なものになるためには，たんにこれま
で広く受け入れられてきた考え方と違っているだけではダメだ。たとえ根本的
に違っていようが同じである。なぜなら，問題そのものに重要性がなければ，
あまり価値がないからだ。研究の結論は重要なものでないといけない。そして
結論の重要性を決めるのは，個別の問題を越えた基本的な理解にどこまでイン

パクトを与えるかだ——国際関係史で言えば，国際政治の基本的な性質の理解に与えるインパクトである。

　このように，国際政治研究の中心にある概念的な問題に正面から向きあうことで，個別の問題を扱った歴史研究の結論が持つ重要性にはっきりと気づける。驚くべき結論とはどのようなもので，それがなぜ重要なのか，明確に理解できる。その瞬間，頭の中では警告音が鳴り響き，重要な結論とはどのようなものかが，本当の意味でわかるのである。だから驚きこそが重要なのだが，となれば理論はやはり重要だと言わざるをえない。驚きと理論は表裏一体の関係だからだ。ロバート・ジャーヴィスの説明を見よう。「理論なしに驚くことはまったく不可能だ——つまり，物事の展開に驚くのは，私たちの予想が裏切られたときだ。そして予想を作り出すことができるのは，暗黙の場合もあれば明示されている場合もあるが，理論だけだ。驚かないのは知識が豊富な証拠だと私たちは考えがちだが，でも実際には逆だ。何も知らなければ，驚きようがないのだから[9]」。

　これまでの議論を一旦まとめておこう。基本となる理論的な問題を歴史家は扱うべきだと私は主張したのだが，だからといって，理論家の世界観を歴史家がそのまま受け入れるべきだと言いたいのではない。そうしようとしても，ほとんどの歴史家には不可能だからである。理由は単純で，歴史家と理論家では現実世界を把握する仕方が大きく違っているからだ[10]。しかし，だからこそ，歴史家が理論家の知的世界に自ら入り込んで，そこで展開されているアイディアを理解しようと努めることには大きな意義がある。たとえその結果，ある問題に関しては，理論家の考えは基本的には間違っているとわかってもだ。なぜなら，そのおかげで，とても重要な結論を導き出せるかもしれないからである。反対に自分の方が間違っていたと判明する場合もあるだろう。実際にこちらのパターンも結構ある。だがこの場合も，非常に驚くべき結論に行き着くきっかけになるかもしれない。

歴史と理論家

　同じ問題を，理論家の立場からも考えておこう。理論家が歴史を学ぶべき根本的な理由とは何だろうか。かなり明確な答えが，いくつかすぐに浮かんで来

るはずだ。理論上の具体的な要点を明らかにするのに有用な事例を，理論家は歴史から手に入れることができる。歴史的な事例を用いることで，理論家は意図するところを明確にできるし，自身の理論の特徴を裏づける経験的（実証的）な証拠にも，歴史的な事例がある程度はなってくれるからである。くわえて，もし重要な概念的な問題に取り組んでいるならば，理論家であろうがなかろうが，資料に裏づけられた実際の事例から考えてみるのは，理論的な枠組みを伴う議論の説得力を評価するのに有用だ。ここで，ケネス・ウォルツ（Kenneth Waltz）が『国際政治の理論』（*Theory of International Politics*）の中で展開している重要な議論を見てみよう。そこでウォルツは，国際政治の構造を最重視する自身の分析手法にまさに沿う形で，国家間競争の圧力が各国の政策判断に及ぼす影響を論じている[11]。こうしたウォルツの議論を知った上で，1807年にプロイセンの政策決定者の一人（ハルデンベルグ侯爵［Karl August Fürst von Harden-berg］）が以下のように主張した事実をたまたま目にしたとしよう。ハルデンベルグ侯爵の判断では，ナポレオン戦争でプロイセンが軍事的にフランスに立ち向かうことは不可能だった。なぜなら，フランス革命によって「フランス国民はまったく新たな力強さを手に入れていた」からである。だからもし国家としての存続をプロイセンが願うのなら，旧来の体制をそのまま維持しようとするわけにはいかない。なぜなら，侯爵の考えでは，革命という新たな原理が可能にした力はあまりに強力で，「こうした現実を拒否する国家は，征服されるか滅ぼされるかしか手がない」からである[12]。そして，こうした侯爵の情勢判断と，同時期にプロイセンが実施した重要な改革の間には強い関係があったこともわかる。この事実を知れば，ウォルツの議論との関連性に気づくはずだ。ウォルツが提示した理論的な視角が，現実のある一面を見事に捉えていることに気づくのだ。つまり，プロイセンの歴史事例を通してわかるのは，たんに興味深いだけの知的な概念をウォルツが思いついたわけではないということだ。ウォルツが構築したのは，実在した国際政治の特徴を私たちが理解する際に大いに助けとなる，理論的な枠組みだったのである。

　ということは，理論家も歴史を学ぶことで，思いもしなかった理解に到達できるかもしれない。国際関係理論にはいくつかの重要な体系があるが，その1つに，軍事技術的に「防御する側よりも攻撃する側が相対的に有利な状況では，危機が起こりやすいと強調する」ものがある[13]。基本的な考え方にはかなり納得

できるのではないだろうか。だが，もし19世紀の英米関係に当てはめてみたら
どうだろう。当時の状況は，攻撃する側よりも防御する側がきわめて有利と言
えるものだった。しかし，どの時期を見てもイギリスの政治指導者たちがとて
も好戦的だったことに驚くのではないか——たとえば，1877年の中東危機だ。[14)]
こうした歴史を知れば，理論の説明とはかなり違った考えが浮かんできてもお
かしくない。つまり，1877年の中東危機の発生は，軍事技術的に防御側がきわ
めて有利な状況と関係があったと解釈できないだろうか。なぜなら，イギリ
ス・ロシアのどちらにとっても相手から攻略される可能性が限られていたがゆ
えに，政治指導者には相手に対して比較的攻撃的な——それどころか相当に配
慮に欠ける——態度をとって，戦争をする覚悟を示して見せる余裕があったの
だ。もちろん，以上の推論が19世紀の英露関係に関して実際に当てはまるとし
ても，これだけでは，攻撃優位な状況では国際関係が不安定になると考える一
般的な理解まで，すべて間違っていたことにはならない。だが理論を再検討す
るためのヒントにはなる。以上に見た英露関係の事例は，理論的に説明すべき
関係が，当初感じたよりも複雑である（ということは，おそらくもっと興味深い性
質を持つ問題である）可能性を示しているかもしれないからだ。
　もちろん理論家は，別の用途でも歴史を活用できる。理論の要点を明確にす
るために歴史上の事例を引き合いに出したり，理論的な分析を深めるために既
存の歴史研究の知見を引用したりすることもできるからだ。とはいえ，理論家
の立場から言えば，以上の活用例は，いずれも歴史が理論研究にどう使えるか
を説明しているだけで，どのようなレベルでもいいので，理論家が自ら歴史研
究をしたいと思う理由にはまずならない。もし歴史の有用性がこれだけなら，
理論研究の中で，歴史分析が決定的な貢献を果たすのは難しいだろう。だから，
歴史の研究が本当に重要ならば，歴史研究は，ここまで私が論じてきた以上の
ものを理論家に提供できなければならない。理論家に対して，歴史研究が根本
的なまでの貢献ができると示さないとならないのだ。つまり，理論家が持つ最
たる知的関心に応える貢献である。
　では，国際関係を専攻している政治科学者の最たる関心とは何だろうか。一
般論として言うと，彼らが研究によって達成したいと思っているのは，国際政
治の特質について，ただもっともらしい知見を披露することではない。やはり
一般論として言うと，政治科学者たちは国際政治研究における「評論主義の伝

統」を乗りこえようとしている。政治科学者たちは，国際関係研究を科学と呼びうるものにしたいと思っている。たんに知的に感心される思考の体系ができあがれば満足なのではなく，理論の体系を作り上げようとしているのである。¹⁵⁾だから政治科学者の歴史への期待も，多くの場合，以上の問題関心に沿ったものだ。総じて言えば，政治科学者たちは根っからの実証主義者だ。政治科学者の大多数は，事実に照らして理論を検証するのを当然だと思っていて，多くの場合，この目的のために歴史研究を参照する。理論を検証するのに必要な事実を，歴史が提供してくれるものと政治科学者たちは期待しているのだ。

　だが科学哲学の蓄積が私たちに教えてくれる最重要の洞察の1つは，「理論検証」という考え方そのものが，私たちの想像をはるかに上回る形で，問題含みだということである。なぜかと言うと，できる限り現実に近い絵柄を提供することが理論の本来の役割ではないからだ。理論の本来の役割とは，問題の核心に切り込むことだ——物事を単純化することで根本的な原因に焦点を合わせ，研究対象の最も中心的な要素を浮き彫りにする。だから理論とは，ある種のモデルを提供するものでないといけない。現実を多少なりとも型にはめて表現するのだ。そして，理論が提供するこうしたモデルが分析の助けとなるには，研究対象である現実の姿とは異なっていなければならない。「あるモデルとその対象である実際の状態との間に見られるすべての差異を取り除いてしまえば」，ハンソンが言うように，「そのモデルが生み出された根本的な目的——すなわち，現実世界で複雑な現象に直面したときには思いもよらなかった『構造の理解』を提供する目的」を台なしにしてしまうからだ。¹⁶⁾

　ハンソンの指摘は，科学全般と同様に，国際政治研究にも当てはまる。ウォルツが指摘するように，説明力は「『現実』から離れることによって得られるのであり，近づくことによって得られるのではない」のだから，「現実を最も正確に反映するモデルが」最良のモデルなどと思ってはいけない——ちなみにウォルツの偉大さの一端は，こうした科学哲学上の問題への抜群に洗練された理解を持って，理論的な課題に取り組んだ点にある。¹⁷⁾「枯れ葉が落ちる細かな道筋」を予測できないからといって，重力理論が欠陥品と言えるだろうか。分別のある経済学者なら誰でもわきまえているように，「例の『経済的人間』」は「実在しない」。しかしだからといって，理論的に構築されたこの概念に基づく古典経済理論を批判するべきだろうか。¹⁸⁾理論は現実を複製すべきだと主張する

ために，「『証拠が複雑なときは，当然に理論も複雑になる』と主張するのは，要するにガリレオ（Galileo Galilei）以来の科学を否定するとの同じだ」と，ウォルツは強調するのである[19]。

　では，理論は経験的な根拠と照らし合わせて検証されるべきだとの単純な観念が，実際に意味していることは何か。こうした検証作業は，理論が含意していることと，観察結果の比較からなる。もし理論に唯一期待されているのが現実を定式化した見取り図を示すことなら，理論と観察の間にはズレがあって当然である。だから，原則論から言っても，理論と観察の食い違いは理論の反証を意味しない。さらに言えば，こうした理論と観察のズレに対処するのは，一般的にそこまで難しくない。100年以上も前から科学哲学者が強調してきたように，特定の問題に関する説明を追加して，理論の反証を避けるのは容易にできるからだ[20]。著名な科学哲学者であるイムレ・ラカトシュのたとえ話（ストーリー自体は作り話だが，歴史上の数多くの実例に基づいている）が，要点をよく捉えている。新しく発見された惑星の軌道がニュートン（Isaac Newton）の法則に基づいて計算されたが，実際の軌道とはズレがあった。しかしニュートンの法則を信奉する天文学者は，計算と観測のズレは，新発見の惑星の近くに未発見の惑星がもう１つ存在しているのに，今回の発見に貢献した新しい強力な望遠鏡でも確認できなかったためだと推測する。さらに天文学者は，最新の望遠鏡でも未知の惑星が観測できない理由として，地球との間にある「宇宙塵の雲が原因だと仮説を立てる」。存在が「予測される宇宙塵の雲」を確かめるために人工衛星が打ち上げられる。だがそれでも観測できなかった場合には，さらに別の仮説が提案される。こうした個別の説明の追加・修正のプロセスは，ラカトシュ曰く，無限に続いていく。どこかで観測結果の説明に成功すればニュートン理論の偉大な勝利ということになるが，その途中で何回失敗しようが，その都度，言い逃れの説明が追加されるのだ。個別の観測の失敗が，基礎理論の反証だと認められることは決してない[21]。

　ラカトシュのたとえ話の要点は，科学における理論検証は，一般的に思われているほど単純な概念ではないということだ。門外漢は，理論家と実験者を明確に区別できると思っている。「理論家は提案し」，その上で「実験家は——自然の女神の名において——決着をつける」と想像しているのである。ある論者が指摘したように「人間は仮説の体系を提示する。自然の女神がその真偽を決

める。科学的な体系がまず考案され，ついでそれが観察された事実と合致するか否かが判断される[22]」。しかし，ラカトシュが主張するように，実際はこのように単純ではない。その場しのぎの説明がつねに可能であるために「〔理論の真偽という〕最も重要な標的を射止めうる希望は依然ないのである[23]」。「自然が誤りだと叫んだとしても」，人間は，「その声をかき消すために」想像力を発揮してしまう[24]。だからこそ，ラカトシュの主張では，科学における「反証はそこまで重要ではないのである[25]」。ラカトシュの理解では，科学にとって真に重要なのは，「劇的」な成果が理論に予測される形で——言い換えると理論なしには予測できなかった状況で——観測によって確かめられることである。その代表例としてラカトシュは，遠く離れた星からやってきた光が，太陽の重力で屈折していると確認した1919年の観測実験を挙げる。これは，まさにアインシュタインの相対性理論が予測した通りだった。ラカトシュの評価では，この目もくらむ成果は，科学者たちにアインシュタインの相対性理論を認めさせる重要な契機となったのである[26]。

　ラカトシュの主張は明らかに極端すぎるし，自然科学の中で検証作業が果たす役割も，ラカトシュが認めようとしたよりも相当に重要だ。たとえば，1919年の観測実験はたしかに重要ではあったが，相対性理論を完全に実証する成果とまでは，当時は思われなかった。相対性理論はいくつかの特定のスペクトル線の変位も予測しており，その実証実験こそが決定的な意味を持つとアインシュタインが自ら認めていたのだ。「もしこの変位が存在しないと実証されてしまうと」，アインシュタインとしては「理論そのものを放棄するほかない」と考えていた[27]。同様に，ダーウィン進化論の「最適者の生存」理論も，循環論法的なので（なぜなら，適者かどうかは生存したかどうかで判断されるのだから）反証不可能だとよく指摘される。しかしダーウィン（Charles Darwin）自身は，自分の理論を経験的に検証する方法を提示しようと苦心を重ねた。どのような経験的な証拠が得られれば進化論が「破綻する」のかを，ダーウィンは自ら示そうとしたのである[28]。

　とはいえ，ラカトシュの議論が行きすぎだとしても，その中には間違いなく重要な指摘が含まれている。もっと言えば，物理学や，または生物学のような分野と比較しても，国際関係理論のような分野にとっての方が，ラカトシュの基本的な主張が持つ意義は相当に大きい。国際関係理論では，厳密かつ即効性

のある予測はめったになされない。だから、そうした理論を「検証」という言葉から想像されるような、比較的シンプルでわかりやすい方法で確認したり、反証したりすることが難しいのだ。自然科学であっても、事実との「1回限りの戦い」で、理論がただちに放棄されることはまれである[29]。国際政治の研究となるとなおさらで、一般的な主張の厳密性は一層下がるので、それだけ実証のプロセスも明快なものではなくなるのだ。だから、検証の対象となるのは理論の意図・主旨なのである。つまり現実の国際政治を理解するのに有用な洞察を紛れもなくもたらしているか否か、その理論によって初めて可能になった解釈があるかどうか、その理論なしでは説明できない現象が存在するか否かによって、理論は評価される。そして、ここで最も重要なことは、こうした理論の検証作業をまったく機械的なやり方で行うのは不可能だということである。自然科学の代表と言える物理学であっても、理論の評価は「論理的規則性によってではなく、熟練した科学者の成熟した感受性によって左右される決定」に影響される[30]。理論の評価を機械的に行うのが一層困難と予測できる国際関係研究だとなおさらである。理論の最終的な評価は、経験豊かな研究者たちの「成熟した感受性」にどうしても頼らないといけないのだ。

　以上の事情は、なぜ理論家にとって歴史研究が重要なのかの最も根本的な理由だ。「浜辺の小石」を集めるように事実をためこんでくれる、理論検証に便利な容量一杯のタンクこそが歴史研究だと考えてはならない。歴史を研究することで、理論に対する判断力のもととなる感覚を養うことができる。だからこそ歴史研究は理論家にとって重要なのだ。もっとはっきりと言えば、多少とも歴史研究をまともにやりもせずに、理論に対する判断力を身につけられるとは思えない。まったく抽象的な分析は、たしかに高みから現象を俯瞰して見せてくれるだろう。ときには、相当に高い所から全体を見わたせる[31]。だが、分析のどこかで、理論は現実との接点を持たないといけない。現実世界の何が重要なのかを解明する作業に、どこかの時点で理論は貢献する必要があるからだ。そのときこそ、理論と歴史研究を結びつける作業が必須になる。

　理論と歴史研究を結びつけようとすれば、自ずと個々の具体的な理論の長短がわかってくる。こうして、取り組んでいる研究対象の分析に適した理論上の全体的な枠組みと言えるものが、段々と頭の中にできあがっていく。ときには、ある個別の歴史事例を理解するのに、同じく個別の理論が大いに役立って、驚

くこともあるだろう。歴史と理論の相性のよさに感銘を受けても不思議ではない。このような経験をすれば，思わずこうつぶやくかもしれない。「こんな結果は予想していなかったけど，いや驚いた，見てみろ，理論がいう一般的な仮定を当てはめると，事態の展開がとてもよく理解できた」。このような経験をすれば，自分が見落としていた何か重要なものを，その理論を作った理論家はとてもよく理解しているのではと感じるだろう。他方で，理論がたいして役に立たないという経験をした場合も，その意味をしっかりと考えれば，研究の助けになる——国際政治の基本的な特徴を知るための，自分自身の枠組みを作り上げる作業に活かせるのだ。理論の活用がうまくいってもいかなくても，その意味をよく考えてみよう。そして，どちらの場合でも，現実の世界と照らし合わせる作業はきわめて重要だ。

　以上の議論の要点を，別の角度から確認しておこう。国際政治の性質について理論家が考え出すアイディアは，多くの場合，とても興味深い。なので，互いに矛盾するアイディアも少なくない。しかし，あるアイディアが興味深い，もしくはとても筋が通っているということと，そのアイディアが現実世界の説明にとても役立つということは，基本的に無関係だ。だから研究者としては，現実世界を突き動かしている多種多様な力学の重要性を理解しておく必要がある。こうした個々の要素が互いにどう関連していて，その結果として国際政治の展開がどのように左右されているのかを把握する，何らかの枠組みを自分で構築していく必要があるのだ。そして，歴史研究を少しでも真剣にやってみないとこうした判断力は身につかない。以上の点はとくに重要である。なぜなら，重要な理論の体系ごとに，その前提となる高次（メタ）の主張があるのが通例だからだ。つまり，理論家は個々のアイディアを提示することによって，その理論の前提として彼らが重視している要素が，一般に思われている以上に大切だと実質的に主張しているのだ。いや，それどころか，個々の理論上の体系が現実を理解する上で価値あるものとなるためには，それぞれがこうしたメタ的な主張をしないといけない。なぜなら，誰でも知っていることをたんにまとめあげただけの理論には，たいした意味などないからだ。だから，国際関係理論の一般的な特徴の1つを挙げれば，常識的ではない主張が前提になっていると言える。たとえばリアリストは，一般的な想定と比べると，極端なまでにパワーが果たす役割を重視していると言っていい。とはいえ，パワーやその他の要因が実際に

それぞれどの程度重要なのかについて判断しようと思うと，各要因が現実の国際政治ではどのように関係しているのかを十分に把握しておく必要がある。だから，こうした判断力を身につけるには，歴史を研究するしかない。

　では，具体的にはどうやればいいのか，基本的なやり方を紹介しよう。まず，主要な理論的な主張を１つ選んで，歴史上の具体的な文脈の中でどのような意味を持つのか考えてみよう。その上で，こうして得られた概念的な課題を念頭に置きながら，それらの歴史事例を詳しく検討するのだ。概念的な研究成果と経験的な研究成果をつなぎあわせて，より総体的な知的成果を見出すことが，こうした検証作業の目的で，理論と歴史を結びつけるのにいい方法だ。すでに指摘したように，抽象的な議論は，どうしても雲のようにつかみづらいところがある。きわめて一般的な議論のままでは，各理論の妥当性を判断するのが困難なのだ。だが，理論が提示する一般的な議論を変換して，特定のテーマで歴史研究をした場合に，どのような研究成果が期待できるかという予測に置き換えることはできる。いや，置き換えないといけない。そうすれば，こうした予測を念頭に置いて，歴史事例を検証できる。ここまで来れば，論点はかなり具体的になっている。答えるべき問題がかなり限定・特定されたことで，答えを出しやすくなっているからだ。しかも，この具体的な問題設定は一般的な主張が前提になっているのだから，歴史の検証を通じてたどり着いた回答には，もとの一般的な問題に関する的確な洞察が必ず含まれているのだ。

　以上で説明したのは，理論上の主要な論点を扱う際のきわめて一般的な方法である。こうした検証作業の実際のやり方については，第６章でもっと詳しく説明する。ただここでは，理論的な主張を「変換する」作業は，具体的な歴史事例の解釈を目的とする場合には，基本的にそこまで困難ではないことを確認しておきたい。実際に，理論家たちは自分の議論を裏づけるために，よく歴史上の例を挙げる。だから，理論の妥当性を評価することが自分の研究の目的なら，理論家が挙げている歴史事例が最初の検証対象にふさわしいだろう。たとえば，ウォルツは多極構造よりも二極構造の方が国際システムは安定すると指摘して，その理由として，多極構造では同盟内の「弱い国やより向こう見ずな国家」が同盟国を戦争に引きずり込むからだと指摘している。その際に，好例として挙げているのが「第一次世界大戦に至る過程」の独墺関係だ。だから，もし研究目的がウォルツの議論の妥当性を検証することにあるのなら，研究の

64

最初にすべきことのリストには，1914年7月の開戦過程（the July crisis：七月危機）における独墺関係が実際にどのようなものだったのかを確認する作業が入るだろう。気乗りしないドイツを戦争に引っ張り込むことがオーストリアに可能だったのかを確かめたくなるだろうからだ。たとえば，オーストリアは，どのような状況でもドイツがオーストリアを見捨てることはできないとわかっていたので，いかなる政策でもとれると判断していたのだろうか。または，ロシアとの深刻な対立につながりかねない行動をオーストリアがとるのであれば，事前にドイツの了解をとりつけておく必要があると考えていたのか。ドイツ側を見れば，どのような状況でもオーストリアを支持しないといけないと思っていたのか。あるいは，ドイツの了解なしにオーストリアが事態を進めることはありえないと判断していたのか。以上に挙げた疑問はすべて研究で確かめることができる。しかも，こうして出た答えは，第一次大戦の開戦過程に関するウォルツの歴史的な議論を評価するのに役立つだけではない。当時の独仏関係を引き合いに出すことでウォルツが裏づけようとしていた，理論全体の評価にも貢献できるのである。

　要点を確認しておこう。理論上の重要な課題に真剣に取り組もうとするとき，歴史上の重要な事例をある程度深く検討する必要がたびたび出てくる。こうした歴史上の重要な出来事については，これまで受けた教育の中で，いずれも話を聞いたことがあるはずだ。だが，自分の持っている知識の多くは疑ってかかった方がいい。もしかしたら，1914年にオーストリアがドイツを戦争に引きずり込んだのだと，ウォルツは授業で聞いたことがあったのかもしれない。私自身も，大学の授業で同じような説明を聞いた記憶がある。だが授業で教わったような歴史の知識には，異論の余地が大いにあってもおかしくない。真剣に研究をしているときに，教わった歴史の知識を額面通り受けとっていい場面などほとんどない。学生時代に得た知識を無批判に前提としてしまったら，弱い根拠をわざわざ選んで議論を組み立てることになりかねない。

　ここで話題にしている理論と歴史をつきあわせる議論を展開する際に，理論家側が犯した間違いの中で，とくに印象的だと私が思う例を1つ紹介しておこう。この間違いがこれほど私の関心を引いたのは，私が最も敬愛する理論家のうち，2人が関わっているからだ。1965年に出版した『軍備と影響力』（*Arms and Influence*）の中で，トーマス・シェリングが展開した主要な議論の1つは，

開戦の原因として軍事システムに注目していた。シェリングの主張では，危機に対応するために構築された軍事システムは，紛争の当事者同士をがんじがらめにしかねなかった。危機に対処するための軍事システムが，どの当事者もまったく望んでいない戦争を引き起こすことがあるとシェリングは考えた。このシェリングの議論は，適用範囲が非常に広く，とても重要な主張だった。そして，裏づけとしてシェリングが挙げた歴史上の最たる実例が，1914年の第一世界大戦の開戦過程なのである。この問題が扱われているのは『軍備と影響力』の第6章で，シェリングは最初の7頁を割いて第一次大戦の開戦過程を分析している[33]。

　シェリングは，以上の第6章の草稿をバーナード・ブローディに送っている。シェリングと並ぶ戦略研究の巨人だ。ブローディからは詳細なコメントつきで返信があった。その中で，第一次世界大戦を扱っている最初のセクションについては，ドイツの皇帝（Wilhelm II：ヴィルヘルム2世）と参謀総長のフォン・モルトケ将軍（Helmuth Johann Ludwig von Moltke）が登場する開戦直前の有名なエピソードを用いたらどうかと，ブローディは提案している。戦争を東部戦線だけに限定可能ではないかと考えていたカイゼルは，最初の攻撃を西部戦線で実施する予定だった戦争計画の変更をモルトケに求めた。しかし，そのような変更は不可能だとモルトケ将軍に告げられたエピソードである（シェリングとのやりとりの10年前に出版した論文の中で，ブローディ自身が同じエピソードを使って，硬直した軍事的な観念のせいで「誰も望んでいない」戦争が発生する可能性があると主張していた）。この際にブローディは，当時ベストセラーになったばかりのバーバラ・タックマン（Barbara Tuchman）の『八月の砲声』（*The Guns of August*）が，カイゼルとモルトケの間で起こったこの事件を描いているとシェリングに伝えている。対してシェリングは，自分も「ドイツ皇帝が方針変更は不可能だと告げられた出来事を用いようかと考えて」いたのだが，「バーバラ・タックマンのような人でも，この出来事を裏づける文書資料は存在しないと考えているように思えて不安」なので「諦めた」と返事をしている。でも，ブローディかそれぐらい「まっとうな研究者」が「このエピソードは正確だ」と保証してくれたり，「出典となる文献の箇所」を教えてくれたりするなら，自分としても使ってみたいとも，シェリングは書き送っている。しかし，シェリング自身は忙しすぎて，自分で「何らかの資料的な根拠を探し当てる」作業はで

きそうになかった。[34]

　シェリングとブローディのやりとりはとても示唆的だ。まず驚くべきは，ブローディの方だ。歴史資料がとても明確に示しているのは，国際政治上の条件の変化を無視して当初の計画通り対仏攻撃を実施すべきかの判断について，修正を受け入れられなかったのはカイゼルではなく，モルトケだったことだ（タックマンが同様のエピソードを論じるために挙げている資料でもそうだ。『八月の砲声』を少しでも注意して読めばわかる）。開戦前夜のカイゼルは，東部でのみ戦端を開けばイギリスの参戦はないかもしれないと判断して，西部での攻撃計画の中止を決断したのである。モルトケは決断を翻すようにカイゼルに懇願したが，タックマンも指摘しているように，「だがモルトケの切なる懇願もむなしく，カイゼルは一歩も退かなかった」。「『完全に打ちのめされた』とモルトケ自身が言うように」，「参謀本部に戻った彼は，『絶望のあまり悲痛の涙にくれた』」とタックマンは（モルトケの回顧録を引用しつつ）描写する。こうしてすでに出されていた西部での攻撃命令はいったん取り消され，その後東部でのみ戦端を開いてもイギリスの参戦は不可避と見られるとの新情報が到着してようやく，西部での攻撃を当初の計画通り実施することが認められたのである。[35]

　よって，史実の最も重要な点をブローディは見落としていたのだが，しかしなぜだったのか。考えられる最たる原因は『八月の砲声』におけるタックマンの筆致にある。開戦前夜のドイツの政策判断に関する自分の理解は，タックマンの分析によって裏づけられている。おそらく，ブローディがこう考えてしまうような状況描写をタックマンはしていたのである。たとえば，以下の引用を見てほしい。『八月の砲声』でタックマンが開戦過程の描写を始めるにあたって書いた，短いがとても劇的な導入部の最終段落だ。

　戦争がヨーロッパ内の国境地帯全域に押し寄せた。突然のことに度を失った各国政府が，戦争から身をかわそうとつとめたがどうにもならなかった。国境にひそんでいた諜報員たちは，騎兵斥候を見つけると，敵は相手国より先に動員を終えて展開しようとかかっていると報告した。一刻の猶予も許さぬ時間表にあおりたてられた各国参謀本部は，敵に機先を制されてはたいへんと，コブシでテーブルをたたきながら発破をかけた。国の運命の最高責任者である各国の元首は，戦争のせとぎわに立たされて愕然とし，あとへ引こう

としたが，戦争の計画は彼らを容赦なく力ずくで前方へ引きずっていった。[36]

　読者に感動をあたえる文章とはまさにこういうものだろう。以上の引用とは別に，カイゼルとモルトケが衝突した部分だけ取り出せば，タックマンの描写は史実に照らしておそらく正確なものだった。しかし読者に与える印象を決めたのは，詳細に描かれた史実ではなく，ストーリーとしての見せ方だったのである。「戦争の計画は彼らを容赦なく力ずくで前方へ引きずっていった」――タックマンにとっては，この一節こそがストーリーの最重要ポイントだった。そして，もし歴史叙述を批判的に読む癖を持たない読者なら，史実を細かく説明している部分は全体の論調の裏づけになっているものと，つい考えてしまうだろう。ここまで読めば，歴史叙述を批判的に読む癖をつけないといけない重要な理由の一端を，十分に理解できただろう。だがここで私は，『八月の砲声』の典拠と論調の整合性をあげつらおうというのではない。もっと重要なポイントは別にある。それは，何よりもブローディほどの専門家であれば，自分自身で第一次大戦の開戦過程を批判的に検討すべきだったのに，実際にはまったくそうせずに，定番のストーリーをなぞるだけで十分だと思ってしまったことである。

　私がブローディの例にここまで注目するのは，彼と同じ世代の戦略理論家と違って，ブローディが歴史をとても重視し，歴史研究の重要性を確信しており，同世代の戦略家の多くが外交史や軍事史を深く学ぼうとしないのを批判していたからである。[37]しかし，この時ばかりは，アメリカの主だった戦略理論家の中でおそらく最も歴史を重視していた彼自身が，第一次大戦の開戦過程に軍事システムが及ぼした影響という，とても個別具体的だが普遍的な重要性を持つ問題について，自分で適切な方法を用いて研究していれば絶対にたどり着かなかったはずの議論を，展開してしまったのである。

　ではシェリングの方はと言うと，一層目を引くかもしれない。シェリングは，やがて戦略研究の分野で最重要の成果となる研究書を執筆していたのだが，ブローディが提起した問題を根本的に解決するために必要な作業を怠ったのである。図書館に行くことは当然できたし，せめて本屋にいって『八月の砲声』の該当部分に目を通すだけでもできたはずだが，しなかったのだ。まるで，歴史には純粋な飾りとしての価値しかなかったかのようだ。もしカイゼルとモルト

ケが衝突したエピソードが裏づけになりそうにないなら，使う必要はないというわけである。『軍備と影響力』の議論にとって第 6 章の内容はかなり重要で，その中でシェリングは結構な頁を割いて第一次大戦の開戦過程を分析している。しかしシェリングは，1914年の 7 月に生じた歴史を正しく理解すること自体には，重要な価値を見出さなかったようだ。

　だが，シェリングが書いていたのは理論書なのだから──こう思う人も，読者の中にいるかもしれない。よって，シェリングが第一次大戦のような歴史研究のテーマを深く追求しなくても，問題ないのでは？　史実はともかく，モルトケの説得にカイゼルが折れる場面は想像可能だろう。開戦前夜のカイゼルとモルトケの衝突に関する最定番の説明はそれなりにもっともらしいのだから，理論を構築するという目的にとっては，十分ではないかというわけだ。だが，もっともらしいフィクションと歴史の間に，理論家の研究目的から言えば大きな違いがないとの考え方には，明らかな欠陥がある。ブローディやシェリング[38]のような理論家の関心に沿って例を挙げよう。理論家の研究目的にとっては，実際の戦争がその時に用いられていた軍事システムのために起こったかどうかは問題ではない。こう言えるだろうか。それでは，軍事システムという観点から実際の戦争の原因を説明できなくても問題ないと言っているも同然ではないか。誰も望んでいなかった戦争を発生させる要因として軍事的な要素が重要だとの主張を裏づけるために，開戦前夜にカイゼルとモルトケが衝突したエピソードが用いられているのである。それなのに，そのエピソードが正しいかどうかはどちらでもいいと言えるだろうか。自分自身が同様の主張を裏づけないといけないのに，歴史的な根拠がまったく見つからない場面を想像してみてほしい。戦争が事実上偶然起こりうることを示したいのだが，頼れるのはまったく架空の例だけという状況だ。クーンの科学哲学から考えると，歴史上に強力な根拠を見つけられないというのは，重要な「手がかり」と言うべきではないだろうか。このような，もっともらしい説明に合う実例をまったく見つけられない事実そのものが，戦争の原因に関する自分の理解をむしろ深めてくれはしないか。

　よって結論としては，ブローディやシェリングのような人でも，さらにいい成果を残せたはずだと言えないだろうか。彼らはたしかに理論家だが，それでも自分たちが重要だと考えた歴史事例をもっと深く研究していればと思わない

だろうか。さらに私は，シェリングやブローディの研究がもっといいものになったと思うと同時に，そのために必要な作業は彼らにとってまったく難しくなかったのにとも思う。このことは，私が本書で明らかにしたいと思っている主張の1つだ。読者の中には，私が理論家に多くを求め過ぎていると思っている人もいるだろう。このように，私の議論は，理論家は歴史家になるべきだと言っているのと同じだと感じる人は，さらにこうも思うのではないだろうか。理論家への私の要望は，たんに非現実的なだけでなく，国際関係理論の研究が独自の知的な特性を備えた1つの学問分野だという事実も無視している——つまり，1人の研究者に何もかもできるはずがなく，だから素直に考えれば，理論を専攻した研究者は歴史家にはなれないし，本業の歴史家と同等の歴史研究を期待するのも間違っている。

　だが，私が本書で議論しているような歴史研究をするために，理論家が歴史家になる必要はない。多少の研究時間を割くだけで，歴史上の重要な論点について，理論家はそれなりに信頼できる結論にたどり着ける。ただし条件が1つあって，それは正しい方法論を用いることだ。だから，続く2つの章では，その正しい方法論について説明する。

注

1) Elie Halevy, "The World Crisis of 1914-1918: An Interpretation." 最初の出版は1930年で，Elie Halevy, *The Era of Tyrannies : Essays on Socialism and War* (London: Allen Lane, 1967), pp. 161-190 に再録された。ここで取り上げている段落は p. 179にある。

2) Poincaré, notes of meeting with Russian foreign minister Sazonov, August 1912, *Documents diplomatiques francais（1871-1914）*, 3d ser., vol. 3 (Paris: Imprimerie nationale, 1931), p. 34. 当時のロシアのバルカン政策に関する重要資料については，以下の文献を参照のこと。Barbara Jelavich, *Russia's Balkan Entanglements, 1806-1914* (Cambridge: Cambridge University Press, 1991), pp. 246-247; Bernadotte Schmitt, *The Coming of the War, 1914*, 2 vols. (New York: Scribner's, 1930), 1 : 135; and Luigi Albertini, *The Origins of the War of 1914*, 3 vols. (London: Oxford University Press, 1952-57), 1 : 375, 486.

3) A. J. P. Taylor, *The Origins of the Second World War* (New York: Atheneum, 1961), p. 24. (A・J・P・テイラー［吉田輝夫訳］『第二次世界大戦の起源』講談社学術文庫［底本は中央公論社，1977年］, 2011年，67頁)

4)　Ibid., p. 103. (テイラー『第二次世界大戦の起源』187頁)

5)　Ibid., p. 24. (テイラー『第二次世界大戦の起源』68頁)

6)　Thomas Kuhn, *The Trouble with the Historical Philosophy of Science* (Cambridge, Mass.: Harvard History of Science Department, 1991), pp. 6, 10 (強調はトラクテンバーグ).

7)　歴史家の中に見られるこうした見解については，たとえば Paul Schroeder's letter to the editor, *International Security* 20, no. 1 (Summer 1995): 195 を参照。理論家側の見方について言えば，本筋からはずれた記述で明らかにされることが多い。たとえば，マーティン・ワイトの書きぶりを見よう。「グイチャルディーニは歴史家だ。描写はしているが分析はしていないからだ」。Martin Wight, "The Balance of Power and International Order," in *The Bases of International Order,* ed. Alan James (London: Oxford University Press, 1973), pp. 88-89. ハンス・モーゲンソーも，同じやり方で歴史家と理論家をかなり明確に区別している。「しかし，理論的な理解に適した類似という概念と，歴史の本領である唯一の現象の境目をどこに定めるべきだろうか」。このようにモーゲンソーは問題を設定している。Hans Morgenthau, "The Purpose of Political Science," in *A Design for Political Science : Scope, Objectives, and Methods,* ed. James Charlesworth (Philadelphia: American Academy of Political and Social Science, 1966), p. 64.

8)　こうした主張は，とくにイムレ・ラカトシュの業績で中心的な位置を占めている。例を挙げれば，以下の通り。Lakatos, "Falsification and the Methodology of Scientific Research Programmes," p. 116 (ラカトシュ「反証と科学的研究プログラムの方法論」); Imre Lakatos, "History of Science and Its Rational Reconstructions," in *Method and Appraisal in the Physical Sciences : The Critical Background to Modern Science, 1800-1905,* ed. Colin Howson (Cambridge: Cambridge University Press, 1976), pp. 7, 11; Imre Lakatos, "Lectures on Scientific Method," in *Imre Lakatos and Paul Feyerabend, For and Against Method : Including Lakatos's Lectures on Scientific Method and the Lakatos-Feyerabend Correspondence,* ed. Matteo Motterlini (Chicago: University of Chicago Press, 1999), p. 99, 100; and Lakatos quoted in *Brendan Larvor, Lakatos : An Introduction* (New York: Routledge, 1998), p. 55. ただし，劇的な結論の重要性を重視した哲学者は，何もラカトシュ 1 人ではない。たとえば，Karl Popper, *Conjectures and Refutations* (New York: Basic Books, 1962), p. 36 (ポパー『推測と反駁』), and Thomas Kuhn, *The Structure of Scientific Revolutions,* 2d ed. (Chicago: University of Chicago Press, 1970), p. 155 (クーン『科学革命の構造』).

9)　ジャーヴィスから筆者への電子メール，February 1, 2005.

10)　この点については，非常に興味深い議論がロバート・ジャーヴィスとポール・

シュローダーの間で交わされている。Robert Jervis and Paul Schroeder in Colin Elman and Miriam Fendius Elman, eds., *Bridges and Boundaries : Historians, Political Scientists, and the Study of International Relations* (Cambridge, Mass.: MIT Press, 2001), pp. 385-416.（コリン・エルマン，ミリアム・フェンディアス・エルマン編［渡辺昭夫監訳，宮下明聡・野口和彦・戸谷美苗・田中康友訳］『国際関係研究へのアプローチ──歴史学と政治学の対話』東京大学出版会，2003年の「第Ⅲ部　結論」にR・ジャービス［野口訳］「第11章　国際関係史と国際政治学」とP・W・シュローダー［野口訳］「第12章　国際関係史」として所収）

11）Kenneth Waltz, *Theory of International Politics* (New York: McGraw-Hill, 1979), esp. pp. 76-77, 127-128.（ケネス・ウォルツ［河野勝・岡垣知子訳］『国際政治の理論』勁草書房，2010年）

12）Hardenberg Riga Memorandum. 以下の文献から再引用。Mack Walker, ed., *Metternich's Europe* (New York: Walker, 1968), p. 8. あわせて以下も参照。Thomas Nipperdey, *Germany from Napoleon to Bismarck, 1800-1866* (Princeton: Princeton University Press, 1996), p. 20.

13）Stephen Van Evera, "The Cult of the Offensive and the Origins of the First World War," *International Security* 9, no. 1 (Summer 1984): 63. この記述で引用されている資料については，同論文の注25。あわせて James Morrow の総説論文，"International Conflict: Assessing the Democratic Peace and Offense-Defense Theory," in *Political Science : The State of the Discipline,* ed. Ira Katznelson and Helen Milner (New York: Norton, for the American Political Science Association, 2002) の esp. pp. 183-191 も参照のこと。

14）とくに以下の文献を参照。R. W. Seton-Watson, *Disraeli, Gladstone, and the Eastern Question* (London: Macmillan, 1935), pp. 217-218.

15）たとえば以下を参照のこと。Kenneth Waltz, "Realist Thought and Neorealist Theory," *Journal of International Affairs* 44, no. 1 (Summer 1990).

16）Hanson, *Observation and Explanation,* p. 81, and more generally, pp. 79-83（強調はハンソン）.

17）Waltz, *Theory of International Politics,* p. 7.（ウォルツ『国際政治の理論』8-9頁）

18）Ibid., pp. 89, 121.（『国際政治の理論』118，160頁）

19）Kenneth Waltz, "Evaluating Theories," *American Political Science Review* 91, no. 4 (December 1997): 914. 引用文中でウォルツがさらに引用している文章は，方法論に関する著名な書籍からである。Gary King, Robert Keohane, and Sidney Verba, *Designing Social Inquiry : Scientific Inference in Qualitative Research* (Princeton: Princeton University Press, 1994), p. 20.（G・キング，R・

O・コヘイン，S・ヴァーバ［真渕勝監訳］『社会科学のリサーチ・デザイン──定性的研究における科学的推論』勁草書房，2004年，23頁［上川龍之進訳］）もちろんこのような主張をしている政治科学者は，ウォルツひとりに限らない。同様の批判を展開している文献として，たとえばJonathan Bendor and Thomas H. Hammond, "Rethinking Allison's Models," *American Political Science Review* 86, no. 2（June 1992）: esp. p. 318を参照のこと。

20)　原型が19世紀末に提示されたこの主張は，どのような理論でも「それが埋め込まれている背景知識の中で何らかの適当な調整をすることにより，『反駁』から救い出すことがつねに可能である」と議論するもので，やがて「デュエム＝クワインテーゼ」として知られるようになった。ラカトシュが指摘するように，このテーゼの主張のされ方には2つのタイプがあり，強力にその主張を押し出すものと，緩やかな指摘にとどめるものがある。しかし後者のタイプの議論であっても「狭く具体化された理論を実験の直接の標的にして狙い撃ちするのは不可能で，科学を具体化するには論理的には無限に多くのやり方があると主張する」。Lakatos, "Falsification and the Methodology of Scientific Research Programmes," pp. 184-185 を参照のこと。（ラカトシュ「反証と科学的研究プログラムの方法論」，引用は261, 262頁）

21)　Ibid., pp. 100-101（ラカトシュ「反証と科学的研究プログラムの方法論」，引用は145頁）; Lakatos, "Lectures on Scientific Method," pp. 69-70.

22)　Lakatos, "Falsification and the Methodology of Scientific Research Programmes," pp. 96-97.（ラカトシュ「反証と科学的研究プログラムの方法論」，引用は139頁）引用した部分でラカトシュはブレイスウェイト（R. B. Braithwait）の著作を引いている。

23)　Ibid., p. 102.（ラカトシュ「反証と科学的研究プログラムの方法論」146頁）

24)　Lakatos, "History of Science and Its Rational Reconstructions," p. 10.

25)　Lakatos, "Lectures on Scientific Method," p. 95.

26)　Ibid., pp. 99-100. この論文の p. 99でラカトシュが別の例として挙げているのは，72年周期でのハレー彗星の再来が驚くべき正確さで予測されたことである〔実際の周期より3年ほど短いが，トラクテンバーグはラカトシュの記載に従っている〕。この予測の計算の基盤となったのはニュートンの理論だったので，そうした予測の驚異的な正確さはニュートン理論を強力に裏づけることになった。同じような例をたくさん挙げているのがクーンで，中でも強力な効果を発揮した事例がある。クーンによれば，フランスでは，光の波動説への反対が「円盤の影の中心に白い点が存在するとフレネル（Augustin Jean Fresnel）が示せたことで，あっという間に，ほぼ完全に影をひそめてしまった。白い点の存在はフレネル自身も予想していなかった効果だったのだが，フレネルの理論に反対の立場をとっていたポアソン（Siméon Denis Poisson）が，フレネルの理論が正しければ必ず現れるはずだが，考えられない現象だと指摘したものだったのである」。Kuhn, *Structure of Scientific Revolutions*, p. 155.（クーン『科学革命の構造』174頁）

27）　Einstein to Eddington, December 15, 1919. 以下の文献からの再引用。A. Vibert Douglas, *The Life of Arthur Stanley Eddington*（London: Thomas Nelson, 1956）, p. 41.

28）　Richard Alexander, *Darwinism and Human Affairs*（Seattle: University of Washington Press, 1979）, pp. 7-8 を参照。（リチャード・D・アレグザンダー［山根正気・牧野俊一訳］『ダーウィニズムと人間の諸問題』思索社，1988年，引用は15，17頁）

29）　Lakatos, "History of Science and Its Rational Reconstructions," p. 31. この問題についての近年の議論の好例は，Alex Rosenberg, "Biology and Its Philosophy" の一節である "Problems of Falsifiability" を参照のこと。*Philosophy of Science : Contemporary Readings*, ed. Yuri Balashov and Alex Rosenberg（London: Routledge, 2002）, pp. 28-31. 初出は Alexander Rosenberg, *The Structure of Biological Science*（Cambridge: Cambridge University Press, 1985）, pp. 6-8.

30）　本書第1章23頁を参照のこと。

31）　自然科学について言えば，真に傑出した理論家たちが見せた混じりっけなしの知力の何と驚くべきことか。軽い物体よりも重い物体の方が落下速度は速いとするアリストテレス理論に対するガリレオの反証は，こうした並外れた例の1つだ。James Robert Brown, *The Laboratory of the Mind : Thought Experiments in the Natural Sciences*（London: Routledge, 1991）, pp. 1-3 を参照。相対性理論の起源も，私たちに重要な例を見せてくれる。1887年に実施された著名なマイケルソン-モーリーの実験は，相対性理論の起源を説明する際に「きわめて重大な実験」の1つとしてよく言及される。しかし，アインシュタインの思考に与えた影響は，実際にはそれほど大きくなかった。相対性理論の真の源は，物事のあるべき姿を捉えるアインシュタインの直感的な感覚だった。しかもアインシュタインが10代の頃から持っていた感覚である。Leo Sartori, *Understanding Relativity : A Simplified Approach to Einstein's Theories*（Berkeley: University of California Press, 1996）, pp. 51-54, esp. p. 53; Gerald Holton, "Einstein, Michelson, and the Crucial Experiment," in his *Thematic Origins of Scientific Thought : Kepler to Einstein*（Cambridge, Mass.: Harvard University Press, 1973）. 国際関係理論の分野で，本質的に純粋な知力だけでもって，透徹した思考の体系を作り出した最たる例は，トーマス・シェリングの業績だろう。とくに以下の研究を参照のこと。Thomas Schelling, *The Strategy of Conflict*（Cambridge, Mass.: Harvard University Press, 1960）（トーマス・シェリング［河野勝監訳］『紛争の戦略——ゲーム理論

のエッセンス』勁草書房, 2008年), and Thomas Schelling, *Arms and Influence* (New Haven: Yale University Press, 1966) (トーマス・シェリング [斎藤剛訳] 『軍備と影響力――核兵器と駆け引きの論理』勁草書房, 2018年 [邦訳の底本は 2008年出版の第2版]).

32) Waltz, *Theory of International Politics,* p. 167. (ウォルツ『国際政治の理論』 221頁) Waltz, "The Origins of War in Neorealist Theory," *Journal of Interdisciplinary History* 18, no. 4 (Spring 1988): 621 もあわせて参照。

33) Schelling, *Arms and Influence,* pp. 221-227. (シェリング『軍備と影響力』)

34) Brodie to Schelling, February 8, 1965, and Schelling to Brodie, February 19, 1965, Bernard Brodie Papers, box 2, UCLA Research Library, Los Angeles; and Bernard Brodie, "Unlimited Weapons and Limited War," *Reporter,* November 18, 1954, p. 21.

35) Barbara Tuchman, *The Guns of August* (New York: Macmillan, 1962), p. 81. (バーバラ・W・タックマン [山室まりや訳]『八月の砲声』上, ちくま学芸文庫, 2004年 [底本は1965年および1980年, 筑摩書房], 185頁) 以上のエピソードの詳細な検討は, Albertini, *The Origins of the War of 1914*, 3:171-181 and 3:380-386でもなされている。同書は, これまで英語で書かれたもののうち, 第一次大戦の直接原因を最も綿密に論じている。

36) Tuchman, *Guns of August,* p. 72. (タックマン『八月の砲声』上, 165-166頁)

37) Bernard Brodie, *War and Politics* (New York: Macmillan, 1973), p. 475.

38) シェリングが *Arms and Influence* の序文で述べている内容は重要だ (p. vii) (シェリング『軍備と影響力』の「初版序文」7頁)。「私は歴史上の事例に言及するが, 通常, それは描写のためであって証拠事実として提示しているわけではない。着想においては, シーザーのガリア戦記やトゥキディデスのペロポネソス戦争がもっとも役に立った。歴史的価値がどうであれ, たとえそれらが純粋な作り話だったとしても, このことは同じだったであろう」。

歴史研究の批判的分析

おそらく読者の皆さんが可能だと考えるよりも早くて効率的に，それなりに信頼できる結論に到達できる歴史研究の方法がある。この方法で用いる資料は，歴史家が一般的に二次資料と呼ぶものだ——研究対象としている時代に作成された文書などの「一次資料」もしくは「原資料」ではなく，歴史家が書いた書籍や論文である。

ここからの2つの章で私が目指すのは，そうした方法論がどのようなもので，歴史上の重要な論点に関して結論を出すのに，どのように役に立つのかを明らかにすることだ。まずこの第3章では，歴史研究の文献をいかに分析すればいいのかを説明し，ついで第4章で，この文献分析が，重要な歴史事例の解釈にたどり着くのにどう活用できるのかを明らかにする。2つの章に共通した要点は，個別の事例研究に割ける時間がそれほど多くなくとも，私がこれから説明する方法論を使えば，おそらく想像する以上の成果を出せるということだ。今から例示する方法1つで，多くの研究目的に対応できる。ただし，ある1つの個別事例をもっと深く研究したいと思う場面も出てくるかもしれない。そのときには，本格的に一次資料を読み込む必要があるのは間違いない。しかしこうした場面でも，これから基本的な内容を説明する方法論を用いて，文献分析から研究計画をスタートするのは，おそらく理にかなったやり方だ。

とはいえ，この方法論を使うとなると，まずどの歴史研究を読むべきか判断しないといけない。しかし具体的にどうやって選んだらいいのだろうか。ある学術研究の分野で，どの文献が重要かを見極める判断力はどうやって磨けばいいのだろうか。つまり，もしかしたら自分にとってまったく未知かもしれない学問分野で，方向感覚を身につけるにはどうしたらいいか。こうした比較的単純で基本的な問題を，まずは次の節で片づけてしまおう。

研究状況の把握

　自分の頭のみで学術研究をできる人などいない。ある問題に興味を持ったら，そのテーマについてこれまでどのような研究がなされているのかを知りたいと思うのが自然だ。実際に，ある特定の学術分野で研究を始める際に，最初にやるべきことの１つが地勢の把握だ。つまり，最も重要な研究は何か，主要な研究者が主張していることは何か，研究上の争点は何をめぐって行われているのかをおおまかに理解するのだ。こうした作業がなぜ必要なのかというと，他の研究者の主張に反応することで，自分の見解ができあがるからである。歴史上の基本的な問題に対して自らの答えを見出すにあたって，他人の主張は少なくとも最初の分析枠組みになってくれる。

　だが，自分が研究したいテーマの重要な文献をどう見分ければいいのだろうか。目指すべきは主要な研究をある程度絞り込んでリスト化し，その上で，できればこうした研究が共通して議論している根本的な問題を把握することだ。こうした文献リストを作るにあたって，基本となるテクニックは２つある。論文からリストを作っていく方法と，書籍からリストを作っていく方法だ。まず論文の方から説明しよう。

　新しい研究を始めるときに，まず見るべきは定期的に刊行されている学術誌だろう。国際政治や軍事問題を扱う学術誌はたくさん発行されているが，私がとくに重要だと思うものは附録Ⅰでリスト化しておいた[1]。研究を始めるときに，参照してみよう。そのときには，まず自分の研究テーマに関係する論文が最もよく載っていそうな学術誌にはどのようなものがあるのか把握しよう。その上で，実際にそうした学術誌にあたってみて，主に３つの内容に注目しよう。１つ目は，これまでの研究状況を整理した総説論文（レビュー・アーティクル）で，とくに自分の研究テーマが含まれる分野を包括的に論じたものがいい〔『国際政治』などの日本の学会誌で最も近いのは，共通するテーマの下で２冊から３冊の研究書を取り上げる書評論文（レビュー・アーティクル）であろう。ただし本書が想定している総説論文に比較すると，書評論文の先行研究整理は，内容にもよるがそこまで網羅的ではない。『年報政治学』Ⅱ号掲載の「学界展望」や『史学雑誌』５号が丸々あてられる「回顧と展望」も，前年（度）の主要な研究をテーマごとに紹介していて，何年分か通して読めば総説論文のように使える〕。２つ目は，自分が研究しようと思っているテーマに関係した学術論文（アーティクル）だ。そして３つ目は，

自分の研究テーマに関した内容を包括的に扱っている本に対する書評(レビュー)だ。当然のことだが，総説論文はすこぶる重要である。よくできた総説論文が提供してくれる研究状況の概説(サーベイ)は，研究時間を大幅に節約してくれるからだ。文献リストを作成するために必要な作業の多くが省けるのである。こうした総説論文のうち，アメリカの対外政策に関するものは，いくつかのコレクションにまとめられて，以下の通り書籍として出版されている。Gerald Haines and J. Samuel Walker, eds., *American Foreign Relations : A Historiographical Review*（『アメリカの対外関係——歴史文献概説』）(1981) や Robert Schulzinger, ed., *A Companion to American Foreign Relations*（『アメリカの対外関係必携』）(2003)，さらにマイケル・ホーガン（Michael Hogan）が編集した *America in the World : The Historiography of American Foreign Relations since 1941*（『世界の中のアメリカ——1941年以降のアメリカの対外関係に関する歴史文献』）(1995) と『アメリカ 大国への道——学説史から見た対外政策』（林義勝訳，彩流社，2005年）(*Paths to Power : The Historiography of American Foreign Relations to 1941* [2000]) の 2 冊だ。ちなみに，政治科学に関しても同じようなシリーズが出版されている[2]〔日本語であれば，日本国際政治学会編『日本の国際政治学』全 4 巻，有斐閣，2009年が代表例で，同書のほとんどの章はまさに総説論文である〕。

　何度も言うが，総説論文はとても大事だ。とはいえ，通常の学術論文も研究状況を把握する重要な手がかりになる。論文の最初で，この研究成果が関連分野における代表的な知見と全体としてどのような関係にあるのかを説明するのが普通だからだ。この部分で各論文の著者は，たとえば高い評価を受けている先行研究や，分野全体に大きな影響を与えた先行研究，著名な研究者による先行研究など，主要な文献をしばしば引用する。注意点として，今は研究状況を把握するために通常の学術論文にも目を通しているのだから，どの論文も全部を読む必要はない。この目的を肝に銘じて，今は最初の数頁だけを読むのに専念しよう。

　関連分野の学術誌を過去 5 年ないしは10年さかのぼるだけで，興味深そうな論文がたくさん見つかるだろう。実際に学術誌をチェックする代わりに，コンピューター上で利用できる検索システムを使っても同じことができる。たくさんの種類があって，代表的なものには JSTOR に Project MUSE（どちらも論文の全文をインターネット上で手に入れられる），Social Science Citation Index や

Expanded Academic ASAP（Infotrac という学術論文データベースのシリーズの1つ）がある。アメリカの大規模な研究機関の図書館であれば，たいてい利用できる〔日本でも同様である。日本語論文であれば，無料の「CiNii Research」をまずは使ってみよう〕。どう活用できるかは，附録Ⅰで説明している。[3]

　あわせて，各分野の代表的な学術誌には書評欄があるはずだから，そこにも目を通してみよう。分野ごとに出版された書籍のすべてが書評に値するわけではない。だから，最近の号の書評欄を見ていけば，ここ数年で出版された研究書のうち，どういった本が最重要と評価されているのか，だいたいの感覚がつかめるだろう〔くわえて日本の学会誌だと，先ほども触れた『年報政治学』Ⅱ号掲載の「学界展望」や，『史学雑誌』5号の「回顧と展望」が，前年度に出版された主たる研究を網羅していて便利〕。書評欄を読んで興味深そうな本が見つかったら，図書館で実際に見てみるのもおすすめだ。新しい研究書は，関連する分野の最近の研究状況を知るのにうってつけだからである。こうやって関連分野における重要な研究書がたくさんわかってきたら，こうした本をリストアップした方法は人それぞれだろうが，各研究の主な議論の内容や，その主張が他の研究者からどう評価されているのかを簡単に確認しておこう。このときに役に立つのが，こうした本の書評だ。今はパソコンで利用できる検索システムがたくさんあるので，書評は割合簡単に見つけられる。具体的なやり方は，附録Ⅰで説明している。[4]

　書籍を中心とする2つ目のテクニックの解説に移ろう。1つ目の学術誌を使ったテクニックも書籍のリストアップに使えるが，こちらはコンピューター上で利用する図書館の標準的な蔵書目録（カタログ）を利用する。使えるのは，通っている大学の図書館の蔵書検索システムだけではない。基本的にどの図書館の検索システムも，インターネット上で利用できるからだ。だから，まず大事なのは，自分の大学の図書館が提供している蔵書の検索システムだけでなく，とても充実した目録を誇る代表的な検索システムをいくつか使えるようになっておくことである。一番のおすすめは，Eureka だ（RLIN とも呼ばれる）。全米研究図書館グループ（Research Libraries Group）が提供する総合目録で，アメリカの主要な研究図書館の目録を一括して検索できる。Eureka はインターネット上で一般公開はされていないので，通常は所属する大学図書館のウェブサイトを通じて利用する必要がある〔原著出版後，Eureka の運営元だった Research Libraries

Group は OCLC に統合され，Eureka も OCLC の FirstSearch に統合されている。現在 FirstSearch は，基本機能が無料で公開されている国際的な統合カタログ，WorldCat の有料機能の一部として，契約図書館を通じて利用可能である〕。もし何らかの理由で通っている大学の図書館から利用できない場合は，同じくとても充実した目録を誇る別の図書館の検索システムを使えばいい。代表的なのは，アメリカ議会図書館（Library of Congress）やハーヴァード大学図書館（Harvard University Library）のものだ〔日本であれば国立国会図書館の蔵書検索システム「NDL ON-LINE」や国立情報学研究所が提供する「CiNii Books ──大学図書館の本をさがす」が同じ目的で使えるだろう〕。どちらもインターネットから直接アクセスできる（カリフォルニア大学システムの各校の合同目録である MELVYL〔現 UC Library Search〕もそうだし，他の図書館の検索システムもインターネットでどこからでも使える）[5]。

　こうしたカタログを利用する目的は，件名検索（subject search）を使うためだ。とは言っても，どの件名で検索したらいいのか，それどころかどのような言葉を件名として入力したらいいのかは，なかなかわかりにくい。なぜかというと，図書館で書籍を登録する際にどの件名標目（subject headings）を割り当てるかは，完全に任意で決まることが多いからである。だから，まずは自分の研究テーマに関連しているとわかっている本のタイトルを検索してみるのがおすすめだ。もし1冊もわからない状態なら，とりあえず研究テーマにとって重要な人物の名前を検索してみよう。たとえば研究テーマが第一次世界大戦へのアメリカの参戦なら，件名検索か，またはタイトル（title）検索でもいいので，"Woodrow Wilson"（「ウッドロー　ウィルソン」）を検索してみよう。このようにすれば，自分の研究テーマに最も関係する書籍の一覧が表示されるはずだ。このときは，どのような並びでどのような本が出てきても問題ない。以上のやり方で一度必要な情報が得られれば，あとは目的に沿ってどんどん検索していけるからだ。どういうことかは，これから説明する。

　以上のやり方で書籍の一覧が表示されたら，そのうち1冊のタイトルをクリックして，オンライン検索の画面上で「書誌詳細」（long display）とか「詳細画面」（full view）のような名前で呼ばれているページに入る。そうすれば，本の書誌情報がこと細かに表示されて，どのような件名標目が割り振られているかもわかるはずだ。件名標目にはハイパーリンクがはってあるから，クリックしてみよう。そうすれば，同じ件名標目を与えられている本の一覧が新たに表

示される。その中から，とくにおもしろそうな本を選んで，同じことを繰り返してみよう。このとき，画面上にある「セーブ」コマンドを使って，興味を引かれた本のタイトルを保存しておくのを忘れないように〔「ブックマーク」や「保存」，「出力」など別の名前が使われているかもしれない。また学籍番号などを使って，ユーザーとしてログインしていないとこうした機能が使えない場合もある〕。こうした作業を一通り繰り返したら，リストができあがっているはずだから，印刷するかデータとして保存して確認してみよう。とくに請求番号が載っているか必ずチェックしよう。

　こうしてできあがったリストで請求番号を確認していくと，自分の研究テーマに関連がありそうだと思った本が，だいたい同じような場所に配架されているのに気づくはずだ。そうした書棚に早速行ってみよう。書籍の分類システムにもっと慣れてきたら，毎回検索しなくても，特定の書棚に直接行けるようにさえなるだろう。多くの大学図書館が使っている議会図書館の分類システムでは，E183.8 *x* から始まる請求番号は，アメリカの外交関係に関する書籍に与えられていて，*x* には相手国の頭文字が入る。E183.8 G3 の書棚に行けば対独（Germany）関係の書物が配架されているし，E183.8 G7 の書棚なら対英（Great Britain）関係の書籍が配架されているといった具合だ。このような感じで自分の研究テーマに関係した本が集中して配架されている書棚に行ってみて，今研究していることに最も役立ちそうな本をいくつか取り出してみよう。とくにチェックした方がいいのは，比較的新しそうで，かつ大学の出版会から出ている本だ〔後者については，国ごとに事情がやや異なる。とくに日本には定評のある学術出版社が大学出版会以外にも多数あるので，あわせてチェックしたい。たとえばミネルヴァ書房など！〕。

　こうした本に目を通してみると，いくつかの本には注釈つきの参考文献リスト（annotated bibliographies）や，先行研究の詳しい紹介・解説（bibliographical essays）が含まれていることに気づくだろう。こうした先行研究を紹介したり検討したりしている部分を読んでいくと，おそらくその分野の構造がなんとなくつかめてくるはずだ。もっと具体的に言うと，代表的な研究にはどのようなものがあるのかわかってくるし，さらにそれぞれの主張がどう異なっているのかもつかめてくるかもしれない。それだけでなく，なぜこうした先行研究が重要なのか，そしてそれぞれの結論がどうして異なっているのか，もしくは異な

る結論同士がどのように関係しているのかを，著者が説明してくれていること
もある。つまり先行研究の整理や検討を通じて，各研究書の著者たちが分野全
体の状況を整理してくれていることがよくあるのだ。そしてこうした内容は，
だいたい最初の方に書かれている。ここで1つ，ちょっとした裏技を紹介して
おこう。重要な先行研究を洗い出しているこの段階では，関連しそうだと手に
とった本の「はじめに」（the preface）とか「序論」（introduction）の脚注や注
をしっかり読んでみよう。たとえばヴェトナム戦争の研究をしたいと思ってい
るとしよう。それなら，フレデリック・ロッジヴォール（Fredrik Logevall）の
*Choosing War : The Lost Chance for Peace and the Escalation of the War
in Vietnam*（『戦争という選択——ヴェトナムにおける失われた平和の機会と戦争のエ
スカレーション』）の「はじめに」につけられた6頁分の注を読んでみよう。そ
れだけで主要な先行研究をかなりの程度把握できるはずだ[6]。

　かなり専門的で，やや関心から外れている研究であっても，自分の研究分野
の状況を把握するのには役立つときがある。このようなときに使ってほしい別
の裏技がある。研究しようと思っているテーマを扱っているのだが，具体論の
対象時期が，関心からは少しだけ後ろにズレている研究書を探してみよう。こ
うした本は，序章や導入部分にあたるパートで，直前の時期を概観している可
能性が結構あるからだ。こういう前史の紹介で扱われるトピックは相当に絞り
込まれているが，研究状況を把握するにはむしろ好都合だ。そこで引用されて
いる研究はどれも重要な可能性が高いからだ。

　もちろん，特定の問題や時期に特化した研究書以外にも，研究状況を把握す
るために役に立つ書籍は多い。代表的な通史や，またはともかく対象範囲が広
い本であっても，目を通してみよう。とくに著名な研究者が書いている場合は
なおさらだ。索引や目次を使えば，研究テーマに関連した部分だけをすぐに読
むことができる。手にとった本が扱っている範囲が広いほど，自分の研究テー
マに関連する部分の記述が少なくなると考えておこう。当該テーマに関する著
者の解説はかなり簡潔にならざるをえないし，それだけに著者の説明の仕方を
みれば，通説が紹介されているだけなのか，それを批判する独自の解釈が示さ
れているのか，大体見分けがつくだろう。さらに概説書，とくにその参考文献
リストが役に立つだろう。もし扱っている各トピックに関係する文献の書誌情
報をリストとして並べるだけでなく，著者による注釈もついていたらなおいい。

たとえば脚注にコメント付きで文献情報が記されている場合だが，他にも巻末に文献の詳しい紹介・解説や注釈つきの文献リストが載っている場合も，かなり利用価値が高いと思っておこう。そして，何度も言うが，参考文献に対する著者の評価が明確に記されているときほど，研究状況を知る上では有用なのだ。私自身の経験を話せば，モーリス・ボーモン（Maurice Baumont）はそうした本を執筆していて，その中で見つけた注釈がとくに印象に残っている。ボーモンは出典を示す脚注の中で，ビスマルク期後半の国際政治を論じたウィリアム・ランガー（William Langer）の重要著作 *European Alliances and Alignments* (1931)（『ヨーロッパの同盟関係および提携関係』）を，こう評していた。たしかに重要な研究だが，「ビスマルクへの称賛一辺倒」で，台なしになってしまっている。実に簡潔で，それでいて決定的な批評である。

　通史はシリーズの1冊として書かれることも多い。たとえば古くは "Rise and Fall of Modern Europe"（「近代ヨーロッパの興亡」）シリーズ，またはフランスで出版された "Peuples et Civilisations"（「人民と文明」）シリーズ（ボーモンの先述の著作はその1冊だ），さらにオックスフォード大学出版局やケンブリッジ大学出版局が出している多種多様な歴史シリーズが代表例だ。こうしたシリーズ物の通史の著者は，各分野の研究に人生の多くを捧げてきた一流の研究者が，出版社に依頼されて引き受けるのが普通である。だから著者たちの関連文献に関する知識は，かなり信頼できる。代表的な好例として，ウォーレン・コーエン（Warren Cohen）が執筆した4巻からなる *America in the Age of Soviet Power, 1945-1991* (1993)（『ソ連の超大国期におけるアメリカ 1945〜1991年』）がある。*The Cambridge History of American Foreign Relations*（『ケンブリッジ歴史シリーズ：アメリカの対外関係』）の一部として出版された。万が一コーエンがこの分野の第一人者だと知らなくても，この4巻本は名高い業績だと迷わず判断していい。『ケンブリッジ歴史シリーズ：アメリカの対外関係』のようなシリーズ名がついているなら，各巻の執筆を依頼されたのは，その分野の著名な研究者に違いないからだ。著名とは，当該分野で発表される研究をその人物がどう評価するかが，大きな影響力を持つということである。

　以上の2つが，研究計画の最初で用いるべき文献調査の基本テクニックだ。だが他にも頼りになるテクニックがたくさんある。ここでは2つだけ，博士論文とシラバスを使う方法を簡単に紹介しておこう。通常，博士論文には最上の

文献リストが含まれているし，かなりの確率で当該分野の先行研究をまとめて検討しているパートがある（多くの場合，第1章か，長めに書かれた序論，もしくは注釈つきの文献リストがそれにあたる）。だから，優れた博士論文を参照できれば，文献調査の手間が大幅に省けるかもしれない。自分で行うはずだった文献調査をかなりやってくれているかもしれないからだ。くわえて，自分でやる文献調査の品質管理にも役立つだろう。同じようなテーマを研究している研究者が参照している重要な先行研究や資料を，自分の文献調査で見落としてしまっていないかをチェックできるからだ。博士論文を検索して，手に入れるのは簡単だ。アメリカの大学で書かれた博士論文は，現在は ProQuest の一部となっている University Microfilms Incorporated（UMI）からいろんなフォーマットで買うことができる。自分のテーマに関係ありそうな博士論文を探すのも，UMI のウェブサイトを使うのが便利だ〔日本の大学の博士論文を検索するときは，「CiNii Dissertations——日本の博士論文を探す」を使おう。ただし UMI のような網羅的な出版サービスはなく，全文を読むには，各大学のオンライン・レポジトリーで電子版が公開されている場合を除くと，国立国会図書館か博論が提出された大学の図書館で閲覧する必要がある。国会図書館の場合，所蔵場所は関西館だが，電子化されているものは東京本館でも即日閲覧できる。著者に個人的に見せてもらう手もある。すでに書籍として出版されていれば，まずはそちらを参照しよう〕。UMI の検索システムの使い方については，附録Iで説明している。[7]

　自分の研究テーマを扱っている大学の授業のシラバスを閲覧するのもいい。とくにその分野で著名な研究者が担当している授業のシラバスはおすすめだ。まだ誰がそういった研究者なのか見当がつかない場合は，一流大学のシラバスを検索して，関連する授業のものを見てみよう。チェックしておいた方がいい「シラバス・アーカイブ」〔分野などに分けて授業のシラバスを公開しているサイト〕もいくつかある。[8]自分の研究分野で教壇に立っている人たちが，どういった研究を重要だと評価しているのか，あるいは少なくとも真っ先に読むべきだと考えているのかをおおまかに把握するのに，シラバスはとても便利だ。

　こうしたテクニックを使えば，歴史研究のある分野の状況がどのような感じなのか，素早く（大体1日か2日で）把握可能だ。重要な研究者はどういった人たちで，最重要の研究書や論文にはどのようなものがあるかがわかり，さらに主要な論点が何で，各研究者の立場はどのようなものかまで，わかる場合も多

い。とはいえ新しい研究プロジェクトに着手するときに，これまで紹介したテクニックのすべてを実行する必要はない。自分の目的に合ったテクニックの組み合わせを選べばいい。要するに，自分の目標に簡単かつ素早くたどり着くためのテクニックなら，どれでも使ってみよう。

　以上に紹介したテクニックは本当に基礎的だ。だから，いろいろな研究分野で使える。たとえば，政治科学上の特定の分野の状況を知るために政治科学者が使うこともできるし，さらには理論と歴史研究を組み合わせた研究計画を始める際にも，政治科学者の役に立つ。とはいえ，どの分野の研究かにかかわらず注意してもらいたいのは，研究のこの段階では，目標はきわめて限定的ということである。ここで目指すのは，特定の分野の研究状況をおおまかに把握できるようになること，これだけだ。もしこの目標が達成できたら——つまり重要な先行研究が把握できたら——文献リストの作成はいったん脇に置いて，研究計画の第2段階に進んでいい。最重要と判断した先行研究を読み始めていいのだ。ただし読むにあたっては，批判的に読まないといけない。

　もちろん，あとで追加の文献探索が必要になるかもしれない。普通は，先行研究を読むたびに，新たに読むべき先行研究が見つかるからだ。特定の問題への理解を一層深めたければ，その問題に関する記述につけられた脚注で引用されている文献をチェックするのがいい。ただし，特定のテーマに関する先行研究を，もっと網羅的に把握した方がいいときもある。1つのやり方は，書籍として出版されている文献目録を見てみることである。図書館の蔵書検索を使えば，特定のテーマに関する文献目録が割合簡単に見つかるはずだ。検索の際には，目当てのテーマ名に続いて "bibliography"（「文献目録」や「文献案内」）もキーワードとして打ち込んで，検索してみよう。または，たんに件名標目として "bibligraphy" を指定してもいいかもしれない。たとえば，1941年の日本による対米開戦の決定をテーマにする文献目録が出版されていないか知りたいとしよう。まず日本の対米開戦を扱った代表的な書籍を何か1冊，図書館の検索画面で表示してみよう——たとえば，ロバート・ビュートー（Robert Butow）の *Tojo and the Coming of the War*（木下秀夫訳『東条英機』上下，時事通信社：歴代総理大臣伝記叢書，第28・29巻，ゆまに書房，2006年として復刊）だ。さらに「書誌詳細」もしくは「詳細画面」を表示して，この本に割り当てられている件名標目を確認しよう。そのうちの1つは "World War, 1939-1945--Japan" だ〔原文では「--」が "—" だが，翻訳では国立国会図書館の NDL ONLINE の記号にあわせた〕。だから，次は "World War, 1939-1945 -- Japan -- bibliography" で件名検索してみる。ジョン・スブレガ（John Sbrega）の *The War against Japan, 1941-1945 : An Annotated Bibliography*（1989）（『対日戦争 1941~1945年――注釈つき文献目録』）を含む，たくさんの書籍名が表示されるだろう〔NDL ONLINE では，3 冊ヒットした内の 1 冊だった〕。この検索結果から，さらに「書誌詳細」に進めば，他にもたくさんの件名標目が表示されるので，そこからさらに関連分野の文献目録の一覧にたどり着ける〔NDL ONLINE だと，スブレガの文献ガイドには，他に，World War, 1939-1945 -- Campaigns -- Pacific Area -- Bibliography; World War, 1939-1945 -- United States -- Bibliography; Pacific Area -- History -- Bibliography の件名標目がつけられている〕。

　通っている大学図書館の検索システムに慣れてくれば，以上のような検索は，通常の件名に "bibliography"〔NDL ONLINE で和文の場合は「書目」「解題」など〕を追加するだけでできるようになる。たとえば，"United States -- Foreign relations -- bibliography" で件名検索すれば，その件名標目が割り当てられた書籍全部が一覧で表示される。その中には，掛け値なしにとても重要なものがある。たとえば，リチャード・ディーン・バーンズ（Richard Dean Burns）の *Guide to American Foreign Relations since 1700*（『1700年以降のアメリカの対外関係入門』）と，その後継版であるロバート・バイズナー（Robert Beisner）の *American Foreign Relations since 1600 : A Guide to the Literature*（『1600年以降のアメリカの対外関係――文献ガイド』）がそうだ。"United States" の代わりに，関心のある別の国の名前を用いてももちろんいいし，その結果，有用な検索結果が出てくることもあるだろう[10]。

　同様の文献一覧を表示させる別のやり方は，タイトル検索だ。つまり，タイトルに "Arab-Israeli"（「アラブ‐イスラエル」）や "Sino-Soviet"（「中ソ」）のような表現と，"bibliography"（「文献目録」や「文献案内」）や "guide"（「研究入門」や「研究ガイド」），"handbook"（「ハンドブック」）のような語句が同時に入っている書籍を検索してみよう。もしくは，図書館の参考書コーナーに行って，自分の分野の請求記号が貼られている棚を見てみてもいい。自分の研究に関連している文献によく割り振られている請求記号で配架場所のあたりをつけるということだ。そうすれば，目当ての文献ガイドがたくさん見つかる。ここで，公刊さ

れた文献ガイドの中で，20世紀の国際政治を研究する者にとって最も重要な1冊を紹介しておこう。*Bibliographie zur Zeitgeschichte*（『現代史文献目録』）で，現代史研究でドイツを代表する学術誌，*Vierteljahrshefte fur Zeitgeschichte*（『季刊現代史研究』）の別冊のような存在だ。現在は年1回のペースで出版されていて，英語，ドイツ語，フランス語で書かれた文献のとてもよく整理されたリストが手に入る。あまりドイツ語がわからない人であっても，使いやすい。

　研究を進めていくと，特定のテーマに関する既存の研究を可能な限り把握したいと思う場面も出てくるかもしれない。附録Iでは，きめ細かく文献探索を行う方法について説明しているし，いずれ皆さんの役に立つかもしれない文献ガイドも紹介している。ただし原則としては，研究計画の最初に徹底した文献探索は行うべきではない。研究計画を始めるときに必要なのは，テーマに選んだ分野の研究状況を把握するためのちょっとした感覚を身につけることだけだ。重要な研究にはどのようなものがあって，さらにできることなら，そうした研究の主張がどのようなものかがわかればいい。

文献の分析──方法を説明しよう

　自分の分野の重要な研究業績を把握したら，次にするべきこと何だろうか。そうした先行研究をすべて最初から最後まで読んで，事実と言える情報をできるだけ吸収しようとすればいいのか。いや，もし特定のテーマに関する自分自身の見解を手に入れるのが目的ならば，まったく別の方法で先行研究を読むべきだ。そのときに必要になるのは，もっと能動的な方法だ。各先行研究の議論を読み解いて，比較考量するための方法が必要である。こうした方法論は，論争の対象になっている研究課題に関する自分自身の考えを固めるのに有益なだけでなく，各研究が提示している根拠をもっと効率的に理解するのにも役に立つ。それぞれの意味を理解したときに，1つ1つの根拠は自分の記憶に残っていく。そして，議論の文脈を踏まえてこそ，根拠の意味がよりよく理解できるのである。

　だから，まず必要なのは，各先行研究が，特定の歴史状況を全体としてどう議論しているのかを把握する視点の獲得だ。「この研究の要点は何だろう」と考えてみよう。「著者の意図は何か」と問いかけてみるのだ。今手にしている

先行研究に少しでも見るべき点があるなら，核となっている議論を見つけるのは困難ではないはずである。著者とすれば，核となる議論を目立たせようと工夫するからだ。読者を説得するためには，著者の意図がどこにあるのか理解してもらう必要がある。このため，読者が注意深く読む可能性が最も高い箇所に，中核となる議論は要約されている。論文・書籍のタイトル・サブタイトルや，個々の章や節のタイトル，序論や結論，論文や書籍の最初もしくは最後の段落，さらに章や節の最初か最後の段落（場合によっては文章）だ。つまり，個々の先行研究を読むときは，こうした箇所に真っ先に目を通すべきなのだ。この研究書の，または論文の基本的な議論は何か。何が中心を占める主張なのか。読者に同意してもらいたいと著者が思っている内容は何か。これらの質問に答えることだけが，最初の目標だ。

　以上ができたら，次は先行研究の議論の構造，あるいは「設計思想<ruby>アーキテクチャー</ruby>」の把握に移ろう。研究の中核となる議論は，いくつかの鍵となる具体的な主張に支えられている。そして，こうした主張を支えるのが，経験的な証拠だ——文書資料をはじめとした歴史資料で，通常は脚注に出典が書かれている。ここで目標となるのは，1つの研究を作り上げているこういった個々の要素が互いにどう関係しているのかをおおまかに理解することだ——鍵となっている各主張の内容と，その根拠となっていると言える証拠をある程度把握するのである。まず目次を見たり，全体を流し読みしたりして，議論の構成を確認してみよう。個々の内容を結びつける全体構造と言えるものが見えてくるだろうか。異なる個々の要素を研究の中で結びつけている1つのロジックがあるだろうか。多くの研究業績には「ロード・マップ」の役割を果たす一節がある。たいていは，導入部分の最後のあたりに書かれていて，議論の全体の構造を把握するのにとても役立つ。

　議論の構造をある程度把握できたなら，その研究を通常の読書よりも能動的なやり方で読んでいこう。具体的な問いを意識してほしいのだ。読み進める中で，個々の叙述やその叙述が提示している主張と，全体の議論がどのような関係にあるのか，つねに自分自身に問いかけてほしい。その記述は研究全体の主張にとって本当に不可欠と言えるだろうか。または，全体の議論にとっては特段の重要性がない，無関係の内容をたくさん読まされているだけではないか。個々の叙述の要点を理解するのは基本的にはそこまで困難ではない。ただし，

研究全体の主張とどう関係しているか（あるいは関係できていないのか）判断するのに，少し考えないといけないことも，ときにはある。

　この段階での目標は，今読んでいる研究書や論文の中心を占める議論が何かを判断することなのだから，あまり関係のない部分はさっと目を通すだけでいい。だが全体の主張にとって根本となる重要な記述は，注意深く読む必要があるし，その際には，やはり自分自身で設定したきわめて具体的な問いに答えることを意識しよう。

　こうした問いは，2つに分類される。1つ目は，研究全体の主張を支えるロジックに関係するものだ。たとえ個別の記述が主張している内容が妥当であっても，その研究書や論文が全体として提示しようとしている根本的な議論を本当に支える内容になっているだろうか。著者がそう主張していても，疑ってかかろう。著者の様々な個別の主張は，最終的にはきっちりと1つの大きな主張に行き着くようになっているか。もしかして，バラバラの方向に拡散してしまっている印象を受けないか。議論は全体として一貫しているだろうか。それよりも，著者が別々の箇所で異なる——互いに矛盾する——主張をしているようには思えないか。

　2つ目は，その研究を構成している個々の主張を支える証拠の性質や妥当性に関わる問いだ。提示されている証拠は，著者が正しく内容を読み解いているとしても，著者が読者に説明している通りの根拠と言えるだろうか。提示されている証拠は，主張を裏づけるのに十分な内容か。別のところで目にした資料と著者の主張に矛盾はないか——まったく同じ本や論文の別の箇所で提示されている証拠も含めて考えてみよう。こうした疑問に自分で答えようとすると，自然と脚注に強い注意を払うようになる。あまり文書資料が示されていなかったら，それはいつだって悪いサインだ。対して，主張に関する直接的な証拠が典拠として載っていれば，とくに資料館の未公刊資料やその他の文書資料が引用されていれば，基本的にはその研究に対する評価を上げていい。

　ある具体的な主張が全体の議論の中で重要な役割を果たしているなら，その主張の証拠として提示されている資料を確認してみるのもいい。通常ここまでするのはまれで，個別の主張に何らかの疑いを持ったときだけだ。ただし，原典を確認するのは，最近ではそこまで骨の折れる作業ではない。資料館所蔵の未公刊資料でも，多くのものがマイクロフィルムや，または何らかの電子媒体

で手軽に利用できるからである〔こうした複製資料は基本的に図書館で利用するが，インターネット上で電子化された記録を見られる場合もある。日本の記録であれば，アジア歴史資料センターが代表例で，とくに戦前期の外務省記録の多くが閲覧できる。公刊資料集である『日本外交文書』も，直近刊行のものを除けば，外務省のウェブサイトで閲覧できる。他に国会図書館の「デジタルコレクション」もすこぶる便利だ。イギリスであれば，たとえば内閣府の記録である "the Cabinet Papers" の公開が進んでいる。以上のサービスは，Google などで検索すれば，すぐにたどり着ける。他の国を研究している場合も，同様のサービスがないかオンラインで検索してみよう〕。しかし手軽になったにもかかわらず，原典の確認は目を見張る成果をもたらしてくれる場合がある。今取り組んでいる重要な論点に関する自分の見解を組み立てるのに効果的なだけでなく，その研究の全体的な質をはかる判断材料にもなってくれるのだ。

　以上の通り，ここで用いる方法論は簡明直截だ。議論全体の核心にあるものを判断し，その構造を理解した上で，その構造を内部で支えるロジックの一貫性と主要な具体論の根拠となっている証拠の両方に注目して，議論が全体として示しているのが何かを確認するのだ。だが，以上の説明のみでは方法論の一般的な考え方を理解しただけで，ほんの序の口だ。どう使えばいいのかを知るには，具体的な歴史研究の議論をどう分析できるのかの実例を見てみる必要がある。

A・J・P・テイラーと第二次世界大戦の起源

　A・J・P・テイラーの『第二次世界大戦の起源』は，これまで出版された歴史研究のうち最も重要なものの1つだ。今日でも，初版が出てから40年以上経っているのに，1939年に始まった第二次世界大戦の原因に関する研究の中で，依然として重要な地位を占めている。もし研究上の関心が第二次大戦の開戦原因を理解することにあるなら，間違いなく本書は批判的読解の対象にした方がいい一冊だ。

　本書でテイラーが目指したことは，そのタイトルに含まれている——第二次世界大戦の原因を説明することだ。もっと正確に言えば，テイラー自身が言っているように，1939年にヨーロッパで勃発した戦争の原因を解明することだ。

では，テイラーの主張では，何があの戦争を引き起こしたのか。答え（もしく
は，少なくとも答えの手がかりとなる記述）は同書の文字通り最後にある。自身の
議論を総括して，テイラーは結論となる文章でこう述べているのだ。「以上が
第二次大戦の起源である。あるいは，ヴェルサイユ条約の処理をめぐる西欧の
三大国間の戦争の原因と言った方がいいかもしれない。この戦争は第一次大戦
が終了したとき以来内在していたからである」[11]。

　以上を読めば，こう思うはずだ。第二次大戦はヴェルサイユ条約の処理をめ
ぐるものだったとの指摘で，テイラーが言わんとしていることは何かと。同条
約に含まれる，自国のパワーに対する制約を打ち破ろうとするドイツの企てが，
戦争の勃発をもたらす結果になった——こうテイラーは言いたいのだろうか。
ヴェルサイユ条約は，第一次大戦で敗北したドイツが調印を余儀なくされた講
和条約だ。ここで同書の目次を見てみよう。1933〜35年の時期を扱っている第
4章のタイトルが「ヴェルサイユ体制の終焉」となっていることに気づくはず
だ。さらに，とくに注目すべきなのは最初と最後の文章だというテクニックを
使えば，続く第5章が「ヴェルサイユ体制は死んだ」との一文で始まっている
ことにも気づくだろう。つまりテイラー自身の説明では，4年も前にヴェルサ
イユ体制は死んでいる。そうなのに「ヴェルサイユ……をめぐ」って第二次大
戦が勃発したと，どう考えれば主張できるのだろうか。

　この段階で戸惑うかもしれない。それでもテイラーの意図を理解したいなら，
先ほど引用した『第二次世界大戦の起源』の最後の表現でテイラーが言わんと
した内容を確かめるのが，おそらくいい考えだと思うだろう。それまでの記述
を読み解くヒントになるかもしれないからだ。新しい戦争は「第一次大戦が終
了したとき以来内在していた」との表現で，テイラーは何を言っているのか。
答えを得るために，自然と「第一次大戦の遺産」というタイトルの第2章に飛
ぶはずだ。この章でのテイラーの記述をみれば，先ほどの疑問への答えは明ら
かになる。「究極的に第二次大戦をもたらすことになる決定が下された」のは，
1918年の「第一次大戦の終わる数日前」だったとテイラーは記述している[12]。テ
イラーがここで言っている決定とはドイツの保全だ。「休戦協定は，第一次大
戦に関する限りドイツ統一の問題に決着をつけた」とテイラーは指摘している[13]。
重要であったのは1919年に結ばれたヴェルサイユ講和条約の（よく言われている
ような）過酷さではなかった。ヴェルサイユ条約に関して「最も重要な点は，

これが統一ドイツと締結されたことである[14]」。テイラーの判断では，このこと
が「休戦協定と講和条約の決定的な，重大な結果だった」——だからこそ，ヴ
ェルサイユ条約をめぐって第二次大戦は起こったとテイラーは言っているので
ある。では，なぜそれほどヴェルサイユ条約は重要だったのだろうか。それは
ドイツ問題を「一層深刻」にしたからだ。

　　この問題は，ドイツの侵略性とか軍国主義，あるいは支配者たちの邪悪さと
　　いった問題ではなかった。これらのことは，よしんばあったとしても，問題
　　をたんに深刻化させたに過ぎない。ことによると，他の国々の道徳的な反発
　　を生んだことで，実際にはドイツの脅威を低下させたかもしれない。本質的
　　な問題は政治的なものであり，道徳的なものではなかった。どんなに民主的
　　で平和的になるとしても，ドイツは依然としてヨーロッパ大陸のとびぬけた
　　最強国であった。ロシアが消滅したため，これまで以上にそうなった。ドイ
　　ツは人口において最大であった——いま1つの実質上唯一の大国であるフラ
　　ンスの4千万人に対して，ドイツは6千5百万人を擁していた。石炭と鉄鋼
　　の経済資源をみれば，ドイツの優位はさらに顕著だった。この2つの経済資
　　源は，近代における国力を総合して定めていた[15]。

このように，『第二次世界大戦の起源』の核心を占める議論は以上で引用した
文中にある。「本質的な問題は政治的なものであり，道徳的なものではなかっ
た」。政治的な現実が，もっと言えば力の現実が，その後の展開を決定する上
で最重要の役割を果たしたというわけだ。この議論におけるテイラーの基本的
な考え方を確認しておこう。ドイツは要するにとても強力な国家だったのだか
ら，もし事態がきわめて普通に進展するのであれば，「たとえドイツがそのよ
うな計画を持たなかったとしても，ドイツの影響力がヨーロッパを覆うのを防
ぐ手立てはなかったのである[16]」。
　これまでに何らかの国際関係理論を少しでもかじったことがあるなら，こう
したテイラーの議論の仕方にはなじみがあるかもしれない。テイラーの主張で
は，ドイツの政治体制の種類には特段の重要性はなかった。同じように，ドイ
ツに特有の政治文化もたいした問題ではない。国際政治の展開を左右する要因
として群を抜いて重要であったのは，国家間の力の構造なのである。こういっ

た主張を，おそらく耳にしたことがあるだろう。もしそうなら，テイラーの解釈はある特定の国際政治理論に基づいていることに気づくのは，結構簡単だろう。ということは，テイラーの議論を検討する作業は，必然的に一定の理論的な含意を持つことになる。見るところ，力の役割を重視し，その他の要素の影響を最小限に見積もるテイラーの解釈は，リアリストの国際政治理解に基づいている。したがって，テイラーの議論の検証は，リアリズムという一般的な国際政治分析の手法に関係する課題に対しても，何らかの示唆を与えるかもしれないのだ。

　テイラーが用いている基本的な前提の１つは，政治体制の種類は根本的に重要ではないというものである。実際，『第二次世界大戦の起源』を読めば，ナチスがドイツを統治していたことは対外政策に関して言えば重要ではなかったと，テイラーが明確に議論している事実を知って驚くはずだ。なぜ驚くのか。それは，1933年からヒトラーがドイツの実権を握ったことが大きな意味を持ったとの常識的な考えを，読者がすでに身につけているはずだからだ。しかし，テイラーの判断では，ヒトラーは対外政策の領域で「何も変えなかった」のである。テイラーは次のように記述している。ヒトラーの対外政策とは「前任者たちの，外務省の職業外交官たちの，したがって実際にはあらゆるドイツ人の対外政策であった[17]」。以上を踏まえて考えれば——つまり，こういったテイラーの一連の主張が，『第二次世界大戦の起源』全体の議論とどう関係しているのかを考えてみれば，ヒトラーに関するテイラーの具体的な評価が，国際政治の性質に関する特定の理論と結びついていることはすぐにわかってくる。それは，国際政治における勢力分布の構造こそが最重要だと考える理論だ。ドイツの国力が弱い段階では，ドイツの対外政策は制約されていた。テイラーの主張では，「勝利の見込み」がなければ戦争に訴えようとしなかったのは，ファシストの独裁者であってもみな同じだったのである[18]。しかしドイツの国力の回復は，必然的に戦勝の可能性を高めた。このため「世界征服やその他のどのような計画も立て」る必要がヒトラーにはなかったし，実際にそうしていない[19]。ヒトラーに必要だったのはまったく最小限の努力のみで，基本的には熟した果実が自分の膝の上に落ちてくるのを待つだけだった。テイラーの見解では，ヒトラーは，基本構造の変化——国際政治における勢力構造の根本的な転換——が効果を発揮するにあたって，たんに触媒の役割を果たしたに過ぎないのである。

よって，ヒトラーには，事態の展開を理解する必要さえなかった。テイラー自身の記述はこうだ。「真に偉大な政治家というのは，自らの行為に無自覚なものだ[20]」。その上でテイラーは，大戦に至る国際政治過程の真の原動力が，ヒトラーとは言えないことを繰り返し主張している。「騒々しく激越な演説にもかかわらず」ヒトラーは「持久戦の名手であった」。テイラーの説明では，ヒトラーが「要求を明示」することはなく，シンプルに「不満を抱えていると声明し，たんに手を一層差し伸べただけで，譲歩が転がり込むのを待ったのである[21]」。テイラー曰く「主導権をとるのは決してヒトラーのやり方ではなかった。他人に自分の仕事をさせるのがヒトラーの流儀だった。だから，ヨーロッパの国際体制が内部から弱体化するのをヒトラーは待った。講和条約の取り決めが自己崩壊するのを待ったときと，まったく同じように[22]」。

　ここまで読めば，テイラーの議論に含まれる，レベルの異なる主張がどうつながっているのかが，わかってくるはずだ。つまりテイラーの議論の「設計思想」と言えるものが見えてくる。そこに見られるのは，ヒトラーの役割に関するテイラーの理解と，国際政治の性質に関して彼が頼る一般理論との直接的なつながりだけではない。最後には一続きとなって第二次世界大戦に至る，個々の国際政治上の事件を解釈する際にも，テイラーの国際政治観が影響しているのである。1938年にオーストリア併合と，さらにチェコスロヴァキアのズデーテン地方割譲をめぐって相次いだ危機，ついで1939年に生じたドイツによるチェコ＝スロヴァキアの併合，そしてポーランド侵攻である。オーストリア併合を論じた章でのテイラーの主張は，ヒトラーが強引に併合を進めたのではなく，オーストリアのナチ党が自発的に行動したというものであり，同党メンバーの扇動は「ヒトラーの命令でも止められなかった[23]」。ズデーテン地方のドイツへの割譲を扱う章では，チェコスロヴァキアのドイツ系住民，とくにズデーテン・ナチ党の党員たちが，問題を作り出した張本人であるとテイラーは説明する。テイラーの理解では「オーストリアの場合以上に，ヒトラーは行動を起こす必要がなかった。ヒトラーの仕事を進んでやろうとしている者が他にいたからである。チェコスロヴァキアをめぐる危機はヒトラーに与えられたのだ。ヒトラーはたんにこの危機を生かしたのである[24]」。以上の主張を一層極端なまでの表現で繰り返すことで，テイラーは最終章の議論を始めている。「ズデーテン・ナチ党は，彼らの前に行動したオーストリア・ナチ党と同様に，ヒトラー

に指導されることなく徐々に緊張を高めていった[25]」。

　以上でテイラーの議論の構造，設計思想はよく理解できたはずである。第二次世界大戦の原因に関するテイラーの基本的な理解を支えているのは，ヒトラーの政策に関する特定の解釈だ。そして，こうしたヒトラー理解を支えているのは，1930年代後半に起こった国際危機に関してテイラーが提示している，一連の個別具体的な解釈なのである。だが，こうした個別の議論を支えるのは，実証可能な根拠でなければならない。だから，自身の具体的な議論の裏づけとしてテイラーが挙げている根拠の妥当性を検証すれば，大戦前の国際危機に関する彼の主張の有効性を評価できる。だがそれだけではない。何と言っても，すでにテイラーの議論の全体構造を把握しているのだから，個別の議論でもってテイラーが裏づけようとしていた第二次大戦の起源に関する総体的な解釈の妥当性も評価できる。いや，それどころか，テイラーの大戦原因の総体的な説明に影響している国際政治の性質に関する一般理論についても，ある程度の評価が可能になる。

　では，鍵となっている具体的な主張の検証はどうすればいいのか。「ヒトラーの命令」でさえオーストリア・ナチ党を止められなかったとテイラーは主張するが，典拠となる文献や資料は一切示されていない。このように脚注がないとわかったら，疑念がうかんでくるはずだ。そこで，主張の妥当性を検証するには，オーストリア併合を論じた研究文献に的を絞って，その内容を確認すればよく，くわえて一層的を絞った公刊資料の確認もあるいは有効かもしれない。しかし，ドイツによるチェコのズデーテン地方の併合については，これほど広範に別の文献や資料を確認せずとも判断可能だ。たとえば，すでに指摘したように，ズデーテンのナチ党員が「ヒトラーに指導されないで徐々に緊張を高めていった」と，テイラーははっきりと書いている。しかし，そのテイラー自身が——間違いなく『第二次世界大戦の起源』の別の個所で——非常に積極的な役割をヒトラーが果たしたと明らかにしているのだ。テイラーの記述によれば，1938年3月28日にヒトラーは「ズデーテン人の代表団を引見し，指導者のヘンラインを自身の『総督』に任命した。ヘンラインらはチェコスロヴァキア政府と交渉することになった。ヘンラインの言葉を借りれば『要求がすべて受け入れられないように，われわれは一貫して非常に多くのことを要求せねばならない』」。つまり，ズデーテン・ナチ党に対してヒトラーが非常に明確な方針を与

えていたことが，テイラー自身によって説明されているのである。さらに当該部分でテイラーは，ヒトラーが「何かがどこかで起こるだろうと期待して緊張を高めた」と指摘している[26]。

　こうした矛盾に気づいたら，要注意だ。議論に基本的な問題があるサインだからだ。著者は間違った努力を重ねているようだ。主張と根拠が別々の方向を向いてしまっているのである。そして，私と同じ読解方法でこうした矛盾点に気づいたなら，思いつきの揚げ足取りにはならない。ヒトラーの役割を相対的には消極的なものだったとするテイラーの主張は，彼が第二次大戦の原因を解釈する際の最重要の要素の１つだが，その根拠となっているのは，ごく限られた歴史事例に関するテイラーの解釈だ。こうした歴史事例に関するテイラーの主張は，彼のより全体的な議論を支える主柱である。だからこうした主柱が倒れてしまえば——具体的には，テイラー自身が同じ本の中で示している証拠によって，そういった議論の信頼性が失われるのなら——『第二次世界大戦の起源』の中核となっている議論の全体も崩れ落ちるのである。

　そして，いくつかのきわめて根本的な問題に関して，テイラーが矛盾した記述をしていることには，一読すれば普通は気づいてしまう。たとえばヒトラーの基本的な目標に関して，テイラーはどう議論しているだろうか。このテーマは明らかに重要な論点で，『第二次世界大戦の起源』の最重要の研究課題に直接関係している。テイラーの記述を読めば，ドイツの東方に大帝国を建設することをヒトラーは大真面目に考えており，そのためにロシアに対する征服戦争を本気で実行しようとしたと言えるだろうか。テイラーの主張の眼目とは，こうした目標が実際の政策に多大な影響を及ぼしたのだとする考えを，退けることにある。テイラーは，こうした目標を「白昼夢」として片づけるのだ[27]。テイラーの見解では，ドイツの政策を形作っていたのは目の前にある当座の問題であり，先ほど見たような壮大な野望ではない。ヒトラーはロシアに対する戦争を「計画しなかった」とテイラーは断言する。さらに，実際に独ソ戦が勃発したときには，まるでドイツが不意を突かれたかのように，テイラーは描写している——「1941年６月に対ソ戦を始めたときに，ドイツは大いにあわてて間に合わせに準備を整えなくてはならなかった」[28]。たしかに，ドイツ政府内では激烈な言葉が行き交っていたが，まったくの虚勢であって，額面通り受けとるべきものではないと言うのだ[29]。ヒトラーの好戦性を示す証拠は一般的に言って重

97

要ではないと，議論のそこかしこでテイラーは評価する。[30] いずれの危機でも，ヒトラーが目指したのは，たんに神経戦で勝利することだけである。[31] ヒトラーの最終目標は，「ドイツを本来持つ力にふさわしいヨーロッパの最強国にしようとした」だけだったのである。[32]

　だが他方で，ドイツの政策はこれ以上だったと，テイラーはかなり明確に認めているように思える。つまり，ヒトラーは好戦的な政策を進めていて，ドイツの東方で大帝国を築くという目標を真剣に追求していたと読める記述が結構あるのだ。ある箇所では，ヒトラーが「意識的な計画を持っていたとすれば，おそらくはソ連に対する大征服戦争であったろう」とテイラーは指摘している。[33] 別の箇所では「東方への拡張は彼の政策の――唯一ではないにしても――第一の目的であった」と記述している。[34] レーベンスラウム――「生存圏」を得ようとするドイツの欲求は真剣なものであったと，テイラーが考えているようにとれる記述がところどころにある。ヒトラーのレーベンスラウムの主張には「ヒトラー自身が信じ込むには十分な妥当性があった」と，テイラーは書いているのである。[35] しかし，続く議論でテイラーはその経済性の乏しさを説いて，レーベンスラウムに対する欲求が大戦勃発の要因となったとの理解は否定する。テイラーの結論では，レーベンスラウムが「ドイツを戦争に駆り立てたのではない。むしろ戦争ないしは好戦的な政策がレーベンスラウムの要求を生み出したのである」。[36] となると，「好戦的な政策」をドイツが追求していたことは，テイラーの認めるところなのだろうか。

　以上の疑問に答えようと思えば，『第二次世界大戦の起源』の特定の記述をとくに注意して読む必要がある。具体的には，ドイツの政策がどれくらい好戦的だったのかを直接論じている記述だ。例を挙げれば，ある箇所でテイラーは，1939年のドイツがなぜ好戦的な政策をとっていたと言えるかを示そうとする議論に，反駁を加えている。テイラーが否定しようとした議論によれば，1939年にドイツが侵略的な政策を推進したのは，彼らに残された最後のチャンスがこの年だとドイツが承知していたからだ。つまり，西側諸国の再軍備が進めば，自国の軍事的な優勢は失われてしまうことをドイツ側は理解していたとの主張である。テイラーの指摘では，ヒトラー「自身この議論をしたが，それはようやく1939年夏であり，このとき彼はすでに戦争を決意していた」。しかもこうしたヒトラーの議論も重視すべきものではないと，テイラーは言う。テイラー

の議論はさらに進み，実際にヒトラーは軍事バランスを気にかけていなかったと主張する。なぜなら「彼は戦争をしないで，あるいは少なくとも外交と区別がつかないほどの，形ばかりの戦争だけで成功するつもりであった」からである。この記述を境に，同じ段落の最初でさらりと述べた，ヒトラーが「すでに戦争を決意していた」との主張は，変化を始める。変化が完成を見るのは，段落の最終行だ。テイラー曰く，「1939年のドイツの軍備状況は，ヒトラーが全面戦争を意図せず，おそらくは戦争そのものをまったく企図していなかったことを決定的に証明しているのである」[37]。ここで重要なのは，この記述の当否ではない。引用にあたって傍点で強調しておいた，テイラーがさらりと書いているいくつかの主張の流れこそが重要なのだ。たった一段落の中でテイラーは，ヒトラーが「すでに戦争を決意していた」と議論を始めながら，最後には，ヒトラーはおそらく「戦争そのものをまったく企図していなかった」と結論したのである。

　つまり，『第二次世界大戦の起源』には深刻な欠陥があるので，読むのは時間の無駄なのか。まったく違う。この本が抱えるあらゆる問題を踏まえても，今説明しているやり方で読解していけば，本書からたくさんのことを学べる。戦間期の根本的な問題とは「政治的なものであり，道徳的なものではなかった」との同書の根幹にある考え方は，長年にわたって国際関係史の通念であった考え方に挑戦しているだけに，とくに真摯に受け止めるべきである。テイラーがやり過ぎてしまったのは，確かだ。巧みな議論にしようと頑張りすぎた結果，おかしなことになってしまった。ここまで極端にパワー・バランスの構造を重視する理論は，まったくうまくいかないのである。

　実際に自分で考えてみれば，テイラーが組み立てたような勢力構造論では，第二次世界大戦の原因をおそらく説明できないだろうとわかるはずだ。テイラーの理解では，1939年の戦争の種は，第一次大戦直後にドイツが大国としてそのまま残されたときに，蒔かれたのである。ドイツは「本来持つ力にふさわしいヨーロッパの最強国」となることを運命づけられていたとの主張で，テイラーが言わんとしているのは，結局のところドイツの復活を受け入れる以外に，西ヨーロッパ諸国に為す術はなかったということである。つまり，西ヨーロッパ諸国の持つ軍事力は，ドイツのパワーを封じ込めるのには，初めから使いようがなかったと言わんとしているのだ。だが，もし西ヨーロッパ諸国の状況が

そうだったとしたら，なぜ危機が生じたのだろうか。勢力関係の構造が国際政治の基本的な展開を決定するとの理論で，ヴェルサイユ体制の崩壊を説明することはできるだろう。ヨーロッパにおける最強国としてドイツが復活した原因の大部分についても，おそらく，この理論で説明できる。だが，基本的な力の現実を西ヨーロッパ諸国は受け入れるほかなかったと言いながら，なぜ第二次世界大戦が起こったのかを，この理論で説明することなど可能だろうか。

　とはいえ，私がここで言っているのは，勢力構造を重視する理論的な説明には限界があるということだけだ。価値がないと言いたいのではない。国際政治の展開は，道徳ではなく政治的な要素に左右されるという基本的な観念からは，多くの洞察を得られる。『第二次世界大戦の起源』の分析を通じて本書が示したように，この観念をあまりに重視しすぎるのは明らかに問題だが，完全に無視すべきだという結論にはもちろんならない。『第二次世界大戦の起源』を使った例示から得られる最も大切な教訓を言っておこう。国際関係を歴史学的に研究するのであれば，2つの基本要素のバランスをつねにとるようにしよう。一方で勢力関係の現実は根本的に重要だ。だが他方で，指導者たちの政策決定も国際政治の展開に大きな影響を与えるのである。だから，国際関係史の研究では，どちらの要素もつねに考慮する必要がある。

フリッツ・フィッシャーと第一次世界大戦の起源

　国際政治の研究で，最も基本的な課題の1つは，戦争と侵略の関係をどう考えるかだ。私たちは，どちら側から戦争を「始めた」のかをよく問題にする。だが，戦争が始まるには侵略国が不可欠なのだろうか。戦争を望む有力国が1つもないのに，戦争が始まることもあるのではないだろうか。言い換えると，本質的には防衛的で，現状維持を目指す政策が衝突をしてしまい，戦争が始まることもあるのではないか。戦争は必ずしも侵略によって引き起こされるとは限らないと考えている研究者が，中でも関心を持つのは第一次世界大戦の原因だ。とは言っても，どの国も本心では戦争を望んでいなかったのに，第一次大戦が勃発してしまったとの見解が，全会一致で支持されているわけではない。実際に，1914年の大戦勃発は侵略の結果だと，もっと具体的に言えば，大戦はドイツの侵略によって起こった戦争だと考えている研究者は多くいる。こうし

た見解を支持して議論を展開する研究者がたいてい引用するのは，ドイツ人の歴史家であるフリッツ・フィッシャー（Fritz Fischer）による研究だ。ドイツが戦争を計画したことを，フィッシャーが明らかにしたと考えられているのである。

　だから，戦争と侵略の関係という重要な問題を理解したければ，フィッシャーの研究を綿密に検証するのは当然のことだ。少し調べるとわかるように，この問題についてフィッシャーは 2 冊の詳細な書籍を刊行している。1 冊目は *Germany's Aims in the First World War*（1961）（『第一次世界大戦におけるドイツの目的』）で，2 冊目は *War of Illusions*（1969）（『幻影の戦争』）だ。どちらの本でも，1914年 7 月の開戦過程——「七月危機」を直接論じる章が設けられている。つまり，そこで大戦の直接の原因が論じられているのだ。フィッシャーの主張の是非を判断したいなら，焦点を合わせるべき最重要の章は，この 2 つということになる。もし実際にドイツが計画的に大戦を引き起こしたのなら，7 月の開戦過程におけるドイツの政策がこの 2 つの章で詳細に検討され，その事実が証明されているはずだからだ。

　だから，最初の目標となるのは，これら 2 つの章でフィッシャーがどのような議論を展開しているのか，きっちりと内容を確認することだ。ヨーロッパにおける大戦争をドイツ政府が意図的に引き起こしたと，フィッシャーは実際に主張しているのか。もしそう主張しているなら，この結論をフィッシャーはどのように導き出しているか。結論を支えている具体論には，どのようなものがあるか。具体論の各内容は，フィッシャーが提示している根拠と整合的か。こうした問いを意識して，2 つの章の記述を確認してみよう。まず注意を向けるべきは，著者が自身の基本的な考えを明示していると予測できる箇所だ。

　そうした鍵となる箇所を確認していけば，フィッシャーの主張がどのようなものかは，すぐに把握できる。たとえば，*War of Illusions* の七月危機を論じた章では，最初の説明を見よう。その最後で，フィッシャーは，以下のように記述している。「大戦は，1914年 7 月にドイツの政治指導者によって始まった」。戦争の「目的は，ドイツと敵対する諸大国が強力になりすぎる前に打ち負かすことにあり，そうすることで，ドイツの政治的な野望をいくつも実現しようとしたのである[38]。それは，ヨーロッパにおけるドイツの覇権とひとまとめに呼べるかもしれない」。同じ章の別の節では，最初の記述で「1914年 7 月初めを境

に，フランスおよびロシアと戦争するために，ドイツ政府がこの有利な状況を活用すると決断した」過程を説明している[39]。ここでいう有利な状況を作り出したのは，1914年6月28日に起こった，オーストリア＝ハンガリー帝国の皇位継承者であるフランツ・フェルディナンド大公（Archduke Franz Ferdinand）の暗殺事件である。そして，章の結びとなる段落では，大戦勃発直後の8月初めの状況を論じているが，その中でフィッシャーは「1か月前に決定された計画は，サラエボでの大公殺害という絶好機を利用して，ドイツが必要とするヨーロッパ戦争を開始するものであり」，この計画は「成功裡に実行された」と指摘している[40]。少し前の記述でも，「この時点に合わせて戦争を開始するためになされた7月初めの決定」に触れている[41]。

　以上のフィッシャーの議論は，非常に明確に記述されているので，検証しやすい。フィッシャーは自身の命題を，1つの具体的な主張として提示している。ヨーロッパ戦争を始める決断をドイツが事実上行ったのは 7月初め——つまりフェルディナンド大公の暗殺直後だと主張しているのだ。だから，以上の主張を支える議論を検証するためには，同章のうち，ドイツの事実上の開戦決定がなされたはずの1914年7月初めを論じた部分に焦点を合わせるのがいい。具体的には "The Occasion Is Propitious — The First Week in July"（「好都合な機会——7月の第1週」）と題された節だ。長さは7頁なので，じっくり検証可能だ。実際に読む際には，以下の問いを意識しよう。ドイツが開戦計画を決定したのは1914年7月であると，フィッシャーはこの節の中で実際に示せているのだろうか。

　こうして，この節をある程度注意深く読めば，具体的には何がわかるだろうか。最初にフィッシャーは，オーストリア外務省の高官と情報通の政治評論家だったドイツ人のヴィクトル・ナウマン（Viktor Naumann）が交わした会話の報告書を要約している。おそらく，この報告書はフィッシャーの議論の目的にとって重要だ。鍵となる節で最初に挙げられている証拠だし，フィッシャーによる説明も詳細で，さらに「好都合な」（Propitious）機会という表現の出処でもある。フィッシャーが節のタイトルに使っていると同時に，彼の議論の重要な要素と関係している表現だ。6月28日にフェルディナンド大公が暗殺されたとき，たまたまウィーンに滞在していたナウマンは，暗殺事件の数日後にくだんの外務省高官と会っている。この際のナウマンの発言を通してフィッシャー

は，ドイツ政府は戦争の準備ができていた，もっと言えば待ち望んでさえいた
と描写している。フィッシャーの説明では，ナウマンの確信するところ，「前
年までとは違い，ドイツの軍部はもとより，外務省や皇帝も，ロシアに対する
予防戦争にもはや反対ではないし，世論となれば，なおさら政府を戦争に駆り
立てるのだ」。フィッシャーによる報告書の要約はまだ続く。「ドイツ外務省で
は『偉大な決断をなすのに今が好都合だ［と考えられている］』。もしオーストリ
ア＝ハンガリーがこの機会を逃すなら，ドイツは同盟国であるオーストリアを
見捨てると，ナウマンは警告したのである[42]」。

　以上のように，フィッシャーの議論で重要な役割を担っていることから，報
告書の原文を確認してみる価値があるかもしれない。当該の記述にフィッシャ
ーがつけている脚注を見れば，ナウマンの会見記録は，イマヌエル・ガイス
(Imanuel Geiss) 編で公刊された七月危機に関する資料集の 1 冊に所収されて
いることがわかる。さらにこの資料集について調べれば，英訳版が出版されて
いて，その中にもナウマンの会見記録が含まれているとわかる。こうして実際
に会見録を読んでみると，フィッシャーの要約と原文の間に結構な開きがある
という印象を持つはずだ。たとえば，フィッシャーの要約では「外務省や皇帝
も，ロシアに対する予防戦争にもはや反対ではない」とナウマンが発言したこ
とになっている。だが実際にナウマンが言ったのは，「陸軍や海軍の内部だけ
でなく，外務省でも，ロシアに対する予防戦争という考えは，1 年前と比較す
れば，そこまで嫌悪されていない」ということだけである。フィッシャーの要
約と比較すれば，かなり弱い表現だ。しかも予防戦争に対する皇帝の考えとな
ると，ナウマンは一言も触れていないのである。

　では，ナウマンが言ったとされる，世論がロシアとの戦争に「政府を駆り立
てる」との発言はどうか。オーストリアがセルビアと決戦ということになれば，
世論はオーストリア側につくように外務省を駆り立てる――以上がナウマンの
発言のすべてだ。やはりこの発言でも，フィッシャーの要約とはかなり違って
いる。「偉大な決断」をなすのに今こそ好都合だとの表現も，セルビア問題の
文脈で発言されたもので，フィッシャーがにおわすような，ヨーロッパで大戦
争を計画的に引き起こすための決断というニュアンスではない。最後に，もし
オーストリアが行動をためらうなら，ドイツから同盟国として見捨てられると
ナウマンが警告したのだという，フィッシャーの主張はどうか。ここでも，対

応する部分の実際の表現は相当に弱い。このような脅迫は，実際にはなされなかった。たんにナウマンは「もしこの機会を逃せば，オーストリアは君主国でも大国でもいられなくなる」と発言したに過ぎない。そして，ナウマンが会見したオーストリア外務省の高官も，この点は基本的には認めるところだった。[43]

　以上のように，ここでフィッシャーが参照している文書は，「サラエボでの大公殺害という絶好機を利用」してヨーロッパで大戦争を引き起こすと，1914年7月初めにドイツの指導者たちが決断したと証明するようなものではない。この最初に提示された証拠が示すよりも，フィッシャーは明らかにドイツを好戦的に描いている。では，1914年7月初めという特定の時期に，ドイツがヨーロッパ大戦を引き起こすと決断したと示せる別の証拠が，同じ節のどこかで挙げられているのだろうか。フィッシャーが引用しているある報告書によれば，「今開戦するのはそこまで悪くない」とドイツ参謀本部は考えており，さらに別の報告書によれば，軍の当局者たちは「ロシアの準備が整っていない今こそ戦争」をすべきだと強く求めていた。[44] だが，こうした報告書の1つが示すように，政治指導者の判断は違った。皇帝は「平和の維持を望んで」いると書かれているのである。ここでいう平和とは，フィッシャーの文脈に沿って判断すれば，フランスおよびロシアとの平和である。しかしフィッシャーは，皇帝の判断に関するこの報告書の説明は間違っていると言う。その根拠となっているのは，フィッシャーが書いているように，オーストリア駐在のドイツ大使からの報告書に，皇帝が手書きで記した以下のコメントである。「二度とない好機だ……われわれはスラブ人を一掃しなければならない，しかもすぐにだ」。だがこのコメントは（同じ表現を，上で紹介した記述で引用し，章の副題にも使ったフィッシャーの意図とは違って）ドイツ皇帝がヨーロッパ・・・・・戦争を望んでいた証拠にはなりそうにない。「二度とない好機」が意味しているのはただオーストリアとセルビアの決戦で，ヨーロッパでの大戦争ではまったくないからだ。そして実際のところ，ドイツ政府が，中でも政治指導者たちが，1914年7月初めの時点でヨーロッパ戦争を引き起こす決断をしたと示す証拠は，この節の中にまったく見つけられないのである。

　次に確かめるべきは何か。七月危機を論じた章が2冊の本にそれぞれあるのだから，そのうちのどこかで，ドイツが大戦争を計画的に起こそうとしたと言える強力な証拠を，フィッシャーが示しているかどうかだ。以上の問いを念頭

に置いて，2つの章をそれぞれ読んでみよう。*Germany's Aims* では，フィッシャーはドイツの指導者たちが相当に好戦的だったと言えそうな文書を1つ引用している。ドイツの外務大臣だったゴットリーブ・フォン・ヤーゴー（Gottlieb von Jagow）が7月18日に駐英ドイツ大使のカール・フォン・リヒノフスキー（Karl Max von Lichnowsky）に送った書翰だ。フィッシャーの主張では，この書翰は七月危機でのドイツの態度を「端的に」要約している[45]。ヤーゴーの見るところ……（以下はフィッシャーによる書翰の要約部分）

　　ドイツ民族とスラブ民族の闘争は避けられない運命だ（大戦が重要な節目を迎えるたびに，ヤーゴーが繰り返し口にした考え方だ）。もしこう考えるなら，当時がドイツにとっての絶好機（best moment）だった。なぜなら，「数年経てば，ロシアは……準備が整う。そうなってしまえば，数で勝るロシアが陸上戦でわれわれを粉砕するし，ロシアのバルチック艦隊と軍事鉄道も準備ができてしまう。同じ期間にドイツとオーストリアは着実に弱体化していく」[46]。

　これは重大な証拠だ。このドイツ外相の書翰がフィッシャーの説明の通りの内容なら，ロシアとの戦争をドイツの政治指導者が引き起こそうとしていたことを明確に示しているからである。ここまで重要となれば，自分でも書翰の原文を確認した方がいいと思うはずだ。しかし，ガイスの資料集に載っている書翰を読めば，いささか面食らうはずだ。書翰の中でヤーゴーは，「ドイツ民族とスラブ民族」の戦争が不可避だなどとは，一言も言っていないとわかるからだ。ヤーゴーはたんに「［ロシアにおける］スラブ的な感情はますますドイツに敵対的なものとなっている」と書いているだけで，やはりフィッシャーの説明と比較するとかなり弱い[47]。しかも，軍事バランスの変化に触れる中でヤーゴーが強調しているのは，今が大戦争を起こす「絶好機」だということではない。ヤーゴーの主張はまったく逆で，ドイツは依然として相対的には強力なのだから，ロシアとその同盟諸国はおそらく譲歩して，大戦争を見ずにセルビア問題には決着がつけられるだろうと強調していた。つまりフィッシャーは，ヤーゴーの主張をあべこべに要約していたのだ。

　このような具合に読解すれば，ヨーロッパ戦争を引き起こす決定をドイツ政府が意識的に行ったとの主張を裏づける直接の証拠は，まったく示されていな

いと結論できるはずである。先ほど見たようなやり方でフィッシャーが証拠を曲げて解釈せざるをえなかった事実は、それ自体がフィッシャーの議論の弱さを示す強力なサインなのだ。だがここで満足してはいけない。ここまで来れば、フィッシャーの議論が抱える別の問題に気づくからだ。オーストリアがセルビアに対して軍事的な行動をとることをドイツがたしかに望んでいたと言える強力な証拠を、ドイツが実際に望んでいたのはヨーロッパ戦争——ロシア・フランスとの戦争である証拠として、フィッシャーは繰り返し解釈している。セルビアとの決戦にとっての「二度とない好機」は、ヨーロッパ戦争を起こす「二度とない好機」に読み替えられているのだが、しかし、なぜフィッシャーはまったく異なる2つの問題を、一緒くたにしてしまったのだろうか。証拠からはとても直接言えそうにない主張を導き出すために、フィッシャーはどのような前提を用いたのだろうか。つまり、オーストリアがバルカン問題に決着をつけることをドイツが望んでいたという証拠から、実のところドイツはヨーロッパで大戦争を引き起こそうとしていたと、どうやって主張できたのか。

　証拠と主張の間にある以上の溝を埋めるものは何か。こう考えてみると、答えは1つしかないと気づく。ロシアの介入を受けずに、オーストリアがセルビアを打ち負かす術などないとドイツが判断していたことを、フィッシャーは暗黙の前提にしているのである。あくまでも、ここでは、バルカン半島における決戦をドイツが望んでいた証拠は、同時にドイツがヨーロッパ戦争を実際に望んでいた証拠だと言える前提を考えてみただけだ。だから次に問うべきは、この前提をフィッシャーが明確に記述している箇所がないかどうかである。もしこうした前提が直接主張されている箇所を見つけられれば、前提を裏づけるための証拠と議論も同じ箇所に書かれているはずだ。もしそうなれば、前提の根拠となっている証拠と議論が説得的と言えるか、しっかりと検証できる。

　ならば、こうした議論をしている記述を探して、関係する2つの章を見てみよう。案の定、ある文章中に「多数の文書資料が示すように、オーストリア＝ハンガリーが抵抗を受けずにバルカン半島で行動する事態をロシアが許すことは決してないと、ドイツは理解していた」との記述を見つける。段落の最初でこうした主張を書いたなら、続く記述で「多数の文書資料」の中から1つか2つを要約して紹介するのが、読者に対するいわばお約束だ。ということで、続く記述を確認してみよう。しかしそこで紹介されている証拠が示しているのは、

ヨーロッパ情勢が複雑化する可能性を理解する一方で，戦争への発展を不可避だとは考えていなかったドイツの姿である。事実，この記述の中で中核を占める資料は，ヤーゴーの以下の発言から始まっている。なお，資料の内容をまるごと抜き出して直接引用しているので，フィッシャーはこの文書を重視していたのだろう。「われわれは，オーストリアとセルビアの紛争を一地域のものにとどめておく必要がある」。これでは，「局地化（ローカライゼーション）」は政治的に不可能とドイツ政府が判断していた根拠にはなりそうもない。それどころかヤーゴーは（おそらく読者のみなさんは覚えていると思うが），駐英ドイツ大使のリヒノフスキーに送った 7 月18日の書翰で，局地化は可能だと主張しているのだ。ドイツの立場を「端的に」要約していると，少し前の記述でフィッシャーが評価していた書翰である。

　とはいえ，局地化が望ましいとのヤーゴーの発言を，額面通り受けとっていいものだろうか。こう思うなら，さらに掘り下げてこの問題の検討を続けてみよう。ドイツの指導者たちは，オーストリアとセルビアの衝突を局地化することが不可能と知りながら，内輪の協議を含めて，その可能性を信じるふりをしていたのだろうか。このような見せかけに，何か特定の政治的または心理的な目的があったのだろうか。あわせて，ロシアの介入が不可避というのは，疑いようのない現実と言えたのかも考えてみよう。もしそうだったのなら，しかもこうした現実は一定の政治的なセンスがある者なら誰でも容易に理解できたのなら，当時のドイツの指導者が――たとえ内輪の協議の場であっても――どのような発言をしていても構わず，以下のように結論しても，おそらく問題ないだろう。セルビアに対する好戦的な政策は，ドイツがヨーロッパ大戦を引き起こしたがっていた証拠と見なしていい。

　こうなると，次に検討すべきは，ロシアの介入に関する何らかの証拠をフィッシャーが示しているかどうかだ。この問いを意識して，ロシアの政策についてフィッシャーが何を記述しているか，注意深く確認しよう。そうすると，*War of Illusions* の章には，ロシアを論じるセクションがあるのに気づくだろう。読んでみると，フィッシャーが補足的に書いている以下の一文が出てくる。7 月24日の段階でも，「もしオーストリア軍がセルビア領に進出した場合は，はなから抵抗するのではなく，むしろ軍を引くべき」とセルビア側に忠告した方がいいと，ロシア側は考えていた。[49] ということは，セルビアが侵略され次第，

戦争に突き進む絶対的な決意をロシア側が持っていたわけではないのだ。この点については，七月危機の別の研究も参照して，さらに確認した方がいいだろう。とはいえ，文献の批判的な分析という目的で言えば，この作業からだけでも，開戦直前の段階でさえロシア側の態度にはいくぶんかの弱さがあったこと，よってドイツ側が戦争の局地化を問題外と考えなかったとしてもおかしくはないことがわかる。ということは，バルカン半島での戦争をドイツが強く望んでいたと言える証拠を，ヨーロッパ戦争をドイツが意図的に引き起こそうとしていた証拠と読み替えることはできないのだ。

　批判的な文献分析の具体的な説明は以上の通りだ。まず著者の総体的な主張が何かを把握しよう。その上で，総体的な主張を支える議論全体の構造を理解するのだ。そのときは，とくに議論全体の結論として提示されている主張が，個々の具体論によってどのように裏づけられているのかを理解しようとしてほしい。それがわかったら，結論を支える具体論の妥当性を，著者が提示している証拠に注目して検証する。このように，文献の検証作業は簡明直截である。この作業を通じて，対象とした文献の研究水準を包括的に評価する。結果，証拠を取り違えて解釈している研究にも出くわし，評価を大きく下げないといけないときもあるのだ。

　ただし，ここでやっているのは，たんに個別の研究の評価だけではないことは意識しておこう。対象となっている研究テーマそのものについても，自分の理解を同時に深めているからだ。今回の例で言えば，第一次世界大戦の原因に関する特定の解釈に関して，その妥当性を検証してきた。そうして，こうした解釈は相当に問題があるとの結論を得たのだが，この結果は第一次大戦の原因を自分自身がどう理解するのかに，必ず影響する。もしその解釈を最も代表する研究でも妥当な主張ができていないなら，そもそもこうした解釈で説得的な説明が可能なのか疑ってしかるべきだ。ここまで来れば，問題にしているテーマに関する本質的な結論が見えてくる。たとえばだが，ドイツはおそらく「局地化」を真剣に追求しており，かつロシアとフランスの介入を招かずにオーストリアがセルビアを打倒できるとのドイツの期待にも相応の根拠があったと結論してもいいだろう。ただし，ヨーロッパ戦争のリスクをドイツが厭わなかったことにも気づく。こうしたドイツの態度は，ヨーロッパの軍事バランスの現状を彼らがどう理解し，その将来的な変化をどう予測していたのかに影響され

ていたこともだ。ドイツの政策判断に関するこうした結論にたどり着けば，第
一次世界大戦の原因をめぐる議論そのものについても，自分自身の理解が進む
はずである。批判的な文献分析を組み立てた方法のおかげで——つまり最終的
に答えを出したい大きな問題を，比較的小さないくつかの問いにどう分解した
か，わかっているのだから——こうしてできあがった個別の課題でたどり着い
た結論は，当然，それだけにとどまらない広い意義を持つ。さらに，国際政治
学の最も基礎的な課題に対しても，何らかの示唆を与える可能性がある。何が
戦争の条件となり，反対に安定した国際秩序を生み出すのかだ。

リチャード・ニュースタットとスカイボルト問題

　歴史研究をするのなら，互いに関係する相対的には小さな問題の数々をすべ
て検討しないといけない。たとえば，キューバ・ミサイル危機後の時期に関心
があるとしよう。様々な歴史叙述を読めば，当該期の重要な事件・出来事にど
のようなものがあるのか，だいたいは把握できる。ミサイル危機が終わったの
は1962年10月だ。続く12月には，中距離弾道ミサイルの「スカイボルト」の開
発中止をめぐって，米英がナッソー協定を結んでいる。さらに翌年1月には，
欧州共同市場（欧州経済共同体）へのイギリスの加盟申請をフランス大統領のシ
ャルル・ド・ゴール（Charles de Gaulle）が拒否する一方で，1週間後には重
要な仏独協定であるエリゼ条約が締結されている。同じ1963年の6月には，ケ
ネディ（John F. Kennedy）大統領の有名な西ドイツ訪問が実現し，8月には部
分的核実験禁止条約が調印されている。歴史を研究するとは，すなわち個々の
事件・出来事の関連を明らかにするということである。だから，キューバ・ミ
サイル危機後の時代を研究するのであれば，以上に見た事件・出来事が互いに
どう関連しているのかを考えてみる必要がある。その上で，この時期の国際政
治の全体の流れにどう位置づけることができるだろうか。

　以上の問いに答えるためには，それぞれの出来事を一つ一つ検討してみるこ
とが必要である。中でも，スカイボルト問題の検討から学べることは重要だ。
ごく普通に研究していけば，スカイボルト問題に関する1つの長文の報告書が
多くの研究で引用されていることに気づくはずだ。著名な政治科学者ニュース
タット（Richard Neustadt）が，ケネディ大統領のために1963年に執筆したもの

だが，スカイボルト問題に関する最重要の研究であることは，すぐにわかってくる。よって，スカイボルト問題を検討するために，最初にやるべき作業の1つは，相当の注意を払って，ニュースタットの議論を分析することである。

　まったく異なる方法で，ニュースタットの報告書にたどり着く場合ある。もし読者のみなさんが政治科学を専攻しているなら，政策形成に関する官僚政治理論に関心があるかもしれない。この理論は，国家を半ば自律的に動いているいくつもの官僚組織の寄せ集めと考える。各官僚組織は狭い自己利益をそれぞれ追求していて，こうした組織間の衝突を解決するための政府内の調整のたんなる結果として，政策ができあがるというわけである。こうした理解に基づけば，政策とはかなり合理性に欠けているものなのである。以上の一般論を踏まえれば，合理的な思考——この言葉で想定されているのは政府の中心でなされる判断であり，国家にとって最も基本的であると政治指導者が見なす国家利益に合致するように政策が決定される——が政策形成の最も根幹と言える部分を担うことなどない。なぜなら，政策決定を実際に差配しているのは政府の中心にいる政治指導者ではないからだ。

　もしこうした官僚政治理論の見方が妥当なら，その意義は，政治科学者にとってはもちろん，歴史家にとってもきわめて大きい。だから，この理論が実際にどこまで妥当かを歴史研究者が確かめてみるのも悪くない。1つの標準的なやり方は，官僚政治理論を前提とする個別の歴史事例の解釈をいくつか検証してみることだ。一般的に，ある既存の理論を検証する際には，現実との接点をできる限り確保するのが重要である。理論に中身を与える，つまり個別の歴史事例の具体的な解釈として，理論を「翻訳」してみるのだ。理論の説明力を把握するには，こうするしかない。ただし，理論の支持者にとっても，その理論が現実世界の説明にどう適用できるのかを示してみせることには，相当の意味がある。したがって，こうした研究者は，その理論を裏づけてくれそうな歴史の解釈をたくさん作り上げる。ということは，こうした歴史解釈，中でもとくに優れた解釈に焦点を合わせて検証するのが，理にかなっている。もし理論を裏づける説明がともかく必要なら，その説明を誰よりも提示できなくてはいけないのは，おそらく理論の信奉者自身だからだ。だから，そういった人たちの研究を調べてみれば，最も有力な説明がたぶん見つかるだろう。

　この分野の研究状況について詳しくなろうとすると——つまり官僚政治の枠

組みに基づく主だった研究にあたってみると，ニュースタットの業績，中でもスカイボルト問題の報告書への言及をいくつも目にするはずだ。そこで実際に手にとってみると，ニュースタットの報告書が並外れておもしろい内容だとすぐにわかる。官僚政治の観点から具体的な事例を論じた本や論文はたくさんあるが，ニュースタットの報告書は，書き手の知性，議論の鋭さ，その議論を裏づけている証拠の信頼性のいずれに関しても，傑出している。政策決定に関する官僚政治理論について，自分自身の見解を持ちたいのであれば，ニュースタットの報告書は集中して取り組むのにまさにふさわしい。

　とはいえ，スカイボルト問題にどのような経緯で関心を持ったかにかかわらず，まずは基礎的な知識を得ておくべきだ。この問題の最も通説的な理解を説明しておこう。スカイボルトは，1950年代の後半から1960年代の前半にかけてアメリカが開発を進めた，空対地核弾頭ミサイルである。このミサイルの生産が技術的に可能になり次第，購入ができるとイギリス政府は約束されていた。イギリスは，爆撃機による自前の核抑止能力を刷新するために，スカイボルトの購入を望んでいた。そうしなければ，ソ連の空軍力の強化によって，イギリスの核戦力は時代遅れとなる危機に直面していたのである。こうした理由で，スカイボルトは，イギリスの防衛計画にとってきわめて重要な意味を持っていた。しかし，アメリカは1962年にスカイボルトの開発中止を決定する。ここで問題となったのは，イギリスが頼れる代替案をアメリカ側が何か持っているか否かだった。通説によれば，アメリカ政府の態度はかなり曖昧だったので，イギリスの首相ハロルド・マクミラン（Harold Macmillan）は問題に決着をつけようと，1962年12月に当時イギリスの自治領だったバハマの首都ナッソーで開催されたケネディ大統領との首脳会談に臨んだ。首脳会談でイギリス側は怒りのあまり大胆な態度をとった。マクミラン首相は，スカイボルトの代替として，潜水艦発射型のポラリス・ミサイルをイギリスに供与すべきだと要求したのである。ポラリスは，当時のアメリカが持つ最新鋭兵器の１つだ。もしアメリカ側が拒めば，イギリスとしては独自開発に進むほかなくなるが，そのようなことになれば「合衆国との間に深い亀裂が生じる」と，マクミランは首脳会談で発言した。[50] マクミランの脅しを前にアメリカ側は譲歩し，スカイボルトの代替としてポラリス・ミサイルがイギリスに提供されることが大筋で決まった。

　ここで明らかにしておくべき最も基本的な問いは，スカイボルト問題が以上

の経緯をたどった理由である。ニュースタットの解答は，報告書の序論で示されている。「米英問題としての『スカイボルト』」が生じたのは「多忙な人々が，他者の欲求や望みを認識して配慮することに続けざまに失敗したからである。『上司（チーフス）』は，自らの問題意識を『部下（インディアンズ）』に伝えることに失敗した。『部下』は，『上司』が抱えている問題に気づく——もしくは配慮する——ことに失敗した。アメリカ側は，イギリス政府の危機対応計画が直面している制約を理解することに失敗した。イギリス側は，アメリカ政府の予算上の制約を理解することに失敗した。どの立場にいる人も，自分の行動が相手の行動にどう影響する可能性があるのかを，考慮できなかったのである[51]」。こうした観点に立てば，ナッソー会談で米英が対立したのは，実質的な政治上の不一致が原因ではない——つまり，アメリカ政府の望みとイギリス政府の要求が相容れなかったからではない。原因は政府内の政策過程にあった——もっと言えば，大規模な官僚機構にこそ原因はあったのである。そこでは，政策を制御する中心は実際には存在しない。この点はニュースタットの議論の重要なところで，大統領の役割でさえ決定的ではない。むしろ注目すべきなのは，組織の中位に位置する官僚たちである。こうした官僚たちは，重要な政策文書に自分たちの考えが反映されるように周到に手を回す。ついで，このような文書を「狩猟免許」にして，自分たちの政策目標を実現しようと動くのだ。官僚たちが自分たちの見解に基づいた文書を起草し，国務長官の署名をもらうといったやり方で，政権幹部（たとえばロバート・マクナマラ［Robert McNamara］国防長官）に「指示」を出すこともある。説明に割いている紙幅が非常に大きいことから，ニュースタットがこうした指示を重視しているのはすぐにわかるだろう[52]。

　以上の基本的な解釈に基づいて議論を詳しく展開するのが，報告書の根幹部分だ。なぜ両国は，ナッソー会談で問題が表面化するまで，互いが許容可能な協定を結べなかったのか，とニュースタットは問う。スカイボルト計画が中止される可能性は，11月8日の時点でイギリス政府に伝えられていた。しかし12月11日，ロンドンで国防長官のマクナマラが英国防相のピーター・ソーニクロフト（Peter Thorneycroft）と会談した後に，アメリカはようやくイギリスの非難を受けたのである。つまり，両国にはスカイボルトの代替案について協議する時間が，本来はたっぷりとあった。しかも，そうした合意を妨げる深刻な政治的な障碍は存在していなかった。スカイボルトの代替としてふさわしいもの

をイギリスに提供することに，ケネディ大統領は決して反対でなかった。ニュースタットの説明では，「大統領自身は，もしイギリスの困難に対処できる手段が他にないとしても，ポラリスを供与する協定にはあくまでも反対という姿勢をとったことは決してなかった」[53]。もしケネディの態度がニュースタットの説明通りなら，米英両国は，問題が先鋭化する前に，何らかの合意に達することが可能だったはずだ。イギリスとしては，アメリカ側に協議を申し入れて，自らの懸念を率直に伝え，協定の締結に向けて努力すればよかった。他方でアメリカを見ても，自らが主導してイギリスとの交渉を始めることができただろう。しかし両国ともに，こうした動きを見せなかった。なぜだったのか。

　ニュースタットの結論では，両国ともに政府内部の官僚機構からの圧力で「身動きがとれなかった」[54]のだ。ソーニクロフトとしては，アメリカからの提案がなければ，ポラリスに「手を出す」わけにはいかなかった。もしそのような態度に出れば，基本的にポラリス派だとの印象を政府内部で持たれてしまう。イギリス政府内の様々な関係先，中でも身内の空軍から「スカイボルト計画を裏切った」と思われてしまうのである。官僚機構内の関係者にすれば，このような行為は「反逆と同義」に映る。よってソーニクロフトの「判断では，ポラリスは先方から提案される必要があった。自分から手を差し出すわけにはいかなかったのである」[55]。ニュースタットの主張では，マクナマラも「逆の意味でまったく同じ考えを抱いていた」。マクナマラの考えでは，主導すべきなのはイギリスであった。「政府内でやっかいな調整をするぐらいなら，ポラリスの問題はイギリスから持ち出させるのが，マクナマラの腹づもりだったのである」[56]とニュースタットは指摘する。こうして何の動きもないままに，12月11日にソーニクロフトとマクナマラが会談したが，そこでもポラリスに関する提案はなく，イギリスの怒りが爆発したのである。

　では，以上の全体的な説明をどう評価すべきだろうか。中級の官僚たちがイギリスにポラリスを供与する政策に反対していたので，マクナマラが「身動きがとれなかった」というのは本当なのだろうか。答えはノーである。そして，この点はニュースタットが提示している根拠からすぐにわかってくる。12月11日のソーニクロフトとの会談でマクナマラは，ポラリスの問題をほとんど躊躇なく持ち出している。マクナマラはこう訊ねているのだ。「もしアメリカが開発に成功したら，イギリスはポラリス・システムを購入しますか」。イギリス

側を見ても，ソーニクロフトが何の抵抗も見せずにポラリス導入による問題解決の可能性に言及しているのが，同じくニュースタットが提示している証拠からはっきりとわかる。実のところ，ソーニクロフトによれば，それに先立つ11月9日のマクナマラとの電話会談で彼は「『ポラリス』という言葉を使っていた」のである。[57]

　つまり，米英どちらも，根本的な意味では，官僚政治上の要因からまったく制約を受けていないのである。もちろん，マクナマラはもう少し態度を明確にした方がよかっただろうし，直接的なやり方で問題に対処しようとしなかった彼の判断によって，12月の米英国防相会談は一定程度難しくなったかもしれない。だが，マクナマラが問題をどう決着させようとしているのかは，当時でも十分に明らかだった。イギリスはポラリスを獲得し，指揮権もイギリスが持つものの，NATO（North Atlantic Treaty Organization：北大西洋条約機構）の戦力の一部として配備される。12月の国防相会談の最後でマクナマラらアメリカ側は事実上こうした協定をもちかけ，ソーニクロフトも原則的に受け入れたのである。[58]

　とはいえ，ニュースタット流の官僚政治の観点からスカイボルト問題の展開を理解すべきでないなら，異なる説明が必要になる。この時点でその答えはまだ見当がつかないだろうが，自分が戸惑っているという事実そのものが，今後の研究をどう進めるかの手がかりになる。説明すべきものが何なのか，以前よりかなり正確な感触を得ているからだ。それは，ここまでの検証作業の成果なのである。

　批判的分析の要点を確認しておきたい。一見しただけでは，この手法は否定一辺倒に思えるかもしれないからだ。たしかにこの手法によって，他人の議論を詳細に分析するやり方がわかる。だが重要なことは，他人の議論の分析そのものが目的ではないということである。この手法のもっと建設的な部分に注目してほしい。実際に，この手法は多くの点でとても建設的な役割を果たせる。一例を挙げれば，質のいい議論と悪い議論を見分けるのに有効だ。こうして，何が質のいい議論に必要なのかを理解したら，自分も見習った方がいい研究方法の見分けもつくようになる。ということは，何が質の悪い議論につながるのかもわかってくる。つまり，どういったことをしない方がいいのか想像できるようになる。こうして，意識的な努力を必要とせずに，一定の基準が自分の思

考の中に形成されていく。この基準は無意識のうちに自分自身のものとなり，研究に反映されるのだ。

　くわえて，こうした文献分析を実施することで，国際政治の大きな問題にも強い関心を払うようになる。基本的な議論を集中的に検討することで，なぜその議論が重要なのかを理解しようとするからだ——つまり，国際政治の基本原理を解き明かそうとする際に，その議論がどのような意味を持つのかを考えるようになるのである。こうして，具体的な歴史研究にも何らかの概念的な側面がありうることがわかるし，そうした研究を批判的に分析することで，概念上の重要な問題を深く理解するための視点が次々と手に入る。もし政治科学を専攻しているなら，その重要性は一目瞭然だろう。だが専攻が歴史学でも，研究するためには一定の概念的な枠組みを身につけることが必要だ。そして，こうした分析を経験することで，程度の差はあれ，概念的な枠組みは自然とできあがっていく。また，すでに指摘したように，文献を批判的に読むのは，重要な事実関係を知る上でも，結果的に効率的だ。重要な事実関係が議論の展開とその批判的な分析の双方にとって持つ意味を考えることで，忘れがたいものになるからだ。通常の受け身のやり方で，ただ文章の表面をなぞるように読んでいるときには，同じ知識でも，たいてい記憶に残らないものである。

　以上に見た批判的読解の効用はどれもみな重要だ。ただし，この方法論を身につける最大の意義は，ある特定の時期における国際関係史の展開に関する理解を，自分自身で構築できるようになることである。しかも，すこぶる効率的に構築できるようになる。他者の議論と格闘することで，対象となっている歴史問題の根幹に到達できる。そうなれば，問題そのものに正面から取り組むための足場が手に入るし，場合によっては自分自身の答えを出すところまで到達できるかもしれない。つまりこの方法論によって，研究能力が鍛えられるのだ。研究の方向性を決めるのは自分自身になるのだ。そうなれば，他人の解釈を無批判に受け入れることはもうできない。原則として，そして場合によっては実際問題としても，自分が関心を持つ歴史問題の解釈を決められるのは，自分自身になるのである。

注
1）　附録ⅠのセクションⅡを参照。

2） 附録ⅠのセクションⅠを参照。

3） 附録ⅠのセクションⅢを参照。

4） 附録ⅠのセクションⅤを参照。

5） ハーヴァード大学図書館ウェブサイトの URL は http://lib.harvard.edu/〔現在の URL は https://library.harvard.edu/ ただし本書で紹介されているウェブサービスは，URL を打ち込むのではなく，Google などの検索エンジンで直接検索するのが現在では最も効率的である〕で，同図書館のオンライン目録^{カタログ}である HOLLIS には，ホーム画面下の左側にあるリンクをクリックしてアクセスしよう〔現在のウェブサイトだとホーム画面の真ん中に表示される検索ウィンドウの真下にリンクがある。直接の URL は https://library.harvard.edu/services-tools/hollis〕。アメリカ議会図書館のオンライン目録の URL は http://catalog.loc.gov/ だ。以上で紹介した検索エンジンやその他の同種のサービスでもだいたいそうだが，単純検索か，もっと細かい設定ができる詳細検索を選べる。要は，詳細検索を使うと一度にたくさんの条件を設定して検索できる。オンライン目録ごとに，詳細検索の呼び方は違う。議会図書館の目録だと "guided search" だし，ハーヴァードの HOLLIS だと "expanded search" になっている。カリフォルニア大学システムの合同目録の MELVYL（http://melvyl.cdlib.org）だと "advanced search" だ。とはいえ，自分の大学のオンライン目録で何と呼ばれていようと，使い方を勉強して，検索するときはつねに詳細検索を使うことを私はおすすめする。単純検索でできることは詳細検索でもすべてできる上に，追加でたくさんの機能が使えるからだ。

6） Fredrik Logevall, *Choosing War : The Lost Chance for Peace and the Escalation of War in Vietnam* (Berkeley: University of California Press, 1999), pp. 417-422.

7） 附録ⅠのセクションⅢを参照。

8） 附録ⅠのセクションⅣとそこでの出典表記を参照。

9） Richard Dean Burns, *Guide to American Foreign Relations since 1700* (Santa Barbara, Calif.: ABC-CLIO, 1983); Robert Beisner, *American Foreign Relations since 1600 : A Guide to the Literature* (Santa Barbara, Calif.: ABC-CLIO, 2003).

10） 詳細は附録ⅠのセクションⅠを参照。

11） A. J. P. Taylor, *The Origins of the Second World War* (New York: Atheneum, 1962), p. 278.（A・J・P・テイラー［吉田輝夫訳］『第二次世界大戦の起源』講談社学術文庫［底本は中央公論社，1977年］，2011年，455頁）

12） Ibid., p. 21.（テイラー『第二次世界大戦の起源』64頁）

13） Ibid., p. 23.（テイラー『第二次世界大戦の起源』66頁）

14） Ibid., p. 24.（テイラー『第二次世界大戦の起源』67頁）

15) Ibid.（テイラー『第二次世界大戦の起源』67-68頁）

16) Ibid.（強調はトラクテンバーグ）．（テイラー『第二次世界大戦の起源』68頁）

17) Ibid., p. 68.（テイラー『第二次世界大戦の起源』135頁）

18) Ibid., p. 103.（テイラー『第二次世界大戦の起源』187頁）

19) Ibid., p. 134.（テイラー『第二次世界大戦の起源』233頁）

20) Ibid., p. 72.（テイラー『第二次世界大戦の起源』140頁）

21) Ibid., p. 71.（テイラー『第二次世界大戦の起源』139頁）

22) Ibid., p. 108.（テイラー『第二次世界大戦の起源』195頁）

23) Ibid., p. 139.（テイラー『第二次世界大戦の起源』240頁）

24) Ibid., p. 152.（テイラー『第二次世界大戦の起源』261頁）

25) Ibid., p. 248.（テイラー『第二次世界大戦の起源』410頁）

26) Ibid., p. 153.（テイラー『第二次世界大戦の起源』262頁）

27) Ibid., pp. 69, 132.（テイラー『第二次世界大戦の起源』135，230頁）

28) Ibid., p. 219.（テイラー『第二次世界大戦の起源』366頁）

29) Ibid., pp. 71, 131-132.（テイラー『第二次世界大戦の起源』）

30) Ibid., pp. 166, 170-171, 192-193.（テイラー『第二次世界大戦の起源』）

31) Ibid., pp. 153, 216.（テイラー『第二次世界大戦の起源』）

32) Ibid., p. 68.（テイラー『第二次世界大戦の起源』135頁）

33) Ibid., p. 103.（テイラー『第二次世界大戦の起源』187頁）

34) Ibid., p. 70.（テイラー『第二次世界大戦の起源』137頁）

35) Ibid., p. 105.（テイラー『第二次世界大戦の起源』190頁）

36) Ibid., p. 106.（テイラー『第二次世界大戦の起源』191頁）

37) Ibid., pp. 217-218（強調はトラクテンバーグ）．（テイラー『第二次世界大戦の起源』，引用は364，365頁）

38) Fritz Fischer, *War of Illusions : German Policies from 1911 to 1914*（New York: Norton, 1975）, p. 470.

39) Ibid., p. 480.

40) Ibid., p. 515.

41) Ibid., p. 494.

42) Ibid., p. 473.

43) Imanuel Geiss, ed., *July 1914 : The Outbreak of The First World War, Selected Documents*（New York: Scribner's, 1967）, pp. 65-66.

44) Fischer, *War of Illusions,* p. 475. ドイツ皇帝の見解については，以下の書翰の余白にヴィルヘルム2世が書き込んだコメントを参照。Tschirschky to Bethmann Hollweg, June 30, 1914, in Geiss, *July 1914,* pp. 64-65.

45) Fritz Fischer, *Germany's Aims in the First World War*（New York: Nor-

ton, 1967), p. 60.

46) Ibid., p. 59.

47) Jagow to Lichnowsky, July 18, 1914, in Geiss, *July 1914*, p. 123.

48) Fischer, *Germany's Aims*, p. 63.

49) Fischer, *War of Illusions*, p. 489.

50) Quoted in Richard Neustadt, *Report to JFK : The Skybolt Crisis in Perspective* (Ithaca: Cornell University Press, 1999), p. 91.

51) Ibid., pp. 26-27.

52) Ibid., pp. 41-44, 47-48, 115-116.

53) Ibid., p. 93.

54) Ibid., p. 55.

55) Ibid., pp. 49, 70.

56) Ibid., p. 69.

57) Ibid., pp. 39, 73.

58) Ibid., pp. 70-74. 以上の記述でニュースタットが典拠としている資料は the Rubel notes of the December 11, 1962, McNamara-Thorneycroft meeting（1962年12月11日のマクナマラ・ソーニクロフト会談に関するジョン・H・ルーベル［John H. Rubel］国務次官によるメモ）で，現在は原文書がそのままオンラインで利用可能である。閲覧は（契約している図書館の端末を使って）「機密解除文書データベース」（Declassified Documents Reference System: DDRS）のウェブサイトで行う。DDRS については，附録ⅡのセクションⅢで詳しく紹介している。上述の文書の DDR record number は CK3100078274.

第4章

文献分析で解釈を向上させる
——1941年の場合——

DEVELOPING AN INTERPRETATION THROUGH TEXTUAL ANALYSIS : THE 1941 CASE

　基本的な歴史問題に対する意義深い洞察は，研究に数年かけるつもりの人でないとできない相談だろうか。私はそうは思わない。私の考えでは，このように時間をかけて研究するつもりがなくても，ある一定のレベル——つまり表面的と言われないレベルまで，歴史に対する理解を高めることは可能だ。もちろんそのためには，正しいやり方で歴史問題に取り組む必要がある。

　では，どう取り組もうか。もちろん，受動的では意味がない。たくさんの本や論文や資料をただただ読んで，できるだけ吸収して，そのすべてを頭の中のサイロに放り込む。そうすると，「歴史の理解」と呼べるようなものが，ほとんど自動的に取り出し口から出てくる。こう期待するようではダメなのだ。そうではなくて，歴史の問題には能動的に取り組む必要がある。つまり，問いを持って文献を検討するのである。そして，正しい疑問を思いつくためには，とてもたくさん考える必要がある。以上のやり方はもちろん簡単にできるわけではないが，しかし，この通りに実践すれば，いかにこのやり方が効果的か驚くのではないか。この方法を使えば，とても高いレベルまで，かつスピーディーに，理解を高めることができるからだ。

　では，実際にはどうするか。原則として，答えはシンプルだ。まず，理解したいと思っている歴史の問題にとって，最も重要な先行研究をリストアップしてみよう。そして，これらの研究の最も重要な主張を，前章でおおまかに説明した方法論を使って分析してみる。つまり，その研究にとって何が中核となる議論なのかを考えた上で，その核となる議論の基本となるいくつかのアイディアが，どのように鍵となる主張によって補強されているかを検討してみよう。その際には，とくにどのような根拠が使われているのかに注意を払ってほしい。こうすれば，自然と疑問が湧いてくるだろう。個々の著者の主張はどこまで正

しいのか。主張を支えている議論はどのようなものか。そこで示されている証拠は，本当に証拠と呼べるものなのか。そして，もし先行研究の間に意見の不一致があれば——重要な問題ではだいたいあるのが普通なのだが——一体誰が正しいのかを考えたくなるだろう。誰の主張が最も強力だろうか。とくに意見の異なる主張が互いにどのように関係しているのか，何よりも主要な論点と相対的には小さな論点がどう関係しているのか理解したくなるはずだ。こうやって疑問が明確になればなるほど，その問いに取り組みやすくなる。つまり解釈上の広範な問題を，より小さな主張に置き換えてみよう。こうして，証拠に注目してこれらの具体的な主張を検討すれば，それぞれ結論にたどり着くだろうが，この作業は同時に一層広い意義も持つことになる。大きな疑問に対する答えも徐々に得られてくるので，自分の解釈が段々と明確になっていく感じがしてくるのである。

　以上で説明したことはどれも一般的な内容だが，もしやり方を理解したければ，実際に使われているところを見るのが一番だ。そこで本章では，国際政治史上の重要なエピソードを取り上げて，その解釈を深めるのにこれまで紹介した方法論がどう使えるのか実演して見せよう。対象となるエピソードは，1941年にアメリカがどのように開戦に至ったかである。

1941年のアメリカとドイツ

　次のように考えてみよう。1941年12月にアメリカがついにドイツおよび日本と開戦した理由を説明することがここでの目標だ。どこから手をつけよう。自分が生まれ育った社会で，文化的に自然に身につけてきた理解を頼りに，問題を設定しても当然いいだろう。たとえば，こう考えてみてはどうか——アメリカは国際的なやっかいごとに巻き込まれるのを避けたがっているだけの平和愛好国で，対してドイツと日本は侵略国家だったのだから，アメリカの参戦は枢軸国の疑う余地のない侵略に反応した結果だった。では，この問題を研究者がどのように説明してきたかを確認してみよう。たとえば，A・J・P・テイラーは『第二次世界大戦の起源』の文字通り最後の段落でこう言っている。アメリカと戦争をするというヒトラーの決断は「何の妥当性もないもの」だった，なぜならアメリカという国は「放っておかれることだけを望んでいた」からで

ある。こうした解釈は今も有力で，場合によっては現在の研究者でも，たびた
びこうしたストーリーに乗っかって議論を展開しがちだと思う人も，読者の中
にはいるだろう。

　こうした主張は，いわばジャンプ台だ。自分が持っている国際政治に関する
一般的な感覚を用いて，こういった議論を検討してみよう。そうしたら，こう
疑問に思わないだろうか。もしアメリカが「放っておかれることだけを望んで
いた」のなら，一体どうしてヒトラーは，ソ連と戦争をしている最中に，アメ
リカに宣戦したのだろうか。アメリカのように強力な国家と「不必要に」戦争
をする意味が，ドイツにはそもそもあったのだろうか。国際政治についての自
分の知識を総動員すれば，問題はそれほど簡単ではないと思えないか。つまり，
アメリカと戦争するというドイツの決定は，アメリカの政策と無関係なものだ
ったとはとても言えないし，かつ開戦の時点で，たとえばテイラーが考えるよ
りも，アメリカははるかに深くヨーロッパ情勢に関与していたのは間違いない
と，考えるのではないだろうか。

　ただし，これでは取り組むべき問題がはっきりしただけだ。証拠なしには何
も答えられないからだ。だから，実際に何が起こっていたのかを理解するには
(前章で基本を説明して，詳しくは附録Iで解説している方法論を使って)，この時期
のアメリカの行動を説明する学説のうち，最も重要だと判断したものに立ち返
ってみよう。そこがスタート地点だ。そうすれば，アメリカ政府の――とくに
1941年後半の――行動が受動的とはとても言えないと，すぐにわかる。そのと
き，アメリカは大西洋で宣戦布告なき戦争をドイツと戦っていたからだ。この
問題を扱った最重要の研究の1つは，タイトルがずばり *The Undeclared War*
(『宣戦布告なき戦争』)である。だが，ここで考えるはずだ――そのような政策
をアメリカがとった理由は何か。アメリカの政治指導者は何をしたかったのか。
ローズヴェルト大統領と彼の側近は，イギリスの敗北を防ぐために必要な
海上交通路をたんに守りたかっただけなのか。もしこの政策が可能なら，もし
かしたらローズヴェルト政権はそれ以上戦争に関わるつもりはなかったのだろ
うか。もしくは，大統領の実際の目的はイギリスに味方してアメリカを参戦さ
せることであり，だから参戦前の海上作戦もこうした目的の一環として理解す
べきものなのか。

　注意してもらいたいのは，この問題について研究者の見解は一致していない

ことだ。研究者の多数派は，とくに1941年の半ば以降は疑いなく，ローズヴェルトが「参戦に向けてアメリカを着実に誘導していった」と考えている。ここ[4]で共通の前提となっているのは，アメリカの参戦問題で世論がすこぶる重要な要素だったことだ。おそらくほとんどのアメリカ国民は参戦を願っていなかったが，しかし同時に，たとえ戦争のリスクを伴うものでも，ドイツに対する強硬な政策を支持していた。こうした状況を念頭に置いて，ローズヴェルトは政策を選んでいた。だから，こうした研究の主張では，ローズヴェルトは第二次大戦への介入問題を国民に直接訴えかけるのではなく，アメリカは戦争に追い込まれつつあるのだと国民が信じる（少なくとも半ば信じる）ように誘導しようとしていたのである。[5]

　以上の主張の根拠として，どのようなものがあるだろうか。1つの例として，たしかにローズヴェルトはドイツと開戦したいと発言している。ローズヴェルトの対外政策に関するやはり最重要の文献の著者には，他にロバート・ダレック（Robert Dallek）がいるが，そのダレックの主張では，1941年の後半までにローズヴェルトは「アメリカがドイツと開戦する状態を作り出すことを望むに至っていた」。ダレックはその根拠として，イギリス首相のチャーチルとの協議のために1941年8月に開かれた大西洋会談の資料を引用している。その資料に記録されている，ローズヴェルトのチャーチルへの発言は以下の通りだ。自分は「今，議会ととてもきわどい関係で」，もし大統領として宣戦布告を要請しても，議会はその審議に3か月はかけるだろう。だから，ローズヴェルトとしてはそのやり方はしないつもりだった。代わりに「攻撃してしまう，ただし宣戦布告なしにです」。「私はこれからどんどん挑発的になるつもりです」。さらに，ローズヴェルトはこう続けた。目的は「『衝突』を余儀なくすることです」。ローズヴェルトは「戦端を開くのを正当化してくれる『事件』の発生を待ち望んでいると明言した」。[6]もちろん，これらは大西洋会談に限っての発言ではなかった。実際にこの頃のローズヴェルトは，同じようなことをたびたび口にしていた。[7]

　とはいえ，ひょっとしたら，ローズヴェルトがチャーチルに言ったことは，額面通り受けとらない方がいいかもしれない。そこで，同じくこのテーマに関する重要文献を書いたウォルド・ハインリックス（Waldo Heinrichs）の説明を見てみよう。彼の解釈はこうだ。大西洋会談の時点でローズヴェルトは「戦争

を求めていたわけではない」。この会談以前でもローズヴェルトは，大西洋でのアメリカの哨戒活動は「衝突」を引き起こすだろうし，「そうなれば悪くない結果になる」と駐米イギリス大使に語っているが，おそらくたんに「励まそうとして」いただけだ。さらに，当時の米英関係について重要な研究をしたデーヴィッド・レイノルズ（David Reynolds）の解釈も確認しよう。彼もローズヴェルトがチャーチルに何を話したのかを詳細に引用しているが，1941年の11月から12月初めの時期でも，大統領は無理矢理ドイツと開戦したがっていたわけではないと主張している。

　先行研究の意見はこれだけ食い違っているが，ではどうやって正解にたどり着けるのか。やるべきことは簡単だ。こうした先行研究の説明を読むときに，争点に直接または間接に関係する証拠を探してみよう。まずヨーロッパでのドイツの勝利が，主にどのような結果をもたらすとローズヴェルトが考えていたのか検討してみよう——アメリカはもちろん，世界全体にとってもだ。その上で，ローズヴェルトの想定を踏まえれば，アメリカがとるべき政策はだいたいどのようなものになるか考えてみる。大統領と側近たちが——公の場でもプライベートな会話でも——発言していた内容の「趣旨」に注意を払おう。たとえば，1941年9月にローズヴェルトは明言している。「私たちは，ヒトラーとそのナチス勢力を粉砕するために力の限りを尽くさねばなりません」。大統領の最側近，ハリー・ホプキンス（Harry Hopkins）も同様で，ヒトラーを倒すためには，イギリスやソ連への武器貸与政策にとどまっているわけには到底いかないと，1941年9月に発言している。とくに注目してほしいのは，アメリカ政府が実際に行っていたことだ。つまり，何に重点を置いて軍事力の整備が進められ，どのような作戦計画が策定されつつあり，外交では何が追求され，そして，もしすでに着手されていたなら，どういった軍事作戦が実行中だったのかを確認しよう。その上で，こうしたすべての問題が1つのパターンに収まるか考えてみる。つまり，個々の問題が互いにどう関係しているかがわかったら，出来事の全体の流れも理解できるかを検討してもらいたい。

　ここまでの作業で何がわかってきただろうか。まず，個々の重要な外交課題にローズヴェルトはどう取り組んでいたのだろうか。ローズヴェルトの対外政策の研究者がどのような資料を重視して引用しているかはもう確認した。そういった資料を確認するにつれて，共通して何度も強調されるポイントがわかっ

てきたはずだ。アメリカはもはや意固地に自国の防衛だけを考えているわけにはいかないと，ローズヴェルトが感じていたのだ。つまり，自国が攻撃されるまで，ただ待っていられる状態ではない。アメリカと直接関係なく展開している世界情勢から，アメリカの安全保障は深刻な影響を受けている。もしイギリスが敗北すれば，枢軸国がヨーロッパ全土の物的・人的資源を掌握することになる。そのような事態となれば，西半球は「銃口を突きつけられた状態になってしまう——たっぷり充塡された弾丸が，経済的にも軍事的にも，発射寸前の状態だ」。
12)

　脅威はまさに目前に迫っている——1939年から41年にかけてローズヴェルトは何度も口にした。背景にあったのは，戦争形態が現代化しているとの認識だ。かつては，大西洋と太平洋が「相当に信頼できる防御壁」であったかもしれない。しかし最新の爆撃機の航続距離とこうした兵器による攻撃開始に要する時間の短縮を考えれば，もはや2つの大洋に頼るわけにはいかなかった。アメリカとヨーロッパの距離は実質的には相当に縮まっているのであり，このためアメリカの国益がヨーロッパ情勢に左右される程度も強まっている。手遅れになる前に，戦争形態の変化がもたらした問題をアメリカは直視する必要があった。将来のいずれかの時点で「アメリカの独立を守るための絶体絶命の戦争」を戦わざるをえない窮地に陥るまで，事態が悪化するのを待っているわけにはいかなかった。「われわれの前庭に」敵が現れるまで待つなど「自殺」であって，国際情勢が手に負えなくなる前に対処すべきだというのが，ローズヴェルトの政策判断の基本的な前提だったのだ。アメリカは自国をもっと「行動的な」方法で守るべきで，しかも国境線にとどまるべきではなかった。こうした議論全体でローズヴェルトが言わんとしていたのは，ナチスの打倒である。ヨーロッパ全体の資源を利用できるほどナチスの地位が揺るぎないものとなって，ナチスの勢力が強化される事態を許してはならなかった。たんにイギリスの降伏を防ぐだけの政策では不十分なのだ——アメリカの参戦がありえないとわかった後も，イギリスは戦いを続けると仮定してもである。しかも1941年の終盤には，こうした政策判断をローズヴェルトははっきりと口にするようになった。ヒトラーを打倒せねばならない。「悪そのものとの妥協に基づいた平和など」思いもよらない。ナチスの脅威を「打ち破る」必要があるのだ。
13)

　しかも，以上の見解がローズヴェルトだけのものでなかったことも，調査を

進めるとわかってくるはずである。軍の高官たちも大統領と同様の観点で情勢を捉えていた。それどころか，彼らは大統領よりも事態を一層慎重に検討した上で，大統領が示唆するにとどめた路線をもっと率直に追求しようとしていた。海軍軍人の頂点に立つ海軍作戦部長のスターク（Harold Rainsford Stark）提督は，1940年の後半から，対独戦争へのアメリカの参加を強力に主張するようになり，陸軍参謀総長のマーシャル（George Catlett Marshall, Jr.）将軍も基本的に容認していた。しかも，証拠資料が強力に示しているのは，極秘裏にではあるが，自分も同じ考えだと大統領がスタークに明確に伝えていたことだ。このように限られた政府高官の間で共有されていた考えを知れば，実際にローズヴェルト政権がとっていた政策を解釈しやすくなる。とくに北大西洋での海軍の作戦行動がそうだ。そして，事態の基本的な展開を理解しようとする中で，とくに鍵となる資料に注目することになる。たとえば，1941年2月のスターク提督の以下の発言に気がつくはずだ。「今や問題は，わが国が戦争に参加するかどうかではなく，いつするかであるように思われる[14]」。今ここで検討している問題にとって，この発言の意味はきわめて重要である。海軍作戦本部長のスタークは，大西洋における海軍の作戦行動に関するローズヴェルトの真意がどこにあるのかを，よく知る立場にあったからだ。こうして，事態に関係した別々の要素の間の関係が徐々に明らかになり，全体像が見えてくる[15]。

　しかし，解釈上の自分の立場を決めてしまう前に，反対側の解釈も検証しておいた方がいい。ローズヴェルトが参戦したがっていたと研究者の全員が考えているわけではなく，その中には一級の研究者も含まれるからだ。たとえば，ガーハード・ワインバーグ（Gerhard Weinberg）は，その重要な著作 *A World at Arms*（『武装せる世界』）の中で，「戦争を避けようと試み，それが可能であってほしいと願っていたローズヴェルト」と表現している。たしかに「ローズヴェルトの側近の一部には，ヒトラーの打倒を達成するため，アメリカは参戦すべし，あるいはした方がいいとの考えが強くあったが」，「アメリカの参戦は回避できるとの自身の希望を，ローズヴェルトが諦めたと言える証拠はない」とワインバーグは指摘している[16]。以上の自身の結論を裏づけるためにワインバーグが展開している主要な議論にとって，重要な要素となっているのは1941年のアメリカの海軍政策だ。ワインバーグの指摘では，イギリスの諜報協力のおかげで，1941年の春以降，アメリカは傍受したドイツ海軍の電信を解読

できるようになる。アメリカ政府がこうして得た情報は，ワインバーグの説明
では，「偶発的な衝突を避けるために規則的かつ入念に活用されたのである。
衝突を引き起こすためにたやすく利用できたにもかかわらずである」。「発見次
第，ドイツ潜水艦に発砲せよ」とのローズヴェルトの有名な命令も，ワインバ
ーグに言わせれば，「ドイツの潜水艦を挑発するためではなく，威嚇して追い
払うためであった」。「衝突を避けよとの指令がドイツの潜水艦部隊に出ている
ことを承知していたので」，ワインバーグの主張では，ローズヴェルトは「イ
ギリスに対する自身の援助政策を推進することができた。北大西洋でドイツ側
と衝突する最悪の事態になっても，おそらくは孤立した事件に終わるだろうと
考えることができたからである[17]」。ワインバーグの見るところ，この事実をほ
とんどすべての研究者が今に至るまで見過ごしている。実は「関連資料は数十
年前から公開されており」，かつドイツの研究者であるユルゲン・ローヴァー
(Jurgen Rohwer) が，「何年も前」の論文でそうした関連資料を分析していた
のにである[18]。

　以上のように，北大西洋における海軍の作戦行動に関するワインバーグの具
体的な主張は，ローズヴェルトの政策をめぐる彼の全体的な議論を支える重要
な役割を果たしている。だからこそ，詳細に検討してみる価値がある。検討に
あたっては，海軍作戦に関する記述に付された脚注を見てみよう。すぐに何か
奇妙だと気づくはずだ。最も手がかりとなる脚注の中で，ワインバーグは，自
分の解釈がローヴァーの元々の解釈と「いささか異なる」と認めているからで
ある。こうなれば，とくにワインバーグが脚注で参照を指示している記述の中
で，ローヴァーが実際に何を主張していて，そこで示されている解釈がどうい
ったものか正確に知りたくなるはずだ。

　こうして原典にあたってみると，アメリカの参戦を論じている研究者のほと
んどと同じく，ローヴァーも，徐々にアメリカが参戦に向かっていく過程を論
じているとわかる。ヨーロッパ大戦に対するアメリカの政策を，ローヴァーは
3つの時期に区分している。1940年春のフランスの降伏までの第1期では，ロ
ーズヴェルトは参戦回避を望んでいた。このときでもローズヴェルトはまった
くの孤立主義者というわけではなかったが，アメリカからの最低限の支援さえ
あれば，英仏がドイツの勝利を許すことはないと考えていた。フランスの降伏
で，アメリカの政策は第2期に入ったとローヴァーは見る。アメリカは強力な

軍事力の構築に着手し，対英支援も格段に強化する。第3期は1941年初春に始まる。戦争布告なき対独戦に向けてローズヴェルトが動きだしたからである。[19]

とはいえ，こうした記述をすべて確認した上でも，ローヴァーの示している証拠の内容を確認することには意味がある。そのためには，詳細な事実関係に焦点を合わせた上で，ローヴァーの説明を詳しく検討する必要がある。その結果，見えてくる光景が，1941年後半にアメリカがとったきわめて積極的な政策だ。たとえば，7月には，アメリカ海軍が護送する船団を脅かすドイツ軍の艦艇に攻撃を加える決定がなされる。こうして，ドイツ軍所属と確認されたか，もしくはそう疑われる潜水艦に対して水中爆雷が投下された，互いに独立した個別事例が，ローヴァーによれば少なくとも8回確認できる。[20]以上の方針と戦術が，ヒトラーの反応を考慮することなく採用されているのは明らかである。もちろん，回数は多くない。イギリスおよびアメリカの海軍当局の主要な責務は，船団を無事に通過させることにあったからである。つまり英米の海軍当局者は，ドイツのUボートから自分たちの船団の針路をそらすために，諜報で得られた情報を最大限利用したのである。[21]とはいえ，ドイツ海軍の艦艇との衝突を避ける政策をアメリカ側が採用しなかったことは明らかである。ローヴァーが論じているように，真珠湾攻撃の直前にドイツ海軍の主要艦艇に対する攻撃が実施されなかったのは，まったくの偶然なのである――重要な事例の1つでは，ドイツ側の艦艇に起きた純粋な機械トラブルで，衝突が回避されている。[22]傍受したドイツ海軍の通信から，ヒトラーに戦争を決意させない限界を正確に把握して，それ以上の行動をアメリカがとらなかった――こういうわけではないのだ。

実際に，ドイツの潜水艦部隊を避けて船団を航行させるために諜報で得られた情報を活用した事実を，ドイツとの戦争をローズヴェルトが回避したがっていた証拠と見なすのは明らかに難しそうだ。船団の航路を決めるにあたって主導権を発揮していたのは（ローヴァーが指摘しているように）イギリス側である。[23]アメリカの参戦を望んでいたのが確実なイギリス政府も，ドイツの潜水艦隊との遭遇を避ける航路を選んでいたのに，なぜアメリカ側の同様の方針に限っては，ドイツとの戦争を回避したがっていた証拠と解釈できるのだろうか。つまり，ローヴァーの論文が使用している資料は，ローズヴェルトがアメリカの参戦回避を試みていた根拠にはならない。それどころか，示唆されているのはま

ったく逆の事実だ。ここまでワインバーグの解釈の根拠が何かを確認した上で，彼が主張を裏づけるために引用している重要な原典を詳しく検討してみた。こうした作業を通じて，今取り組んでいる最も根本的な問題に関する理解が進展するのである。

　ここでいったん議論を止めて，これまでの内容について2つ補足しておきたい。まず開戦直前の米独関係を解釈するにあたって，ワインバーグは侵略者と犠牲者というお決まりのわかりやすい対比に頼りがちだ。だが，ここまでの分析でこう感じないだろうか。アメリカの政策はワインバーグが主張するよりもはるかに積極的であっただけではなく，そうなる必要があったのだと。なぜなら，国際政治とはそのようなものだからである。つまり，自国の安全保障への長期的な影響を考えれば，ヨーロッパでのナチスの行動を目の当たりにしながら，アメリカは傍観するばかりではいられなかったと考えられないだろうか。このように，歴史解釈の違いは，前提となっている理論的な理解の違いから来ている場合がある。とはいえ，理論が必然的に歴史解釈を決めると言いたいわけではない。研究者はある特定の理論的な枠組みを選んで，それに基づいて歴史を解釈するので，まったく別の歴史解釈も簡単にできる——こう主張しているわけではないのだ。歴史解釈を決めるのは，鍵となる資料の体系的な分析だからだ。そして，この資料分析を通じて，こうした歴史事例を解釈する際に用いる理論的な枠組みが，自分の思考の中にできあがっていくのである。

　2つ目の補足は，第二次大戦前の米独関係のような問題を分析するための方法に関するものだ。この方法を使うときには，まず鍵となる主張に注目しよう。批判的分析の対象にしている書籍が提示している根本的な議論は複数あるだろうが，そのどれかを支える重要な役割を担っている主張だ。ついで，その主張を裏づけるために著者が示している証拠を確認する。そのために，その主張が展開されている文章につけられた脚注を見る。どのような文献が用いられているのか確認して，そうした文献を少し注意して読んでみる。できたら引用文献の典拠にもさらにあたって検証してみる。ウォーターゲート事件を白日の下にさらしたボブ・ウッドワード（Bob Woodward）とカール・バーンスタイン（Carl Bernstein）の有名な忠告と言えば，「金の流れを洗え」だ。だが歴史問題の根源にたどり着くのが目的なら，洗うべきは金の流れではない。脚注なのだ。

　とはいえ，このあたりで歴史問題の分析そのものに話を戻そう。ここまでに

説明したテクニックを使って，1941年のローズヴェルトの政策はアメリカを対独開戦に向かわせようとするものだったとの結論にたどり着いたとしよう。重要な結論である。だがここで検討している国際政治の展開にとっては，あくまでも要素の1つに過ぎない。第二次世界大戦にアメリカがどのようにして参戦したのかを理解するには，この結論だけではまだまだ不十分だからだ。結局のところ，大西洋におけるアメリカ海軍の作戦行動がドイツとの戦争に直接結びつくことはなかった。1941年後半のヒトラーにとっては，独ソ戦こそが最優先課題で，だからアメリカとの戦争は当面の間は可能な限り回避する必要があった。このため，（ワインバーグが指摘するように）ドイツ海軍の活動は厳しく制限されていたのである。「いかなる事態でも」とドイツ海軍の総司令官が強調したように，総統は「アメリカの参戦につながるような事件を引き起こすことを決して望んでいらっしゃらない」[24]のであった。そしてもちろん，ヒトラーがアメリカに宣戦布告したのは日本の真珠湾攻撃後である。

ローズヴェルトと日本

　だから次に注意を払うべきは，当然1941年の日米関係だ。この問題は，同じ時期の世界政治という一層大きなストーリーの中で，どのような意味を持ったのだろう。この問いに答えるには，まず当時アメリカと日本の関係がどのようなものだったのか，できるだけ知ることが必要だ――つまり，最終的には1941年12月7日に，日本が真珠湾のアメリカ艦隊を攻撃するに至るまでの一連の流れを，本当に基礎的なレベルで確認する必要がある。前章で基本を説明した方法を使えば，この問題について学問的に信頼できる研究書がたくさん利用できるとわかるはずだ。こうした本を読んで，できればいくつかの重要な文書資料にも目を通せば，基本的なストーリーを理解するのにそれほど時間はかからない。

　では，簡潔に言って，その基本的なストーリーはどのようなものだろうか。1941年7月の後半に，日本軍は南部インドシナに進駐した。アメリカの反応は，自国にある日本資産の凍結だった。この在米日本資産の凍結は，すぐに全面的な対日経済制裁に拡大する。中でも石油と石油製品の輸出が停止された。しかもこうした措置をとったのはアメリカだけでなく，アメリカと友好関係にある

イギリスとオランダも後に続いた。いずれも，日本の主要な石油輸入先だった。とくに，日本の（海軍を含む）軍事目的の石油利用にとって，この3か国からの石油輸入は欠かせなかった。1937年以来，日本は中国と宣戦布告なき戦争を戦っていた。石油を欠いては，中国での軍事行動に徐々に支障が出て，やがて不可能になるのは目に見えていた。もし中国での軍事行動を諦めたくないなら，日本は必要とする石油をどうにか手に入れる必要があった。考えられる選択肢はたった2つで，1つはアメリカとの間で，石油輸出の再開を可能にする協定を結ぶ，もう1つはオランダ領東インド（the Dutch East Indies）の産油地帯の占領だ。ただし1941年後半の状況では，オランダ領東インドへの侵攻が対米戦争を意味することは，ほとんどわかりきっていた。[25]

　よって日米開戦の原因を探る上で，1941年の後半に行われた日米交渉は，きわめて重要である。アメリカとの戦争を回避すると同時に，中国との戦争を続けるためには，日本は，アメリカとの決着を交渉でつける必要があった。でも，悠長に交渉してもいられなかった。自国の石油備蓄が減っていく状況で，日本は「徐々に干上がる池で泳ぐ魚のようだった」のである。[26]かといってアメリカには，日本が求めるものを与えるつもりがなかった。中国問題が決定的に重要になっていた。アメリカ側の主張は，中国の領土（China proper）から日本が完全に撤退することだったのだが，アメリカ政府もよくわかっていたように，この要求を日本が受け入れることはかなり困難だった。1941年11月に，米国務次官のサムナー・ウェルズ（Sumner Welles）が使った言葉を借りれば，過去4年間に中国で払った努力と犠牲を国民に正当化できる何かが，日本の指導者には必要だった。だからウェルズには，日本が「中国から完全に撤退することに合意する」と「信じることはできなかった」。しかし，彼によれば「アメリカを納得させる」には「それしかなかった」。[27]こうして日本は追い詰められる。つまりアメリカとの戦争か，中国問題でアメリカに屈服するかの選択を，日本は迫られたのだ。

　以上のように，アメリカの政策は，太平洋戦争への道を考える上で重要な要素だ。アメリカの石油輸出の禁止は——ほとんどの研究者がこう考えているようだが——日米の衝突を既定路線にした。だが同時に，このテーマを最も詳細に検討してきた研究者はみな，日本との武力紛争は，当時のアメリカの指導者たちにとって最後まで選びたくない手段だったと考えているようにも思える。

「1941年の秋の時点で，日本との戦争を望む者など1人もいなかったのである」
とは，ジョナサン・アトリー（Jonathan Utely）の説明だ。ヨーロッパの戦争に
アメリカを引きずり込むために，ローズヴェルトが奮闘していたと主張する研
究者でさえ，日本との戦争は大統領の望みではなかったと考えている。こうし
た説明を前提にもっと踏み込んで言えば，ドイツとの戦争にローズヴェルトが
進んでいたという事実こそが，それに続く日本との戦争を避ける重要性をます
ます高めていた。ダレックが（太平洋戦争への道を論じる章の最初の節で）提示し
ている説明を見てみよう。「1940年の秋から1941年の夏にかけて」ローズヴェ
ルトは「太平洋ではできる限りことを荒立てない」ように望んでいた。1941年
の6月から7月の時点でも，「太平洋の問題にこれ以上巻き込まれることを避
ける」というローズヴェルトの望みは「まだ残っていた」。しかし，ローズヴ
ェルトは「彼にはどうしようもない圧力」によって，「日本との衝突へと」追
い込まれていったのである。対日制裁の実施後も，太平洋での衝突を避けよう
と——少なくとも先送りにしようと——大統領は試みていた。「限られた戦力
と物資」を「ヒトラーとの戦いに結集する」必要があると大統領は考えていた
のである。対日禁輸を実施した時点でのアメリカの対日政策の全体的な性格に
ついて，ウォルド・ハインリックスもまったく同じ指摘をしている。つまり，
アメリカは「『大西洋での戦い』にまさに挑もうとしていたが，2つの戦争を
同時に戦う用意はできていなかった。日本については，どうにかして封じ込め
るか無力化しておく必要があった。戦争と国防の中核を占める課題から，東ア
ジアを何としても切り離しておかねばならなかったのである」。

　こうした視点に立てば，この時期のアメリカの対日政策の基本な性格は，封
じ込め政策の一種として解釈される。その目的は，多くの研究者が指摘してい
るように，南方でもロシア方面でも日本の一層の進出を阻止することであった。
しかしこうした基本的な図式を学んだ後でも，封じ込め政策としてアメリカ
の政策を解釈するのが実際に妥当なのか，疑問に思うはずだ。何といってもア
メリカは，中国からの撤退を日本に求めていたのであり，のちの冷戦期の慣用
表現を当てはめるなら，封じ込めというよりは，巻き返しに近い。日本がこれ
以上の拡張政策をとらないように抑止することに政策の目的があったのなら，
日本の拡張政策の継続はアメリカとの戦争につながるとアメリカ政府は明言し
ておかねばならなかったはずだ。しかも，以上が間違いなくアメリカの政策だ

ったとしても，アメリカが表明しておくべきことはもう1つあった。それは，もし日本がこれ以上の拡張を控えると約束するなら，経済制裁を解除して，以前のような共存関係に両国が戻れると請け合うことである。つまるところ，もしアメリカの脅迫に屈服すれば対米開戦を回避できると日本が了解して初めて，抑止のためのアメリカの脅迫は効果を発揮できたのである。たとえ拡張政策を中断したところでアメリカと戦争になるのなら，それでも抑制的な政策をとるべき何らかの理由が日本側にあっただろうか。

　要するに，この段階で行うべきなのは，1941年の後半という状況で，封じ込め政策・抑止政策と言える政策の条件を明確にすることである。日本が拡張策を続けた場合は制裁を科すとアメリカが脅迫したのであれば，そのときのアメリカは抑止戦略を推進していたと言える。もしアメリカが石油の全面禁輸を一度実行した上で，ついですぐに許可制に切り替えたのであれば，同じく抑止政策と見なしていいものだっただろう。こうしたアメリカの動きは，日本が拡張政策をふたたび推し進めた場合には，すぐさま全面禁輸を実行するとのアメリカの脅しだと，日本側に理解されただろうからだ。これ以上の侵略行動を控える協定に日本が同意しない限りは全面的な制裁を維持する戦略をアメリカがとっていた場合でも，抑止戦略の一般的な定義には当てはまらないかもしれないが，封じ込め政策の一環としての意義は確実にあった。

　このように，自分自身で考えることが，歴史問題の分析では根本的に重要だ。こうしたやり方でとことん考えてみよう。そうすれば，国際政治史上の重要な論点が，自分の思考の中に定着しやすくなる。「吠えなかった犬たち」の重要性に注目するようになるのである。たとえば，以下のような事実の重要性に気づく可能性が高い。すなわち，拡張政策を続けた場合には（同時にこのときに限って）制裁を科すとの脅迫をアメリカが日本に与えなかった事実，南部仏印に進駐した場合には制裁を科すと日本に警告しないとアメリカ政府が明確に決断していた事実，そしてアメリカとの戦争に突入するぐらいなら，これ以上の拡張政策は（まだ実行されていなかったソ連に対する北進策も含めて）停止する意思を日本が明確にした後でも，アメリカの制裁が解除されなかった事実の重要性に
34)
だ。他の主要な事実も同様である。つまり，石油の全面禁輸が日本のほとんどの指導者にとって予想外であった事実，かつアメリカとの戦争を避けるためには，たんにこれ以上の拡張政策を自制するだけでは不十分で，「すでにとられ

た」行動も問題になりうると日本側が通告された事実の意義についても，同じ文脈に照らして考えると，一層明確になる。このように考えていけば，自分の思考の中で全体のストーリーが具体的に想像でき，事態の展開に対する理解が徐々に深まっていく。

　ただし，ここで最も強調しておきたいのは，考えるという行為がどのような意味で研究の進展に貢献するのかだ。アメリカの参戦過程についてしっかりと考えるだけで，アメリカの政策に関する一般的な見方を無批判に受け入れることができなくなる。考えるだけでは最終的な答えにはたどり着けないが，しかし真に関心を払って検討すべき歴史上の論点がどこにあるのかを知る手がかりを得られるのである。ここまでの検討で，アメリカ政府が選択したのは単純な封じ込めや抑止の戦略ではなかったとの基礎的な結論を得た。このおかげで，問うべき論点が明確になり，よって次に行うべき作業の目的がはっきりしてくる。アメリカの目的は封じ込めではなかった，これ以上の日本の拡張を阻止することではなかったのなら，アメリカが一体何を目指していたのかを問わねばならない。

　とはいえ，そもそもこのような観点から問題を捉え直そうとするきっかけになるのは何だろうか。様々なことが出発点になり得る。たとえば，アメリカの政策を封じ込め政策・抑止政策として特徴づける通説的な議論に十分に納得していないのではと思える記述を，何人かの著名な研究者の著作の中に見つけるかもしれない。その1人はハインリックスであり，単純な抑止政策だけをアメリカが採用したとは考えていないように見える。対日禁輸は「抑止政策だったが，厳格に実施されれば，むしろ強力な強制政策であった」とハインリックスは指摘していて，しかも実際に厳格に実施されたと説明しているからだ。さらに，ハインリックスの主張は，対日「強硬策」を採用することで，ローズヴェルトが日本のソ連攻撃を阻止しようとしていたとも読める。ハインリックスの研究書にとって鍵となる議論の1つだが，その意味するところを突き詰めて考えてみよう。そうすると，以下のような疑問を持つだろう。もしローズヴェルトの第一の目標が「ロシアの背後を日本に襲わせない」ことであったなら，北進した場合には戦争を覚悟した対抗策をとるとローズヴェルトが日本を脅迫しなかったのはなぜか。ローズヴェルトは日本と協定を結んで，その中でソ連を攻撃しないと日本に約束させることができなかったのだろうか。ソ連を攻撃し

ないという約束を日本が反故にした場合には，禁輸を実行すると脅迫しておくことで，こうした協定は実効性を持てたのではないか。実際に日本は，対米戦争を避けるために，対ソ不可侵を約束する準備があったように思える[38]。日本を見れば，中国問題で壁際に追い詰められるよりも代償の低い妥協で済むなら，アメリカの望み（と考えられる）通りに行動する可能性が高かったのではないか。つまり，ロシアとの平和を維持することで，アメリカとの戦争を避けようとしたのではないか。とはいえ，アメリカの望みは日本の北進だけでなく，南進も阻止することだったのかもしれない。だが，以上が基本的にローズヴェルトの関心のすべてなら，太平洋地域で戦争に巻き込まれる危険を冒す必要が，大統領にはそこまであったのだろうか。

　または抑止理論，とくにブローディやシェリングの理論をある程度勉強したことがあれば，それを手がかりに，以上と同じ1941年のアメリカの政策をめぐる基本的な疑問にたどり着くかもしれない。もし両者の研究を知っているなら，脅迫を軸とする政策では，実際にとられる行動よりも脅迫が生み出す恐怖や期待の方がはるかに重要な意味を持つことを，おそらく学んでいるだろう。行動それ自体は，どれほど厳しいものであっても，強制や抑止としては意味を持たない。その例外は，こうした行動が未来に起こりうる事態の予測を生み出す場合だけである。たとえば，日本に投下された2発の原子爆弾は，それ自体では強制の効果を持たなかったと，ブローディは言う。彼の理解では，日本を降伏させたのは「さらに投下が続くという恐怖感」であった。こうした恐怖感を作り出したのは「われわれが持っていないということを日本側が知らなかった，実際には存在しない追加の原子爆弾であった」[39]。このブローディの指摘が示している知見はきわめて重要で，1941年の状況でどのよう政策が封じ込めと言えたのかという問題にも直接関わってくる。もちろん理屈としては，自分の頭だけでこの問いに答えようとしてもいい。「封じ込め」や「抑止」という用語が実質的に意味する内容をまず自分自身に問いかけてみるのである。だが前もって枠組みとなる考え方を持っていれば，とても助けになる。関連する理論の基本を知っていることで，封じ込めや抑止が関わる問題に自分の思考が慣れている状態だ。

　さて，1941年のアメリカの対日政策をどう解釈すべきかを，自分自身で考え抜いて，その政策がどのようなものであったにせよ，封じ込め政策・抑止政策

とは呼べないと結論したということにしよう。ここまで来るとやや視界が開けてきて，最も問うべき中心的な課題がはっきりしてくる。それは，もし対日政策の目的がたんに封じ込めだけでなかったのなら，アメリカ政府が目指していたのは何かである。ここでふたたび，アメリカの対日政策はそのまま進めば日本との正面衝突に向かう内容であったことを意識するはずだ。だが他方で，ローズヴェルトと彼の側近たちは日本との戦争を避けたがっていたとの見解で，この問題を正面から研究してきた学者たちが一致していることも，すでに理解している。このわかりやすい対比は，問題の焦点を一層明確にしてくれる。どう考えれば，この2つの説明を両立させることができるだろうかと問うのである。太平洋での戦争を回避しようとアメリカが望んでいる状況で，日本との衝突に向かう政策をとるとすれば，その理由にはどのようものがありうるのか考えてみるのだ。

　以上の疑問は，いわばサーチライトである。進むべき一定の方向を教えてくれる。主要な先行研究に立ち返って読解する際に，何を確認すればいいのかを教えてくるのだ。先ほど述べた疑問に，主要な先行研究の著者たちは一体どう答えようとしているだろうか。こう意識して重要な研究を確認していけば，これまで示された答えは2つに大別できると気づくはずである。1つ目は，対日禁輸が持つ意味にローズヴェルトが気づいていなかったというものだ。どのように厳しい経済制裁を科されたとしても，欧米の大国を攻撃するなど日本にできるはずがないとの判断で，ローズヴェルトは対日禁輸が戦争に結びつくとは考えなかったとの主張である。だが2つ目の答えを提示する学者たちは，かなり違う議論を展開する。彼らは，政治指導者が政策を統制できていなかったと考えるのだ。その主張によれば，対日全面禁輸はローズヴェルトが関知や承認しないままに実施され，禁輸が実行されていると大統領が知ったときには手遅れで，手の施しようがなかったというわけである。

　ローズヴェルトが是が非でも避けたがっていた戦争の直接の原因となる政策を，なぜアメリカ政府は選んでしまったのか。以上で見たどちらの議論も，自らの説明が正しいと主張している。しかも，この2つの議論の関係について検討してみると，やはりこの問いに対する可能な説明は以上の2つしかないとわかってくる。まず日米交渉が始まった7月以降，ローズヴェルトが対日政策を指揮していた場合を考えてみよう。対日禁輸によって日米が正面衝突に向かい

始めたと考えると，ローズヴェルトは対日戦争を回避しようとしていたとの主張はどうやって擁護できるだろうか。考えられる議論はたった1つしかない。ローズヴェルトが見通しを誤ったと議論するしかないのだ。禁輸がもたらす効果を，ローズヴェルトが判断できていなかったと主張するしか手がない。なぜなら，禁輸によって日米の正面衝突に向けた流れができるとローズヴェルトがわかっていて，しかも実質的な対日政策の指揮を執っていたのも大統領だった場合は，1941年後半のアメリカの対日政策は計画的なものだったはずだからだ。これが当時の状況だったなら，自らの行為の意味を完全に理解した上で，アメリカの政治指導者たちが日本との戦争に直接つながる政策を選んだと結論するしかない。つまり，こうした説をとらないなら，大統領は自身の政策の意味をわかっていなかったと主張するか，もしくはローズヴェルトは自身が率いる政府の政策を実質的には把握できていなかったと主張するか，2つに1つしかない。だから，この2つの主張のどちらがより妥当かは，資料で検証可能だ。そして，検証の結果，もしどちらの主張も否定されたらどうだろう。そうなると検証を行った意義は一層大きくなる。そうなったら，指導者たちの承知の上で，日米戦争につながりかねない政策をアメリカ政府が覚悟して選んだということになるからである。[40]

　ここまで来れば，参戦直前のアメリカの対日政策という歴史問題の全体的な構造が，概ねわかってくるはずだ。重要な歴史問題について結論を出すには，まずもっと具体的な問題に分解してみれば，より研究しやすくなるということもわかっただろう。だが大本の歴史問題の全体的な構造を自分の頭だけで把握しようとするだけでは，こうした理解は深まらない。それよりも，読んで確認したそれぞれの歴史家の個別具体的な主張が互いにどう関係しているのかを考えて，その上で，そうした関係が今回明らかにしようとしている大本の歴史問題にどのような意義を持つのかを理解しないといけない。問題の全体的な構造を把握することはきわめて重要だ。だが実際にそうした理解に達する過程は，一般的なものから詳細に移っていく「トップダウン」ではなく，詳細を積み上げて一般性に至る「ボトムアップ」であるのが通常なのである。

　大きな歴史問題を個々の論点に分け終えたら，あとはそれらを一つ一つ検討していけばいい。第二次大戦への参戦直前のアメリカの対日政策であれば，アメリカの政治指導者は対日全面禁輸の効果を見誤っていたとの主張，もっと具

体的に言えば，対日禁輸が日米戦争に直結するとは考えていなかったとの主張
を検討するところから始めればいい。先行研究の 1 つは，ローズヴェルトは
「日本がアメリカ合衆国とイギリス帝国を同時に敵に回す戦争はしないと確信
していた。この確信は1941年 7 月以降のローズヴェルトの政策判断にとって決
定的だった」と主張している[41]。別の研究も，「対日貿易の凍結措置に対する日
本の反応が，イギリスやオランダの植民地への攻撃にまで至ることはないとア
メリカ政府は判断していた」と議論している[42]。こうした主張が重要な理由——
つまり，こうした議論ともっと一般的な歴史問題との関係については，すでに
わかっているはずだ。だから，ここで行うべきことはただ 1 つ，こうした先行
研究の主張が実際に妥当なのかを検証するのである。

　こうして浮かんでくる疑問は，対日禁輸の効果をアメリカの政治指導者が実
際にどのように予測していたかだ。この問いによって，何を確認すべきなのか，
そのためには先行研究のどういった記述に注目すればいいのかが，やはりわか
る。そして検証作業をしてみれば，おそらく意外なことに，ローズヴェルト
とその側近たちは，対日禁輸が十中八九の確率で東南アジアの英領およびオラ
ンダ領への日本の攻撃と，ひいては戦争につながると考えていたことがわかる。
ローズヴェルト自身の発言を引けば，禁輸は「間違いなく日本をオランダ領東
インドへ向かわせ，太平洋での戦争に発展する」[43]。1940年から41年にかけてロ
ーズヴェルトは，公私の場を問わずに，対日禁輸が東インドに対する日本の攻
撃につながるだろうと繰り返し指摘していたのだ[44]。1941年の後半頃には，日本
が東南アジアの英領やオランダ領を攻撃すれば，日米戦争へと発展することが
相当明確に意識されていた。このときまでにアメリカ政府の高官たちは，7 月
9 日のウェルズ国務次官の発言が示しているように，厳格な経済制裁を科せば
「それほど時をおかずに」アメリカとの「戦争を日本に決意させる」との結論
に達していたのである[45]。

　以上のように，石油の禁輸は日本との戦争におそらくつながるだろうと，ロ
ーズヴェルトは判断していた。一般的に言われるように，もし対日戦争の回避
がローズヴェルトの目的であったなら，なぜアメリカは対日禁輸を実行に移し
たのだろうか。これまでの検証作業を踏まえれば，考えられる回答は 1 つしか
ないとわかっている。政府の政策をローズヴェルトが統制できていなかったと
主張するしかなく，実際にこうした主張を事実として議論している研究は相当

に多い。詳しい議論が展開されている 1 つの例は，ジョナサン・アトリーの『GOING TO WAR WITH JAPAN 対日戦争への道』（*Going to War with Japan*）だが，文献の確認を進めれば，他の研究もアトリーの議論を明確に支持しているか，もしくは同じような議論を独自に展開しているとわかってくる[46]。ということは，アトリーの議論は詳細な検討に値するということである。

　アトリーの研究の目的は「日本と戦うことをまったく欲していなかった国が，最後には対日戦争をするに至った原因を究明」することだ[47]。アトリーの主張では，1941年の秋の段階でさえ，「日本との戦争を望む」者などいなかったのに，官僚機構の統制がとれていなかったために戦争になってしまったのである[48]。アトリーの記述を見よう。ハル（Cordell Hull）国務長官もローズヴェルト大統領も「外交政策の領域で拡大を続け，複雑になる一方の官僚機構をうまく統御でき」なかった。「実施される外交政策を統御できなかったために，ハルとローズヴェルトは，国家の進むべき方向も統御できなくなった」[49]。「政府指導者の政策決定」を必ずしも反映しない対外行動を，アメリカはとるようになった。官僚政治の結果が事実上の政策となってしまったのである。「ローズヴェルト政権下の外交政策機関は，円滑に機能していたわけではなく，調和のとれたものでもなかった。むしろ，有力な指導者たちと主体性を欠いた官僚たちが矛盾する目的を持ちより，取引しあう無秩序状態だった。このため，彼らの誰もが納得できる国家方針を作り上げるために，巧妙なごまかしが行われるのが日常風景となっていた」[50]というのがアトリーの評価である。

　こうした例の最たるものが，日本への石油禁輸措置だ。アトリーによれば，ローズヴェルトもハルも全面的な禁輸は望んでいなかったのだが，中級レベルの官僚たちによって，いつのまにか実行されてしまったのである。こうした官僚たちの代表格だったのが，「日本に対して実行すべき政策」について独自の考えを持つ，国務次官補のディーン・アチソン（Dean Acheson）であった[51]。7月の後半に在米日本資産の凍結が実施されたとき，大統領の考えでは，この措置は日本への石油輸出を許可制に変えるための布石であった。許可に従って，石油輸出は再開されるはずだったのである。だが全体の状況を正確に把握する者が誰もいない状況で，アチソンが手を回し，石油代金の支払いに必要な分でも日本資産の凍結が解除されないようにした。こうして，アトリーの説明では「日本に戦争を決意させないための政策は，全面的な経済戦争へと姿を変え，

４か月後の真珠湾攻撃へと至る[52]」。アトリーの主張では，全面的な石油禁輸が実施されている状況にハルがようやく気づいたのは９月４日だったが，どうにか対処しようにも「時すでに遅かった」。なぜなら「１か月にわたる禁輸の後に，もし石油輸出を再開していたとしても，日本政府に対する誤ったメッセージとなり，アメリカは譲歩すると主張している強硬派の立場を強化するだけに終わっていただろう」からである[53]。アチソンは傲慢にも独断で「大統領の命令を作りかえ［た］」のであり，しかも「最後までやりおおせたのである[54]」。結果は悲惨だった。アメリカは日本と戦争になった──それは国家の指導者による政策選択の結果ではなく，アチソンのような無責任な官僚たちが政策過程を乗っ取り，事実上独断で政策を決定できたためであった。

　もしアトリーの結論が妥当なら，その重要性はあらゆる観点から見てずば抜けている。だがここでも考えてみよう。本当にこれほどでたらめなやり方で，1941年後半のアメリカの対日政策が決まってしまったのだろうか。対日禁輸政策の重大性をローズヴェルトは認識していた。なのに，政策過程の実態をここまで大統領が把握していないなどということが，本当にありえたのか。何と言っても，対日禁輸政策はきわめて扱いが難しい問題だとの態度を大統領は早くから明確にしており，自ら指揮する姿勢を見せていたのである[55]。それなのに，状況が一層深刻になった段階で，大統領が態度を変えて，この問題から突然手を引く理由があるだろうか。さらに，おそらく９月に入るまで，日本に対する石油の全面禁輸が実施されている事実を大統領が知らなかったなどということが，実際にどこまでありえただろうか。たとえアチソンが自分のとった措置を報告しなかったとしても，問題の重大性から考えれば，どこか別の方面から大統領に情報が届くことはなかったのか。たとえば，日本の外交通信が手がかりにならなかったか。アメリカはすでに日本の外交通信を傍受し解読できていたからである。

　さらに，自身の率いる政府内部の動きで自らの政策が覆ったと大統領が知ったのが，たとえ９月になってからだとしても，その時点で禁輸措置を緩和し，ある程度の対日輸出の再開を許可するのは本当に手遅れだったのだろうか。７月後半に在米日本資産を凍結したばかりの頃，ローズヴェルトの態度は，輸出許可制の下で日本に対する石油輸出は継続されるというもので，ただこの方針は「いつでも変更可能で，いったん変更すれば，輸出許可は一切認められな

い」と大統領は説明していた。[56)] 今は「縄で首を強く」締め上げるときではなく，「日本の首に縄をかけておいた上で，状況に応じて強く引っ張る」ほうがいいとの大統領の判断である。[57)] 全面禁輸を 6 週間にわたって実施した後に緩和していたとしても，以上の方針にはかなっていただろう。つまり日本を戦争に向かわせずに強烈な「警告」を与える一時的な石油の遮断となっただろう。そして，もし何らかの理由で， 9 月から対日制裁を緩和するのは困難だとローズヴェルトが判断していたのなら――つまり，アチソンに代表される官僚たちが，大統領の定めた方針を無視して実施した政策のおかげで抜き差しならない羽目になってしまったと大統領が考えたのなら――その記録が何か残っていないだろうか。アチソンによってローズヴェルトの方針に反する措置がとられたのなら，その事実を知った途端にローズヴェルトとハルは激怒したに違いないと想定できる。こうした想定も，やはりサーチライトになってくれる。問題に決着をつけるには，どのような証拠を集中して探せばいいのかを絞り込む手がかりになってくれるのだ。そして，もしそうした記録が何も見つからなければ，本当にローズヴェルトとハルが対日政策を統制できていなかったのか，さらに対日全面禁輸が大統領と国務長官の意思に反して実行されたのかを，疑ってかかろう。

　想定した記録の不在は，通説を疑う理由にはなるだろうが，しかし決定的な証拠にはならない。こうした想定の積み重ねだけでは，絶対に結論を出せないのだ。とはいえ，こうして突き詰めて考えてみることは大事だ。アトリーの議論の実際の妥当性を見積もるのに有益だし，その上で最終的な判断にはどういった証拠がどれぐらい必要なのかもだいたいわかってくる。あわせて，証拠でもって決着をつけるべき具体的な論点も意識できるようになる。このようにして，的を絞って取り組むべき問題が何なのか，そのために注意して読むべき先行研究の記述がどのようなもので，さらにはどういった一次資料を集中的に確認していったらいいのかが，わかってくるのである。

　論点としてとくに意識した方がいいのは，証拠資料を踏まえれば，石油の全面禁輸が実施された段階で，こうした政策を政治指導者がどう認識していたと言えるかである。在米日本資産の凍結は，当初は石油輸出の継続を前提とした輸出許可制を実施するための布石として計画された。以上の方針は， 7 月の後半に大統領が決定したのである。しかし関連する文献や原資料を確認していけば，ここでの論点を左右する要素の 1 つが明らかになってくるはずだ。つまり，

通説となっている説明から受ける印象ほどには，許可制による対日石油輸出の継続という方針で，7月後半の政府首脳の態度が固まっていたとは言えそうにないことである。たとえば，どうやら7月の前半の段階で，アメリカ政府の首脳たちは，日本が南部仏印に進駐すれば全面禁輸措置を発動することを考えていたようだ。南部仏印進駐が実施される数日前の7月18日に，駐米イギリス大使がローズヴェルトの態度を本国に報告している。「大統領個人としては，全石油製品の禁輸に踏み切ることを間違いなく考えている[58]」。そのさらに数日前には，国務次官のウェルズが，自分自身としては日本に「完全禁輸」を科すのが望ましいと思っていると明言している[59]。多くの研究者が指摘しているように，このときのウェルズはローズヴェルトときわめて近い関係にあった。よって，7月後半の段階では，大統領は思い切った政策——大統領自身の言葉で言えば「太平洋での戦争に発展する」ような政策——を避けようとしていたとの見解には，再検討の余地が大いに出てくるのである。

　文献や資料から言えることはこれですべてだろうか。または，アチソンが独断で対日全面禁輸を実施したのかどうかの問題に直接関わってくる証拠が何かあるのだろうか。今度はこのきわめて具体的な問いを意識して，もう一度先行研究に立ち返り，アチソンの役割をめぐる記述を集中して確認してみよう。そうすれば，この出来事についてのハインリックスの議論から，政策を指揮していたのはローズヴェルトだとの印象を受けるはずだ。ハインリックスの記述からは，とくにアチソンがウェルズから指示を受けていたことがわかる[60]。実際にハインリックスの以上の記述には長い注がつけられていて，その中でハインリックスはアトリーの議論に明確に反論している（この本では注は末尾に載っている。アチソンの独断という問題に集中して読んでいなければ，見落としてしまっていたかもしれない）。この注の中でハインリックスはたくさんの文書資料を引用して，向こう1週間から2週間にわたって日本向けの石油の輸出許可を出さないようにアチソンが指示されていたことを明らかにしている。向こう1週間から2週間というのは，8月初めに開催されることになっていた大西洋会談で，禁輸問題についてチャーチル首相をはじめとしたイギリスの高官たちと，この問題について話し合うためである。「ウェルズとローズヴェルトの親密な関係，当時のウェルズが国務長官代理でもあった事実，さらに問題の根本的な重要性を踏まえて考えれば，対日全面禁輸の実施，あるいは輸出許可問題の放置について，

ウェルズが事前に大統領の承認を得ていなかったというのは，あり得なかったように思える」とハインリックスは結論するのである[61]。

　さらに，大西洋会談へのハインリックスの言及を踏まえれば，イギリス側の資料も対日禁輸問題の手がかりになるかもしれない。この時期に関係するイギリス側の主要文書の一部は資料集として公刊されているし，未公刊のものもマイクロフィルムで利用できる。しかも，資料集でもマイクロフィルムでも，イギリスの文書はすこぶる体系だって収録されているので，相当に的を絞り込んだ資料調査をすることがきわめて容易だ。こうして主要な文書資料を確認していけば，イギリスが対日強硬策をとりたがっていたと同時に，アメリカの態度が軟化していくのではと懸念していたことがわかってくる[62]。イギリス政府としては，なんとしても「経済手段を用いた対応策が維持・強化［される］」ようにしたがっていた[63]。大西洋会談中の8月11日，チャーチルはこの点をローズヴェルトに持ち出している。「日本に対して合衆国政府がすでに採用している経済手段による全面的な圧力を維持すること」が肝要だと，チャーチルは発言した。ローズヴェルトの反応は十分に明快と言えた。「全力を傾けた経済的な対応を継続すべきだと揺るぎなく決心していると大統領は断言した」のである[64]。ウェルズの態度となると一層明確だった。イギリスの外務事務次官から「日本資産の凍結命令の適用について」確認を求められた際には，「命令はとても厳格に適用されている」と請け合っている。石油禁輸に関しても「1935年と同量を上限とする原油輸出を除き，輸出許可は一切出されていない。輸出量はすでにこの上限には達しており，よってアメリカに寄港中の日本船が帰国するのに必要な分を除き，これ以上の原油輸出は許可されない。航空機用ガソリン，通常ガソリン，さらに潤滑油の輸出許可も一切出されていない」とウェルズは説明している[65]。これらの資料を踏まえれば，重要な政策決定は大統領自身によってなされていた可能性がずっと高いのだ。

　ここまで来れば，正確な結論を出せるはずだ。全面的な石油輸出の停止がどのような効果を持つのかをローズヴェルトはわかっていた。全面禁輸によってアメリカと日本が正面衝突に向かい始めることを大統領は認識していたのである。しかし，それでもローズヴェルトは禁輸の実行を選んだ。この政策を実行に移したのは大統領であり，アチソンのような中級レベルの官僚たちが，大統領のあずかりしらぬところで，独断で実行したのではなかった。つまりローズ

ヴェルトは，日本との戦争にかなりの確率で発展すると自身が考える政策を，
自覚的に選択したのである。

　しかし，これは重要な結論だが，もっと根本的な疑問は解決できていない。
アメリカ政府が実行に移した政策の動機を説明できていないのである。いや，
以上の結論の意義はまさにその逆だ。これまでの分析の結果は，もっともらし
かった従来の仮説を2つそろって否定する。ローズヴェルトが自身の政策の意
味をわかっていなかったという仮説も，ローズヴェルトが政策の実施過程を把
握できていなかったという仮説も，そろってである。だが当該期のアメリカの
対日政策をどう解釈すればいいのかという根本的な問題に，直接答えを出すも
のではない。では，どうすればいいかと考えていくと，鍵となる問いが見えて
くるはずだ。その問いとは，アメリカの対日政策は基本的にはアジア・太平洋
地域の比較的狭い状況によって決まっていたと考えるべきなのか，またはそう
ではなくて，本質的にはもっと広範なアメリカの世界政策の一環として，とく
にヨーロッパの状況を重視して理解すべきものなのかである。日本の侵略行動
にアメリカはついに我慢できなくなり，情勢はすでに危機的となったとの基本
的な決断に達する一方で，他の地域の情勢は以上の結論を出すにあたってたい
して考慮されなかったのだろうか。あるいは，対日政策でのこうした重大決心
はもっと広範な世界情勢を踏まえたもので，対独戦にアメリカを加わらせよう
としていたローズヴェルトの希望と，ある面では根本的に関連していたのだと
理解すべきなのだろうか。

日本側の観点

　こうしたアメリカの対日政策をめぐる疑問に，どう答えたらいいのだろう。
日米関係の展開を把握するための視点を強化したいなら，日本の政策も検討し
た方がいいのは明らかだ。事実，日本の政策を検討すれば，アメリカの政策の
解釈をめぐる問題に取り組む際に必ず助けになる。なぜなら，もし日本がきわ
めて攻撃的で対米戦争を覚悟の上で拡張を続けると決意していたとわかれば，
アメリカ政府がとった対日全面禁輸という個別の政策に状況を左右する力はほ
とんどなかったのだと主張しても，基本的に問題ないからである。この場合，
アメリカにも無限の譲歩が不可能な以上，日米戦争はほぼ不可避だったことに

なる。よって，日本の政策をきわめて攻撃的と考える評価と，アメリカの政策を比較的穏健なものであったと考える評価とは整合的だ。比較的穏健的とはつまり，ローズヴェルトの基本的な目標は，この時期を一貫して「戦争を起こさずに日本を抑制すること」であり，アメリカが目指していたのは「日本を抑え込む方法を見出すこと」だけだったと考えることである[66]。こうした見方をとれば，戦争が起こったのは，日本が「抑え込まれる」ことを拒否したからである。しかし，以上の解釈とは対照的に，1941年後半の日本はアメリカとの戦争をぜひとも避けたがっていたとの結論に達した場合には，かつ自分自身で日本の政策を検討した結果，対米戦争を避けるためなら拡張政策を停止する用意が日本にあったと確信を持てるなら，アメリカの政策に対する見方もかなり変わってくるだろう。このように，日米開戦をめぐる重要な問題の解釈は，互いに影響し合うのである。よって，アメリカの政策を理解したければ，1941年後半の段階で日本が何に合意する用意があったのかを知る必要があるのだ。

　それでは，当該期の日本の政策はどのように理解すべきなのか。以上がここで関心を集中させて答えるべき問いだが，やり方はこれまでと同じで，主要な先行研究が議論をどう肉づけしているのか——つまり，大事な主張を支えるために，どのような具体論を展開しているのかを検証していこう。こうした具体論は，論点が十分に絞り込まれているので，直接の検証が可能だ。しかも，大きな問題関心を念頭に検証作業をするのだから，こうして得られた個々の論点に関する結論からは，総体的な知見が必ず得られる。その知見は，自分の研究の根底にある問いに答える際に，手がかりとなってくれるのである。

　では，アメリカとの「戦争の危険を冒してでも目標を達成する」と日本が決意していたとの主張を支える具体的な議論には，どのようなものがあるのか[67]。こうした議論の根拠の１つとなっているのは，ある特定の史実だ。7月2日の御前会議が，たとえアメリカと戦争になるとしても，南進策をとると決定したことである[68]。よって御前会議の決定を額面通り受けることが前提だが，しかし，この前提自体も証拠資料に照らして検証可能だ。その他の個別具体的な議論も同様に検証できる。リチャード・オウヴァリー（Richard Overy）の議論では，「1941年10月，首相に就任したばかりの東條英機は，アジアにおけるフリーハンドを日本の要求としてアメリカに突きつけた。おそらく予想通りにアメリカに拒絶されれば，12月8日に開戦することが秘密裡に決定されていた」[69]。この

議論については，同月のアメリカの関連文書（もっと言えば，実際には東條が首相に就任して以降の時期だけでいい）にあたって，実際に「アジアにおけるフリーハンド」を求めるような要求をこの時期にアメリカが受けとっているかを確認すればいい。あわせて，オウヴァリーは「かなりの穏健派に属する日本の指導者であっても，これまでに日本が得たものを手放すことは，この時期にはまったく考慮外となっていた」とも評価している。[70] 他にも，1941年11月ともなると日本政府が実際にアメリカとの「戦争を望んでいた」と議論している研究者が何人もいて，このために，それ以前の状態——つまり日本の南部仏印進駐前に一般的であった状態——に戻る解決策を日本が全面的に拒絶していたと考えている。[71] こうした評価についても，やはり証拠に照らして検証可能だ。とくに彼らが自説を裏づけるために引用している証拠を（もし実際に引用されているなら）確認してみよう。

　拡張政策を放棄するぐらいなら，日本は対米戦争を望んでいたとの大きな主張を支えているのは，先行研究の分析を進めればわかってくるように，多くの場合，日本の政策決定過程における軍部の役割についての特定の評価だ。よく言われるように，日本の政策を掌握していたのは陸軍と海軍だとの考えである。もっと言えば，「大本営の陸軍部と海軍部に勤務するほとんど無名の参謀将校たち」が，おそらく実質的な権力を握っていたと考えられているのである。[72] 軍の高官たち——つまり陸軍参謀総長や海軍軍令部総長，陸海軍の大臣——は「下僚のロボット」と考えていいというわけだ。[73] そして，くだんの参謀将校たちは，きわめて強硬な方針をとっており，彼らが追求した政策によって日米戦争は不可避となったと結論されている。

　当然だが，以上の議論もそのまま信用する必要はまったくない。その気になればいつだって，議論と根拠の関係を問題にしていいからだ。ただし，この点に関してたぶん最も大事だと言えることが1つある。何かしらの理由に基づいて，こうした議論の少なくとも一部におかしな点があるのではと思ったときだけ，根拠との関係を問題にしよう。たとえば日本の参謀将校の役割について言えば，軍の高官は「下僚のロボット」だったとの議論には，疑いを持ってもおかしくない。地位が上がったために力を失うとは，そう簡単には信じがたいからだ。もっと言えば，世界中を見渡しても，このような具合に物事が動いている組織が少しでもあると想像するのは，かなり難しいのではないだろうか。ま

たは，日米開戦前の日本の対外政策について学んでいけば，日中戦争に至る1937年の日本の政策決定を扱ったジェイムズ・クローリー（James Crowley）の有名な研究に気づくかもしれない。クローリーの議論では，中国問題で日本陸軍の参謀本部は穏当な方針をとりたがっていたが，首相の近衛文麿公爵に出し抜かれてしまったのである。中国と戦争を始めるにあたって最も重要な役割を果たしたのは，近衛だったのだ。つまり，その当時の陸軍は，事実上政策を支配できていなかったことになる。以上のクローリーの研究を踏まえれば，1941年の政策を支配していたのは軍部だという議論も，無批判に受け入れてはならないであろう。

　さらに言えば，その帰結に構わず，日本が拡張方針に凝り固まっていたとの基本的な前提も，常識から考えればまったくおかしな話だと感じても不思議ではない。とくに国際政治学を学んだことがあれば，国際政治の基本的な性質について，ある程度の理解を持っているだろう。中でも勢力分布に関する考慮が，国家の政策決定にどう影響するかを意識できるはずだ。そこで，当時の日本は封じ込めたり抑止したりできない国家だったとの主張を見ればどうだろう。心の声が「それは，まあありえない。国家はそんな風には行動しない」と反応しないだろうか。そうなれば，特定の国際関係理論を活用した証拠だ。実際に動員可能な戦争遂行力で比較すれば，日本に対してアメリカが圧倒的に勝っていることは，当時も周知の事実だった。たとえば，鉄鋼生産量は当時から機密でも何でもなかった。だから，こう自問自答したくなるはずだ。すでに中国との戦争にははまり込んでいる日本のような国が，アメリカとの戦争に直結する可能性が相当に高いと十分に理解しながら，それでも拡張政策の維持に固執することがありうるだろうか。日本政府なら——または，どのような国の政府であっても，この状況で——そのように行動するとは簡単には信じられない。著名な研究者が口をそろえて主張していようが，関係ない。もちろん，当時の日本が抑止不可能な国家だったとの主張が間違っていると思わせる，こうした常識的な判断も，同じように確実ではない。国家がつねに合理的に行動する保証などないからだ。しかし国際政治の基本的な性質に関して，自分が持つ一般的な理解は，日本の政策に関する通説を疑う理由として十分である。こうして通説に疑いを持ったのなら，あとは実証的な証拠に基づいて決着をつけるしかないと，わかっているはずだ。ここで実証的な証拠と呼べるのは，当時の日本が封

じ込めることも抑止することも不可能な国家だったとの主張を裏づけようと，研究者が提示している具体論に直接関係してくる証拠である。このように，たとえて言えば，ある特定の理論的な枠組みの助けを借りて，通説という織物の中に，ほつれた糸を見つけたのだ。次は，その糸を引っ張ってみよう。そうすると，織物がバラバラになるように通説そのものが成り立たなくなってしまって，開戦前の日本の政策決定に関して，かなり異なる解釈を提示できるかもしれない。

　以上の問題全体に取り組むにあたって他に重要になってくるのは，（自分で日本の政策について検討を進めれば，すぐに気づくように）この問題に取り組んできた研究者の全員が，1941 年の日本が封じ込め不可能な国家だったとの見解をとっているわけではないという事実だ。つまり，実証的な証拠に基づいてこの問題に取り組んだ研究者全員がたどり着いた結論を相手に，自分の一般的な理論上の感覚だけを頼りに，たったひとりで挑戦しているわけではないのである。もし状況が逆なら，歴史学の総意を前に怖じ気づいてしまってもまったく不思議ではない。だが，この問題に真剣に取り組んできた歴史家の見解が割れているなら，権威の前に気後れせずに，より自信をもって異なる見解同士の比較検討が可能である。

　こうして検証を進めていくと，日本は封じ込め不可能な国家だった（よって戦争も不可避だった）との考えを排斥する著作の書き手の中に，開戦直前の駐日アメリカ大使と駐日イギリス大使の二人が含まれていることに気づく。ジョセフ・グルー（Joseph Grew）とロバート・クレイギー（Robert Craigie）卿だ。2 人の役目を考えれば，どちらも実態を十分に踏まえた見解を披露できる立場だったわけで，しかも，真珠湾攻撃の前に自国の政府が採用した政策に対して，両者そろって相当に批判的だった。かつ，こうした論調を決めているのは，個別の史実に関する両者の見解なのである。

　グルーが重視しているのは，ローズヴェルト大統領と近衛首相の会談を日本が提案した際のアメリカ政府の反応だ。全面禁輸が実施されたとき，グルーの表現では，近衛は「初めて凶兆を認識し始めたのである」。近衛は，日本が「破滅に向かって進んでいる」と気づいたのだ。グルーが指摘するように，こうした状況に日本を陥らせるのに近衛は重要な役割を果たしたのだが，「しかし，エンジンを逆回転させられる日本の政治指導者は彼だけで，しかも切迫し

た苦境に駆り立てられて，この役目を果たすために申し分のない努力をしたのである」。近衛が企図したのは，アメリカ領でローズヴェルトと会談することだった。グルーに対して近衛ははっきりと「この会談でアメリカから提示される条件がどのようなものになっても，受け入れる覚悟ができている」と伝えていたのである[75]。中国から撤退する意向も日本にはあるように，グルーには感じられた[76]。この方針で一貫するとの近衛の発言に偽りはなく，かつ天皇の支持があれば，ローズヴェルトとの合意内容を国内で認めさせることができると，グルーは確信していた[77]。日本の首相として「いわば頭を下げて，合衆国大統領と会談するためにアメリカ領にやってくると申し出たのは，強力なわが国との関係を悪化させ，どんどん怒らせる結果になった，過去の目に余る加害行為を取り消そうしている日本の決意を示している。このように，当時駐日大使館にいたわれわれには思われた」し，実際のところ「思い切った譲歩を日本政府が決意した上でないと」日本が会談を提案する意味はないのではないかと，グルーは考えたのである[78]。グルーに言わせれば，最たる問題だったのは「わが政府の非妥協的な態度」だった。「駐日大使館にいたわれわれが判断できた限りでは，この危機的状況におけるローズヴェルト政権の政策は，まったくと言っていいほど柔軟性を欠いていた」と，グルーは指摘している[79]。近衛の提案に国務省はほとんど関心を示さず，最終的に首脳会談の計画は頓挫した。平和の機会——しかもアメリカの条件に沿った決着が可能な機会——は悲劇的にもみすみす失われたというのが，グルーの結論である。

　クレイギーの議論が取り上げているのは別の史実だが，根底にある考え方はほとんど同じだ[80]。グルーと同じく，クレイギーも7月後半に相次いで実施された経済制裁の衝撃を強調する。「これらの経済的な政策はきわめて効果的だったので，限られた時間の中で日本は合衆国との戦争の是非を決する必要に迫られた。もはや，日本が直面する問題は，アメリカとの戦争を避けつつ，アジア東部でどこまで南進できるかではなくなった。急速に締まっていく経済的な圧迫を，どうすれば——つまり交渉によってか，もしくは戦争に訴えてか——取り除けるかになったのである[81]」。そのためなら，日本には相当のことをなす準備があったと，クレイギーは主張する。この点についてとくに，1941年11月に日本が提案した「暫定協定」が重要だったと，クレイギーは考えている。石油輸出の再開と引き替えに，日本はなんと南部仏印から撤退すると申し出たので

148

ある。クレイギーの判断では，この提案の主たる目的は「事実上の旧状の回復」であった。もう少し具体的に言えば，時計の針を元に戻して，7月後半に日本が南部仏印に進駐するまで存在した状況へ復帰しようというのである[82]。たしかに日本の提案には，アメリカによる対中援助の停止も含まれているようだった。しかしクレイギーの評価では，この条件は見かけほど交渉の根幹に関わる重大な障碍ではなかった。クレイギーの回想によれば，「このときに私が得ていた情報に基づくと」，もしアメリカが日本提案に含まれる他の内容を受け入れたなら，日本がアメリカの対中援助の停止に固執するかは「疑わし」かったからだ[83]。そこで，日本の暫定協定案には根本的な重要性があったと，クレイギーは言う[84]。この提案にイギリスとアメリカが積極的に反応しなかったがために，先延ばしにすることが確実に可能だったし，完全回避もかなりの確率でできただろう戦争が起こってしまったと，クレイギーは主張するのである[85]。

　同時に強調しておきたいのは，こうした主張を行っているのが，グルーやクレイギーといった当時の外交官だけではないことである。とても優れた研究者の中にも，かなり似通った議論を展開している人たちがいるからだ。ポール・シュローダー（Paul Schroeder）の *The Axis Alliance and Japanese-American Relations, 1941*（『1941年の枢軸同盟と日米関係』）は，グルーの基本的な主張を支持すると同時に，日本の暫定協定案に関しても，大枠でクレイギーと同じように評価している[86]。シュローダーの主張では，日本側は「自分たちの置かれた立場について一貫して現実的に判断していた。つまり，突然発狂したわけではない。日本の［真珠湾に対する］攻撃は絶望のための行動であり，狂気ゆえではなかった。日本が戦争を選んだ唯一の理由は，アメリカの外交的・経済的な攻勢に追い詰められたためである」[87]。石油の全面禁輸の前，アメリカの政策目標は基本的に防御的だったが，7月に政策転換が起きたと，シュローダーは指摘する。「日本の拡張政策を前に現状を維持しようと努めるとともに，アメリカが脅威と見なす［ドイツとの］同盟を脱退するように日本を説得する」だけの政策に見切りをつけたのである。「今やアメリカの主たる政策目標は，日本を押し戻し，占領地域からの撤退に追い込むことになった」[88]。日本の封じ込めと日独同盟の解体という当初の政策目標は，ともに妥当でかつ現実的であったとシュローダーは論じる。しかし，この2つの目標が達成できそうになると，アメリカは急に方針を変え，中国の解放という第三の目標を最重視するようにな

った。その結末は，シュローダーの結論では「不必要で避けられた戦争」だったのである[89]。

　このように，日本はどの程度封じ込め可能で，戦争を避けられる可能性はどれほどあったのかという鍵となる重要問題をめぐって，当事者の回想を含む信頼に足る先行研究の見解は分かれている。そして，この事実こそが，以上の重要問題に根底から答えるためには，的を絞り込んだ上で，関連する実証的な証拠を自分で確認してみる必要性を示しているのである。しかも，こうした文献が提示する解釈は，基本的な論点をめぐって分裂しているだけではない。具体的な史実の意義をめぐっても，その見解は分かれているのだ。かつ，こうした史実をめぐる具体的な解釈は，今度は個々の文献の基本的な主張を支える重要な役割を果たしている。だから，こうした史実をめぐる解釈の違いにも注目する必要がある。重要なことなので，もう一度強調しておこう。皆さんがある文献を読んでいて，大きな論点に関する著者の主張を展開するにあたって鍵となっている，具体的な史実の解釈に気づいたとする。実証的な関連研究を順番に検討していく際に，それこそが何に注目すべきかを左右するのである。たとえば，日本が提案した暫定協定の解釈がきわめて重要だとわかれば，他の先行研究にも複数あたってみて，この問題に絞ってどのような議論が展開されているかを確認していくのだ。とくに解釈を裏づけるために著者が示している証拠に注目しよう。「覆せない」ものだったされる7月2日の御前会議における南進策の決定や，近衛首相による首脳会談提案の意義，さらには1941年後半の日本の政策決定における軍部の影響力についても，同じ作業が必要だ。

　とはいえ，こうした問題に関する証拠を見るにはどうしたらいいのか。これまで取り上げた書籍は何らかの経験的な証拠を示しているが，今問題にしている重要な史実の解釈に関して判断したいなら，こうした論点を網羅していて，原資料を数多く参照し，そこからの直接引用も豊富な書籍にあたりたくなるはずである。たとえば，第一次大戦の直接の原因を論じたルイジ・アルベルティーニ（Luigi Albertini）の傑出した業績に匹敵するような書籍だ[90]。残念ながら，太平洋戦争に関してそこまでの本は存在しないが，日本側の資料をふんだんに用いながら，英語で書かれた本が1冊ある。角田順（つのだじゅん）の *The Final Confrontation*（角田順「第一編　日本の対米開戦（1940年〜1941年）」の部分訳版）[91]だ。

　これまで，開戦直前の日本の政策決定に関する文献を読んできたおかげで，

多くの疑問が頭の中にはある。そうした疑問を意識して，角田の著作のような研究書で引用されている証拠資料を読むと，何がわかってくるだろうか。資料に照らしてみると，日本の軍部は一枚岩で，アメリカとの戦争を覚悟の上で拡張政策に没頭していたとの主張を支持するのは，瞬時にしてまったく困難になる。たしかに，一部の軍人たちはきわめて好戦的だった。しかし，日本軍に関して通説だと自分で思っていたのとは反対の内容を示す証拠資料が，最も目につくはずだ。たとえば，指導的立場にある海軍軍人の多くが，アメリカとの戦争で勝利はおぼつかないと認識していた。連合艦隊司令長官の山本五十六提督が，対米戦争は「ついに拮抗し得ざるに至るべし」と日本の敗北に終わると考えていたのは，この分野の研究者であればほとんど全員が認めている。ただし，山本のケースは多くの研究で例外扱いされる。しかし，山本自身が指摘しているように，同様の見解をとる海軍の最高幹部が他に4人おり，中でも海軍航空本部長を8月初めまで務めた井上成美提督は，山本と同じようにきわめて悲観的だった。10月5日には，作戦計画を担当する海軍軍令部第一部長の福留繁が，角田の表現では「重大発言」をしている。陸軍省，陸軍参謀本部，海軍省，海軍軍令部の部長級の幹部が出席する会議で，海軍作戦の見通しについて「自信なし」と表明したのである。このエピソードはかなり興味深い。なぜなら，大戦前の日本軍で支配的影響力を持ったとされる一握りの高級参謀将校の一人に，福留は数えられるからである。同じく有力な高級参謀将校で，当時は海軍省の軍務局長であった岡敬純と，さらに海軍大臣の及川古志郎も，全体的な見解では福留と一致していた。10月7日，及川は陸相の東條英機に「自信なし」と率直に伝えている。ただし，及川はこうした立場を公の場で明らかにしようとはしなかった。「海軍としては『軍としての立場上この戦争に反対である』ということを公式に言明することはできぬ」と及川は説明している。

　とはいえ，これらの海軍の指導者たちがどう考えているかは，陸軍側も十分に認識していた。対米戦争を成功裡に遂行する見通しが海軍にない状況で，それでも戦争を覚悟できるものだろうか。こうなった以上，南進策および対米戦争に関する構想全体の見直しが必要なのではないか。このように，陸軍も動揺していた。天皇側近である木戸幸一が10月17日に説いたように，「陸軍と雖も海軍の真の決意なくして日米戦争に突入する事の不可能なるは，十分承知している」のだった。陸相の東條将軍も，「要するに，海軍の自信ある決意なき限

り，国運を賭するの大戦争に突入するは最も慎重を要する処なるべし」との
木戸の見解に同意していた。[99] 実際に陸軍は海軍に，アメリカと戦う準備のない
ことを，何をおいても明らかにすべきだと伝えていた。海軍がそうすれば，陸
軍としても開戦回避に方針を合わせることができ，内部からの反対で陸軍の指
導者たちが望む開戦回避策が潰されてしまうおそれにも対処できるからである。
陸軍の立場は明白であった。有力な高級参謀将校の一人で，当時は陸軍省軍務
局長の地位にあった武藤 章の発言が，その代表例である。「もし海軍が戦争す
るのが嫌なら，判っきりそれを海軍の口からいってもらいたい，そうしたら陸
軍内部の主戦論を抑える」。[100] 武藤の発言は，海軍で同じ地位にある岡にほとん
どそのまま伝えられた。「海軍の方で『戦争出来ぬ』と言うのなら，陸軍は何
とかおさめるから，本当の処をいって呉れ」。[101] 陸軍は海軍の真意をわかってお
り，それだけに海軍から率直な返答が得られないことにいらだっていた。10月
14日に，陸相の東條が陸軍参謀総長の杉山元に語った内容を見よう。「及川は
『自信がない』とはいわぬが，何か自信のないような口のきき方をする，判然
いわぬので物が定まらぬ，海軍が踏切れないのなら，それを基礎として別のや
り方を考えねばならぬ」。[102] このように角田が提示している証拠資料からかなり
明らかなのは，海軍が率直に発言して戦争に反対との立場を示すように，陸軍
の指導者たちが強く願っていたことだ。陸軍省の武藤は，この問題で陸海軍の
重要な仲介者であった富田健治内閣書記官長に対して，政府方針を放棄し戦争
を回避すべきだと海軍側から率直に発言してもらうのが自分の希望だと，伝え
ているのである。

　海軍の肚がドウモ決っていないように思う，海軍が本当に戦争を欲しないな
　らば陸軍も再考せねばならぬ，然るに海軍は陸軍に向って表面は反対せず
　「総理一任」ということをいっている，総理の裁断というだけでは陸軍内部
　を抑えることは出来ぬが，海軍が「戦争を欲せず」ということを公式に陸軍
　にいって来るならば部内を抑えることが出来る，海軍がこういうふうにいっ
　て来るように仕向けてもらえないか[103]

好戦的な参謀将校の口から出たとは思えない発言である。
　武藤と，さらに陸相の東條ですらこうした態度をとっていた理由の1つは，

周知の事実として，アメリカの戦争遂行能力の強大さを，彼らもやはり認識していたからだ。しかし，それだけではない。2人が強い忠誠を誓う天皇が戦争[104]を避けたがっているのは明らかだったのである。驚くべきことに御前会議で天皇が自身の考えを明らかにした後，その内容を武藤は叫ぶように軍務局の部下[105]の1人に説明している。「戦争などとんでもない，俺が今から読んできかせる，これは何でもかでも外交で妥結せよとの仰せだ，外交をやらにゃいかん」。東[106]條も天皇の判断に従う覚悟だった。陸軍省軍務局軍務課員の石井秋穂大佐は「10月16日に陸相宛の天皇のお言葉を受けとっており，そこには中国駐兵の方針を陸軍は捨てるべきことと，（組閣の）大命がありうることが記されていた。石井はすぐさま中国駐兵の必要性を説く返答案を起草し，17日の午後に天皇に拝謁予定の東條に提出している。この際に，東條は石井にこう語っている。『天子様がこうだと云ふたら，自分はそれ迄だ。天子様に理屈は述べ得ない。君等の名文は承っておきます』」。[107]

　だから，日本の軍部がその結果を問題とせずに戦争を決意していたと主張するのは間違っている。東條に代表される陸軍首脳の真意を見れば，日本がきわめて困難で苦しい状況に置かれていると彼らは理解していた。まず，アメリカが日本よりもはるかに強力であり，長期戦になれば日本がアメリカに抵抗を続けられないのは自明だった。そして，そのアメリカから，日本は中国での地位を捨てて軍隊を引き揚げるように要求されていた。数年にわたる犠牲の後に，日本はこのようなアメリカの要求に完全に屈服するほかないのか。矛盾する感情に，中でも東條は引き裂かれんばかりだった。「支那事変にて二十万の精霊を失い，このまま放棄するに忍びず，但し日米戦争とならば更に幾多の人命を失う事を思えば，撤兵も考えざるべからず，決しかねたる処なり」。[108]

　ここでとくに強調しておきたいのは，東條を含めて，中国問題での屈服が論外ではなかったことである。そして軍の指導者の認識が以上の通りだったとすると，開戦を回避しようとする日本の政治指導者の努力を無意味と切り捨てるなどできないことになる。その個人的な思いに関係なく，大幅な譲歩はおろか，無条件での南進を採用した7月2日の御前会議の「覆せない」決定を見直すことも，軍部を前にしては政治指導者にできるはずがなかった──このように主張するのが難しいからである。実際に角田の議論を見れば，対日全面禁輸の実施後，7月2日の決定を「骨抜きとする」ために，近衛首相と豊田貞次郎外相

が様々な手段を駆使したと，かなり詳細にわかる。角田の示している証拠資料を見れば，2人が対米戦争を避ける道を必死に摸索していたことに，強烈な印象を受けるはずだ。

　これで相当の下準備ができたのだから，近衛が提案した首脳会談をめぐるグルーの議論をいよいよ直接の検証対象にしよう。この問題に関係する証拠資料に目を通せば，近衛が相当の決意を持っていたことが，明瞭にわかるはずである。すでに本章で紹介したように，近衛は最終的にはアメリカ側の条件を，その内容にかかわらず，受け入れる決意を固めていた。この近衛の決意こそが，グルーの考えでは，アメリカ領での首脳会談という近衛の提案の眼目だった。大統領宛の未発送の書翰の中で，「近衛公爵はすべての信念を傾けてアラスカでのあなたとの首脳会談を提案していますし，近衛公爵自身も，この会談でアメリカから提示される条件がどのようなものになったとしても，受け入れる覚悟ができていると，疑いようのない誠実さでもって私に話してくれました」と，グルーは述べている。中国から全部隊を引き揚げる覚悟さえ日本にはあったのである。「提案した会談で提示される」ローズヴェルトの「要求がどのようなものになったとしても，自分としては国内に受け入れさせるつもりだし，受け入れさせることができる」との「無条件の保証」を，近衛はグルーに与えていた。

　近衛の日米首脳会談案は重要な問題なので，さらに証拠資料を確認しよう。この問題を何らかの形で直接知る立場にあっただろう人物による著述を探っていくと，1つの資料に行きあたる。開戦時，駐日アメリカ大使館の参事官を務めていたユージン・ドゥーマン（Eugene Dooman）から聞き取ったオーラル・ヒストリーだ。ドゥーマンの説明は基本的にグルーのものと同じで，かつ追加のエピソードも披露されている。ドゥーマンの回想では，近衛から直接以下のように聞いたという。「私が大統領と合意に達し次第，天皇に報告し，天皇から陸軍に対して戦闘を停止するように命令を出してもらう」。ドゥーマンが説明する近衛の計画は，戦後に他の人物が明らかにした複数の証言とも一致している。具体的には近衛内閣の外務大臣であった豊田貞次郎提督や近衛内閣の内閣書記官長であった富田健治の証言，さらに近衛の腹心の一人であった伊沢多喜男が近衛から聞かされたと証言する内容である。くわえて，自分自身で研究を進めていけば，他にも同じような証拠資料に出くわすだろう。

　だが，近衛の意図とは別に，検討すべき問題がもう1つある。近衛が提案した日米首脳会談は，主に国務省の冷淡な対応が原因で，もとより開かれなかったのだが，そもそも多くの研究者は，もしローズヴェルトと近衛の会談が開かれていても，成果はほとんど出なかっただろうと考えている。たとえば，ハーバート・ファイス（Herbert Feis）は，大戦後に公開された関係文書を見れば，首脳会談の不成立で太平洋の「平和を維持する絶好の機会」を逃したとの評価は支持できないと主張する。ファイスの判断では，こうした関係文書でこそ，日本の実際の政策を知ることができる。こうした資料によって，アメリカを満足させられるほどの決意が，とくに中国問題で日本に欠けていたことがわかるというのである。ファイスの主張では，近衛は「否応なしに，彼自身が主宰した会議で決定された方針の囚われ人」であった。すでに決定された正式の政策文書が近衛を拘束していた。そうした文書によって，日本が受け入れ可能な最低限の条件が決まっていたのである。それ以上の譲歩は，たとえ望んでも，近衛には不可能だった。公式決定から逸脱しないように軍部が目を光らせていたからである。[115]

　だが，ファイスの主張にはグルーが反論しており，両者の主張の比較検討が必要だ。グルーの考えでは，ファイスが引用しているような公式文書は額面通り受けとるべきではない。なぜなら，近衛には「陸軍の指導者の協力を確保しておく」必要があったからだ。このため，すでに意を決している大幅な譲歩の内容を明かすわけにはいかず，いわば既成事実となってから陸軍側に提示する手はずだった。こうした状況を頭に入れて，文書資料を解釈すべきだとグルーは言うのである。[116]ドゥーマンはと言うと，近衛の個人的な親友の1人で近衛の私設秘書でもあった牛場友彦と，1953年に持った長時間の対談に基づいて結論を出し，グルーの解釈に同意している。ドゥーマン曰く，「近衛が心の中で考えていたのは，実質的に陸軍と海軍を裏切ることだったのはかなり明白だと，私は考えている[117]」。

　では，この問題の根本にどう切り込もうか。まず，問題全体をいくつかの部分的な問いに分けよう。第一に検討すべき問いは，以下の通りだ。文書資料に基づけば，近衛は他者から課された条件に拘束されていて，ローズヴェルトと交渉できていたとしても，大幅な譲歩が不可能だったのではないか。この問いに関して，ファイスの議論はどこまで手がかりになるだろうか。実はあまり強

力な手がかりにはならない。文書資料を額面通り受けとるべき理由はないからだ。特定の内容の文書資料が存在するというだけでは，グルーの解釈を否定できないのである。そもそも，グルーの解釈の大前提とは，近衛は自分の計画に反対する勢力の裏をかこうとしていたというものだ。こうした方策がとられている時期を研究するなら，文書資料を最重視する必要はない。次に検討すべき問いは，戦争の回避に必要な限り，近衛が最大限の譲歩をしようとしていたのかどうかだが，証拠の大多数はグルーの解釈を支持しているように見える。たとえば，グルーも指摘するように，「大規模な譲歩をなす」決意をしていなければ，近衛があれほど熱心に首脳会談の開催を求めた理由がわからない。[118]その上，アメリカとの戦争が桁外れに危険な事業となるのは，火を見るより明らかだった。だから，自国をこのような絶望的な状況に至らせた個人的な責任を感じている近衛が，前例のない大胆な行動をとらねばならないと考えたとしても，まったく不思議ではない。

　そうなると，次の疑問は，このような大胆な行動を近衛が無事にやりおおせたかである。実際に近衛がローズヴェルトと会って，戦争回避に必要な何らかの譲歩をなし，合意内容を既成事実として国内に持ち帰った状況を想定してみよう。内容にかかわらず，アメリカから要求された条件の受諾を軍部の指導者たちは近衛に認めただろうか。[119]アメリカの要求が，中国からの完全撤退だと仮定してみよう。もし近衛が必要な命令を天皇に出してもらうことができたら，陸軍は同意しただろうか。私の見るところ，うまくやり遂げる十分なチャンスがあると近衛は考えていたし，その立場から言って，国内の政治的な情勢を近衛がよく踏まえていた可能性が高い。当時，政権外から情勢を注視していた有力者の中にも，首脳会談が実現していれば近衛は国内をまとめられたと考える者たちがいる。[120]とはいえ，この問題に関するおそらく最も重要な証拠は，軍上層部の態度として角田が挙げている一連の資料だ。こうした角田の議論を最終的に受け入れるなら，陸海軍の多くの幹部が戦争を渇望していたわけではなく，むしろ逃げ道を必死に探していたことになる。ということは，もし近衛がローズヴェルトと合意に達した上で，天皇から支持をとりつければ，軍部の反逆で潰されることはなかったと言えるのではないか。

　ただし，ここまで日本側の政策過程を検証してきた目的は，アメリカの政策をもう少し深く理解するためだ。よって，近衛の首脳会談案の可能性をめぐる

一連の問いに結論を出す必要は，実はまったくない。中国からの撤退をアメリカから要求された場合，日本が同意していたか否かは，ここでは真の問題ではないのだ。ここで答えるべき問題は，日本を封じ込めることが可能だったか——もっと具体的に言えば，日本の南進（と北進によるソ連攻撃）を止めさせることができたかである。そして，近衛の首脳会談案をめぐる一連の史実が重要なのは，たんに日本が中国から撤退できたかを考える上で参考になるからではなく，それ以上に，日本を封じ込めることができたか，つまり日米戦争の回避が可能だったかどうかの答えを私たちに教えてくれるからである。この問いに関して，史実から得られる洞察は相当に明確だ。中国問題に関してさえ，日本の政治指導者は驚くほど進んでアメリカの要求に沿おうとしていたのだし，軍部の指導者の中にも，対米戦争を避けるためであれば，選択肢を限定すべきでないと考える者がいたのである。ということは，平和の代償としてアメリカに要求されるのが，たんにこれ以上の拡張政策の停止だけなら，相当に好条件であり，日本は確実に同意しただろう。

　同じ問題（つまり太平洋戦争は回避可能だったか）は，2つ目の重要な論点にも深く関わってくる。真珠湾攻撃の直前の時期に，暫定協定を結ぶことが可能だったかどうかだ。首脳会談案が頓挫した後，近衛内閣は10月に総辞職し，後を襲ったのは東條将軍を首班とする新内閣である。新たに外相についた東郷茂徳は，旧状——つまり，日本が南部仏印に進駐する以前の状態——への復帰を基本条件とする日米合意が可能かどうかを摸索する。日本が同地域から撤退するかわりに，対日石油輸出を解禁する内容である。[121]こうした協定を骨子とする妥協案〔甲案，乙案〕は，11月にアメリカ側に提示された。日本陸軍の最上層部の意向で，同案の中には「日支両国の和平に関する努力に支障を与ふる如き行動に出で」ざるようにアメリカに求める条項が含まれていた。ただし，日本にとって最終的な要求だったわけではない。東條の支持を得た東郷は，「交渉を成立せしめるために」追加で譲歩を行うつもりだったのである。[122]

　東郷の構想に沿って何らかの合意が可能だったし，そうすべきだったと考える人物の代表格が駐英大使だったクレイギーである。英米の側でクレイギーのような考えに同意しない人たちの言い分は，そのような合意は「宥和政策」と同じだというものだ。なぜなら，日本が要求した中国に関する条項は対中援助の停止要求と同義だったからで，このためアメリカもイギリスも受け入れ不可

能だった。よって，よく主張されるように，このときの日本の提案が戦争を阻止する協定に結実する可能性はなかったというのだ。

　以上の論争は重要である。なぜなら日米双方が戦争の回避にどこまで熱心だったかを明らかにできるからで，だからこそ詳細な検討に値する。この問題に関する関連文献の議論を見ていけば，中国問題に関する両国の立場が，のちに解釈されたようにはかけ離れていなかったことが，はっきりとわかるはずだ。[123]日本は，アメリカ側に提案してすぐに，中国に関する条項の真意を説明している。グルーと会談した東郷は，アメリカが日中の「仲　介　者」（イントロデューサー）になってもいいというローズヴェルト大統領のアイディアにそれとなく言及している。アメリカに「仲介され」て日中両国は停戦に入り，講和交渉を開始するというものだ。この時点で，アメリカは蔣介石への軍事援助を停止するのである。[124]何人かの研究者が指摘しているように，このときの国務省も同じような計画を検討していた。[125]ハインリックスが言うように，この時，日米は「互いに相手との交渉が可能な距離」にいたのである。[126]だが，最終的にアメリカ側は，こうした協定への関心を失う。明らかに，日本は封じ込めを受け入れようとしていた。たしかに，日本には南進の過程で占領した地域から撤退する用意があったのである。しかし，以上の内容を基礎とする合意が現実味を帯び出したとき，これだけでは不十分だとアメリカは判断したのだ。

アメリカの政策を説明する──その名も間接アプローチ

　日本側から問題を検討したことで，ふたたび中心的な課題に突きあたった。日本が「封じ込め不可能」でも「抑止不可能」でもなかったのなら，もしかしたら戦争の原因は，アメリカが封じ込め以上のものを要求したからではないか。そして実際に，アメリカが中国問題で日本を屈服させようとしたのはかなり明白に見える。しかし，アメリカはなぜこのような政策を選んだのだろうか。直前までアメリカは，中国における日本の行為を甘受する姿勢を見せていたのである。中国での日本の振る舞いをアメリカが好ましいと思っていなかったのは確かだが，日本を中国から追い出すために戦争をする決意は，アメリカにはなかったのである。しかし，アメリカの政策は劇的に転換した。そして，ドイツ情勢が文字通り非常に深刻になる過程と軌を一にして，この転換は生じたのだ。

　全体の展開はかなり不可解である。アメリカの実質的な国益が，東アジア問題にかかっていたのは間違いない。シュローダーが指摘するように，日本の南進を阻止すると同時に，ヒトラーとの同盟を日本に放棄させることは，アメリカにとって重大な関心事だった。しかし，同じくシュローダーが主張するように，どちらの政策目標も，戦争なしで達成可能だったのである。1941年の後半頃には，「2つの目標の達成が視野に入る」ところにまでアメリカは到達していたと，シュローダーは論じる。何が不可解かと言えば，アメリカが「外交的な勝利を目前に」しながら，「当初の2つの政策目標を放棄し，中国の解放という3つ目の目標に焦点を合わせた」ことである。そして，この3つ目の新しい政策目標こそが「戦争を不可避にした」。こうして，アメリカは「事実上わが物としていた外交上の勝利を放棄した」と，シュローダーは結論する[127]。要するに，以上のアメリカの政策転換こそが問題の核心なのだ。では，このアメリカの政策をどう解釈すべきか。

　シュローダー自身の答えは，アメリカ政府が自らのイデオロギーの囚人になっていたというものだ。シュローダーの理解では，「新しい攻勢政策」を7月に採用したことが，あるいは日本との戦争の原因になったかもしれないが，しかし，こうした政策方針は「政策決定者の合理的な意思決定」の産物ではまったくなかった[128]。アメリカの政策はあまりに柔軟性を欠き，あまりに道徳的だったとシュローダーは言うのである。アメリカ外交の指導者たちは，政治的な現実を重視する姿勢を大きく欠いていた。とくに破壊的な影響力を発揮したのが国務長官のハルである。シュローダーの理解では，「妥協を許さない態度（オール・オア・ナッシング・アティテュード）は，外政家としてのハルが抱える重大な欠点の1つとなっていた[129]」。そして，ローズヴェルトも「ハルたちに説得されるがままに，日米戦争を阻止できたかもしれない欲求や考えを捨ててしまった」点で非難に値する。だが，責任を問われるべきはハルとローズヴェルトだけではない。それどころか，シュローダーの主張では，事実上アメリカという国家全体の責任が問われるべきなのである。「あまりに強硬で厳格な対日政策の過ちは（これを過ちと見なすなら），ここまで指摘してきたように，国全体が負うべき過ちなのである。なぜなら，原因は深く社会に根ざしたものだったからだ。ただし，アメリカという国に邪心や戦争を望む意図があったわけではなく，道徳的な原則と自由主義の原理に対する誠実で不屈の支持こそが問題だったのである[130]」。

以上は重要な議論で，アメリカにおけるリアリズム思想の重要テーマとかなり共鳴している。中でも，ジョージ・ケナン（George Kennan）は，絶大な影響力を持った著書『アメリカ外交50年』（*American Diplomacy*）の中で，同種の議論を詳細に展開している[131]。冷戦やさらにヴェトナム戦争に対するアメリカの政策も，同様の観点からよく議論される[132]。もしかしたら読者の中には，こうしたテーマについてある程度研究したことがあり，ケナンのような議論をあまり信用しなくなった人もいるかもしれない[133]。そういう人は，そうでない人よりも，アメリカ独自のイデオロギーの産物としてアメリカの対外政策を理解するシュローダーの一般論を，かなり疑ってかかるのではないだろうか。とはいえ，アメリカ外交の性質をめぐる論争をまったく知らずにこの問題に行き着いたとしても，1941年にアメリカがとった政策の根本原因をめぐるシュローダーの一般論を鵜呑みにはできないと，多くの人が思うのではないか。シュローダーの解釈の是非は，アメリカの参戦という問題を理解する上で鍵を握っている。対外政策という目的にとっては過ちであったとシュローダーが考える思考態度は，アメリカの文化に深く根ざしていたので，まさにこのためにアメリカ外交の指導者はこの思考態度から抜け出せなかったのだろうか——つまり，現実主義者のように政策判断できなかったのだろうか。

　この問いを検証するための1つの有力なやり方は，何よりも当時のアメリカ政府内でどのような政策論争が行われたのかを確認することだ。政策をめぐって政府内はどの程度一致していたのだろうか。関係者の全員が，道徳的原則に基づいて政策を決定することを当然視していたのだろうか。こうした問題設定を踏まえれば，ローズヴェルトが側近から得ていた助言を最初に確認するのが妥当だろう。政治的な側面ではハルからの助言に，軍事的な側面では陸軍参謀総長のマーシャルと海軍作戦部長のスタークの助言に注目しよう。

　ハルの助言はとくに注目に値する。なぜなら，ハル国務長官は政権随一の原理主義者（イデオローグ）と評価されることが多いからだ。ならば，日本との暫定協定をめぐってハルが果たした役割という個別の問いを意識して，関連する研究書や資料を確認してみよう。そうすると，ハルであっても，日本と何らかの協定を結ぶことに関心を持っており，しかも，その協定の一部として，アメリカの「原則」とまったく相容れない満洲での日本の地位を認めることを考慮していたとわかってくる[134]。1941年末には，近衛の首脳会談案を拒否したのは間違いだった

とも考えていて，同じ過ちは二度と犯したくないとも述べている。つまり，ハ
ルは，日米の暫定協定の可能性を相当真剣に探っていたのである。事実，ハル
は暫定協定案に対する中国やイギリスの抗議を無視して，交渉を進めたがって
いた。この希望をローズヴェルトから否定されると，ハルは激怒したのである。
戦争を回避するための努力を彼は望んでいたのであり，「原則にのっとった強
硬策」はハルの期待通りの方針ではなかったのだ。

　ローズヴェルトが軍の指導者から得た助言も，同じく穏健な対日政策を基本
としていた。何にもまして興味深いのは1941年の，もっと言えば，真珠湾攻撃
が起こるまで続くアメリカの戦略的な基本方針の根底にあった思考回路である。
その出発点はスターク提督が1940年11月12日付で準備した政策意見書，
「計画 D」であり，その集大成となったのが，陸海軍合同会議が1941年9月
11日付で採択した政策意見書，「ビクトリー・プログラム」である。その内容
については，第二次大戦中のアメリカの大戦略を論じたマーク・ストーラー
（Mark Stoler）の著作が最高の解説だ。ストーラーの議論に目を通せば，鍵と
なるこの2つの文書を探し出して，自分で読んでみたくなること請け合いだ。
もちろん，当時の陸海軍の戦略家が出した結論はよく知られており，参戦とな
った場合は，「欧州第一」戦略をとるのが賢明というものだった。だが，こ
こでの私たちの目的にとって本当に大事なのは，こうした具体的な結論の部分
ではなく，2つの政策文書の中に見出せる思考回路だ。つまり，参戦前であっ
てもアメリカがとるべき方針が，どのような基調で議論されているかである。

　アメリカ軍の戦略家が基本的な前提としたのは，アメリカ政府にとって，も
はや新大陸だけ，もっと言えば西半球だけを視野に入れた政策判断では不十分
だということで，ローズヴェルトの考え方とも大幅に一致していた。イギリス
が降伏し欧州全土をドイツが支配する状態となれば，アメリカは安全ではなく
なると想定されたのである。なぜなら，欧州全土の人的・物的資源を動員でき，
しかもイギリスの海軍力にも制約されない超大国となったドイツは，西半球の
安全保障を脅かすからだ。スタークの分析では，「長年にわたってアメリカ大
陸の防衛体制の主柱であったのは，ヨーロッパに存在する勢力均衡であった。
大英帝国の崩壊，またはイギリス艦隊の壊滅や降伏といった事態は，この勢力
均衡を破壊し，西半球に侵攻可能な軍事力をヨーロッパに出現させることにな
る」。当然，ドイツがヨーロッパを制覇したとしても，すぐにはアメリカとの

戦争は望まないかもしれない。「ビクトリー・プログラム」を執筆した戦略家たちが観測するところでは，欧州全土の征服を終えたあと，ナチス・ドイツは「おそらくそれから数年間は，アメリカとの平和を維持しようと望むだろう。その間に征服地を再編成するとともに，ドイツ経済を回復させ，軍事力を拡充するためである」。だが，こうした事業が完了すれば，ドイツは「南アメリカの完全制服と合衆国の軍事的な打倒に」向けた準備にとりかかるだろう。このように，分析のすべてが地政学的な観点から一貫してなされているのである。もっと言えば，勢力均衡を軸に戦略問題を検討することを基本として，全体の思考が組み立てられている。「ビクトリー・プログラム」が考えるアメリカの重要目標とは，「ヨーロッパとアジアで勢力均衡を確固と打ち立てること」であった。スタークも「アメリカの利益にとって，極東での勢力均衡の実現は，ヨーロッパでそれを実現するのと同等に重要である」と主張していた。[140]

　まさにこうした分析から，アメリカは対独戦争に参戦すべきと軍の指導者は認識しつつあった。日本はドイツほど差し迫った脅威ではなく，戦争以外の対処が最善だろう。そうすれば，ドイツ問題にアメリカの総力を向けられるからである。こうした戦略問題の検討に参加した将校の中には，議論をさらに進めて，（1941年7月にドイツがソ連に対する攻撃を開始した後）ドイツを阻止するだけでなく，どの国家であれ1つの国にユーラシア大陸が支配される事態を防ぐためにアメリカが介入すべきだと主張する者もいた。こうした将校の1人は「ドイツとロシアは世界の支配権をめぐって戦っている」と指摘し，「どちらであれ，勝利した方が支配の確立に向かって長い道を歩み始める」と主張した。そのような事態となれば，次はアメリカの甚大な脅威となる。「どの国家かに関係なく，ある一国がアジア，ヨーロッパ，アフリカを支配すれば，わが国は，たとえ南米とさらに北米全体を獲得したとしても，結局は二級国家となるほかない」[141]。ローズヴェルトも大幅に共有するこうした考え方に基づいて，孤立主義的な考えを持つ軍人であっても（ストーラーが指摘するように）対独戦争へのアメリカの参戦が必要不可欠と考えるようになっていったのである。[142]

　さらに重要なポイントとして，アメリカに必要だとされたのは大規模な軍事介入だけでなく，たとえイギリスが「完全に敗北してしまった」[143] 状態でも（勢力均衡を軸とする戦略論の理路から言えば，このような状況ではとくに）なるべく素早く介入することだった。ドイツがソ連を破り，その大部分を占領し，未占領

地域に対しても航空攻撃を加えてソ連の残存戦力を破壊したとする。こうして
支配下に置いた（ロシアおよび東ヨーロッパの）各地域から徐々に人的・物的資
源を動員することで，まったく傑出した軍事力をドイツが築き上げる事態を，
「ビクトリー・プログラム」の執筆者たちは大いに懸念していた。ただし，東
方を征服したことでドイツの軍事力が劇的に拡張するとしても，それまでには
ある程度の時間がかかる。「ビクトリー・プログラム」の見積もりでは，「征服
地域の無秩序状態を鎮めて秩序を回復するまでに丸一年」がおそらく必要で，
さらに経済的な利益を得られるようになるのは，1943年半ば以降だろう。[144] つま
り，アメリカにとって決定的な機会の窓が目の前で開いているのである。それ
に対して，ドイツが東方の征服を完了し，わが物としたヨーロッパの全資源を
自らの軍事力に組み込むまでアメリカが手をこまねいていれば，ドイツ問題へ
の対処は格段に困難な事業となる。よって「ロシアとの格闘に決着をつけ，さ
らにそこから立ち直る時間を敵に与える前に，決定的な攻撃作戦をヒトラーに
加えることを目指して，ありとあらゆる努力を前倒しで素早く行う」政策を選
ぶのが理にかなっている。そうでなければ「長期に渡る消耗戦」以外に選択肢
がなくなってしまう。[145]「時間こそが鍵を握っている」のであり「枢軸国に対す
る効果的な攻撃作戦を遅らせるだけ，勝利の達成もおぼつかなくなっていく」
と，この重要な戦略文書の著者たちは説いた。彼らが言うには「途方もない事
業が自国に課せられていることをアメリカが早期に認識し，訓練された兵士，
船舶，軍需物資，そして十二分の増援部隊を準備し送り込むために，国を挙げ
た全面的な支援を得ることが肝要なのである。さもなければ，新たに掌中に収
めた必須の資源および工業製品の供給源に支えられることで，強固な経済基盤
を持つに至ったドイツと，遠くない将来にアメリカは直面する事態となる。そ
のときのドイツは，本国を拠点とする軍隊で戦うことができ，かつヨーロッパ
の覇権を握っているので，比較的容易にその地位を防衛し維持できるのであ
る[146]」。

　よって，アメリカ軍の指導者たちは，ドイツによるヨーロッパ支配という不
吉な未来図を直視すべき現実の脅威だと，当然のように考えていたのである。
彼らの観点から言えば，日本から受ける脅威はまったく二義的な重要性しかな
かった。ドイツが敗北すれば，日本もそれほど大きな問題ではなくなるだろう。
それどころか，ドイツに勝利したアメリカは，おそらくかなりたやすく日本に

要求を呑ませることができる（結果的に，グルーとクレイギーが自分たちの比較的穏健な政策提言を補強するために展開した議論と同じだ[147]）。裏を返せば，ドイツと違い日本には，かなり穏やかな政策をとるのが米英にとって賢明だということになる。「ビクトリー・プログラム」の基本的な議論の根底にあったのはまさにこうした考え方であり，原文書では下線付きで，結論の文章として提示されている。「近い将来にアメリカが中核的な戦略手法として採用すべきなのは，現在ドイツに対して実施されている軍事作戦への物質的支援と，アメリカの本格的な参戦による対独軍事作戦そのものの強化であり，その間日本に対しては，事態が新たな展開を見せるまで，抑制に努めるのである[148]」。1年前の「計画D」でも，スターク提督が「日本との戦争を避けるための積極的な努力」を求めていた[149]。スタークが思い描くアジアの勢力均衡の基本構想では，東アジアを政治的に均衡させるにあたっては，日本が重要な役割を果たすと暗黙裡に想定されていたのである[150]。この点でも，グルーの情勢認識と大きく重なっている。1941年9月のローズヴェルト宛の書翰の中で，グルーは，戦争となれば「疑いなくわれわれは最後には勝利するでしょうが」と指摘しながら「疲弊し三級国家まで落ちぶれた日本という結末が，われわれの利益にかなうかと言われれば，私には疑問です」と書き送っている[151]。

　このように，戦略論の枠組みとなっている考え方をみれば，7月の終わりにローズヴェルト政権が採用した対日政策に軍の当局者たちが反対だったことは，驚くに値しない。国務次官のウェルズが8月に指摘したところでは，「合衆国陸軍省と合衆国海軍省のどちらの見解でも，太平洋地域における主たる政策目標は，当分の間は日本との戦争回避とすべきなのである。その根拠は，合衆国と日本の戦争となれば，アメリカ艦隊のすべてとまではいかないにしても，大部分が対日戦に釘づけになることはもとより，軍の人員配置と物資の生産活動を大西洋方面に集中すべきまさにそのときに，両者に深刻な負荷を加える結果となるからである[152]」。ドイツとの宣戦布告なき海上戦が始まるのは翌月のことであり，さらに対日禁輸の実施で，アメリカが対日戦争に向けて進んでいるように見えた時期でもあった。後者の対日政策に関して，軍上層部はまったく同意できていなかったのだ。ストーラーの解説では「大西洋で戦争行為が始まり拡大しつつある中で，軍の立場からすれば，大統領と国務省が正気を失ったかのように太平洋で2つ目の戦争を引き起こそうとしていると見えた[153]」。11月，

暫定協定案が日米交渉の焦点となっているとき，軍の指導者たちは必死になっ
て，戦略的な柔軟性をアメリカは確保すべきだと説いた。重要な立場にある陸
軍将校の一人は，11月21日にハルに以下のように主張している。「日本と暫定
協定を結べるか否かが，大西洋におけるわれわれの戦争努力の成否にきわめて
重要」な意味を持つ。それぞれ陸海軍人の頂点に立つマーシャルとスタークも，
対日戦争を少なくとも数か月の間先延ばしすることを望んでいた。当時2人が
ローズヴェルトに語ったところでは，「現在最も肝要なのは，時を稼ぐこと」
だったのである。

　これで，アメリカの政策についての基本的で，とても影響力のある解釈をど
う評価したらいいかが理解できたはずだ。その解釈の見方では，政策決定者は
アメリカ流の自由主義イデオロギーの囚人で，自分たちの道徳的な信条を守ら
ないではいられず，リアリスト流の原則にのっとった政策判断ができなかった。
だが，こうした解釈から当初受けた印象とは違って，実際は選択の幅はもっと
開かれており，勢力均衡の観点から問題を判断することが政策決定者にはまっ
たく問題なく可能だった。そして何よりも，たとえ孤立主義的な考えを持つ軍
人であっても強力な介入主義的政策に傾くほど，戦略的な現実が政策判断の方
向性を抜本的に規定していたのである。

　しかし，以上のことがわかった結果，より大きな問題については何が言える
のだろうか。私たちの最終目標は，1941年後半のアメリカの政策を理解するこ
とだ。それでシュローダーの説明がそれほど説得的でないとなれば，では当時
のアメリカの対日政策はどのように解釈されるべきだろうか。突き詰めて考え
ていけば，当時のアメリカの行動を説明できる議論が何かあるはずだ。アメリ
カ政府が封じ込め政策で手を打てなかった理由が何かあるはずなのだ。考えら
れる説明をつき合わせて比較検討してみよう。その際には，直接の証拠資料だ
けでなく，説明として基本的な妥当性を備えているかも意識して評価してみよ
う。たとえば，ローズヴェルトがただただ日本の侵略にうんざりしていたから
だという説明はどうか。このような理由で大統領は強硬策を，もっと言えば戦
争に直結する政策を選んだのだろうか。こういった説明にどこまで基本的な妥
当性があるかを考えてみるのである。ドイツと戦争になろうとしているときに，
日本にうんざりしているだけで，ローズヴェルトがもう1つの戦争を，日本と
の間に望むということがありえただろうか。日本はアメリカのパワーに恐れを

なして，これ以上の拡張政策を控えようとしていたのにである。正しい政治感
覚がある人物であれば決してこのような行動はしないし，ローズヴェルトがこ
うした政治感覚を備えていたこともまず間違いない。この説明ではまったく妥
当性がないのだ。こうして妥当な説明を絞り込んでいくと，以下の結論にどん
どん近づいていくはずだ。ローズヴェルトの対日政策は，ヨーロッパ戦争とい
う，はるかに重要な問題に対するローズヴェルトの政策を踏まえて理解しない
といけないのである。

　以上の通りのやり方で，1941年後半のアメリカの対日政策という非常に重要
な歴史問題を分析してきた。「ビクトリー・プログラム」のような政策文書で
表明されている基本的な政策観が筋の通ったものだったのか，自分自身で判断
しようとしたわけだ。筋が通ったものだったと判断し，ここまで説得的な内容
であれば，ローズヴェルトが無下に扱うことはおそらくできなかっただろうと
も考えた――以上のように仮定しよう。こうして大統領はドイツが最大の問題
との主張を受け入れ，ヨーロッパ戦争へのアメリカの参戦を明確に望むように
なった。にもかかわらず，なぜローズヴェルトは2つ目となる戦争を，日本と
の間で戦おうと思えたのだろうか。なぜ大統領は，アメリカの東アジア政策を
単純な封じ込め政策に限定しなかったのか。日本を抑制する以上の政策をアメ
リカは追求すべきではないと，軍の指導者たちはすでに結論を出していたので
ある。アメリカが直面する根本的な地政学的な問題を対象とする彼らの基本的
な戦略分析から，論理的に導き出された結論である。議論の展開は相当に説得
的であり，かつ，こうした戦略分析の軸となっている地政学上の前提の多くを
ローズヴェルトも理解していた。しかし，軍の指導者たちと同じ結論をローズ
ヴェルトは出さなかったのである。つまり，大統領は日本をたんに封じ込める
政策を選ばなかった。何の根拠もなしに，このような政策判断はできなかった
と考えるべきだ。軍の当局者たちの主張が説得的であっただけに，なおさらだ。
ヨーロッパでも太平洋でも対処を迫られていた問題は深刻だったのだから，ロ
ーズヴェルトは細心の注意を払って政策を十分に検討しようとしたはずである。
だから，軍の指導者とはまったく逆の判断をローズヴェルトが決心したとき，
何か別の要素が働いたはずだ。アメリカがとるべき対日政策に関して，軍の指
導者が出した結論では考慮されなかった何かがである。では，その何か別の要
素として，実際にはどのようなものが考えられるか。

　ローズヴェルトはたんに「ビクトリー・プログラム」の議論に同意するだけ
でなく，さらに一歩進んだ形で，その意義を理解していたと考えるのは，論外
だろうか。おそらく，ローズヴェルトはアメリカの速やかな対独参戦が必要と
の意見に同感だった。しかし，国内の世論や，大西洋における米海軍の作戦行
動に対して戦争で応えようとしないヒトラーの態度を考えると，アメリカが遅
滞なく対独参戦するには，難局化していた対日問題を利用するしかないと，ロ
ーズヴェルトは考えたのではないか。もちろん，ローズヴェルトの対日政策の
根底には，ヨーロッパ戦争に「裏口」からアメリカを参戦させたい欲望があっ
たとの考えだけに焦点をあわせれば，まともな学者からまったく相手にされて
いない。真珠湾攻撃に至る数か月のアメリカの行動に批判的な歴史家であって
も，この点は変わらない。こうした議論がまともに相手にされないのは，真珠
湾のアメリカ軍が日本の奇襲攻撃の餌食になるように，ローズヴェルトが仕組
んでおいたとの馬鹿げた事実無根の非難と結びついているからだ。国民が怒り
に震えて団結し，復讐心に燃えた状態で第二次大戦に参戦するためにそうした
というのである。しかし，こうした特殊な主張が事実無根だからといって，ヨ
ーロッパ戦争に参戦するためにローズヴェルトが東アジア情勢を利用した可能
性をめぐる一般的な議論まで，真剣に取り合う価値がないとは言えない。陰謀
論と切り離して，可能性を検討する価値があるのではないだろうか。

　だが，裏口参戦論を検証するとして，どのようにやればいいのだろうか。こ
こまでの分析を通じて，裏口参戦論を真剣に検討すべき理由をある程度は理解
できているだろう。だが，もっと確かな見解にたどり着くためには，かなり根
本的に問題に切り込む必要がある。この問題に関する直接的な証拠を見つけよ
うとする必要はない。ローズヴェルトが実際に「私は日本にこの政策をとる。
なぜなら，アメリカが遅滞なく対独戦に参戦できる唯一の政策だからだ」など
と言っている文書は，きっと見つからないからである。もし何かこうした文書
が存在していれば，間違いなくすでに聞いたことがあるはずだ。しかも，ロー
ズヴェルトが自身の対日政策を判断した理由が，早期の対独参戦のためでなか
ったとしたら，こうしたなかったことを直接的な証拠で証明することはまずで
きない。だから，間接的な証拠を探すほかない。この問題に何か関わるかもし
れない小さな証拠を集めていくのだ。こうした証拠が十分集まったら，たぶん
自分自身で何らかの結論を出せるだろう。ただし，自分の結論にどれだけ確信

が持てるかは，集めた証拠が総体としてどれだけ強力かにかかってくる。

　では，以上の作業をどのように進めるのか。1つのやり方は，裏口参戦論に関わる個別の主張にどういったものがあるのかを確認した上で，今取り組んでいる課題に最も直接的に関連する証拠に照らして，それらの主張の妥当性を検証していくのだ。たとえば，よくある意見として，日本がアメリカを攻撃した場合のドイツの反応を前もって知るのは，ローズヴェルトにはほとんど不可能だったのだから，裏口参戦を戦略として実施するのは基本的に無理だったという主張がある。この主張の具体的な前提となっているのは，ローズヴェルトが事前に何を知っていたかだ。よって問題を深く考えるためには，この前提にどこまで根拠があるのかを検討してみる必要がある。アメリカと日本が戦争に突入した場合に，ドイツがどう動くとローズヴェルトが考えていたのかを詳しく調べてみよう。とくに諜報で得られていた情報を調査してみよう。日本に対してドイツが何らかの保証を与えていたとしたら，それはどのようなものだったのか，そしてその保証の内容をアメリカの諜報機関がどこまで把握していたのかだ。

　だから，こうした比較的限定された問いに答えるのに役立ちそうな文献を探してみよう。すぐに行きあたるのは，アーネスト・メイ（Ernest May）が編纂した，第一次大戦前と第二次大戦前の戦略的な諜報活動に関する論文集だ。[158] この論文集に所収されているデーヴィッド・カーン（David Kahn）の論文のタイトル "United States Views of Germany and Japan in 1941"（「1941年のアメリカの対独・対日認識」）を見れば，探している情報がこの研究の中に含まれていると期待が持てるだろう。少しの間でもこの分野について勉強したことがあるならすでに知っているかもしれないが，カーンは暗号解読と無線諜報の最たる権威の一人だ。その名声がわかるなら，カーンの見解こそ最も確実だと思いたくなるかもしれない。ではカーンの主張を見よう。対米宣戦布告というヒトラーの決断は「真珠湾攻撃が引き起こした突発的なもので，いくぶん非合理でもあった。よって，いかなる諜報機関であってもヒトラーの行動を事前に察知できた可能性はなかったのである」。[159] カーンの説明では，ヒトラーの意図に関する確度の高い諜報情報が初めてもたらされたのは，実に12月8日のことであり，真珠湾攻撃の翌日であった。こうしたカーンの見解が妥当ならば，裏口参戦論の説得性は大きく低下する。しかも，カーンなら問題をよく理解した上でこう

主張しているに違いないと，普通は思うはずだ。

　だが，これほど重要な問題で，カーンの主張をそのまま信じ込んでしまうの
は感心しない。もう少し幅広く文献を見てみるのが当然だ。こうして，戦略的
な諜報活動に関する文献をもっと調べてみる。そうすれば，関係する情報が見
つかりそうな別の研究がたくさん出てくるだろう。イギリス政府から出版され
た詳細な公式研究である，F・H・ヒンズリー（Francis Harry Hinsley）の *British Intelligence in the Second World War*（『第二次世界大戦におけるイギリスの
諜報活動』）は，中でもとくに重要だと思えるはずである。ならば実際に手にと
って関連した記述を見てみよう。ヒンズリーの説明が，カーンの主張とは大き
く異なることにすぐに気づくはずだ。「真珠湾攻撃に対するドイツの反応は驚
きではなかった。1941年8月に駐独日本大使は，ヒトラーが大使との会見の中
で『日米が衝突した暁には，ドイツはすぐさまアメリカと戦端を開く』と請け
合ったと報告しているのである」。しかもこの暗号解読文は，チャーチルに報
告されるとともに，アメリカ政府にも回送されていた[160]。他の文献にもあたって
みると，ヒトラーはおそらく対米交渉で日本に強硬な態度をとらせるために，
こうした保証を与えたことがわかる。日米交渉が進行中だとヒトラーは承知し
ており，日米が合意に達する可能性を懸念していたのである[161]。ひとまずこの情
報は頭の片隅に置いておこう。あとで，日米開戦直前の国際関係の全体像を自
分自身で組み立てようとするときに，重要になってくるかもしれないからだ。

　同時期の戦略的な諜報活動を扱った，さらに別の文献も見てみよう。そうす
れば，ヒンズリーが挙げている根拠を補強する，また別の根拠が見つかるかも
しれない。たとえば，駐米ドイツ代理大使で，アメリカ側への情報提供者にな
っていたハンス・トムセン（Hans Thomsen）から，アメリカの政府当局が重要
な情報を入手していたことがわかる。日米戦争が勃発した場合には，ドイツは
アメリカに宣戦布告すると，トムセンはアメリカ側に伝えていたのである[162]。傍
受された通信もさらなる根拠だ。何人かの研究者は，11月の後半にドイツ外相
のリッベントロップ（Joachim von Ribbentrop）が，駐独日本大使に与えたかな
り具体的な保証に言及している[163]。この内容も踏まえて考えると，次のように想
定するのが妥当だ。ローズヴェルトは（少なくとも真珠湾攻撃前のある時点で）も
し日本がアメリカを攻撃すれば，ヒトラーもアメリカとの戦争を始めるのがほ
ぼ確実だと判断していたのである。

では，以上すべて踏まえると，何が言えるだろうか。裏口参戦論の批判者た
ちは，ここまで述べてきたすべての内容に対処するのに，何の問題も感じない
かもしれない。きっと次のように言うだろう。ドイツの日本に対する保証をア
メリカ側も最終的には認識していたが，しかしドイツの行動を予測させるいず
れの情報が届くよりも前に，ローズヴェルトは対日強硬策を選んだのである。
そして，1941年7月の時点では，日米戦争が起こった場合にドイツがどう行動
するのかを大統領が知りようがなかったのであれば，裏口を通じてアメリカを
参戦させたがっていたとの想定に基づいて，当時のローズヴェルトがとった政
策を説明するなどできるだろうか。こうした疑問には返答が必要だ。どう答え
るか，考えてみよう。以上に見た批判者による基本的な主張は，裏口参戦論を
実際に否定できているだろうか。7月の後半に対日全面禁輸を実施した時点の
話をすれば，日本がアメリカを攻撃した場合にドイツがとる行動を，ローズヴ
ェルトがおそらく予測できていなかったことに，異論はないだろう。ただし，
このときのローズヴェルトは，何があっても追求すべき政策を決定していたわ
けではない。だから，次のように想定できるはずだ。禁輸措置で日本との危機
が深まる中で，世界情勢の動向も注視されていて，「裏口参戦」の目的からい
って「妥当」な結果に結びついていかなければ——つまり日米戦争が起こって
もドイツが参戦しそうになければ——対日政策は緩和される余地があっただろ
う。要は，裏口参戦論に対する批判に再反論する中で，7月になされた最初の
政策選択そのものは，決定的なものではなかったことがわかってくる。対日禁
輸措置は，いつ変更されてもおかしくなかったのである。だから，そうした政
策が変更されずに維持された点こそが，何と言っても重要なのだ。そして，対
日禁輸措置が見直されなかった理由には，アメリカ政府が通信の傍受から得て
いた情報が関係していた可能性がある。具体的に言うと，ドイツの日本に対す
る保証を知ったことで，アメリカ政府が対日政策の維持を決めたかもしれない
のだ。
　よって，先ほど見た裏口参戦論への批判には反論できる。ただし，対処すべ
き派生的な問題がまだ残っている。ここで問うべきは，ドイツが日本に保証を
与えたかどうか（そしてそれがいつだったか）ではなく，ドイツの保証がどれほ
ど確実との印象を与えるものだったかだ。与えた保証の内容がどのようなもの
であれ，日本に対する約束をヒトラーが反故にすることはないと，アメリカ側

はどこまで確信できただろうか。ヒトラーが約束をたがえる現実的な見込みが
あれば——かつ，ヒトラーは誠実な男ではないとの評価が一般的なら——それ
だけで裏口参戦は危うすぎて，ローズヴェルトには選べない戦略と言えたので
はないか。よって，日米戦争が起こった場合に，ドイツが参戦しないおそれが
あればあるほど，裏口参戦論の妥当性は低くなる。

　ここでも重要な想定に焦点を合わせて問題を検討してみよう。今回焦点を合
わせるべきは，日米戦争への参戦をヒトラーが決意していた場合に限って，裏
口参戦は有効な戦略だったとの主張だ。だが，参戦の決断をするのはアメリカ
でもよかった可能性はないか。日本がアメリカを攻撃した場合には，ヒトラー
が対米宣戦をしようがしまいが，日米開戦の機会をとらえて，米独戦争を始め
ることがローズヴェルトには可能だったのではないかということだ。こう考え
たら，この疑問に関わる文献や資料をこれまで目にしたことがないか思い出し
てみよう。ひょっとしたら，具体的なものがいくつか思いあたるかもしれない。
たとえば，日米戦争が勃発した場合には，アメリカとしては（ある重要な政策文
書の表現を借りれば）「すぐさまドイツおよびイタリアと交戦状態に入る」と，
1941年の早々にアメリカ政府が明確に決定していたことを思い出すかもしれな
い。もし以上の内容がアメリカの方針だったとすれば，既存の研究から受ける
印象ほどには，ドイツからの宣戦布告が重要ではなかったと言えるのではない
か。

　とはいえ，ここでも再反論の可能性を考えないといけない。たとえこうした
方針がローズヴェルトの望みだったとしても，当時のアメリカ内の政治状況を
考えれば，うまく実行に移すことが大統領にできただろうか。日本がアメリカ
を攻撃した後でも，ヒトラーが対米宣戦を拒んでいる状況となれば，自国を対
独戦争に踏み切らせることがローズヴェルトにはどこまで可能だったのだろう
か。これはとても重要な疑問だから，答えを出すのに手がかりになりそうな証
拠を探してみよう。そうすれば，*Hitler Attacks Pearl Harbor : Why the Unit-
ed States Declared War on Germany*（『ヒトラーによる真珠湾攻撃——アメリカ
による対独宣戦の理由』）という題名の本の存在に気づくはずだ。Eメールを用
いた外交史家同士の議論のためのネットワークであるH-Diploでの，同書の
書評や同書をめぐる議論からもわかるように，この本は先ほどの疑問に正面か
ら取り組んでいる。あまりいい本ではないのだが，しかし1941年12月のアメリ

カ世論に関するいくつかの興味深い証拠が示されている。著者が引用している証拠の中でとくに重要なのは，真珠湾攻撃後に，かつ4日後のドイツによる対米宣戦までに実施されたギャロップ社の世論調査だ。そこでは，90％の回答者がアメリカによる対独宣戦布告を支持しているのである。

　ただし，以上のアメリカ国民の認識が顕在化したのは真珠湾直後の時期だが，突然降って湧いてきたわけではない。少し前から，日本がヒトラーと同盟関係にあるとの認識は定着していた。シュローダーが言うように，その背景としてとくに重要な意味を持ったのは，三国同盟の締結である。ドイツ，日本，イタリアが調印したこの協定は，「アメリカの対日世論の深刻な硬化を引き起こした。これを最後に，日本帝国は枢軸陣営と認定された。ヒトラーとその世界征服の計画すべて，そしてヒトラーが突きつけているとアメリカが確信する侵略の脅威と同一視されるに至ったのである」。さらに言えば，三国同盟は実態以上に強固だと見なされるようになる。真珠湾攻撃に対する非難が枢軸国全体に向けられたのも，大部分はこうした認識のためだったのだ。もっとはっきり言えば，真珠湾攻撃が起こったとき，全米の津々浦々で多くの人々が——おそらく今想像するよりもたくさんのアメリカ人が——日本は「ヒトラーの傀儡」だと固く信じていた。そしてローズヴェルトはと言えば，当然この基本的な要点を承知していなかったわけはないだろう。具体的な方針を決める際に，アメリカ社会で一般的となっている通念や態度を考慮しただろうと考えてまず間違いない。日米戦争が起これば，ヒトラーの政策決定に関わりなく，ドイツが参戦を避けることはできないと大統領が考えた可能性がある。以上の議論から何が言えるか。それは，もし裏口参戦論がここで説明したような内容であれば，当時の内外の政治情勢の中で有効に機能した可能性があるということだ。

　こうして，すでにある程度の判断がついたはずだ。裏口参戦論を否定する具体的な議論をいくつか検討して，この問題については結論が出た。だが，最も中心的な歴史問題には，まだまったく答えていない。ローズヴェルトが裏口参戦の戦略を実行していたと実際に証明できるようなものは，たしかに何一つ見つけることができていないからである。ということは，裏口参戦論を否定する議論の検討を始めたときから，まだ前に進んでいないとも言えるのだ。とはいえ，これまでの検証作業がまったく無意味かと言うとそれも違う。間違いなく何かを得たはずだ。そして，1941年の国際関係に対する総体的な理解が固まっ

ていくのにあわせて，その何かは意味を持ってくるのである。

　解釈を1つ生み出すには，以上のような検証作業がたくさん必要だ。関心を持つべき比較的小さな問題には，ありとあらゆるものが含まれている。たとえば，ローズヴェルトの政治手法が一般的にどのようなものだったか，何かわかるだろうか。どちらかと言えばマキャベリ流で行動できる人物だったのだろうか。こうした疑問が，今取り組んでいる歴史問題に関係してくるのは明らかだが，何か手がかりとなりそうな文献や資料はあるだろうか。これまでの検証作業で読んだ歴史研究の中から，ローズヴェルトが利害のために折々で策略をめぐらす手腕に長けていたとの内容を思い出す人もいるかもしれない。日本との交渉でローズヴェルトは，日本側に「甘い顔をし」て，気を持たせ，「時間を稼ごう」としていたのである。[167] スティムソン陸軍長官は，広く引用されている10月16日の日記の中で，ローズヴェルトが招集した会議に触れている。同日に日本問題を話し合うためにホワイトハウスで開かれたものだ。「そして私たちは，外交的に堀を埋めるという非常に微妙な問題を率直に話し合った。日本を窮地に追い込み，最初に悪手——しかもはっきりとわかる手——を確実に指させるのである」。[168] 同じくよく引用される11月25日の日記は，ローズヴェルトの発言を以下のように記録している。「問題は，われわれにとって過剰な危険とならないようにしつつ，最初の一発を打たせる状況に彼ら［日本側］をいかにして誘導すべきかだ」。[169] もちろん，以上の発言では，本来なら避けられた日本との戦争を引き起こすために，こうした策略が必要だとローズヴェルトが考えていた証拠にならない。[170] ローズヴェルトは戦争が不可避と考えて，そうならアメリカにとって最善の形で始まるようにしたかっただけなのかもしれない。しかし，ローズヴェルトがたしかにドイツを戦争に引きずり込みたがっていたと明白に示す重要な証拠なら，1つ存在している。大西洋会談で8月19日にローズヴェルトがチャーチルに発言した記録だ。すでに一度引用したように，そこで大統領はこう発言している。「攻撃してしまう，ただし宣戦布告なしにです。私はこれからどんどん挑発的になるつもりです。もしドイツがこうした挑発を嫌がれば，アメリカ軍を攻撃してくるかもしれません」。[171] この証拠資料からわかることは，アメリカの指導者が戦術家として思考できたことだ——策略をめぐらし，計算をすることで，馬鹿正直とは決して言えないやり方で目的を追求できる人たちだったのである。

真珠湾攻撃に対するローズヴェルトの反応も重要な手がかりだ。大統領が懸念していたのは，日本がイギリスとオランダの植民地だけを攻撃して，アメリカ軍との交戦を避けることだった。そのような状況になれば，対日戦の開始を国民に納得させるのは難しくなるかもしれなかった。「それだけに，日本の選択に大統領はとてもほっとした」とは，ローズヴェルトの側近であるホプキンスが，真珠湾攻撃から数週間後に残した記述である。[172)] 真珠湾攻撃の知らせが届くと，大統領は政権幹部からなる会議を招集した。「協議の雰囲気はあまり緊迫したものではなかった。理由は，私が思うには，結局のところ最大の敵はヒトラーであって，彼を打ち倒すには軍事力しかないと――つまり遅かれ早かれアメリカは参戦するしかなく，日本がちょうどいい機会を与えてくれたと，皆が信じていたためだろう」とホプキンスは回想している。[173)] これだけでは，ローズヴェルトが極東情勢を意図的に利用してヨーロッパで始まっていた戦争にアメリカを参戦させた，とまでは言えない。だが，事態の展開をアメリカの指導者たちが歓迎したことはわかる。しかも，彼らがよくわかっていたように，アメリカ自身の政策が重要な効果を発揮した結果，こうした事態がもたらされたのである。[174)]

　この際のチャーチルの態度も判断材料だ。イギリス首相としてチャーチルは，真珠湾攻撃の知らせに大喜びしたのである。「結局のところ，おかげでわれわれは勝利したのだ！」とはチャーチルの結論である。「ヒトラーの運命は決したのだ」。「感情と興奮で頭がいっぱいになり満たされた気分になった」「床についた私は，救いと感謝の中で眠った」とチャーチルは回想している。[175)] 真珠湾攻撃の翌日，チャーチルは「アメリカと日本のおかげで最高に元気だった」。[176)] 戦争中に，チャーチルは日本との戦争は回避可能だったとのクレイギーの主張をまったくの的外れと評価している。「日本が合衆国を攻撃して，アメリカのもろ手をあげた参戦を実現してくれたことは，天の恵み」だったからである。[177)] これも，アメリカをヨーロッパの戦争に参戦させるために，チャーチルが対日強硬策をうるさく求めた証拠とまでは言えない。だが，その可能性を示唆しているのは確かだ。

　1941年を通してチャーチルの最優先の目標であったのは，言うまでもなく，対独戦争にアメリカを参戦させることだ。[178)] 理想を言えば，アメリカの参戦を実現しながら，同時に米英が日本と戦争をせずに済むのがチャーチルにとって最

上だっただろう。当時チャーチルが表現したところでは，これが実現できれば「１等賞」だったのである。しかし，米英がドイツと日本を同時に相手とする戦争も「２等賞」だった。チャーチルの見立てでは，米英がどちらも日本との平和を保ちながら，しかしアメリカのヨーロッパ参戦が実現しない状況と比べれば，好ましかったのである。[179] このように，藪の中の２羽より手元の１羽とのことわざに従って，２等賞を得るために自分に可能な努力をする覚悟がチャーチルにはあった。10月２日に開かれた戦時内閣の閣議でチャーチルは，「太平洋で合衆国が戦争状態に入るのは，イギリスの利益にならないとの前提に異議を唱えた」[180]。対日強硬策にイギリス政府が躊躇する場面も何度かは見られた——日本がイギリス領とオランダ領だけを攻撃し，アメリカには手を出さない危険があったからである。しかし最後には相対的に言って強硬な政策を追求することに決し，暫定協定案が頓挫するにあたっても，イギリス政府が重要な役割を果たした[181]。よってイギリスの政策の実質的な効果を見れば，アメリカの参戦実現というイギリスにとっての最重要の目的達成を後押ししたのである。以上の結果はたんなる偶然と言えるのか，ここで疑問に思うはずだ。政治というものが一般的にどのようなものかを踏まえれば，計算された要素がないとは，なかなか確信が持てないのではないだろうか。

　イギリスの政策判断という問題は，私たちの目的にとって重要だ。その検討は，アメリカの判断を知るたしかな手がかりになってくれるからである。両国にとっての中核的な国益が基本的に一致しており，かつそうした共通する利益をローズヴェルトとチャーチルが互いの判断の出発点としていたので，事態への対処についても基本的に一致する枠組みで判断するようになったのだと考えてみよう。ならば，対日戦争に対するチャーチルの判断を示す証拠資料は，ローズヴェルトの政策意図の全体像を理解しようとする際に，間違いなく手がかりとなる。イギリス側の政策意図を検討すれば，アメリカの政策についてもおそらく多くのことがわかってくる。このような具合に，イギリス側の資料から得られた印象は，当時のアメリカの政策を解釈する際に，判断材料の１つとなってくれるのだ。

　以上のようにして，徐々に自分の解釈を固めていく。強力な直接的な証拠がないときには，できる限りのことをしながら研究を進めていこう。間接的な証拠にできるのは示唆であって，決着ではない。風の中に揺れる１本の麦わらの

ようなもので，その1本だけで何かが証明されることはおそらくないのだ。しかしこうした証拠を十分に集めれば，これまで唱えられてきた議論の妥当性を評価できるようになる。1つの議論を検証するたびに理解は進み，徐々に全体像が見てくるはずだ。

全体の構図

アメリカがヨーロッパで参戦する手段として，日本との難局をローズヴェルトが利用したという結論にたどり着いたとしよう。あらゆる点から見て，この結論は重要である。もしこの結論が正確ならば，そこからアメリカの政策の特質に関して，かなり根本的な部分がわかってくるからだ。それは，地政学的な必要性には，アメリカの対外行動を決定づける力があるということである。さらに，国際政治の特質についても，一定の示唆が得られないだろうか。先ほどの結論が妥当ならば，一般論としての戦争は国際政治過程の結果として起こるのであって，純粋・単純な侵略の産物ではないと言えないだろうか。つまり，たとえ1941年のドイツと日本のような侵略的な国家との紛争の場合でも，アメリカと戦争するという決断を「思慮のない」の行為と理解すべきではないのだ。ということは，一般論としても，戦争とは，侵略する側がたんに決心をすれば起こるものだと理解すべきではない，と言えるかもしれない。

とはいえ，以上に見たローズヴェルトの東アジア政策に関する結論は重要だが，目指している説明の構造はもっと大きく，その中では1つの要素に過ぎないことも同じように大切な点である。これまでの議論で最終的な結論が出たので，分析は終わりというわけではないのだ。ブロックが1つできたのだから，次はそれをしかるべき場所に配置せねばならない。ローズヴェルトに関して出た結論が，当時の大国間で展開していた世界政治という，もっと大きな問題を解き明かそうとするときにどのような意味を持つのかを，明らかにしないといけない。しかも，時期は1941年後半だけではない。そう，1939年9月から1941年12月までを対象にすべきなのである。

こうした大きな説明を作り上げようとする過程では，目の前の疑問が次の疑問につながっていく。1941年のローズヴェルトは，対独戦にアメリカを参戦させたがっていた（そして，そのための手段として日米を衝突させようとしていた）と

考えたとしよう。こうなると，次に考えるべきは，なぜこうした政策をローズ
ヴェルトが選んだのかだ。その政策選択には，ドイツの政策に対するローズヴ
ェルトの考えが影響していた可能性はないだろうか。ヒトラーの長期的な目標
を，ローズヴェルトはどう捉えていたのだろうか。そして，その考えは具体的
にはどのようなものだったのだろうか。こうした疑問からは，さらにヒトラー
に関する疑問も出てくる。何がヒトラーの目標だったのか，どのような計画で
そうした目標を達成しようとしていたのか。ヨーロッパで勝利した後には，世
界の覇権をめぐるアメリカとの戦争が不可避になると，ヒトラーは考えていた
のだろうか。この点について，ヒトラーの発言がいくつか残っている場合，無
駄な与太話として片づけるべきなのか，またはそう遠くない将来のこととして，
ヒトラーが対米戦争を真剣に考慮していたと考えるべきなのか，どちらだろう
か。

　こうした問いも，通常のやり方で検証できる。歴史家がどう議論しているか
を確認して，議論自体の論理性と，議論の裏付けとなっている資料の妥当性の
両方から評価してみよう。一部の歴史家の主張では，ヒトラーは自分が生きて
いる間に世界覇権をめぐる闘争をアメリカと始めようとは思っておらず，アメ
リカとドイツの覇権戦争が起こるのは「いつかわからない，はるか先の」未来
と考えていた[182]。だが，別の見解をとる歴史家もいて，この問題でも誰が正しい
のか，疑問に思うだろう。引用されている証拠の豊富さで判断してみよう。そ
うすると，最重要の証拠資料には，ヒトラーの軍備政策に関係するものが結構
あると気づくはずだ。ヨーロッパで第二次大戦が勃発する前であっても，アメ
リカとの本格的な紛争に備える決心をヒトラーは固めていた――こうした印象
を受けるだろう。大規模な外洋艦隊と，長い航続距離を持つ強力な空軍の建設
が目指されていたのである。リチャード・オウヴァリーが指摘するように，
「海軍の建艦計画と，1939年にメッサーシュミット社が取り組み始めた『アメ
リカ爆撃機（Amerikabomber）』を含む戦略爆撃能力の獲得計画，さらに先端技
術の開発計画が対象とした範囲のいずれもが，ヒトラーの戦略の目標を明瞭に
示している。そして，これらの『大計画』は，1943年から45年のうちに完成さ
れる手はずだったのである[183]」。ヒトラーの願いとは裏腹に，戦争が予定よりも
早い1939年に始まったので，以上の計画は放棄されるしかなかった。しかし，
ヨーロッパでの戦争がすぐ終わりそうな局面になるたびに，つまり最初は1940

年のフランスの降伏時に，ついで今度は1941年7月にロシアの崩壊が間近だと思えた際に，アメリカとの最終決戦の覚悟をヒトラーはいつも取り戻したのである[184]。以上からわかるのは，アメリカとの正面対決が生じるのは遠い将来ではなく数年の内だと，ヒトラーがたしかに考えていたことだ。ヒトラーにとっては，できればすぐにではなく，ヨーロッパの敵を打ち破った上で，世界最大の産業大国を向こうに回して戦えるレベルにまで自国の軍事力を増強した後，おおよそ1943年から45年が望ましかっただろう。

　ヒトラーの目標について理解を深めれば，アメリカ側の問題で何に焦点を合わせるべきかもわかってくる。ローズヴェルトは同じ問題をどう捉えていたのだろうか。ヒトラーの意図，とくにその軍備政策について，ローズヴェルトはどこまでのことを知っていたのか。ドイツがヨーロッパ全土を征服し，欧州大陸全体の膨大な資源と工業力を動員できるようになった場合に，アメリカが受ける脅威をローズヴェルトが懸念していたことを示す資料がたくさん存在する。もっとはっきり言えば，ヨーロッパで勝利したドイツと将来のいつかの時点で戦争になった場合に，アメリカが持ちこたえられるかを，ローズヴェルトが憂慮していたとわかるのである[185]。

　疑いなく，アメリカの枢要な利益が危機に瀕しているとの認識が，参戦に向かう推進力になっていたのである。しかし，アメリカの参戦というやっかいな見通しが出てくれば，当然ヒトラーの政策判断は影響を受けざるを得なかったのではないだろうか。この問いを念頭に置いて，第二次大戦に入って以降のヒトラーの政策，とくにソ連攻撃に関するヒトラーの意思決定を論じた研究を検討してみよう。問いを意識したおかげで，こうした研究の暗黙の前提となっている1つの要点に気づくはずだ。つまり，翌年の春にソヴィエト連邦を攻撃すると1940年にヒトラーが決断した原因の少なくとも一端は，アメリカの軍備増強が日に日に進むとともに，参戦への決意も固まってきているとヒトラーが考えており，このため時間との競争になっていると認識していたからだと，理解する。すなわち，ヒトラーに有利な「機会の窓」はどんどん閉まっていっていたのだ。だから，ヨーロッパ大陸のあらゆる問題は1941年中に解決しないといけないと，ヒトラーは主張した。「なぜなら1942年になってしまえば，アメリカは参戦する準備が整うからだ」[186]。だがロシアを征服できれば，心配すべき大国はドイツの東側にはもはやなく，事実上ヨーロッパ全土の莫大な資源と工業

力を手中に収めた状態で，ドイツはアメリカと対峙できるのである。よって窓
の論理は，アメリカ・ドイツ双方の政策を決定づける要因だった——こう言え
そうだ。近い将来にドイツの国力が巨大なものに成長するとの予測が，アメリ
カを突き動かした。最初は中央および西ヨーロッパから，ついでロシアの
核心地域でも，ドイツが資源と工業力を動員できるようになるからである。そ
して，こうして生まれたアメリカの参戦という予測は，ドイツをさらに前に進
ませる要因となったのである。

　ところで，「窓の論理」とは？　その由来はそもそも何か。この用語が表現
しているのは，「脆弱性の窓」や「機会の窓」が開いたり閉まったりすること
で生じる，ある種の圧力だ。戦略上のバランスが何らかの方向に変化していく
と生じる計算が作り出す圧力である。もう少し具体的に言えば，今こそが
「二度とない好機」だという認識や，手遅れになる前に行動するべきだとの認
識が，こうした圧力を生み出す。アメリカが参戦に至る過程を検討すれば，こ
うした論理が影響を与えていたことがわかるが，ただし本来は国際関係理論の
用語である。現在の国際関係を分析対象にするスティーヴン・ヴァン・エヴェ
ラ（Stephen Van Evera）やデイル・コープランド（Dale Copeland）のような理
論家の研究で，重要な役割を果たしている概念なのだ。そして，ここで扱って
いるアメリカ参戦の事例から，「窓」という概念をある程度しっかりと理解し
ておくことが，歴史家にとっても有益だとわかるはずだ。もしこうした概念を
あらかじめ知った上で，「ビクトリー・プログラム」のような文書資料に出く
わせば，瞠目するだろう。この重要な歴史的な争点に関する印象が，ずっと明
確になる可能性が高い。「この資料は重要だ，本当に大切な内容だ」——こう
言いたくなるのではないだろうか。理論的な文献に一切触れた経験がないまま
に，同じ問題をいきなり検討した場合と比較して，「ビクトリー・プログラム」
のような文書で展開されている戦略思考が持った大きな重要性に，ずっとたや
すく気づけるのだ。

　理論的な枠組みを前もって意識できていれば，「窓」の概念が示すような論
理が歴史の中でどう作用したのか，はるかによくわかる。ただし，ここで満足
はできない。なぜなら，こうした解釈を裏づける証拠が十分にはそろっていな
いと気づくからで，できるならもっと確かな証拠で議論を固めたいと考えるだ
ろう。だから，以上の基本的な解釈を一層具体化して，その上で議論の質をも

っと深めたくなるはずだ。そのためには，「窓」の論理が作用したかもしれない具体的な問題を調査してみる必要があるだろう。例を挙げれば，ドイツの軍備政策（中でも空軍政策と海軍政策）や，北アフリカの西端と東部・中部大西洋（つまりマデイラ諸島，アゾレス諸島，カナリー諸島，カーボベルデ諸島）に対するドイツの政策である。いずれの問題でも，ドイツがそれぞれどのような政策を実行していたのか，かつそうした政策がどこまでアメリカに敵対的な内容だったのかを確かめてみるのがいい。とりわけ，ヨーロッパにおけるドイツの地位に対するアメリカの脅威が高まっていると認識する中で——ドイツが合理的であればそう認識したはずだが——どのような対策がドイツ側で練られていたのか，確認したくなるはずである。こうして，たとえばだが，北アフリカの西端と先ほど挙げた大西洋諸島に対するドイツの政策を扱った研究にあたってみる。代表的な業績はノーマン・ゴーダ（Norman Goda）の *Tomorrow the World*（『明日の世界』）で，アメリカに対する攻撃とアメリカからの防衛の観点が入り交じる形で，この地域に対するドイツの政策が決定されていた事実に強い印象を覚えるだろう。[189] そして，今回も国際関係理論——ここではロバート・ジャーヴィスによるよく知られた議論の大筋——をすでに理解していれば，問題の相当部分を理解するのに有利に働く。攻勢を目的とする戦略と防衛のための戦略の区別がつかない状況で何が起こるのか，かなりのことをすでに理解しているからだ。[190]

　当然だが，検討の対象をドイツの政策過程だけに絞る必要はまったくない。こうした検証作業の鍵を握るのは，当事者間の相互作用の把握だからである。だから，ドイツの政策に関して検証したのと同様の疑問を，今度はアメリカ側についても検証してみよう。ローズヴェルトが大西洋方面で積極的な政策に向かう際に，ドイツの機先を制そうという意図がどれほどあったのか。[191] アメリカ側の資料を見れば，こうした問いに答えられるかもしれない。北アフリカの西端と大西洋諸島に関してドイツがとっていた政策について，ローズヴェルトはどこまでのことを知っていたのだろう。ドイツの意図をどう読み解いていたのか。さらに，どの程度のことを知っていたにせよ，その情報をどのように解釈したのだろうか。もっと大きな解釈上の枠組みと言えるものに合わせて解釈しただろうか。たとえば，こうした地域（とくに仏領西アフリカの首都ダカール）へのドイツの関心を，ラテンアメリカ諸国に対するドイツのたくらみと結びつけ

て考えていただろうか（ブラジルと大西洋に突き出た西アフリカの近さを踏まえてみ
よう）。北アフリカの西端と大西洋諸島へのドイツの進出が考えられる状況で，
アメリカが先手を打つ必要をローズヴェルトはどこまで考慮していただろうか。
つまり，手遅れるになる前に行動を起こすべきだと，ローズヴェルトはどのく
らい考えていただろうか。これらの疑問は，すべて研究で検証可能だ。そればか
りか，研究で努力を向けるべき方向を定めてくれる。しかも，こうした疑問
は，以上で見てきたような思考過程を経て出てきた。だから，どうやってこれ
らの疑問に答えが出たのかが，今度は，自分が問題としている本当の意味で根
本的な歴史上の課題と，さらには理論上の問題に深い理解を与えてくれるのだ。

　その上，「窓の論理」の重要性をいったん意識しだしたら，同様の論理に従
って議論を展開している歴史家の研究に，自然と強い関心を払うことになる。
たとえばオウヴァリーは，1939年の時点でも「窓の論理」がおそらく重要な役
割を果たしたと考えている。オウヴァリーの議論では，その当時の英仏政府は，
両国が現状行っている「高水準の軍事費支出は短期間しか続けられない」と考
えていたのである。この現実のために「英仏の両政府はともに，たとえ戦争に
なっても，すぐにでも決定的な行動をとる方がいいとの判断に傾きつつあっ
た」。そして，この判断から，ヒトラーとしては数年後に先延ばししたかった
だろう戦争が1939年に勃発する主たる要因の１つとなったと，オウヴァリーは
主張する[192]。もしヒトラーの望み通りの展開になり，ドイツが「４年ないし５年
の平和を追加で享受できていたら」，オウヴァリーの判断では，歴史はまった
く異なる道を歩んだかもしれない。「1940年代の軍事超大国の１つ」にドイツ
はなっていただろうと，オウヴァリーは主張するのである[193]。

　オウヴァリーとその他の議論もあわせてわかるのは，1939年の戦争勃発によ
って，ヒトラーには制御不能で，最後には圧倒されてしまう原動力が解き放た
れたことだ。こうした議論の要点を言えば，アンドレアス・ヒルグルバー（An-
dreas Hillgruber）が説くように，1941年12月のヒトラーはアメリカが対独参戦
に向かっているとすでに観念しており，その対米宣戦布告は，逆境の中に最大
限の勝機を見出そうとしたヒトラーの努力と考えれば済む話なのである[194]。どう
あがいてもアメリカとの戦争が避けられないのであれば，真珠湾攻撃によって
目の前に出現した機会を利用して，日本との同盟を強化するのがヒトラーには
得策だった。さらにローズヴェルトが最初に動くのを待っていては，ドイツは

弱気だと悟られてしまう。よって，ヒトラーにとって宣戦布告は最善の選択肢であったのかもしれない。だが，こうした議論から得られる結論は，1941年12月というタイミングでの対米開戦が，ヒトラーにとって満足な答えだったわけではないとの事実である。

　さあ，ある出来事が別の出来事につながっていった関係が理解できるようになってきただろう。1939年に戦争が勃発したのは，このままでは機会の窓が閉まってしまうと英仏が判断したからだ。こうやって始まった戦争の初期にヒトラーが勝利を重ねたことで，アメリカはヨーロッパ情勢への関与を強めていく。こうしてヒトラーはついに起こるであろうアメリカの参戦を恐れたのだが，このことが，ますます戦争を推し進める主たる動機になった。こうしたヒトラーの行動が，今度はアメリカに参戦を一層急がせる圧力となったのであり，このような展開を念頭に置いてアメリカの対日政策も理解する必要がある。真珠湾攻撃によって日米がついに衝突し，それから数日でアメリカとドイツが正式に戦争状態に入ったのはなぜか。これらの連続して起こった出来事を1つに結びつける論理（ロジック）は，国家間の勢力関係が重要な要素となる論理である。だから，アメリカの参戦に至る国際関係の展開（ストーリー）を理解するとは——ハンソン風に言うなら，当時の一連の出来事の意味を知るとは——以上の論理が一体どのようなものか突き止めることなのである。

　こうして，個々の出来事の関係を理解するにしたがって，全体の展開か，そこまで行かなくとも，そのうちの重要な要素に対する一定の感覚が，自分の思考の中で徐々にできあがっていくはずだ。こうした感覚はとても荒削りで不完全かもしれないが，そこから実際の歴史についてどう理解を深めていけばいいのかは，もうわかっている。全体の展開を構成する個々の要素をもっと詳細に検証する術を，もう理解しているからだ。本章の事例で言えば，私が取り上げたすべての問題をもっと具体化できる。そのためには，全体的な議論を支えている個別の具体論を検証すればいい。そして，個別の具体論を検証するためには，実証的な証拠，中でも個々の具体論を提示している研究が引用している証拠を検証すればいいのである。

　では，以上の作業はどこまでやればいいのだろうか。目標次第で答えは変わってくる。とはいえ，相当深くまで問題を掘り下げるのが目標であっても，研究に着手したときに，ある程度荒削りな形で，対象としている歴史問題の基本

構造を把握しておくのはやはり重要だ。その際に手に入れられるのは，スケッチに少し毛の生えた程度のものかもしれない。だが研究を進めていく上で，問題の全体像について，たとえ初歩的なものでも手がかりになる何か，何らかの感覚を持っておくことは絶対に重要だ。こうした最初の理解は，研究が終わったときにはほとんど原型をとどめていないかもしれない。だが，こうしたプロセスこそが重要なのだ。こうした過程をたどって研究することで，個々の出来事が全体としてどうつながっているのか，はるかに深い理解にたどり着く。研究している歴史かなぜその展開をたどったのか，本質的な理由をもっと把握できるようになる。歴史の展開を決定づけた要因が，よくわかったと思えるのだ。

　その上で，こうした作業にとって，国際関係理論にある程度親しんでいることがなぜ役に立つのか強調しておきたい。この問題には，本書ですでに何度も触れてきた。ここまでの説明で私が言いたかった基本的な要点を，まとめておこう。基礎中の基礎といえる概念上の問題を真剣に考えてみることで——とくに理論的な研究が展開している議論を理解できるようになれば——さもなければ見落とすかもしれない，歴史の展開を左右した様々な要因の重要性に歴史家は気づけるようになる。直前では「窓の論理」を例として取り上げてみた。だが，本章で一般的なポイントとして強調した内容は本当に重要なので，他に2，3の例を追加で取り上げておきたい。

　現代のアメリカにおける国際理論研究で，最も基本的な概念の1つは「安全保障のディレンマ」と呼ばれる現象を対象にしている。つまり，こうした概念に基づけば，完全に防衛上の目的のために，国家が攻撃的な政策を追求する可能性があるのだ。この場合に国家が意図しているのは，おそらくたんに自国の安全を確保することである。しかしロバート・ジャーヴィスが指摘するように，実際には「状況の否応のなさにはまり込んでいる」可能性がある。しかもこうした問題は，ジャーヴィスらの議論が示すように，守るよりも攻める側が有利だと思われている状況で，とくに深刻となる。軍事作戦で，防衛ではなく攻勢に重点が置かれてしまうからである[195]。

　では，こうした安全保障のディレンマの基本部分をすでに理解した上で，1941年のアメリカの政策を研究している場合を考えてみよう。そうなると，ローズヴェルトと彼の側近たちが，かなり拡大解釈して防衛政策を考えていたと気づくはずだ。ローズヴェルトらは皆，本土を攻撃されるまでアメリカが何も

せずにいるのは馬鹿げたことだと考えていた。1941年に入った頃には，手遅れになる前にドイツを攻撃するのが大事だと当然視していたのである。ドイツはとてつもない脅威なのだから，このような国に対抗してアメリカが実施する「あ・ら・ゆ・る・行動」は「当然ながら自衛の一環であり，侵略と見なされる余地などない」と決めてかかっていたのだ。こうした基本的な情勢認識と，アメリカ側の要人が理解する現代戦の基本的な特徴の間につながりがあることにも，気づくだろう。とくにローズヴェルトにとってはそうであり，「現代戦の稲妻のごとき速さ」を前提に，アメリカの政策は決定されねばならなかったのである。さらに，ドイツの攻撃用の軍事力がアメリカを脅かしており，だからこそアメリカも攻撃用の軍事力を整える必要があるとローズヴェルトらが認識していた事実に，強い印象を覚えるはずだ。とくに印象深いのは，航空戦という非常に重要な問題がどのような情勢だったのかを理解したときだろう。つまり，以下の事実を知ったときである。航空攻撃から自国を守る最良の方策は，敵の航空戦力を出撃前に破壊することだと両国ともに考えていた。だから「仮想敵国の攻撃能力が及ばない航続距離を持つ」航空機の開発を米独はそろって急いでおり，こうして両国が製造する爆撃機の航続距離はどんどん長くなっていく。それにあわせて両国の対外姿勢も，相手の脅威となる攻撃本位な性格をどんどん強めていった。もっと具体的に言えば，互いを相手とする戦争に突入する前から，アメリカとドイツがそろって大陸間横断型の重爆撃機の開発を始めていた事実を知ったとき，とても強い印象を覚えるのだ。こうして，ローズヴェルトがあのような政策をとった理由を理解するには，以上に見た重要な情勢に関する大統領の認識が手がかりになると気づく。

　安全保障のディレンマをめぐる理論的な議論をよく知っているなら，こうした事実を目にしたときには，かなり関心を引かれるはずだ。つまり，自国を守るためには，攻撃的に行動する必要があると政策決定者たちが実質的に主張していた事実に，かつそのような主張には，現代戦に関する彼らの認識が影響を与えていた事実に強く注目するだろう。なぜなら，安全保障のディレンマを知っているので，自分が目にしている事実がたんに歴史上の突発的な遺物でなく，当事者たちの問題の捉え方も当時の状況だけに限られるものではないとわかるからである。もっと一般的な何かが影響していたとわかるのだ。理論家たちがもっと抽象的な形で議論を重ねてきた国際政治の力学が，第二次大戦へのアメ

リカの参戦という個別具体的な事例で作用していたとわかる。理解するとは，
すなわち特殊性の中に一般性を見出すということだ。そして，理論はその一助
になってくれるのである。

　とはいえ，本章で私がやって見せた分析は，歴史家の観点からのものだ。政
治科学者の立場からすれば，特殊と一般が結びつくのはまったく同じだが，そ
の順序は逆になる。政治科学者であれば，1941年の国際政治の展開を知ったと
きに――とくにアメリカの政策の根幹にあった考え方を知ったときに――重要
な理論上の論点に命が吹き込まれたと感じるはずだ。理論上の論点に具体性が
備わるのである。理論的な研究は，たんに知的なゲームを楽しんでいるだけで
はないと感じられるようになる。自分が取り組んでいるのは，たんなる知的な
想像上の構築物ではないのだと思えるようになる。解き明かそうとしている概
念は，現実の国際政治の展開を理解するのに役立つと思えるのである。

　だから理論家にとって歴史は重要だし，同じように歴史家にとって理論は重
要なのだ。ある個別の歴史問題の意味を歴史家が説き明かすためには，たくさ
ん考える必要があるが，理論研究は結構な助けになってくれる。そして，理論
家も歴史上の問題をこうした問題にふさわしいやり方で分析できれば，驚くほ
どたくさんのことを本当に学べる。つまり，歴史問題をある程度まで深く掘り
下げて，個々の歴史家の主張を，議論の論理性そのものと，議論の裏付けとな
っている証拠資料の妥当性の両方から評価してみるのである。

注

1 ）　A. J. P. Taylor, *The Origins of the Second World War* (New York: Atheneum, 1962), p. 278.（テイラー『第二次世界大戦の起源』456頁）

2 ）　このテイラーの一節を引用しているランドール・シュウェラー（Randall Schweller）の論文はその一例。Randall Schweller "Bandwagoning for Profit: Bringing the Revisionist State Back In," *International Security* 19, no. 1 (Summer 1994): 94-95.

3 ）　William Langer and S. Everett Gleason, *The Undeclared War, 1940-1941* (New York: Harper, 1953), esp. chap. 14, 18, 23.

4 ）　Patrick Hearden, *Roosevelt Confronts Hitler: America's Entry into World War* II (DeKalb: Northern Illinois University Press, 1987), p. 201.

5 ）　Robert Dallek, *Franklin D. Roosevelt and American Foreign Policy, 1932-*

1945 (Oxford: Oxford University Press, 1979; paperback edition, 1981), pp. 265, 267, 285-289. アメリカ国民は，一方では参戦という困難な決断を自分たちで行うことに後ろ向きだったが，しかし他方でローズヴェルトが実施している政策を基本的に理解し（かつ賛成し）ていたという解釈は以下を参照。Warren Kimball's September 22, 1999, post on H-Diplo (http://www2.h-net.msu.edu/~diplo/). 当該期のアメリカ世論の役割に関する詳細な研究には，Steven Casey, *Cautious Crusade : Franklin D. Roosevelt, American Public Opinion, and the War against Nazi Germany* (Oxford: Oxford University Press, 2001) がある。

6) Dallek, *Roosevelt*, p. 285.〔翻訳にあたっては三人称を一人称に直した〕

7) David Reynolds, *The Creation of the Anglo-American Alliance, 1937-41 : A Study in Competitive Co-operation* (Chapel Hill: University of North Carolina Press, 1982), pp. 202, 208, and esp. 347 n. 38を参照。あわせて以下の文献も参照。Hearden, *Roosevelt Confronts Hitler*, pp. 196, 200-202; and Dallek, *Roosevelt*, p. 286.

8) Waldo Heinrichs, *Threshold of War : Franklin D. Roosevelt and American Entry into World War* II (New York: Oxford University Press, 1988), pp. 78, 151 を参照のこと。

9) Reynolds, *Anglo-American Alliance*, pp. 214, 219.

10) 以下から再引用。Langer and Gleason, *Undeclared War*, p. 743.

11) Robert E. Sherwood, *Roosevelt and Hopkins : An Intimate History* (New York: Harper, 1948), p. 410. (ロバート・シャーウッド［村上光彦訳］『ルーズヴェルトとホプキンズ』全2巻，みすず書房，1957年；同邦訳の合本再刊として未知谷，2015年) アメリカ陸軍軍の準備不足を公式声明で認めた陸軍の将官を非難しているホプキンスのローズヴェルト宛のメモの内容も重要。ホプキンスが言うには，こうした言動は「大変有害になり始めている」，なぜなら「とことんまでやる」ことを多くの人に躊躇させているからだ。ということは，アメリカは「とことんまでやる」べきだとローズヴェルトとホプキンスの2人が考えていることを暗黙の了解としたメモの内容だと言える。Ibid., p. 377. (シャーウッド『ルーズヴェルトとホプキンズ』409頁)

12) Frank Freidel, *Franklin D. Roosevelt : A Rendezvous with Destiny* (Boston: Little, Brown, 1990), p. 311; *The Public Papers and Addresses of Franklin D. Roosevelt*, comp. Samuel Rosenman, vol. 9 (for 1940) (New York: Macmillan, 1941), pp. 2-4, 231, 324, 635-636 (直接引用部分), 665-666, and vol. 10 (for 1941) (New York: Harper, 1942), pp. 183-184, 188; Roosevelt to Cudahy, March 4, 1939, *The Roosevelt Letters*, ed. Elliott Roosevelt with Joseph Lash, vol. 3 (London: Harrap, 1952), pp. 256-257.

13) Wesley Craven and James Cate, *The Army Air Forces in World War II*, vol. 1 (Chicago: University of Chicago Press, 1948), p. 118; Roosevelt, *Public Papers*, 9 : 198-199, 633, 636, 665, and 10 : 183, 185, 189, 367-435. Roosevelt to White, December 14, 1939, *Roosevelt Letters*, 3 : 293.

14) 以下の文献からの再引用。Jonathan Utley, *Going to War with Japan, 1937-1941* (Knoxville: University of Tennessee Press, 1985), p. 138. (ジョナサン・G・アトリー[五味俊樹訳]『GOING TO WAR WITH JAPAN アメリカの対日戦略』朝日出版社, 1989年, 214頁) Mark Stoler, *Allies and Adversaries : The Joint Chiefs of Staff, the Grand Alliance, and U. S. Strategy in World War II* (Chapel Hill: University of North Carolina Press, 2000), p. 41 でも引用されている。

15) 当該期のアメリカの戦略思想に関しては, 非常にすぐれた研究が数多く出版されている。中でも Stoler, *Allies and Adversaries* と James Leutze, *Bargaining for Supremacy : Anglo-American Naval Collaboration, 1937-1941* (Chapel Hill: University of North Carolina Press, 1977) を参照のこと。スタークの戦略思想に対するローズヴェルトの支持については, とくに Leutze, *Bargaining for Supremacy,* pp. 202-205, 219, 296 n. 12. あわせて B. Mitchell Simpson, *Admiral Harold R. Stark : Architect of Victory, 1939-1945* (Columbia: University of South Carolina Press, 1989), p. 75 と Maurice Matloff and Edwin Snell, *Strategic Planning for Coalition Warfare, 1941-1942* (Washington, D. C.: Center of Military History, 1999; originally published 1953), p. 28 n. 43 も参照。くわえてスタークが1941年10月8日付で作成した覚書は, アメリカが「できるだけ早く対独戦に参戦する」べきだと主張しているが, ローズヴェルトの前向きな反応にも要注目である。Sherwood, *Roosevelt and Hopkins,* pp. 379-380 を参照のこと。

16) Gerhard Weinberg, *A World at Arms : A Global History of World War II* (Cambridge: Cambridge University Press, 1994), pp. 240-241.

17) Ibid. (強調はワインバーグ).

18) H-Diplo へのワインバーグの投稿, October 5, 1999. ローヴァーの研究成果に基づけば, アメリカが傍受したドイツの機密通信が活かされたのは「衝突を最大限避けるためにであり……ローズヴェルトの政策の標準的な理解を覆す」と指摘するワインバーグの見解もあわせて参照のこと。Gerhard Weinberg, "World War II: Comments on the Roundtable," *Diplomatic History* 25, no. 3 (Summer 2001): 492. 以上の H-Diplo へのワインバーグの投稿は "Pearl Harbor" で H-Diplo 内を検索したら出てきた。"Pearl Harbor" は太平洋戦争の原因に関する投稿を見つけるのにも便利なキーワードだ。*Diplomatic History* 掲載の論文は, Social Science Citation Index〔利用するには所属機関が契約している必要がある〕を使って, ローヴ

ァーの当該論文を引用している論文を一括検索して見つけた。このとき，偶然だが，以下のレビュー論文の情報も見つけることができた。第二次大戦へのアメリカ参戦をもっと深く研究したいなら，目を通す価値がある。J. Rohwer, "Signal Intelligence and World War II: The Unfolding Story," *Journal of Military History* 63, no. 4 (October 1999): 939-951.

19) Jurgen Rohwer, "Die USA und die Schlacht im Atlantik 1941," in *Kriegswende Dezember 1941,* ed. Jurgen Rohwer and Eberhard Jackel (Koblenz: Bernard and Graefe, 1984), pp. 81-89.

20) Ibid., pp. 94, 97. 1941年の半ばからアメリカは非常に積極的な政策を大西洋上で展開していたとするローヴァーの指摘は，他の研究の説明からも支持できる。たとえば，Douglas Norton, "The Open Secret: The U. S. Navy in the Battle of the Atlantic, April-December 1941," *Naval War College Review* 26 (January-February 1974): esp. pp. 71-73, reprinted in Walter Hixson, ed., *The United States and the Road to War in Europe* (New York: Routledge, 2002) を参照のこと。事実，真珠湾攻撃の直前のドイツ軍は「『大西洋の戦い』のバトル・オブ・アトランティック苛烈さからいって，独米間の宣戦布告はあとは形式だけの問題である」と認識していた。Holger Herwig, *Politics of Frustration : The United States in German Naval Planning, 1889-1941* (Boston: Little, Brown, 1976), p. 234. スターク提督も，数年後の回想で，当時の状況をほとんど同じように描写している。U. S. Congress, Joint Committee on the Investigation of the Pearl Harbor Attack, *Hearings*, 79th Cong., 1st sess. 1945-46, pt. 5, p. 2292.

21) Rohwer, "Die USA," pp. 97, 99, 101-102.

22) Ibid., pp. 99-101. あわせて Leutze, *Bargaining for Supremacy,* p. 258 も参照のこと。

23) Rohwer, "Die USA," pp. 97, 102.

24) 以下から再引用。Hearden, *Roosevelt Confronts Hitler,* p. 203.

25) 日本の一層の拡張，中でも東インド（the Indies）〔とくに広義には東南アジアからインドにかけての地域を指すが，著者はイギリス領マラヤ（主にマレー半島南部とシンガポール島）とオランダ領東インド（現在のインドネシアにほぼ相当）を総称する言葉として使っている〕への進出には，ある程度明確な警告がアメリカからあった。最重要なのは，1つは1941年7月24日の在米日本大使との会談でローズヴェルトが与えた警告で，もう1つは8月4日に，別の日本外交官との会見でサムナー・ウェルズ（Sumner Welles）国務次官が伝えたものだ。頻繁に引用されるそのときの記録文書は，以下の資料集に所収されている。U. S. Department of State, *Foreign Relations of the United States* (FRUS), *Japan : 1931-1941,* 2 vols. (Washington, D. C.: GPO, 1943), 2 : 527, 543. 1941年8月17日に，ローズヴェルト

が日本大使に手交した声明文の最終段落も要注目である（ibid., p. 556）。ヘンリー・スティムソン陸軍長官は，その内容を「事実上の最後通牒」（"virtual ultima-tum"）と考えていた。Henry Stimson Diaries, microfilm edition の1941年 8 月19日の欄の冒頭への書き込み。しかし，もしこうした警告がなかったとしても，日本が状況を見誤ることはほとんど考えられなかったと思われる。当事者なら誰もが理解していた状況を踏まえれば，東インドを日本が攻撃した場合，おそらく日米戦争になると想定するのは理にかなっていたのだ。なぜこう結論できるのだろうか。何よりもまず，アメリカが西側諸国の政策をリードしているのは誰の目にも明らかだった。イギリスとオランダはと言えば，率先するアメリカにならって，自らも対日禁輸策を実行しただけである。そして英蘭がこうした行動をとったがために日本に攻撃されたとしたら，アメリカは両国を助けずにいられるだろうか。つまり英蘭としては，アメリカに協力したために日本からの攻撃を誘発してしまった状況なのである。以上が当事者の働かせていた計算だと言えるのではないか。さらに検討を進めていけば，英蘭が強硬な対日政策を実施できるのはアメリカの後押しがあるときだけだと，日本側が考えていた可能性が高いと想定していいのではないだろうか。当時のヨーロッパ情勢を考えれば，自国の力にしか頼れない状況では，英蘭はもっと弱腰の対日政策をとるはずだからだ。そうであるのに英仏が強硬な対日政策を実行している事実は，東インドへの侵攻はアメリカとの開戦事由になるとの大前提を裏書きする根拠だと，日本側には見なせただろう。加えて，同じ文脈に沿って，フィリピンに関する軍事作戦上の論点も，日米の政府内で考慮されていたと想定していい。つまり，もし日本が東インドに侵攻するのであれば，アメリカとの開戦のリスクが確実に存在するのだから，日本としてはフィリピンのアメリカ軍基地を無力化するのが重要になってくる。日本による東インドの制圧が日米戦争につながる可能性を当事者が推し量る際に，以上に見たすべての要素が考慮されていたと考えていいのではないだろうか。こうした問題を検討していくことで，たとえ確固とした証拠資料が利用できなくても，当事者たちが当時の状況をこう分析「したに違いない」というある程度の判断にたどり着ける。ただし，こうした分析作業は次は証拠資料を読み解く力になってくれる。資料を読むときの「サーチライト」のような役割を果たしてくれるのだ。注意を向けるべき個別具体的な問いを教えてくれるのである。たとえば，イギリスやオランダの政策に関して目にした事実から，日本側が実際にどのような背景を推測していたのかという問題であったり，日本側の戦略判断で，フィリピン要因はどう位置づけられていたのかの問題であったりだ。そして，こうした疑問に注意を向けたことで，そうでなければあるいは見落としていたかもしれない要素に，注目するようになる。実際にこうした認識の変化は，自分が読んだものが，今回の研究で答えようとしている最も根本的な問題にどう関わってくるのかを理解するのに有用だ。ここで例示した個別具体的な問題に関しては，Scott

Sagan, "From Deterrence to Coercion to War: The Road to Pearl Harbor," in *The Limits of Coercive Diplomacy*, ed. Alexander George and William Simons (Boulder, Colo.: Westview, 1994), pp. 77-78 が挙げている証拠資料を参照のこと。

26)　以下の文献から再引用。Heinrichs, *Threshold of War*, p. 182, and Robert Butow, *Tojo and the Coming of the War* (Stanford: Stanford University Press, 1961), p. 245（ビュートー『東条英機』）. このたとえ話の原典は, 1941年に陸軍省の軍務課長を務めていた佐藤賢了が, 戦争後に書いた記事である〔佐藤賢了「大東亜戦争を招いた昭和の動乱」『キング』32(10), 1956年10月, 88-125頁。118頁に「完全な経済封鎖を蒙り, 日本は全く池中の魚となった」「池中の魚の水がだんだん減るばかりではなく, 米, 英, 支, 蘭（ABCD）対日包囲陣が……」との表現がある〕。

27)　Australian Minister to the United States R. G. Casey to Australian Department of External Affairs, November 14, 1941, Australian Department of Foreign Affairs, *Documents on Australian Foreign Policy, 1937-49* (Canberra: Australian Government Publishing Service, 1982), 5 : 197. あわせて以下の資料も参照。British Ambassador Halifax to the British Foreign Office, November 12 and 15, 1941, FO 371/27911, available in the Scholarly Resources microfilm publication (Wilmington, Del., 1978), *British Foreign Office : Japan Correspondence, 1941-1945,* series for 1941, reel 7. 中国問題の決定的な重要性は, かなり早くから周知の事実だった。1958年に出版した重要な著作でポール・シュローダーが指摘している内容を見よう。「日米戦争が中国をめぐって勃発したことに, まともな疑問を差し挟む余地はまったくない。ヘンリー・スティムソンのような政府の中心人物や, ハーバート・ファイスのようにローズヴェルト政権に同情的な評論家であっても, このことに同意している」。Paul Schroeder, *The Axis Alliance and Japanese-American Relations, 1941* (Ithaca: Cornell University Press, 1958), p. 200.

28)　Utley, *Going to War*, p. 157. （アトリー『アメリカの対日戦略』242頁）

29)　Dallek, *Roosevelt*, pp. 269, 273.

30)　Ibid., p. 273.

31)　Ibid., pp. 275-276.

32)　Heinrichs, *Threshold of War*, p. 126.

33)　たとえば, Dallek, *Roosevelt*, p. 299; Weinberg, *World at Arms*, p. 245; Butow, *Tojo*, p. 223（ビュートー『東条英機』）; Akira Iriye, *The Origins of the Second World War in Asia and the Pacific* (London: Longman, 1987), p. 147（入江昭［篠原初枝訳］『太平洋戦争の起源』東京大学出版会, 1991年）; そして, とくに Heinrichs, *Threshold of War*, p. 145 と同書 chap. 5 のタイトルを参照のこと。

34)　南部仏印進駐の 2 週間前に駐米イギリス大使に対してウェルズは「日本が何ら
かの明白な行動を起こし次第，対日完全禁輸」を実行すべきだと大統領に助言した
と明かしている。しかしウェルズは「これがアメリカの方針だと前もって日本側に
伝えるべきだとは考えなかった」。Halifax to Eden, July 9, 1941, *British Docu-
ments on Foreign Affairs : Reports and Papers from the Foreign Office Confi-
dential Print* [BDFA], Part III (1940-45), Series E (Asia), vol. 4 (Bethesda,
Md.: University Publications of America, 1997), p. 330. あわせて Tsunoda Jun,
The Final Confrontation : Japan's Negotiations with the United States, 1941,
the fifth and final volume in *Japan's Road to the Pacific War,* ed. James Mor-
ley (New York: Columbia University Press, 1994), p. 162 も参照のこと（ただし
角田の名前はタイトルページに記載されていない）（角田順「第一編　日本の対米
開戦」3-5章，国際政治学会太平洋戦争原因研究部編『太平洋戦争への道　開戦外
交史　7——日米開戦』朝日新聞社，1963年；新装版，1987年）。一層の拡張政策
を避ける意思が日本にあったことについては，とくに the Japanese Government
Statement handed to the president on August 28, 1941, FRUS Japan 2: 575 を
見よ。

35)　南部仏印進駐が対日全面禁輸につながると，日本の主たる意思決定者が予想し
ていなかった点については，以下の文献を参照のこと。Butow, *Tojo,* p. 210; Tsu-
noda, *Final Confrontation,* pp. 162-163（角田「日本の対米開戦」）; Nobutaka Ike,
ed., *Japan's Decision for War : Records of the 1941 Policy Conferences*（Stan-
ford: Stanford University Press, 1967), pp. 48, 50, 107〔日米戦争の開戦決定に関
連する大本営政府連絡会議および御前会議の資料を英訳した上で，編者による序論
と各資料へのコメントを付したもの。編集・翻訳の底本となったと思われるのは，
稲葉正夫・小林龍夫・島田俊彦・角田順編『太平洋戦争への道——開戦外交史 別
巻 資料編』朝日新聞社，1963年，第 4 章「日米開戦」〕; and Takushiro Hattori,
The Complete History of the Greater East Asia War（translated by the U. S.
Army, 500th Military Intelligence Service Group, 1953), pp. 123, 130-131, 166
（服部卓四郎『大東亜戦争全史』全 8 巻，鱒書房，1953-56年；本編・別冊，原書房，
1965年；新装版，原書房，1996年）。服部は日米戦争中に参謀本部作戦課長を務め
た人物で，戦後には政府の戦史編纂事業に従事した。服部の歴史叙述は文書資料と
元軍関係者との会話の両方に基づいている。「すでにとられた」政策に関する問題
については，Welles memorandum of meeting with Wakasugi〔若杉 要 駐米公
使〕, August 4, 1941, FRUS Japan 2 : 545 を参照のこと。

36)　Heinrichs, *Threshold of War,* p. 145.

37)　Ibid., pp. 142, 159-160, 179, 189, 199.

38)　Japanese Government Statement handed to Roosevelt on August 28, 1941,

FRUS Japan 2 : 575 を参照のこと。ソ連との戦争を避けるとした 8 月の日本の決
定については，Tsunoda, *Final Confrontation*, pp. 152-157 を参照（角田「日本の
対米開戦」）。以上の日本の決定にあたって，日本が対ソ攻撃に踏み切った場合のア
メリカの反応への懸念——さらに言えば，北進に備えた日本側の動きに対するアメ
リカの反応——は明らかに判断材料の一部だった。日本が北進を具体的に準備して
いると見なせる軍事政策が，「他の諸国」に与えている「悪印象」に言及した 7 月
31日の天皇の発言は，とくに重要。Ibid., p. 156からの再引用。（角田「日本の対米
開戦」237頁〔角田引用の戦史室資料の再引用。トラクテンバーグは省略している
が，天皇が言及している軍事政策とは1941年 6 月の関東軍特種演習（関特演）のこ
と〕）「他の諸国」との表現は，もちろんアメリカを意味している。

39)　Bernard Brodie, "Changing Capabilities and War Objectives," lecture given
to Air War College, April 17, 1952, pp. 28-29, Bernard Brodie Papers, box 12,
UCLA Research Library, Los Angeles.

40)　以上の方法で国際関係史上の重要問題を分析できる別の例として，私の書いた
以下の文献も参照してほしい。"The Coming of the First World War: A Reas-
sessment," in Trachtenberg, *History and Strategy* (Princeton: Princeton Univer-
sity Press, 1991), pp. 72-95.

41)　Norman Graebner, "Hoover, Roosevelt, and the Japanese," in *Pearl Harbor
as History : Japanese-American Relations, 1931-1941,* ed. Dorothy Borg and
Shumpei Okamoto (New York: Columbia University Press, 1973), p. 49. あわせ
て　Christopher Thorne, *Allies of a Kind : The United States, Britain and the
War against Japan, 1941-1945* (New York: Oxford University Press, 1978), p.
83 も参照（市川洋一訳『米英にとっての太平洋戦争』上下，草思社，1995年）。

42)　Llewellyn Woodward, *British Foreign Policy in the Second World War,* 5
vols. (London: HMSO, 1970-), 2 : 140.

43)　Hearden, *Roosevelt Confronts Hitler*, p. 211 からの再引用。あわせて Dallek,
Roosevelt, p. 274, and John Morton Blum, *From the Morgenthau Diaries : Years
of Urgency, 1938-1941* (Boston: Houghton Mifflin, 1965), p. 377 も参照。

44)　たとえば Dallek, *Roosevelt*, pp. 271, 273 を参照のこと。あわせて，この問題め
ぐってローズヴェルトと内務長官のハロルド・イケス（Harold Ickes）が1941年 6
月に衝突した，よく知られた事実も重要である。関連文書が *The Secret Diary of
Harold L. Ickes*, 3 vols. (New York: Simon and Schuster, 1954-55), 3 : 553-560
に所収されている。このエピソードについては，以下の文献も参照。Utley, *Going
to War*, p. 131（アトリー『GOING TO WAR WITH JAPAN アメリカの対日戦
略』）; Hearden, *Roosevelt Confronts Hitler*, p. 210; and Dallek, *Roosevelt*, p. 273.
こうした見解をローズヴェルトは，1941年 7 月25日に公の場で発言している。

FRUS Japan 2：265 を参照のこと。

45）　Casey to Menzies and Stewart, July 9, 1941, *Documents on Australian Foreign Policy, 1937-49*, 5：6.〔オンラインで全文閲覧可能〕

46）　こうした主張を，アトリーとアーヴァイン・アンダーソンが互いの研究に影響されずに展開している。以下を参照のこと。Utley, *Going to War,* pp. 153-156, 180（アトリー『GOING TO WAR WITH JAPAN』）; Jonathan Utley, "Upstairs, Downstairs at Foggy Bottom: Oil Exports and Japan, 1940-41," *Prologue* 8（Spring 1976）：17-28; Irvine Anderson, "The 1941 *De Facto* Embargo on Oil to Japan: A Bureaucratic Reflex," *Pacific Historical Review* 44（1975）：201-231; and Irvine Anderson, *The Standard Vacuum Oil Company and United States East Asian Policy, 1933-1941*（Princeton: Princeton University Press, 1975）. アトリー＝アンダーソン説と言うべきこの議論は，主要な研究者の多くから支持を得ている。たとえば，Reynolds, *Anglo-American Alliance,* pp. 235-236; Iriye, *Origins of the Second World War in Asia and the Pacific,* p. 150（入江『太平洋戦争の起源』）; and Dallek, *Roosevelt,* p. 275 を見よ。官僚政治理論の研究者も，当然のようにこうした一般化された説明を支持している。たとえば，Graham Allison and Morton Halperin, "Bureaucratic Politics: A Paradigm and Some Policy Implications," in "Theory and Policy in International Relations, ed. Raymond Tanter and Richard Ullman," *World Politics* 24, Supplement（Spring 1972）：67 を参照のこと。

47）　Utley, *Going to War,* p. xiii.（アトリー『GOING TO WAR WITH JAPAN アメリカの対日戦略』10頁）

48）　Ibid., p. 157.（アトリー『GOING TO WAR WITH JAPAN アメリカの対日戦略』242頁）

49）　Ibid., pp. 179-180.（アトリー『GOING TO WAR WITH JAPAN アメリカの対日戦略』275頁）

50）　Ibid., pp. xii-xiii.（アトリー『GOING TO WAR WITH JAPAN アメリカの対日戦略』10頁）

51）　Ibid., p. 153.（アトリー『GOING TO WAR WITH JAPAN アメリカの対日戦略』235頁）

52）　Ibid., p. 154.（アトリー『GOING TO WAR WITH JAPAN アメリカの対日戦略』238頁）

53）　Ibid., p. 156.（アトリー『GOING TO WAR WITH JAPAN アメリカの対日戦略』240頁）

54）　Ibid.（アトリー『GOING TO WAR WITH JAPAN アメリカの対日戦略』241頁）

55) 1941年7月にローズヴェルトとイケス内務長官が交わした書翰をとくに参照のこと。Ickes, *Secret Diary*, 3 : 553-560.

56) 1941年7月24日の閣議。Langer and Gleason, *Undeclared War*, p. 649 からの再引用。

57) Ickes, *Secret Diary*, 3 : 588. 多くの研究で引用されている一節である。

58) Halifax to Eden, July 18, 1941, BDFA, Part III, Series E, vol. 4, no. 3361, p. 337 (p. 41 in original print).

59) Halifax to Eden, July 9, 1941, ibid., p. 330 (p. 34 in original print).

60) Heinrichs, *Threshold of War*, pp. 141-142.

61) Ibid., pp. 246-247.

62) たとえば以下の資料を参照。Extract from the War Cabinet Conclusions for July 31, 1941, in FO 371/27974, *British Foreign Office : Japan Correspondence, 1941-1945,* series for 1941, reel 15 ; the minutes by key officials on Halifax's telegram 3849 of August 18, 1941, in FO 371/27909, series for 1941, reel 7.

63) David Dilks, ed., *The Diaries of Sir Alexander Cadogan, O. M., 1938-1945* (London: Cassell, 1971), entry for August 11, 1941, p. 399.

64) Extract from record of a meeting between the Prime Minister and President Roosevelt on August 11th, 1941, FO 371/27909, *British Foreign Office Japan Correspondence, 1941-1945,* series for 1941, reel 7.

65) Cadogan minute, August 20, 1941, FO 371/27977, ibid.

66) Dallek, *Roosevelt,* p. 299, and Weinberg, *World at Arms,* p. 245.

67) Langer and Gleason, *Undeclared War*, pp. 661-662. あわせて Weinberg, *World at Arms,* pp. 186, 247 も参照。ビュートーも同様の主張を何度も展開している。Butow, *Tojo,* pp. 203, 221, 242-243, 255-256, 283, 334 を見よ（ビュートー『東条英機』）。

68) たとえば Langer and Gleason, *Undeclared War,* p. 631 を参照。

69) Richard Overy, *The Origins of the Second World War,* 2d ed. (London: Longman, 1999), p. 93.

70) Ibid., p. 92

71) Weinberg, *World at Arms,* p. 257.

72) Butow, *Tojo,* p. 240 (ビュートー『東条英機』197, 284頁), and also pp. 86, 251, 255-256, 276.

73) Butow, *Tojo,* pp. 171, 308. (ビュートー『東条英機』63頁) あわせて以下も参照。Yale Maxon, *Control of Japanese Foreign Policy : A Study of Civil-Military Rivalry, 1930-1945* (Berkeley: University of California Press, 1957), pp. 28, 46 -47, 104-115, 216, and Masao Maruyama, *Thought and Behaviour in Modern*

Japanese Politics, exp. ed. (Oxford: Oxford University Press, 1969), esp. pp. 107-114 (「ロボット」という表現は，p. 92と p. 107で使われている)。(丸山眞男『現代政治の思想と行動〔増補版〕』未來社，1964年〔新装版，2006年〕，95, 111頁) ビュートーと丸山を引用した上で，こうした見方が通説と言えそうだとの簡単な見解を示しているものとして，Ike, *Japan's Decision for War*, p. 17.

74) James Crowley, *Japan's Quest for Autonomy : National Security and Foreign Policy, 1930-1938* (Princeton: Princeton University Press, 1966).

75) Grew to Roosevelt, August 14, 1942 (unsent), pp. 2, 4, and 8, Joseph Grew Papers, Houghton Library, Harvard University, Cambridge, Mass. 所蔵するホートン図書館からコピーを郵送してもらうことが可能。グルーによる以下の叙述も参照。Joseph Grew, *Turbulent Era : A Diplomatic Record of Forty Years, 1904-1945*, 2 vols. (Boston: Houghton Mifflin, 1952), 2 : 1301-1375. この部分でグルーは，いくつかの重要文書を引用した上で（これらは FRUS にも所収されている），ローズヴェルト宛の報告とほとんど同じ表現を何度も使っている。この点については，同書の p. 35でイタリック体になっている記述をとくに見よ。

76) Grew to Roosevelt, August 14, 1942 (unsent), p. 5, Grew Papers, Houghton Library; Grew, *Turbulent Era*, 2 : 1356-1357, 1373-1374; Robert Fearey, "Tokyo 1941: Diplomacy's Final Round," *Foreign Service Journal*, December 1991, pp. 22-30.

77) Grew to Roosevelt, August 14, 1942 (unsent), Grew Papers, Houghton Library; Grew, *Turbulent Era*, 2 : 1316n, 1327-1328, 1332-1333.

78) Grew, *Turbulent Era*, 2 : 1302, 1311.

79) Ibid., 2 : 1333-1334.

80) Final Report by Sir R. Craigie on Conclusion of His Mission to Japan, February 4, 1943, FO 371/35957, Public Record Office, Kew, and published in BDFA, Part III, Series E, vol. 6, in the section "Further Correspondence respecting Far Eastern Affairs, Part 22," pp. 127-153 in the original *Confidential Print* pagination, equivalent to pp. 407-433 in the pagination introduced in that published volume. この報告全体でクレイギーが展開している主張に，たとえば Thorne, *Allies of a Kind*, pp. 74-75 (ソーン『米英にとっての太平洋戦争』) や Woodward, *British Foreign Policy in the Second World War*, 2 : 177-178 といった，多くの歴史研究が注目してきた。公刊された自身の回顧録 *Behind the Japanese Mask* (New York: Hutchinson, 1945) でも，クレイギーは同じような主張を，ただし論調をもう少し柔らかくして，展開している。

81) Craigie Report, para. 65 (on p. 153 in the *Confidential Print* version).

82) Craigie to Eden, February 4, 1953 (covering letter for his report), para. 15

（p. 131 in the *Confidential Print*）, and para. 42 in the report （p. 146 in the *Confidential Print*）.

83）　Craigie, *Behind the Japanese Mask,* p. 130.

84）　Craigie Report, para. 45 （p. 147 in the *Confidential Print*）.

85）　Craigie Report, para. 66 （p. 153 in the *Confidential Print*）.

86）　Schroeder, *Axis Alliance,* pp. 76-85, 203-208, 215-216. ただし，シュローダーは以下のようにも指摘している。グルーは「和平政策をやり遂げる能力が近衛にあると考える点であまりに楽観的」だった，と （pp. 205-206）。

87）　Ibid., pp. 200-201.

88）　Ibid., p. 177.

89）　Ibid., p. 203.

90）　Luigi Albertini, *The Origins of the War of 1914,* 3 vols. （London: Oxford University Press, 1952-57）. 同書の第 2 ・ 3 巻が主に論じているのは，1914年 7 月の開戦過程である。

91）　同書の一般的な書誌情報は以下の通り。James W. Morley, ed., *The Final Confrontation : Japan's Negotiations with the United States, 1941* （New York: Columbia University Press, 1994）. （角田順「第一編　日本の対米開戦（1940年〜1941年）」第3-5章，国際政治学会太平洋戦争原因研究部編『太平洋戦争への道　開戦外交史　7――日米開戦』朝日新聞社，1963年；新装版，1987年）角田は同書の著者なのだが（一般的な書誌情報を見ればわかるように）タイトルページに名前が載っていない〔英訳書に所収されているのは，『太平洋戦争への道』第 7 巻を構成する二編のうち，角田執筆の第一編のみで，かつ同編の第 1 ・ 2 章を除く〕。くわえて，訳者のデーヴィッド・タイタス（David Titus）による長文の序論が付され，そこで角田の議論が批判されている点でも，同書は風変わりだ。

92）　Ibid., pp. 286-287 （角田「日本の対米開戦」，引用は336頁〔角田引用の法務省資料の再引用〕）; see also pp. 107, 225, 273, 288.

93）　Ibid., pp. 114, 287. （角田「日本の対米開戦」）

94）　Ibid., pp. 212-213. （角田「日本の対米開戦」，引用は281頁〔角田引用の戦史室資料の再引用〕）同年前半の福留の態度はもっと強硬なものだったが，石油禁輸に直面するまでは，好戦的な発言はたんにポーズとしての意味しか持たなかったのかもしれない。当時であれば陸軍が疑っていたように，後には一部の歴史家が主張してきたように，海軍の好戦的な態度は予算をめぐる陸軍との戦いのためだったのかもしれないからだ。Butow, *Tojo,* p. 221 （ビュートー『東条英機』）, and Michael Barnhart, *Japan Prepares for Total War : The Search for Economic Security, 1919-1941* （Ithaca: Cornell University Press, 1987）, pp. 140, 168-169, 174-175, 210, 244 を参照。

95) Maxon, *Control of Japanese Foreign Policy*, pp. 46-47 を参照。

96) Tsunoda, *Final Confrontation*, pp. 213, 216, 221-222, 225.（角田「日本の対米開戦」）あわせて Barnhart, *Japan Prepares*, p. 244 を参照。

97) Tsunoda, *Final Confrontation*, pp. 216, 221-222, 228.（角田「日本の対米開戦」, 引用は283頁〔角田が引用している田中新一『大戦突入の真相』元々社, 1955年, 戦史室資料, 法務省資料の再引用〕, および287頁〔角田が引用している富田健治『敗戦日本の内側——近衛公の思い出』古今書院, 1962年の再引用〕）あわせて Arthur Marder, *Old Friends, New Enemies : The Royal Navy and the Imperial Japanese Navy*, vol. 1, *Strategic Illusions, 1936-1941*（New York: Oxford University Press, 1981）, pp. 175-178, 252-261 を参照。

98) Ibid., p. 221（角田「日本の対米開戦」286頁〔角田が引用している木戸日記, 11月17日の再引用〕）; あわせて p. 214も参照。

99) Ibid., p. 230.（角田「日本の対米開戦」293頁〔角田が引用している戦史室資料の再引用〕）

100) Ibid., p. 222.（角田「日本の対米開戦」288頁〔角田引用の「富田健治　宣誓供述書」の再引用〕）

101) Ibid.（角田「日本の対米開戦」288頁〔角田引用の「柴田勝夫氏談（1961年4月8日）」の再引用。ここではトラクテンバーグが省略しているが, 武藤の依頼でその発言を岡に取り次いだのは, その後の依頼時と同じく, 近衛内閣の内閣書記官長である富田健治である〕）

102) Ibid., pp. 227-228.（角田「日本の対米開戦」292頁〔角田引用の戦史室資料の再引用〕）

103) Ibid., p. 228.（角田「日本の対米開戦」292頁〔角田引用の富田『敗戦日本の内側』および富田「弁護側未提出資料」の再引用〕）

104) たとえば以下を参照のこと。Ike, *Japan's Decision*, pp. 187-188; Peter Wetzler, *Hirohito and War : Imperial Tradition and Military Decision Making in Prewar Japan*（Honolulu: University of Hawaii Press, 1998）, p. 53; Tsunoda, *Final Confrontation*, p. 164.（角田「日本の対米開戦」）

105) Tsunoda, *Final Confrontation*, pp. 174, 176, 240-241.（角田「日本の対米開戦」）

106) Ibid., p. 177.（角田「日本の対米開戦」255頁〔角田引用の戦史室資料の再引用〕）

107) Wetzler, *Hirohito and War*, pp. 51-52.〔ただし, Wetzler が典拠としている原四郎『大戦略なき開戦——旧大本営陸軍部一幕僚の回想』原書房, 1987年, 254-255頁の記述では, 実際にこうした連絡が天皇から参内前の東條にあったわけではない。「十月十七日朝来陸軍省軍務局の首脳は, 陸軍大臣邸につめかけ,〔総辞職し

た第二次近衛内閣の〕後継内閣の首班は誰かと待ち受けていた〔この中に石井秋穂もいたのであろう〕。……その前日政策立案者たる石井秋穂大佐は，〔東條への大命降下があれば〕天皇から陸軍大臣〔東條〕に対し，支那駐兵を思いとどまるべき優諚の下ることを予想し，駐兵の必要性に関する上奏文を起草し，武藤軍務局長を経て東条陸相に提出済であった。石井大佐によれば，それに対して東条陸相は十七日午後〔天皇のお召しによる〕宮中参内を前にして，『天子様がこうだと云ふたら，自分はそれ迄だ。天子様に理屈は述べ得ない。君等の名文は承っておきます』と語ったという。そこで『東条陸相は優諚があったら絶対服従するという心境であることを私は直観した』というのであった」。〕あわせて Tsunoda, *Final Confrontation*, p. 241 を参照（角田「日本の対米開戦」）。

108) *Final Confrontation*, p. 217.（角田「日本の対米開戦」284頁。角田引用の法務省資料の再引用）同書 p. 250 も参照。

109) Ibid., pp. 151-152, 156, 158.（角田「日本の対米開戦」，引用は239頁）

110) Grew to Roosevelt, August 14, 1942（unsent），p. 4, Grew Papers, Houghton Library.

111) Ibid., p. 8（強調はグルー）.

112) このときは，資料の探索に Eureka を使った。Research Libraries Group の統合目録で，アメリカにある研究大学のほとんどの図書館で利用可能だ〔本書出版後，Research Libraries Group は OCLC に統合され，Eureka も OCLC の FirstSearch に統合されている。現在 FirstSearch は，基本機能が無料で公開されている国際的な統合カタログ，WorldCat の有料機能の一部として，契約図書館を通じて利用可能である〕。未公刊資料を見つけるときに Eureka がどう使えるかは，附録IIのセクションIIIで，もっと詳しく説明している〔本邦訳で使用したウェブ版では WorldCat の説明に変わっている。原著の該当頁は p. 241〕。

113) "Reminiscences of Eugene Hoffman Dooman," (1962), p. 95, oral history interview, the Columbia University Oral History Research Office, New York から図書館相互貸借で利用可能〔当然アメリカ国内限定と思われる。試みに WorldCat ついで Columbia University Libraries のウェブサイトで検索したところ，現在の所蔵館は同大学の Rare Book & Manuscript Library〕。

114) Oka Yoshitake, *Konoe Fumimaro : A Political Biography*（New York: Madison Books, 1992），pp. 166-167（岡義武『近衛文麿──「運命」の政治家』岩波新書，1972年）; and Tsunoda, *Final Confrontation*, pp. 193, 219（角田「日本の対米開戦」）; さらに Sagan, "From Deterrence to Coercion to War," p. 74 は，Marder, *Old Friends, New Enemies*, 1 : 175 が提示している資料を再引用している。

115) Herbert Feis, *The Road to Pearl Harbor : The Coming of the War between the United States and Japan*（Princeton: Princeton University Press, 1950），pp.

274-276.（ハーバート・ファイス［大窪愿二訳］『真珠湾への道』みすず書房，1956年）あわせて Barnhart, *Japan Prepares,* pp. 241-242 を参照。

116) Grew, *Turbulent Era,* 2 : 1374

117) Dooman oral history, pp. 120-121.

118) 以上は，当時グルーが主張していた点だ。*Turbulent Era,* 2 : 1311 を参照のこと。

119) たとえば Schroeder, *Axis Alliance,* pp. 205-206 と Butow, *Tojo,* p. 261（ビュートー『東条英機』）を参照。

120) よって，未発送に終わったグルーのローズヴェルト宛の書翰が伝えるところ，たとえば元首相の広田弘毅は「軍および政治関係者との間に密接な関係を持ち相当の影響力を保っている人物ですが，提案している会談を近衛公が失敗に終わらせることはおそらくありえないと（私がいない場所で）発言しました。続けて広田氏はこうも発言しました。つまり近衛公があなた〔ローズヴェルト〕の条件を受け入れるほかないのは明白で，かつ現在の状況下なら，近衛公は自分の方針に陸軍を含めて日本全体を従わせることができるし，実際にそうするつもりだと。日本国内の政治情勢を評価するにあたって，広田氏は日本の政治家の中でもっともふさわしい人物でしたが，あの当時，まったく同じ意見が他の有力者の間にもみられ，私にもそのように話してくれたのです」。あわせて Grew, *Turbulent Era,* 2 : 1359 を参照。この回顧録の記述では，こうした見解を広田が直接グルーに話したことになっている。

121) Japanese draft proposal, November 20, 1941, FRUS Japan 2 : 755-756.

122) Tsunoda, *Final Confrontation,* pp. 261-265, 370.（角田「日本の対米開戦」292, 319頁）See also Togo Shigenori, *The Cause of Japan*（New York: Simon and Schuster, 1956), p. 144.（東郷茂徳『時代の一面――東郷茂徳外交手記』原書房，1967年［底本は改造社，1952年］；普及版，2005年；『時代の一面――大戦外交の手記』中公文庫，1989年）

123) Langer and Gleason, *Undeclared War,* pp. 879-883，および Schroeder, *Axis Alliance,* pp. 76-89 を参照。

124) Grew to Hull, November 24, 1941, FRUS Japan 2 : 763; Schroeder, *Axis Alliance,* pp. 82-83.

125) Langer and Gleason, *Undeclared War,* p. 871（日中が停戦して和平交渉に入り次第，アメリカが対中援助を停止することについて），and p. 880（日本政府と同様の計画を国務省が検討していたことについて）:「日本が提案してきた内容と多くの点で一致する考えが国務省内でももてはやされている状況に，ハルが感じた憤りの深さは想像に余りある」。Schroeder, *Axis Alliance,* p. 81 n. 27も参照。

126) Heinrichs, *Threshold of War,* pp. 208-209.

127) Schroeder, *Axis Alliance,* p. 203.

128) Ibid., p. 182.

129) Ibid., p. 207.

130) Ibid., pp. 202-203.

131) George Kennan, *American Diplomacy, 1900-1950* (Chicago: University of Chicago Press, 1951), esp. p. 73. (ジョージ・G・ケナン［近藤晋一・飯田藤次訳］『アメリカ外交50年』岩波書店, 1952年；ジョージ・G・ケナン［近藤晋一・有賀貞・飯田藤次訳］『アメリカ外交50年』岩波現代文庫, 2000年［Kennan, *American Diplomacy,* expanded edition の翻訳］) とはいえ, こうした意味でケナンが, ローズヴェルトの責任をまったく問わずに済まそうとしていたわけではない。1941年のローズヴェルトの政策に対するケナンの評価はずいぶん否定的である。この点は, 「第二次世界大戦における連合国の首脳陣」を共通テーマとした3つの論文に対するケナンの批評を参照。*Survey* 21 (Winter-Spring 1975): esp. pp. 29-31〔第二次大戦に関するシンポジウムの記録を公刊したもの〕. 3つの論文のうち1つは, ローズヴェルトを論じたダレックのもので, ダレックの応答は Dallek, *Roosevelt,* p. 531 で読める。

132) たとえば, 以下の文献を参照。Michael Howard, *The Causes of Wars and Other Essays* (London: Temple Smith, 1983), pp. 41-42, and Brian VanDeMark, *Into the Quagmire : Lyndon Johnson and the Escalation of the Vietnam War* (New York: Oxford University Press, 1991), pp. xiii-xiv.

133) 冷戦に関して言えば, アメリカの指導者が完全に現実主義的な勢力圏の発想から状況を認識し, こうした発想に十二分に基づいて政策を遂行できる人物たちであったと私に確信させてくれた重要な資料集として, United States Department of State, *Foreign Relations of the United States : The Conference of Berlin* (*The Potsdam Conference*) *1945* (Washington, D. C.: GPO, 1960), vol. 2. ヴェトナム戦争については, アメリカの指導者, 中でもケネディ大統領が決してアメリカ流の冷戦イデオロギーのとりこではなかったと示す重要な研究として, 以下の2つがある。David Kaiser, *American Tragedy : Kennedy, Johnson, and the Origins of the Vietnam War* (Cambridge Mass.: Harvard University Press, 2000), and Fredrik Logevall, *Choosing War : The Lost Chance for Peace and the Escalation of War in Vietnam* (Berkeley: University of California Press, 1999).

134) 以下の資料を参照。Halifax to Foreign Office (no. 4550), October 3, 1941, with minutes, FO 371/27910, *British Foreign Office : Japan Correspondence, 1941-1945,* series for 1941, reel 7. この事実にいくつかの歴史研究はそれとなく言及しているが, 重要性に見合うと言える関心はほとんど払われていない。たとえば, Heinrichs, *Threshold of War,* p. 193 を見よ。

135)　Halifax to Foreign Office（no. 5380），November 25, 1941, para. 7, FO 371/27912, *British Foreign Office : Japan Correspondence, 1941-1945,* series for 1941, reel 8.

136)　Sherwood, *Roosevelt and Hopkins,* pp. 428-429; Blum, *Years of Urgency,* p. 387; そして，とくに John Costello, *Days of Infamy : MacArthur, Roosevelt, Churchill ― The Shocking Truth Revealed : How Their Secret Deals and Strategic Blunders Caused Disasters at Pearl Harbor and the Philippines*（New York: Pocket Books, 1994），pp. 127-129, 388 が示している証拠資料。最後に引用した文献が結果として示しているように，研究書とあまり言えないような著作であっても，主要な論点に関する重要な情報源となり得るのだ。

137)　Stoler, *Allies and Adversaries,* chap. 2 and 3.

138)　"Plan Dog" memorandum, November 12, 1940, p. 19. この文書資料はオンラインで利用できる。URL は，http://www.fdrlibrary.marist.edu/psf/box4/folo48.html

139)　1941年9月11日付の「ビクトリー・プログラム」（the "Victory Program" of September 11, 1941）の正式名称は「陸海軍合同会議の見積もりによる合衆国全体の要求生産量」（"Joint Board Estimate of United States Over-All Production Requirements"）で，陸軍参謀総長のジョージ・マーシャル（George Marshall）と海軍作戦部長のハロルド・スターク（Harold Stark）が署名している。この文書は *American War Plans, 1919-1941,* ed. Steven Ross, vol. 5（New York: Garland, 1992）に所収されており，調査報告の本文は pp. 160-189で，補足文書の「陸軍地上戦力の見積」は pp. 190-201で見られる。直接引用した記述は調査本文の p. 4で，Garland 刊の資料集の p. 163からである。Sherwood, *Roosevelt and Hopkins,* pp. 410-418 も「ビクトリー・プログラム」を広範囲に引用している。

140)　Victory Program, p. 3（p. 162 in the Garland volume）; "Plan Dog" memorandum, p. 3.

141)　陸軍参謀本部スタッフのポール・ロビネット（Paul Robinett）大佐の日記，1941年9月12日の項，Stoler, *Allies and Adversaries,* p. 50 からの再引用（強調はストーラー）。

142)　Stoler, *Allies and Adversaries,* pp. 49-50 を参照。

143)　Victory Program, p. 9（p. 168 in the Garland volume）.

144)　Victory Program appendix, "Estimate of Army Ground Forces," p. 4（p. 193 in the Garland volume）.

145)　Ibid., pp. 4-5（pp. 193-194 in the Garland volume）.

146)　Ibid. スタークもアメリカは早急に行動すべきだと考えており，実際にドイツがロシアに侵攻した直後には「毎日の参戦の遅れが危険」との自身の考えを大統領に

話している。Stark to Cooke, July 31, 1941. Feis, *Road to Pearl Harbor*, p. 240 からの再引用。

147) Victory Program, p. 9 (p. 168 in the Garland volume); Craigie Report, para. 66, p. 153 in the *Confidential Print* volume cited in note. 80 above ; グルーの議論は Langer and Gleason, *Undeclared War*, p. 849 で以下のように引用されている。「一体なぜ日本との戦争にあわてて突き進む必要があるのか。ヒトラーが敗れれば——いずれそうなるのだから——日本問題は自然と解決される」というのが，グルーの疑問だった。

148) Victory Program, p. 10 (p. 169 in the Garland volume).

149) "Plan Dog" memorandum, p. 25.

150) Ibid., p. 3. あわせて Stoler, *Allies and Adversaries*, p. 30 も参照。陸軍の意見はもっと徹底していた。「プラン・ドッグ」に関して，日本の封じ込めを求めるスタークの意見は度を超していると，陸軍は不満だったのである。Stoler, *Allies and Adversaries*, p. 33.

151) Grew to Roosevelt, September 22, 1941, FRUS 1941, 4 : 469.

152) Hearden, *Roosevelt Confronts Hitler*, p. 213 からの再引用。

153) Stoler, *Allies and Adversaries*, p. 58. ただしここで引用したストーラーの説明から受ける印象と，スターク提督の状況認識はやや異なる。1941年9月の覚書で——シャーウッド曰く「大統領にとって非常に新鮮だった」文書だが——スタークは自身の見解として「たとえ日本との戦争に直面するほかないとしても，できるだけ早期に合衆国は対独戦争に参戦すべきである」と述べているのである。ここでのスタークの主張は，ヨーロッパ戦争への早期参戦を実現する手段がこれしかないなら，アメリカ政府は挑発的な対日政策をとるべきだというものではない。スタークの論点はシンプルで，もしアメリカが対独宣戦をすれば，ドイツと日本は同盟国なのだから，日本は対米参戦をせねばならないと考えるかもしれない——しかし，だからといってアメリカ政府は躊躇すべきではないと言っているのだ。とはいえ，この覚書の内容から考えれば，もし対独参戦が実現できるなら，日本と戦争になっても大惨事ではないというのが，スタークの考えだったと言えそうである。以上の覚書を長文で引用しているものとして，Sherwood, *Roosevelt and Hopkins*, pp. 379-380 を参照。

154) Heinrichs, *Threshold of War*, p. 213.

155) Stoler, *Allies and Adversaries*, p. 61.

156) Schroeder, *Axis Alliance*, pp. 182, 202-203.

157) とはいえ，この問題の直接の証拠が今後もまったく出てこないかは，判断のしようがない。私が英語版の原著を執筆していたとき，たとえばだが，依然として機密指定されているイギリスの文書群が，新しい手がかりになるかもしれないと考え

ていた。この点については，Warren Kimball, *Forged in War : Roosevelt, Churchill, and the Second World War* (New York: William Morrow, 1997), p. 357 の注 3 を参照。しかし，キンボールが注目していたこれらの資料はその後公開されたのだが，重要な情報はまったく含まれていなかった。それでも，この問題に新たな光を当てるかもしれない資料がついに見つかる可能性は，依然として残っている。

158)　Ernest May, ed., *Knowing One's Enemies : Intelligence Assessment before the Two World Wars* (Princeton: Princeton University Press, 1984).

159)　Ibid., p. 496.

160)　F. H. Hinsley, *British Intelligence in the Second World War : Its Influence on Strategy and Operations,* vol. 2 (London: HMSO, 1981), p. 75. カール・ボイド（Carl Boyd）も，自身の著作 *Hitler's Japanese Confidant : General Oshima Hiroshi and MAGIC Intelligence, 1941-1945* (Lawrence: University Press of Kansas, 1993), p. 31 でこの暗号解読文を引用している（カール・ボイド［左近允尚敏訳］『盗まれた情報――ヒトラーの戦略情報と大島駐独大使』原書房，1999年）。ボイドがこの資料を見つけたのは，アメリカの国立公文書館（National Archives）である。

161)　たとえば，Boyd, *Oshima,* p. 32（ボイド『盗まれた情報』）を参照。

162)　Anthony Cave Brown, *The Last Hero : Willd Bill Donovan* (New York: Vintage, 1982), p. 191.

163)　たとえば，以下の文献を参照のこと。Boyd, *Oshima,* p. 35（ボイド『盗まれた情報』）; Weinberg, *World at Arms,* p. 1001 n. 298; and Sherwood, *Roosevelt and Hopkins,* p. 441.

164)　Leutze, *Bargaining for Supremacy,* pp. 225, 242. 1941年 1 月に陸海軍合同会議の幕僚たちが準備した文書からの引用にも要注目である。この文書は同月にイギリス側と始まった軍事協議の土台となったものだ。「もし日本との戦争が避けられなかった場合は，合衆国は同時に大西洋でも戦争を開始すべきである」。George Dyer, *The Amphibians Came to Conquer : The Story of Admiral Richard Kelly Turner* (Washington, D. C.: U. S. Marine Corps, 1991), pp. 159-160 からの再引用。ローズヴェルトはこの文書を承認し，さらには自ら加筆している。*Simpson, Stark,* pp. 75-76, and Eric Larrabee, *Commander in Chief : Franklin Delano Roosevelt, His Lieutenants, and Their War* (New York: Harper and Row, 1987), p. 50 を参照。

165)　Schroeder, *Axis Alliance,* pp. 22-23. Richard F. Hill, *Hitler Attacks Pearl Harbor : Why the United States Declared War on Germany* (Boulder, Colo.: Lynne Rienner, 2003), p. 209 n. 37（引用したギャロップ社の世論調査）と chap.

6 (日本を「ヒトラーの傀儡」と見なすのが1941年12月のアメリカ社会の共通認識だった証拠はこの章を参照。フレーズそのものは，12月8日付の *Washington Post* 紙の記事が出所で，p. 114で引用されている).

166)　この関連で注目してほしいのは，真珠湾攻撃の直後，ドイツとの戦争が差し迫っているとアメリカの指導者たちが当然視していたことだ。もっと言えば，こうした見通しに安堵していたし，ヒトラーが実際に対米宣戦するかどうかにそこまで気をもんでいなかった。Sherwood, *Roosevelt and Hopkins*, p. 172 を参照のこと。

167)　日本側に「甘い顔をする」(babying) については，FRUS 1941, 4：372-374 を参照。「時間を稼ぐ」(playing for time) の方は the Hugh Dalton diary, entry for August 26, 1941, in *The Churchill War Papers*, ed. Martin Gilbert, vol. 3 (London: Heinemann, 2000), p. 1111.

168)　Henry Lewis Stimson Diaries [microfilm edition] (New Haven: Yale University Library, 1973), entry for October 16, 1941.

169)　Ibid., entry for November 25, 1941.

170)　Richard N. Current, "How Stimson Meant to 'Maneuver' the Japanese," *Mississippi Valley Historical Review* 40, no. 1 (June 1953): 67-74 を参照。以下の文献もあわせて参照。Langer and Gleason, *Undeclared War*, p. 886; and Dallek, *Roosevelt*, pp. 303-304, 307.

171)　Quoted in Reynolds, *Anglo-American Alliance*, p. 214 からの再引用〔翻訳にあたっては三人称を一人称に直した〕。

172)　Sherwood, *Roosevelt and Hopkins*, pp. 428-431. (シャーウッド『ルーズヴェルトとホプキンズ』上，引用は461頁) ローズヴェルトの反応に関する一層の証拠資料については，Dallek, *Roosevelt*, p. 311 を参照。

173)　Sherwood, *Roosevelt and Hopkins*, p. 431. (シャーウッド『ルーズヴェルトとホプキンズ』上，464頁) 以上の内容は，遠からずアメリカがドイツと戦争になることを，ローズヴェルトの最側近が当然視していたと示す点でも重要だ。真珠湾に対するアメリカ社会の怒りを利用して，ローズヴェルトが議会に対独宣戦布告をさせていれば，米独戦争はアメリカが始めた戦争になっていた可能性もある。しかしヒトラーの意図に関する機密情報を手に入れていたローズヴェルト政権は，ドイツからの宣戦を待つ決断をした。実際にドイツは，数日後に対米宣戦をしたのである。Hearden, *Roosevelt Confronts Hitler*, p. 221 を参照のこと。

174)　同じ文脈で，アメリカ参戦直前のスティムソンの態度も注目に値する。12月2日，事態が瀬戸際であると知った上でスティムソンは，蔣介石がワシントンに送ってきた特使に対して「もう少しの辛抱だ，そうすれば万事うまくいくだろう」と蔣に伝えるように話している。当時の状況を踏まえれば，スティムソンの言動が示しているのは，日米戦争の（日本からの攻撃による）勃発は，歓迎すべき事態だった

ということだ。Thorne, *Allies of a Kind,* pp. 83-84 からの再引用（ソーン『米英にとっての太平洋戦争』上，138頁。〔トラクテンバーグは省略しているが，このメッセージを伝えた蔣介石の特使は宋子文〕）。原文は the Stimson Diaries, reel 7, entry for December 2, 1941 を参照のこと。

175）　Dallek, *Roosevelt,* p. 312 からの再引用。あわせて *Churchill War Papers,* 3：1579 のイーデン英外相の説明も参照。

176）　Oliver Harvey diary, entry for December 8, 1941, *Churchill War Papers,* 3：1586.

177）　Thorne, *Allies of a Kind,* p. 75 から再引用（ソーン『米英にとっての太平洋戦争』上，125頁）。

178）　Leutze, *Bargaining for Supremacy,* p. 241 を参照。

179）　Charles Eade, notes of a luncheon with Churchill, November 19, 1941, *Churchill War Papers,* 3：1474. あわせて War Cabinet minutes, confidential annex, November 12, 1941, ibid., p. 1445 も参照。

180）　Peter Lowe, *Great Britain and the Origins of the Pacific War : A Study of British policy in East Asia, 1937-1941* (Oxford: Clarendon, 1977), p. 173

181）　たとえば ibid., pp. 260-261 を参照。この問題についての最重要の文書の１つは，アメリカに抗議する蔣介石の書翰だが，駐華イギリス大使が後に「自分が起草したものだ」と発言している。Thorne, *Allies of a Kind,* p. 70n.（ソーン『米英にとっての太平洋戦争』上，117頁）

182）　Meir Michaelis, "World Power Status or World Dominion？ A Survey of the Literature on Hitler's 'Plan of World Dominion' (1937-1970)," *Historical Journal* 15, no. 2 (June 1972)：352; see also pp. 353, 359.

183）　Richard Overy, *War and Economy in the Third Reich* (Oxford: Clarendon, 1994), pp. 194-195. 以上に関連して，ドイツと戦争になる前からアメリカでも大陸間横断型の重爆撃機の開発が始まっていた事実も重要だ（最終的に B-36 となる）。B-36 開発計画の起源については，Robert Lovett's testimony in 81st Cong., 1st sess., House Armed Services Committee hearings, *Investigation of the B-36 Bomber Program* (Washington, D. C.: GPO, 1949), pp. 24-26 を参照。

184）　Overy, *War and Economy,* pp. 194-195; Richard Overy (with Andrew Wheatcroft), *The Road to War* (London: Macmillan, 1989), p. 282; Andreas Hillgruber, "Der Faktor Amerika in Hitlers Strategie 1938-1941," *Aus Politik und Zeitgeschichte* (supplement to *Das Parlament*), May 11, 1966, p. 507; and Weinberg, *World at Arms,* pp. 86, 238-239, 250.

185）　この点に関しては，Sherwood, *Roosevelt and Hopkins,* pp. 125-126 を見よ。あわせて，ほとんど確実にローズヴェルトが重要だと思った部分に自分で印をつけ

たC. Harsh, "The 'Unbelievable' Nazi Blueprint," *New York Times Magazine,* May 25, 1941（http://www.fdrlibrary.marist.edu/psf/box31/a296L01.html）を参照。ハーシュの記事がローズヴェルトに与えた影響を評価したいのなら，注目に値するのは，ハーシュの記事で展開されている主張の1つを，ローズヴェルトがわが物としたことだ。その主張とは，ドイツがユーラシアを制覇すれば，脅威を受けるのは日本であり，だからアメリカと提携してドイツに対抗する地政学上の利益が日本にはあるというものだ。この議論をローズヴェルトは，1941年7月24日の駐米日本大使との会談で使っているのである（FRUS Japan 2 : 530）。これこそ典型的な「手 が か り」で，こうした問題で少なくとも仮の結論にたどり着くのに役立つ。

186）以下から再引用。Hillgruber, "Faktor Amerika," p. 515, and in R. A. C. Parker, *Struggle for Survival : The History of the Second World War*（Oxford: Oxford University Press, 1989）, p. 63. 同様の議論をヒトラーは1940年10月4日にも行っている。Barry Leach, *German Strategy against Russia, 1939-1941*（Oxford: Clarendon, 1973）, p. 77n.（バリー・リーチ［岡本雷輔訳］『独軍ソ連侵攻』原書房，1981年）

187）Antony Read and David Fisher, *The Deadly Embrace : Hitler, Stalin and the Nazi-Soviet Pact, 1939-1941*（New York: Norton, 1988）, p. 549.（アンソニー・リード，デーヴィッド・フィッシャー［根岸隆夫訳］『ヒトラーとスターリン——死の抱擁の瞬間』上下，みすず書房，2001年）あわせて Weinberg, *World at Arms,* pp. 204-205 も参照。

188）Stephen Van Evera, *Causes of War : Power and the Roots of Conflict*（Ithaca: Cornell University Press, 1999）, esp. chap. 4, および Dale Copeland, *The Origins of Major War*（Ithaca: Cornell University Press, 2000）を参照。

189）Norman Goda, *Tomorrow the World : Hitler, Northwest Africa, and the Path toward America*（College Station: Texas A&M University Press, 1998）, esp. pp. 67, 69, 177, 195-196. ちなみに，こうした研究を見つけるにはどうしたらいいのだろうか。自分の大学の図書館の検索システムを使うだけだ。タイトルに"Hitler"（ヒトラー）（もしくは"Nazi"［ナチス］か，あるいは"Germany"［ドイツ］でもいい）と"Africa"（アフリカ）を含む図書を検索してみよう。いったんこの一冊にたどり着いたら，ゴーダの最高の文献リストに載っている多種多様な先行研究をたどって，さらに研究を深められることを忘れないように。

190）とくに Robert Jervis, "Cooperation under the Security Dilemma," *World Politics* 30, no. 2（January 1978）: esp. pp. 199-206 を参照。この区別不可能問題（the indistinguishability problem）がとくに深刻だったのは，空軍戦略の領域だった。なぜなら，1939年3月のアメリカ陸軍航空隊（the U. S. Army Air Corps）

の覚書が指摘しているように，航空攻撃に対する防衛は「敵基地に配備されている段階でその航空戦力を破壊すること」によって最も効率的に達成できるからである。その帰結はと言えば，紛争の当事者双方がさらに航続距離を求めることになる。ということは，どちらにとっても，相手が配備している戦力の展開地域や種類から，その戦略的意図を読み取ることがどんどん難しくなっていくのである。アメリカ陸軍航空隊による1939年3月の覚書と，参戦前にアメリカが着手した爆撃機の開発計画で，航続距離が増加の一途をたどった意義については，Craven and Cate, *Army Air Forces*, 1 : 119-120.

191)　フランス領北アフリカを占領する必要性をローズヴェルトがどのように公式に正当化したかは，注目に値する。その文言は Goda, *Tomorrow the World*, pp. xiii -xiv が引用している。

192)　Overy, *Origins of the Second World War*, pp. 62, 69-73, and Richard Overy, "Germany, 'Domestic Crisis' and War in 1939," *Past and Present*, no. 116 (August 1987): 167-168, reprinted in Overy, *War and Economy*, pp. 231-232.

193)　Overy, *War and Economy*, p. 195.

194)　Hillgruber, "Faktor Amerika," pp. 522-523. あわせて Gerhard Weinberg, "Germany's Declaration of War on the United States: A New Look," in his *World in the Balance : Behind the Scenes of World War II* (Hanover, N. H.: University Press of New England, 1981) も参照。

195)　Jervis, "Cooperation under the Security Dilemma," esp. pp. 186-199, および Van Evera, *Causes of War* を参照。この研究領域の近年の状況を概観したものとして，James D. Morrow, "International Conflict: Assessing the Democratic Peace and Offense-Defense Theory," in *Political Science : The State of the Discipline*, ed. Ira Katznelson and Helen Milner (New York: Norton, 2002).

196)　野村吉三郎大使との会談での，海軍作戦本部戦争計画部長のターナー (Richmond Kelly Turner) 准将の発言。Turner to Stark, July 21, 1941, FRUS Japan 2 : 519. この発言は以下の博士論文で引用され，検討されている。Deborah Miner, "United States Policy toward Japan 1941: The Assumption That Southeast Asia Was Vital to the British War Effort" (Ph. D. diss., Columbia University, 1976), pp. 243-244 (強調はトラクテンバーグ).

197)　「無制限国家非常事態」(Unlimited National Emergency) を宣言したローズヴェルトのラジオ演説，May 27, 1941, Roosevelt, *Public Papers*, 10 : 188-189.

198)　Craven and Cate, *Army Air Forces*, 1 : 117-118; Roosevelt, *Public Papers*, 9 : 198, および注13) に挙げた *Public Papers* 所収のその他の文書。

199)　注183) と注190) で引用した資料の他，以下を参照のこと。Robert Frank Futrell, *Ideas, Concepts, Doctrine : Basic Thinking in the United States Air*

Force, 1907–1960 (Maxwell Air Force Base, Montgomery, Ala.: Air University Press, 1989), 1 : 109–111; and Thomas Greer, *The Development of Air Doctrine in the Army Air Arm, 1917–1941* (Washington D. C.: Office of Air Force History, 1985), pp. 93 (for the quotation), 94, 100–101, 118–119.

第5章
文書を使いこなす

WORKING WITH DOCUMENTS

第3章と第4章で一通り述べた方法で，ほとんどの目的は達成できるだろう。だが，より高みを目指したければ，どうすればいいだろうか。歴史的な出来事の本質を明らかにすること——または，とにかく可能な限り深く掘り下げること——が目標だとしてみよう。この場合，一次資料の調査に多くの時間を費やさないといけないだろう。きっと公刊資料のコレクションを見る必要もある。利用可能なマイクロフィルムやマイクロフィッシュ，電子的な形式の資料も使うべきかもしれない。国の内外の資料館でも資料調査をした方がいいだろう。

どうやってこうした調査をすればいいのだろうか。利用可能な資料は膨大かもしれない。どこから手をつけてどのように進めようか。どのようにしてそれぞれの文書を評価すべきだろうか。そして，どうやって調査した資料に意味を見出していけばいいのだろうか。

一次資料の調査——基本的な考え方

ある問題を当時の資料に基づいて研究する必要があったとしても，手当たり次第にとりかかったり，話が見えてくるまで次々に文書を読んだりして，まったく無計画に資料にあたるべきではない。いつも通り，問い（読んだ文書の中で何が重要かをわからせてくれる問い）を心に留めてとりかかるべきだ。問いを立てられれば，どのコレクションに焦点を絞るべきかや，調査をしていく順序について，よりよく理解することになるだろう。

基本的には2つの方法で問いを考え出すことができる。まず，関心のあるテーマに関して，これまでの学者の議論を参考にできる。そこで，前の2章で話してきたテクニックが使える。これまで歴史の文献を分析して，歴史の問題の

構造に関する理解を深めてきた。全体の議論が，比較的限定的な（逆に言えば具体的な証拠に支持されている）主張に，どう依拠しているのかもわかっている。そこで，次の問いを立てよう。その全体の議論はどう構成されているのか。具体的な主張は妥当なのか。引用されている証拠は実際のところ何を表しているのか。主要な論点をめぐって学者の意見が一致していないのなら，誰が正しいのかという問いを立てられる。これに結論を出すために，示された証拠を見るだけでも，食い違う議論をただ比較する以上のことができる。自分でその証拠を吟味できるのだ。そして，主要な論点で結論を出すにあたっては（たとえ的を狭く絞ったとしても）有益な一次資料に関する，前の章の議論を覚えているかもしれない。こうした基本的なテクニックであっても，より徹底的に，より体系的に使うことができる。

　または，基礎的な考え方に集中して，歴史上の主要な問題について自力で考え抜こうとすることもできる。ここで考慮すべきポイントは，国際政治には紛争がつきものということだ。様々な国家が多様なものを望み，その望みが互いにぶつかったときに起こることに関するものなのである。だから，ある時代の国際政治を学ぶ際には，次の基本的な事柄から始めよう。それぞれの国家は何を望んでいるのか。どのような政策が実行されているのか。どういった考えにその政策は根ざしているのか。それぞれが実際に何を行い，おのおの相手の行動にどう反応するのか。言い換えれば，ここでの基本的な展開は何なのか。「展開」という言葉は，様々な出来事の単純な記録だけを意味しているのではない。何らかの因果関係の構造がある展開を意味しているのだ――なぜ物事が実際の道筋を通り，どうやって A 地点から B 地点へと至ったのかについて，何らかの意味を与えてくれる展開である。

　もしこれらが基本となる問いであれば，どうやって答えようとするだろうか。様々な方法で始めることができるし，同時に少なくとも 2 つくらいの異なる方向から取り組むのも悪くはない。その一方で，事柄を関連づけ始めるべきだろう――何が重大な展開なのか，どの事柄が他の事柄と関係しているのかを理解する必要がある。そのために，特定の問題を日付順に扱っている外交文書を読み，または，特定の期間にある事柄を最初から最後まで扱った（たとえば）外務省のファイルを読むことができる。新聞や雑誌，演説，記者会見など，最も簡単にアクセスできる公開資料を調査することも可能である。*New York*

Times Index（『ニューヨーク・タイムズ・インデックス』）――『ニューヨーク・タイムズ』そのものではなく，インデックスだ――に掲載されている，関係のある項目を見るだけで，驚くほど多くのことを学べるだろう。

しかし，同時に，何が基本的な考えなのかを理解すべきだろう。つまり，政策をコントロールし，ある国家が実際に何をするかを決定したキーパーソンの目を通じて，世界を見ようとしなくてはいけない。最初に読む必要があるのは，政策形成のキーパーソンの考え，とりわけ，それぞれの国内における政治指導者の考えを記録した文書だ。これは，アメリカ国家安全保障会議（NSC）や，イギリスの内閣，共産主義国の政治局の議事録のような，公式の文書の場合もある。政府の高官などの個別会談を記録した文書といった，非公式なものの可能性もある。純粋な内部文書や，政府間の高級レベル会談を記録した文書かもしれない――実際，高級レベル会談の記録はきわめて興味深いこともある。ただし，会談録のみが理解を深めてくれる文書だというわけではない。たとえば，外交通信（diplomatic correspondence）――主要な外務省当局者と国外の政府代表との文書――は，この文脈で大変重要なこともある。

このように，研究の戦略を左右する基本的な原則の1つは，トップから始めて，そこから進んでいくことである。実際問題としてこれが意味しているのは，できるだけ早く，多くの，より重要な国が発行した外交文書のコレクションを調査するのが合理的ということだ――アメリカ国務省の *Foreign Relations of the United States*（FRUS）（『アメリカ外交文書』）シリーズや，*Documents diplomatiques français*（DDF）（『フランス外交文書』），イギリスやドイツ，その他のいろいろな国が発行している様々なシリーズがある[1]。これらのコレクションに収録された文書は，もともと一般向けには書かれておらず，だいたい，書かれてから約30年後に公開されたものである。これらのコレクションが役に立つ理由の1つは，編集者（たいてい専門的な訓練を受けた歴史家）が出版にあたって比較的重要な文書を選択することが多いからだ。外務省や国務省から刊行されたとしても，他の省庁の資料が含まれることもある。たとえば，NSC のメモは，しばしば FRUS に収録されて出版されている。

公刊資料は他にもあり――日記，政策形成における重要人物の個人文書コレクションなど――こうした資料は，自分のストーリーの中で主要な役割を果たした個人の考えを理解するために，研究の比較的早い段階で参照した方がいい。

もちろん，こういった資料を最初から最後まで読む必要はなく，索引を使うことで重要な事柄に狙いを絞れる場合もある。だが，公刊資料を使うだけでは，できることに限界がある。マイクロフィルムやマイクロフィッシュ，電子形式の資料も調査する必要があるだろう。たとえば，NSC の記録はマイクロフィルムで利用可能で，FRUS に収録されていない，または一部しか収録されていない会議のメモを多く含んでいる。こうした資料は驚くほど簡単に利用できる。本章の最後の節と附録 II で，そのような資料をどうやって見つけ，それに取り組むのかについてもっと詳しく説明しよう。

　本格的な研究では，普通，より深く調査する必要があるだろう。この場合，望み通りに理解を深めるには，実際に資料館で調査をする必要があるのはほぼ確実だ。こうした調査は一般に思われているほど恐ろしいことではない。だいたい，資料館での調査は大変おもしろい。だが，資料館で調査をするには，どこから手をつければいいだろうか。アメリカでは，大統領図書館が最も豊富に資料——政策形成の最も高いレベルに関係する資料——を所蔵しているので，かなり早い段階で 1 つか 2 つ訪れる必要があるかもしれない。イギリスでは，おそらくイギリス国立公文書館（かつてはパブリック・レコード・オフィスと呼ばれた）の資料を調査することから始める必要があるだろう——つまり，内閣の記録や首相府の記録などである。他の国でも，最も重要な資料のコレクションが何であるかを理解するのは，さほど難しくない。重要な原稿のコレクションも参照できる。歴史の研究をするにつれて，誰がキーパーソンかについて理解するようになっていく。彼らは書類のコレクションを残していることがあり，そうしたものは研究可能だ。これについても，本章の最後にかけてと附録 II でより詳しく説明しよう。

　誰が実際のキーパーソンかがどうしてわかるのかと，不思議に思うかもしれない。もちろん，肩書きだけでは判断できない。たとえば，アメリカの制度では，大統領は政策形成に主要な役割を果たすかもしれないが，果たさない場合もあるのだ。国務長官はキーパーソンかもしれないが，部下に使われている場合もある。だが，テーマを厳密にしっかりと研究するにつれて，誰が本当に重要なのかという問いには，おのずと答えが出てくるものである。誰が誰に仕事を任せて，誰が主導的な役割を果たし，誰が疎外感を覚えたり表面上政策形成に関わらないことを選択したりしたのか，外国の政府とやりとりをしたのは誰

かがわかってくる。

　誰が主導的な役割を果たしていたのかを理解するのはあまり難しくないから，自分の目的にとって最も価値がある資料を見分けるのもあまり難しくはない。だが，こうした資料だけで我慢するべきだと言っているわけではない。研究プロジェクトを始めたら，すぐに範囲を広げていくことができる。ある政策決定で，軍事的な考慮が重要な要因だったと気づいたら，軍の視点をより深く理解する必要があると感じるかもしれない。とすれば，軍の資料を調査する必要があるということであり，繰り返しになるが，基本的なルールはトップから始めて降りていくことである。つまり，国防に影響力がある文民と軍の上層部の記録から調査を始めるのだ。これは，アメリカの場合，統合参謀本部と国防長官府の記録から手をつけることを意味している。こうした資料を調べるにつれて，特定の論点をより深く研究する必要があると判断する場合もあるだろう。そうなれば陸軍の記録を見る必要があるかもしれないし，1950年代後半にNATO司令官を務めたノースタッド〔Lauris Norstad〕将軍といった，主要な軍司令官の文書の調査が必要なこともある。そして，問いを念頭に置いてこうした資料を調査していく。問いによって，狙いを定める文書が収録されている簿冊やボックスが決まるからだ（資料目録から，それぞれのボックスや簿冊の内容がだいたいわかることも多い）。同様の基本的な方法は，国務省や外務省，諜報機関の資料にも当てはまる。このような資料は，マイクロフィルムや電子形式で利用可能な場合もある。

　ここで注意すべきなのは，研究プロジェクトは一人歩きする傾向があるということだ。自分が主導権を握っていると考えるかもしれないが，そうではないとすぐに気づく。研究を進めるにつれて問いが形作られていき，その問いに答える必要が出てくる。研究の途上で，当時何が起きていたかを理解しようとするとき，どういった問いが出てくるのかを前もって知ることはできない。基本的にプロジェクトの成り行きに任せないといけないのである。

　具体的な例をいくつか挙げよう。最初は，キューバ・ミサイル危機に関するものだ。この危機を研究していると，あることに（おそらく自力で，または他の学者が指摘しているから）気づくだろう。すなわち，ソヴィエトがキューバにミサイルを送り込んだという演説をケネディ大統領が行った1962年10月22日に，「長期戦」——つまり何か月も続く危機として——の観点からアメリカは考え

ていたが，2，3日後にはその見方が劇的に変化したことにだ。[2)] 10月25日まで
に，緊迫の度合いは非常に高まった。アメリカの指導者たちは，この危機がす
みやかに解決される必要があると感じるようになっていた。この変化はどうや
って説明できるだろうか。この疑問は重要である。なぜこのような形で危機が
頂点に達したのかという大きな問いに影響するからだ。そして，こうした問い
を研究の中心に置くことで，より焦点を絞って研究ができるようになる。調査
している資料から，一層効率的に意味を引き出すことができるようになるので
ある。

　同じエピソードから他の例を出してみよう。ケネディの計画は，ミサイル基
地の建設を中止させ，それからソヴィエトとの交渉に入ることだったと，文書
を調べるとわかる。だが，交渉は行われなかった。かわりに，ソヴィエトは10
月27日の晩にアメリカが提示した条件を受け入れた。もしアメリカがより穏当
な提案を検討していたのなら，なぜソヴィエトが事実上の最後通牒に応じるこ
ととなったのかを理解しづらい。これは，ソヴィエトがケネディの計画に気づ
いていなかったことを意味しているのか。だが，その場合，どうしてケネディ
の意図を知らないままだったのか。繰り返すが，これは研究可能な比較的限定
的な論点であり，これに答えることで，なぜ危機が現実の通りの経緯をたどっ
たのかをよりよく理解することができる。

　あるいは，1914年7月の危機における，第一次世界大戦の起源を研究してい
るとしよう。当時，ロシアの初期の政策は，オーストリアの侵略に抵抗するの
ではなく，運命を「列強の判断に」託すべきだとセルビア人にすすめることだ
った。[3)] もしこの姿勢が変わらなければ，欧州大戦はきっと避けられただろう。
だが，7月24日にその姿勢を示してから数日のうちに，ロシアの方針が変化し
たことに気づくはずだ。今やオーストリアの侵略はヨーロッパで戦争が起こる
ことを意味した。このとても具体的な政策の変化をどうやって説明できるだろ
うか。

　この危機におけるロシアの政策に関して，他の事例も出してみよう。ロシア
政府は，戦争が差し迫っていると感じたため，7月30日に総動員令を出した。
ロシアの動員はドイツの動員へとつながり，ドイツにとって動員は戦争を意味
した。だが，ドイツは最初に動員をする国にはならないと決めていた。戦争を
不可避にした決定的な一歩を踏み出した国はロシアである，とはっきり示せる

ようにしたかったのだ。最初に動員をしないことがドイツの政策であるとロシア政府が理解していれば，ロシア政府は総動員令を出しただろうかと思うかもしれない。もしロシアがドイツの政策が何であるかを理解していれば，行動を強く迫られることはなかったかもしれない（と推測するだろう）。だから，ドイツの政策についてロシアが何を知っていたかという問いには，一定の重要性がある。この限定的な論点は，基本的に研究可能だ。この論点の本質に迫るために検討すべき資料——たとえば，ベルリン駐在ロシア武官の報告書——についての考えも浮かんでくるかもしれない。

　このような問いを研究するには，詳細な情報をただ集めればいいわけではない。これらの論点は，より広い文脈の解釈に影響するから重要なのだ。ここでふたたび基本的なテクニックに注目しよう。ここでの目標は，解釈に関する大きな論点が，比較的，限定的かつ具体的で，だからこそ，より簡単に研究できる問題に左右されると理解することである。七月危機（第一次世界大戦の開戦過程）から他の例も出してみよう。ロシアは7月29日にオーストリアに対する部分的な動員令を出し，ドイツの宰相は，有名な「炎上する世界」(world on fire) 電報をウィーンに送って反応した。「みだりに，そしてわれわれの助言を無視して，ウィーンによって世界の大火に引きずりこまれることを拒否しなければならない」と，彼は記したのである。[4] ドイツ政府は，今や戦争が現実味を帯びていると気づいており，瀬戸際から引き戻そうとしていたようだ。だが，その電報が送られてからたった14時間後に，ロシアは総動員令を出し，その後戦争は事実上不可避となった。こうして，その14時間に何が起きたのか，または何が起きなかったのか，そして原因は何かという，とても限定的な問いに焦点を絞ることで，第一次世界大戦の起源に関する大きな論点に取り組むことができる。もしドイツの宰相が「炎上する世界」電報の政策を遂行する必要が本当にあったのなら，何をしないといけなかったかを考えてみる。すると，彼がその期間に戦争を阻止するために本腰を入れた行動をとっていないことに気づき，この具体的な例で行動を起こさなかった理由を説明するために，証拠となる手がかりを探すことになる。

　このように，ただ細部に気を配っているだけではない。データ集め自体が目的だというわけでもない。意欲的に答えを探しているのである。ストーリーがどういったものかを積極的に理解しようとしているのだ。ただ文書を読めば，

あたかも熟した果実が膝に落ちるかのように，知的に努力することなく重要な結論が出てくるというものではない。真剣に考える必要がある。調査しているエピソードについて，何が解くべきパズルなのかを考えるべきだ。研究対象の人物の立場になって考えないといけないし，その立場なら何をする必要があったのかを問う必要もあるだろう。こうした訓練によって，彼らが直面した問題について敏感になり，自分自身の研究の焦点を絞ってくれる問いを作れるようになる。

　こうやって物事を処理していく中で，テーマについてほとんど自動的により深く理解するようになる。はっきりと自覚せずとも，何が起こっていたのかについての基本的な理解が変わっていくのだ。きっと，そのテーマを最初に理解したときの単純な考えを乗り越えることになるだろう。たとえば，キューバ危機の事例では，一方が瞬きをするまで両者がにらみ合いを続ける単なる対立だったというものであり，七月危機の事例は，危機がただ「制御不能になった」から戦争が起きたというものである。こうした単純な表現では，起こっていたことを理解できないとわかるようになる。エピソードの本質や複雑さへの理解が深まるのだ。

　このように解釈を深めていく過程は，かなりわかりやすい。問いを立てることから始める。そして，証拠を検証して問いに答えようとする。こうするうちに，新しい問いがまとまってきて，その新しい問いにも答える必要が出てくる。以上の過程に導かれるがまま研究を進めればいいだけだ。ここに理解できない謎めいたことは何もないのである。

証拠を評価する──いくつかのテクニック

　解釈がそもそも文書を証拠とする詳細な研究に基づいているということを，歴史家は当たり前だと思っている。しかし，もし文書がそれほど重要なら，文書に残る具体的な証拠が信頼できるかどうかを判断する，何らかの方法が必要ではないだろうか。

　歴史家は普通，この問題にとりたてて関心を持っていない。たしかに，資料が信頼できるかという疑問──つまり，文書が実際の出来事を正確に記録しているかという疑問──は，ときどき生じる。しかし，こういったことに歴史家

は，ある証拠について何かおかしなことがあると感じたときにだけ関心を持つことが多い。つまり，自分が理解している，より大きな全体像に合わないときだ。疑いが生じたとき，歴史家はその文書について狭く的を絞った問いを立てることができる。もしある会議を文書が記録しているのなら，その会議が実際に開催されたことを示す他の証拠を（出席者の記録や手帳に）見つけられるだろうか。もしこれが政府間の会談であれば，相手政府のファイルの中に別の会談録はあるだろうか。ある発言をしたとされる人物について知っていることから考えて，こうした発言は真実だと考えられるだろうか。このように様々な常識に基づくテストをして，その文書が信頼できるかについての結論にたどり着く。[5]

　だが，こういった問題はあまり起きないし，資料館（かどこか）で見つけた文書は基本的に本物だと見なせると，歴史家は考える。この場合の本物とは，たとえば，もし誰かが何かを発言したと何らかの公文書に書いてあれば，その人物はおそらくそのようなことを実際に言ったのだろうという意味だ。結局のところ，文書は政府内部の目的のために作られるので，もし記録が正確でないとすれば，記録を保持する目的は何なのだろうか。文書が書かれているときの主要な目的が，30年後に——つまり，目の前の問題について誰もたいして気にしなくなったときに——歴史家を欺くことだと考えるのは困難である。ただし，これはあくまでも一般的な話であって，そういった記録が完璧だという意味ではない。たとえば，議事録が発言のすべてについて完全で絶対に正確な記述をしているということではない——これは明らかに期待できないことであり，事実，文書は様々な形で誤っている。たとえば，会議の記述は，影響力のある人物にとって都合の悪い資料を含んでいないかもしれないし，政治的な理由で特定の事柄が省略されているかもしれない。日記のような資料も鵜呑みにしてはいけない。だが，もし公文書に誰かが何かを実際に発言したと記録されていれば，それがただのうそではないと十分確信できる。

　ある公文書が，当時は機密指定されたが，数十年後に公開されたとしよう。それを基本的に信頼できるか判断する際は，自分が歴史的な資料を何年も扱って培ってきた印象が助けになる。同一の会議に関する複数の記録にしばしば出くわすため，それらの記録を互いに簡単に比較できる。たとえば，ケネディ大統領が1963年1月22日の国家安全保障会議で述べた見解に関する記述は，1961〜63年のFRUS第8巻に収められているものの他に，同じ巻のマイクロフィ

ッシュの補足でも3つが利用可能だ。さらに，ケネディ図書館でも，5つ目の記述を閲覧できる[6]。1957年11月19日のダレス（John Foster Dulles）国務長官とフランス外相との会談録は，フランスとアメリカ両方に存在する[7]。1962年12月のナッソー会談については，イギリスとアメリカ双方の議事録がある[8]。他にも多くの例を挙げることができるし，事実，あまり強調されないが，複数の資料館で調査をする理由の1つは，同一の会談について複数の記録を手に入れることができるからだ。比較をすれば，調べている記述の信頼性について判断できるだけでなく，ある種の資料の信頼性についておおまかな判断することができる。

　このプロセスについて，いくつか例を挙げてみよう。最初は1945年7〜8月のポツダム会談ついてである。同一の首脳会談に関する，アメリカ，イギリス，ソ連の記録がすべて刊行されているので，ポツダム会談はとくに興味深い事例だ。それどころか，アメリカの記録には，当時，駐英アメリカ大使館一等書記官であったルウェリン・トンプソン（Llewellyn Thompson）による議事録と，バーンズ（James F. Byrnes）国務長官の特別補佐官ベンジャミン・コーエン（Benjamin Cohen）によるものの，2つがある。これらの記録をそれぞれ比べたとき，何に気づくだろうか。例として，1945年8月1日に開催された12回目の全体会合の記録を取り上げよう。その会議で，スターリン（Joseph Stalin），バーンズ，トルーマン（Harry S. Truman），そしてイギリスの外相アーネスト・ベヴィン（Ernest Bevin）が，ドイツの様々な資産を戦勝国でどのように分割するかを協議した。その議論の中心となる部分について，4つの記録の記述を見ていこう。

トンプソンの会談録

　スターリン氏は，次の線で合意に至れるかもしれないと提案した。ロシアは連合国がドイツで見つけた金塊を要求しない。株式と海外投資に関しては，おそらくソヴィエトと西側の占領地域との境界線が分割ラインとなり，それより西はすべて連合国〔ソ連と連合していた西側諸国〕のものとなり，それより東はすべてロシアのものとなる。

　大統領は，それはバルト海からアドリア海に延びる線を意味しているのかと訊ねた。

スターリンは肯定し，海外投資に関して，この線の西に位置する，ヨーロッパの投資はすべて連合国のものとなり，東ヨーロッパにおける投資はすべてロシアのものとなると述べた。たとえば，ルーマニアとハンガリーにおけるドイツの投資はロシアのものとなると述べた。

ベヴィン氏は，他の国におけるドイツの投資が自分たちのものになるかどうかを訊ねた。

スターリン氏は，そうであると返答し，フランス，ベルギー，そしてアメリカについて例として言及した。

ベヴィン氏は同意し，ギリシャはイギリスに属するのかと訊ねた。[9)]

コーエンのメモ

スターリン：われわれは金塊を要求しない。外国投資の株式について，軍事境界線の西側にあるものはすべて放棄する。そのラインの東側は，すべてわれわれのものとする。

トルーマン：それは，その線の東にあるドイツの投資のみを意味している［に適用される？］。

スターリン：たとえば，ルーマニアとブルガリアにおけるドイツの投資だ。

アトリー〔Clement Attlee〕：同意する。

ベヴィン：ギリシャはイギリスに属する。[10)]

イギリスの記録

ソヴィエト政府は［スターリンが言うには］，西側の地域にある企業の株式と，西側の地域で連合国が見つけた金塊と，ドイツの国外資産に関するものについて，すべての要求を撤回する用意がある。これは，次の通り言い表せるかもしれない。ロシアが占領している地域と西側が占領している地域の境界線より西に位置する国のすべての資産を，イギリスとアメリカの裁量に任せるものとし，他方，その線の東の資産はすべてソ連に任せるものとする。こうして，たとえば，フランス，ベルギー，オランダと西半球の資産は，イギリスとアメリカの裁量に任せることとなる。他方，たとえば，フィンランド，ブルガリア，ルーマニアのものはソ連に任せることになる。

ベヴィン氏は次のことを訊ねた。ロシア軍に占領された地域にあるドイツの

海外資産はすべてソ連の裁量に任せることとなり，それ以外の地域にある
資産はすべてイギリスとアメリカに任せることとなるということを，スタ
ーリン首相の提案は示しているのか。これに対して，スターリン首相は肯
定した。[11]

ソヴィエトのメモ

スターリン：ソヴィエト代表団は，金塊の請求権を放棄する。西側の領域に
　　あるドイツ企業の株式についても，請求権を放棄する。西ドイツ全体があ
　　なた方のものとなると見なし，東ドイツはわれわれのものとする。これで
　　同意できないか。

トルーマン：この提案については話し合う必要がある。

スターリン：ドイツの投資については，こう言い換えよう。東ヨーロッパに
　　おけるドイツの投資はわれわれのものであり，残りはあなた方のものであ
　　る。

トルーマン：これはヨーロッパにおけるドイツの投資のみに適用されるのか，
　　または他国の投資にも同様に適用されるのか。

スターリン：より具体的にしたい。ルーマニア，ブルガリア，ハンガリー，
　　フィンランドにおけるドイツの投資はわれわれのものになり，残りはすべ
　　てあなた方のものになる。

ベヴィン：他の国におけるドイツの投資はわれわれのものになるのか。

スターリン：南米やカナダなど，他のあらゆる国においては，すべてあなた
　　方のものである。

ベヴィン：ということは，占領地の西側にある，他国のすべてのドイツ資産
　　は，アメリカ，イギリス，その他に属することになるのか。これはギリシ
　　ャにも適用されるのか。

スターリン：そうだ。

バーンズ：これはどのようにドイツ企業の株式の問題に適用されるのか。

スターリン：われわれの地域においてはわれわれのものになる。あなた方の
　　地域においてはあなた方のものになる。[12]

これらの記述を比べると，何が議論の要点なのかが明快になる。ドイツの資産

は東西に引き裂かれており，経済的な事柄に関する同意には，ある種の政治的な含みがあった。もちろんこれらの記述はいくつかの点で異なっているが，そうであっても，実際にあった発言について考えをまとめられないことはない。たとえば，アメリカ側の２つの記録は，ベヴィンがギリシャを要求したことを表しており，ソヴィエトのメモも彼がギリシャの問題を提起したことを示している。だが，イギリスのメモではギリシャが名指しされていない。それでも，ベヴィンが実際にその国にはっきりと言及したと結論づけるのは，筋が通っている。というのも，イギリスの議事録でギリシャへの明示的な言及がないのは十分理解できるからだ。西側の政府は，内部文書でさえ，指導者がこれらの問題をより慎重に扱っているように見せようとする。もちろん，ベヴィンが実際に「ギリシャはイギリスに属する」と言ったということではない。直接的ではない言葉遣いをしたのは当然だ。だが，彼の発言の要点をつかもうとした記録係にとっては，ベヴィンによる問題の提起がちゃんと読み手に伝わるだろうと想像するのは難しくなかった。

　第二の例として，1959年12月に開催された，西側政府首脳によるランブイエ会談を扱う。参加した４か国の首脳はすべて，この会談について回顧録で書き残している。このようなことはとても珍しく，だからこそ興味深い事例だ。しかも，イギリスとフランスの議事録もある。13) だから，回顧録の記述を互いに比較することも，資料館に所蔵されている議事録や，公刊された外交文書に収録されているものと比較することもでき，さらに，イギリスとフランスの議事録を互いに比較することもできる。こうすると，どんな結論が出てくるだろうか。回顧録の記述は，たがいに大きく異なり，イギリスとフランスの議事録とも大部分で異なる。他方で，英仏の議事録は実際の発言に関してとても似た記述をしている。このような状況で，どの資料が疑わしくどれが信頼できるかを判断するのは難しくない。たとえば，アイゼンハワーは，退任から数年後に出版した回顧録で，シャルル・ド・ゴール・フランス大統領の提案を拒否したと記している。ド・ゴールの提案とは，フランス，アメリカ，イギリス政府が「世界中で共通の利益を追求するために一種の三頭政治」を打ち立てるというものだ。14) しかしながら，イギリスの記録では，ド・ゴールが促すことはほとんどなかったにもかかわらず，アイゼンハワーが「秘密裏に３か国の政府に共通する利益について議論するための３か国による機関を設立すること」を示唆している。

そして，フランスの記録もまた，アイゼンハワーがこのとき3か国の「秘密の
メカニズム」(mécanisme 'clandestin') の設立を求めたとしている[15]。

　では，何を信頼すべきで，これらの回顧録は何を示しており，以上の文書は
何を表しているのだろうか。回顧録というものは多くの人々に読まれることに
なっており，著者は何を書くかを決めるにあたって，この基本的な事実を当然
視しないといけない。しかし，公式の記録を準備する人は，人々がどう反応す
るかについてあまり気にする必要がない。彼らは，より正直でいられるのだ。
文書はそのときにとられたメモに基づいて書かれる。回顧録は数年後に書かれ，
もちろん人の記憶は時間とともに薄れる。だから，文書と回顧録を一対一でつ
きあわせるときでも，文書が勝るだろう。2つの政府によって数年後に公開さ
れた，別々に作成された文書があり，そして，これらの文書がほとんど同じこ
とがあったと示しているときは，まったく勝負にならない。文書の圧勝である。

　3つ目の例を挙げさせてほしい。おそらくこの事例は3つのうちで最も興味
深い。公式の議事録と実際の発言をここで比べることができるからだ。キュー
バ・ミサイル危機の間，ケネディ大統領は顧問たちに会い，どう対処すべきか
を話し合った。その時の議論は（ほとんどの参加者が知らぬ間に）録音されてお
り，その書き起こしは最終的に出版された。また，公式の議事録も録音につい
て何も知らなかったNSC職員，ブロムリー・スミス（Bromley Smith）がその
ときに作成していた。この議事録は，1978年からケネディ図書館で利用できる
ようになっており，最終的にはこちらも出版された。だから議事録と，対応す
る録音の書き起こしとを比較することができる。音声テープそのものを聞くこ
とすら可能だ。以上のようにして，こういった議事録なら歴史的な資料として
どれほど信頼できるかを，自分自身で判断できるのだ[16]。

　比較をすると，スミスの目的が明らかになってくる。彼の目的は，すべての
コメントを発言された正確な順番で，あたかもすべてが同じく重要かのように
詳しく記述することではなかった。そうではなく，議論の要点を可能な限り明
確にすることだった。そのため，議論は実際よりも焦点が絞られたものとなっ
ている。これがこういった公式の記録と書き起こしとの違いである。公式記録
が根本的に不正確だという意味ではない。もし議事録を一文一文じっくり読む
と，発言についてスミスが基本的に正確な記述をしたことは，少なくとも1つ
の，場合によっては複数の箇所からわかる。これが意味しているのは，ほとん

どの目的にとって，ブロムリー・スミスの議事録は信頼できる資料と見なせるということだ。

こういった実地訓練は——歴史研究では，たいてい多くの実地訓練をすることになる——資料を評価するだけにとどまらない。ポツダム宣言のトンプソンのメモや，アイゼンハワーの回顧録，ブロムリー・スミスの議事録の信頼性を判断するだけではないのだ。資料館所蔵や公刊コレクション収録の記録の信頼性についても，学ぶことになる。回顧録という資料一般の信頼性についても学ぶだろう。何が十分な証拠となり，どのようなものが十分ではないのかについて，学ぶことになるだろう。

ほとんどの歴史家にとって，文書の記録——当時作成され長い間秘密にされていたもの——は，間違いなく最高の資料である。たしかに公開資料——すなわち，当時から一般に利用できた資料——を読む必要が出てくることもあるが，公の発言で本心が述べられていると早合点してはいけない。人は，非公式の場では思うことをより自由に述べるものだと誰でもわかるし，それがなぜだかも誰でもわかる。人は公に発言をするときに，他人がどう反応するかを普段より気にかけがちだ。どんな話なら許容されるのか，何を期待されているのかがわかっている。人は自分たちの政治文化のしきたりを熟知しており，率直になりすぎてはならないことを知っている。

外交政策に関する問いを扱うとき，政治指導者はある問題に直面する。政治システムは違っても，指導者たちは2つの別々の世界に生きているのだ。一方で，国際政治の世界に生きている。ほとんどの自国民よりも国際政治の現実に直接的にさらされているため，いわば圧力がかかっている。彼らの考えをその世界の現実に合わせようとする圧力である。だが，指導者はまた国内政治の世界にも生きており，そのため，自らの政策の正当性を国民に主張する必要もある。国民は，実際よりも国際システムの現実が見えていないため，外交政策で視野の限定的なアプローチをとりがちだ——国民の外交政策へのアプローチは，自国の文化の価値観により深く根ざしている。この事実を考慮に入れて，政策の見栄えをよくしようとする強い動機が政治指導者にはある——つまり，その文化の価値観を反映させて，政策を形成しようとするインセンティブだ。言い換えれば，彼らが採用するレトリックは民衆が聞きたいと思っていることと一致するのであって，政策形成者の本心を必ずしも反映しているわけではない。

だから，民主政だけではなくあらゆる政治体制で，公の場での発言はそもそも疑わしい。本当の考えは，長い間一般に公開されないだろうと思われた文書の記録のように，人々が内々に言ったことによって明らかになる可能性が高い。

　もちろん，これは公開資料に価値がないということではない。近年の出来事を研究するときに，そういった資料にもっぱら頼るしか事実上選択肢がなくても，とても優れた研究を行うことも可能だ。アーノルド・ウォルファーズ（Arnold Wolfers）の *Britain and France between Two Wars*（『両大戦間のイギリスとフランス』）と，シャットシュナイダー（E. E. Schattschneider）の *Politics, Pressures and the Tariff*（『政治，圧力，関税』）の2つは好例だ。ウォルファーズやシャットシュナイダーが関心を持った問題について，彼らが用いた資料のみを使って研究をしたいと思う学者は今日ほとんどいない。だが，こうした研究がどうやってなされるかを知ることができるというだけで，両方とも読む価値がある。より最近の例としては，リチャード・コーン（Richard Kohn）の "The Erosion of Civilian Control of the Military in the United States Today"（「今日のアメリカにおける文民統制の衰退」）を読んだ方がいい。この論文は，内容が並外れておもしろい。それだけでなく，公開資料を使って——歴史家の方法や感性を現代の問題の分析にいかすことで，事例にどこまで迫れるかがわかるから，読む価値がある。ただし，概して公開資料は注意して用いないといけない。

　公開資料は，当時の人々が聞きたかったと思われることと違う議論を記録している場合，とくに興味深い。たとえば，政策形成者が公にある態度をとることで，限界に挑み，政治的なリスクを負うときだ。1940年と1941年に発表された，ローズヴェルトの最も興味深い声明は，これに分類される。

　同じような考え方は他の資料，つまり元（または現職の）政策形成者とのインタビューなどにも当てはまる。もちろん，自分でインタビューをすると，とくに現在の事柄について多くを学べる（とりわけ，あるテーマについてインタビューをする相手に会う前に，学べることをすべて学んでおけば）。ジェームズ・ゴールドガイアー（James Goldgeier）による，インタビューに大きく依拠した一級の学術書 *Not Whether but When : The U. S. Decision to Enlarge NATO*（『是非ではなくいつ——NATOを拡大するというアメリカの決断』）（1999）は代表的な例である。だが，インタビューのときに相手が言うことには，当然気をつけない

といけない。記憶は誤りやすく，どの程度正直かも人それぞれだ。さらに，インタビューを受ける人は，自分の利益になるように，相手のものの見方を誘導することがある。だから，普通，人々が口で語ることを必ずしも額面通りに受け取ってはならず，そうやって知ったことは，文書から知ったことより信頼できるものではない。

　ただし，すべての研究者がこのような見方をしているわけではない。たとえば，リチャード・ニュースタットは，もし「一方で文書，他方で主要な関係者との，最近の，限定的で部分的なインタビュー記録があり，どちらかを選ばなくてはならない場合，文書を手放さなければならないだろう」と述べたことがある。[19]　だが，これは，ほとんどの歴史家をあぜんとさせるコメントである。歴史家は，多数の政治科学者と同様に，「過去について関係者に極端な解釈をさせる研究方法」，つまり，文字として残された証拠の価値を事実上著しく損なう研究方法を受け入れることはない。[20]

　だが，書かれた文書が手元にある最良の資料だとしても，私たちの目的にとって本当に十分だろうか。文書は，人々の発言として記録されていることが基本的には実際に言われたという意味で，信頼できる記録かもしれない。文書はただのでっち上げではなく，その記録は偽造されていないと確信するのも，もっともなことかもしれない。だが，人々の発言がわかるとしても，そのときの心の中を本当に察することができるだろうか。ある発言が会議で実際にされたかもしれないが，それが本当に正しいとどのようにしてわかるだろうか。

　それは，歴史に関する判断をしたのと同じやり方でわかる。つまり，できるだけ多くの証拠を調べることによってだ。たとえば，1962年12月16日に開催された，スカイボルト・ミサイルをめぐるアメリカ政府高官の会議の記録を読んだとしよう。その記録によると，ロバート・マクナマラ国防長官が，イギリスのカウンターパート〔同格の相手〕であるピーター・ソーニクロフト国防大臣とロンドンで行ったばかりの会談について，概略を述べて会議が始まった。マクナマラは「アメリカがイギリスの独自の核抑止力に賛成だという確約を得たいとイギリスが執拗に願っていることと，そのような約束を拒否したこと」について述べたとわかる。[21]　この発言を額面通り受け取るべきだろうか。そこで，この件に関連した他の資料を読んでみる。スカイボルト・ミサイルをめぐるニュースタットのレポートは，マクナマラ・ソーニクロフト会談のメモに言及し

ている。これは，資料の中でおそらく最も重要であり，アメリカ国防総省職員ジョン・ルーベル（John Rubel）が書き留めたものだ。そのメモによると，ソーニクロフトがマクナマラに，「イギリスによる独自の核抑止力の保持に関して，助力するためにできる限りのことをする意思があると，公に述べる準備ができている」かどうかを訊ねると，マクナマラは「できている」と返答した——これは，マクナマラが12月16日にワシントンの会議でした説明と明らかに矛盾している。[22] では，どちらの説明を信じるべきだろうか。ルーベルのメモは，実際の会話のような雰囲気を醸し出している。発言を改変する理由がルーベルにあるようにも思えない。他方，12月16日の会議では，マクナマラはジョージ・ボール（George Ball）国務次官らにも説明をしていた。つまり，イギリスが独自に核抑止力を持つという考えを公に支持するとマクナマラが言うのを聞いたとすれば，ボールは非常に動揺しただろうと（この件に関して多くの研究をしてきたから）わかる。だから，ルーベルのメモは信頼できて，マクナマラが自分の発言について説明したことは不正確に違いないと確信できる。

　しかし，ルーベルのメモがなかったとしても，判断することはできる。おそらくイギリスのパブリック・レコード・オフィス〔現・国立公文書館〕の公式ファイルから，またはたぶんソーニクロフトの個人文書から，その会談に関するイギリスの記録を探すことができる。マクミラン首相（など）との会議で，ソーニクロフトがマクナマラの発言について説明したときの記録を見つけられるかもしれない。英米両国の会談参加者による記録も探せる。また，どのような結論であっても，間接的な情報からも引き出すことが可能だ。つまり，マクナマラが政策というものをどう見ていたかについて何らかのイメージを与えてくれる情報や，彼の人となり，とくに，いつも真実を語ろうとする人物かどうかを示唆する情報である。ここでの基本方針はとても単純だ。全体像を見て——すなわち可能な限り広い文脈で物事を見て，評価するのである。

　以上の例は，こういった問題への取り組み方を明快に示しており，とくに興味深い。だが，これは少し極端な事例だ。通常は，誰かが嘘をついているかを確かめようとすることはない。普通，目標はもっとおおざっぱである。会談やメモランダム，または大使への訓令で，誰かが言ったことを理解しようとするはずだ——つまり，文書をどう解釈するかを判断しようとする。とくに，発言されたことと実際に起こったこととの関係を理解しようとする。だが，私がマ

クナマラの資料について指摘した点は，基本的に，より一般的な事例にも当てはまる。研究では，できる限り大きな網を投げて進んでいくのがいい。もし政策形成のキーパーソンの考えを理解することに関心があれば，1つの文書だけに焦点を絞り込んではいけない。長期的に見て，その政策形成者が幅広い文脈で同様の発言をしたかどうか，ある主張が本心から述べられたかどうかを調べるべきだ。そして，発言が実際の行動と一致しているかを確かめるべきである。

　たとえば，アメリカがヨーロッパから手を引き，ヨーロッパが国際政治で独立した勢力となる必要性について，アイゼンハワー大統領が語っているのを知ったとしよう。この発言が本気だったかどうか，どうやったら判断できるだろうか。1つには，彼が大統領就任前，在任中，退任後に，いろいろな状況で，様々な人々を前に，繰り返し同様のことを述べているのを確認することだ。アイゼンハワーが折に触れてとても熱心に主張しているのを確認する。もし大統領が本気であればしたであろうことを想定して，実際の行動を調べてみる。このように調査をして，どのようなものであれ，適切だと思う結論を出すのである。

　手元にある証拠の解釈の仕方だけが，文書を扱っているときに解決すべき問題ではない。それ以外の基本的な問題は，文書記録がいつも不完全であるということに関係している。会話や考えは，多くの場合そもそも記録されることがない。会議での重要なコメントが議事録には載っていないこともある。おそらく，除外するようにと記録を作成した人物が言われたからだ。文書が作成されても，作成から数十年経とうが，学者がそれを見ることは許可されないかもしれない。または，資料が公開されても注意深く選別されたものだけということもある。[23] 歴史的な意味でどれほど重要であろうと，最も影響が大きい資料は，公刊された外交資料には含まれないかもしれない。あるファイルが一般公開される前に，鍵となる文書が抜き取られることもある。あるいは，いわゆる「きれいな」（つまり修正された）形で公表されるかもしれない。この言葉がちょうど示しているように，その目的は歴史家が文書を見る機会を得る前に「汚れ」を取り除くことである。ここでの問題の核心は，私たちはつまるところ政府の行動に関心があるので，政府の行動の理由を理解する助けとなる資料，つまり，政府によって作成され，だからこそ政府に操作された文書に，主として頼らざるをえないということだ。もし，その資料の一部が政治的に機微だと見なされ

ると——最重要の証拠はそう見なされる場合が多く，何年経っても扱いが変わらないことがある——政府は，政治的な考慮をしつつ何を公開すべきかを決めるだろう。また，重要な資料は実際に破棄される場合がある。それは，継続中の戦争の起源を明らかにしうる文書かもしれないし，政治的または官僚的な理由によるのかもしれない。たとえば，アメリカ統合参謀本部の会議の議事録は，1947年から事実上冷戦期全体にわたって，軍当局者により破棄された。[24] では，歴史家はどうやって，以上のような問題から逃れられない証拠に基づいて，正確な解釈をすることができるのだろうか。

　この問題は重大だが，決して手に負えないものではない。記録に大きな食い違いがあるときでさえ，主要な歴史上の問題の本質をつかむことが望める。考古学者は，比較的少数の現存する人工遺物を調査するだけで，先史時代のコミュニティがどのようなものであったかを理解することができるし，天体物理学者は，はるか昔に起きた宇宙の出来事の痕跡を研究して，宇宙の起源についての見識を深めることができる。ちょうど同じようにして，限られた証拠しか使えないときでも，歴史家は歴史上の問題について結論にたどり着くことを望める。あらゆる証拠は1つの歴史的事実へとつながる窓であって，その歴史的事実が何であるかをつかむために，すべての窓から見る必要はないのだ。

　では，資料が限られている問題をどうやって扱えばいいだろうか。何であれ手元にある資料を基本的にすべて使うだけだ。自分が関心を持っている問題に光を当てる資料なら——間接的な光であっても——何でも探すのである。[25] たとえば，アメリカの資料館にある資料を調査するだけでは，1941年のローズヴェルトの政策を理解する上で鍵となる問いに答えられないとしよう。その場合でも，イギ・リ・ス・の資料を見れば，ア・メ・リ・カ・の政策に関する問いに答えることができるかもしれない。[26] または，第二次世界大戦直後のドイツ問題に関するソ連の政策がどういったものであったかを知りたいが，ソ連の資料館を利用する機会がないとしよう。それでも，ソ連以外の資料を見て，自分の意見をまとめることができる。そこで，様々な問いを立ててみよう。ソ連は，戦争の直後に，（必ずしも共産主義者が統治するわけではない）統一ドイツ国家を樹立することに関心があったのだろうか。もし自分が当時のソヴィエトの指導者で，このような計画をうまく実行したかったとすれば，何をしただろうか。少なくとも西側諸国には話を持ちかけたはずだし，そういった計画に関心があることを西側諸

国に明らかにしたはずだ。西側諸国の資料館を利用してみると，そうした提案がなかったことに気づく。西側の資料を調査して，ソ連がした，またはできなかった他の様々なことがわかり，そこからどのような推論であれ合理的に導き出すことができる。こうして，1945〜46年のドイツ問題に関するソ連の政策が実際にどうであったかについて，一定の結論に達することが可能になる——望むほど手堅い結論ではないかもしれないが，何もないよりは，はるかにいい。[27]

　以上が，資料をすべて使えるわけではないとき，直面する問題に対処するための基本的な方法だ。では，証拠はそろっているが，それを公開した者の政治的な意図が反映されている場合，どうすればいいだろうか。もし，ある情報が政治的な理由のために利用可能な証拠から体系的に除外されていれば，そのテーマについての理解が必然的にゆがめられる——つまり機密解除の審査担当者の目的に沿うようにゆがめられる——ことにならないだろうか。

　こうした問題にも対処法がある。この対処法は，もし機密を解除した人のバイアスを理解できれば，解釈をするときにそのバイアスを取り除けるという考えに基づいている。機密解除は高度に政治的な過程であることが多いが，利用可能な証拠に入り込んだバイアスの性質をどうやって確認するのか。答えは，歴史家が相手にするのは 1 人のとても有能な機密解除の審査担当者ではなく，担当者もいつも正確に同じ方法で物事を扱っているわけではないということと関係がある。たとえば，アメリカでは同一の文書が複数のファイルや保管場所で見つかることがある。同一文書の異なる写しは，別の時期に，別の人によって，写しごとに機密解除されることがあるのだ。こうして，同じ文書の様々なバージョンを手に入れることになる。新しいバージョンは古いバージョンより必然的に完全版に近いと考えるかもしれないが，実際には先に公開されたものの方が，後のものよりも手が加えられていないことがある。こうしたことは思いのほか頻繁に起きる。1960年から始まる重要な文書，ボウイ・レポート（Bowie Report）を例にとってみよう。削除部分も含まれるものの，1989年 7 月20日に機密解除されたバージョンは，1993年の FRUS で公刊されたバージョンよりも完全版に近い。だが，まったく削除部分のない完全版が1980年に公開されていたのだ。[28] これは機密解除のプロセスが不合理であることの一例に過ぎないが，プロセスが完全に合理的ではないからこそ，私がこれから話す方法を使えることが重要だと理解してもらいたい。

原則として，そのやり方はとても単純だ。様々な方法で「きれい」にされているかもしれない文書と，異なるバージョンとを比較するだけである。このような比較をすることで，機密解除をした人物のバイアスがわかるのだ。一度わかれば，解釈をするときにそのバイアスを取り除ける。[29]

　文書の様々なバージョンを見つけたときにだけこの方法が使えるからこそ，とても幅広く，資料館——この場合はアメリカの様々な資料館——で調査をしよう。これは，複数の国の資料館で調査をして同じような問題に向き合うときにも有効だ。アメリカの外交政策に関心がある人は，アメリカの資料さえ使えばいいと考えていることがある。だが，もし自分の関心がアメリカの政策だけであったとしても，アメリカ以外の資料がとてつもない価値を持っていることがありうる。アメリカ以外の資料を使って，私がここで話しているような比較を行うことができる——各国の政府ごとに機密解除の方針があるからというのも，比較ができる理由の1つだ。たとえば，イギリスは，アメリカと同じやり方で文書に手を加えることはない。文書を公開するときは，ほとんどいつも完全に公開するのである。

　この方法がどれほどうまくいっているかを示す例を，いくつか挙げよう。最初の例は，1957年11月21日に開催された，ジョン・フォスター・ダレス国務長官と，ドイツのカウンターパート，ハインリヒ・フォン・ブレンターノ（Heinrich von Brentano）外務大臣との会談記録に関するものだ。ダレスは，核問題について大変興味深いコメントをしている。このコメントは1986年にFRUSで公開された文書からは削除されている。[30]実際，以下の短い2つの文だけが残されていた。

核兵器

　核兵器について，長官は次のように述べた。もし現時点で，そういった兵器を作ろうとする，多くの時間と費用がかかるプロセスに，各国が次々と着手した場合は，われわれの資産の大変な無駄遣いであるように思える……。

　もちろん，それらの兵器を作ることは，とてもコストがかかるプロセスである。アメリカの生産力は，質，量ともに向上している。われわれはそれらの性能を向上させ，より小型化している。これにわれわれは莫大なコストをかけているため，すべてのNATO諸国がこれを試みるのは，馬鹿げたこと

である。

　この引用から，ダレスがヨーロッパに核能力を持たせたくなかったように思われるし，実際，この文書の上記の部分は，何人かの欧州の名高い学者によってそう解釈された[31]。だが，資料館で見つかった全文の文書を見ると，異なる全体像が現れる[32]。実は，ヨーロッパにあるアメリカ製の核兵器を，アメリカの独占的な管理の下では維持できないということを，ダレスは言おうとしていたように思われるのだ。ヨーロッパは「これまで以上に使用の保証を必要としていた」と（削除された部分で）彼は発言している。この問題は「公平性に基づいて」扱われる必要があった。つまり，「われわれとしては，NATO に一級や二級の国家が存在する状況を想定することは考えられなかった」のである。ダレスは次に，英仏間の複数の協定が1954年に成立したときに──とくに，核時代にドイツができることを厳しく制限した大変重要な協定など──「政治的および道徳的な観点の両方から，核兵器は別格のものとして見なされた」と指摘した。だが，「彼はこの状況がずっと続くとは考えなかった」。ダレスの見立てでは，核兵器は通常兵器になろうとしていた。「やがて，核とその他の兵器との区別は次第に崩れていくだろう」。以上の発言が意味するのは，1954年の制約は不変と見なされていたのではなく，核武装が広がった世界への動きは避けられず，ヨーロッパがしっかりと核兵器の管理をする手助けをアメリカ政府はしたかったということだ。実際，アメリカが核時代にしていることをヨーロッパが繰り返そうとしているという「馬鹿げたこと」について，彼の発言には続きがある。FRUS のバージョンの発言の後に，ダレスは「逆に言えば，戦時には NATO の同盟国のためにその兵器を使用できるとの確信がある」と述べているのである。これは，文書の一部が削除されたバージョンから受ける印象とずいぶん異なる。

　以上の例題のポイントは明快で，可能であれば何とかして文書の完全版を調査すべきだということであり，このやり方はたしかに有効なのである。この事例が明快に示しているのは，本格的な学術研究で公刊資料のみに頼るべきではなく，資料館で調査をする必要があるということだ。他にも，おそらくより微妙な点を指摘すべきだろう。この比較によって，機密解除の審査担当者が知られたくなかったこともわかる──つまり，ヨーロッパの核兵器に関するアイ

ゼンハワー政権の姿勢は，信じられていたよりもずっと寛大だったということである。言い換えれば，機密解除をした人のバイアスを知り，そして，利用可能な証拠のゆがめられ方を知る。こうして，そのバイアスを差し引いて考えることができるようになる。機密解除のプロセスについて知ったことと照らし合わせて，証拠を解釈することが可能なのである。

　2つ目の例は，1962年12月19日にナッソーで開催された，ケネディ大統領とマクミラン首相との会談に関する英米の記録に関するものだ。イギリスの国立公文書館で見つけたイギリスのメモと，FRUS で出版されたアメリカの議事録とを比較すれば，アメリカの文書から削除された部分に該当する箇所をイギリスの記録の中から容易に特定できる。すると，そのほとんどの部分はドイツに関することだと判明する。アメリカの機密解除の審査担当者は，ドイツが核兵器を手にするという問題に関して，英米政府がどれほど敏感であったかを人々に知られたくはなかった[33]。ここでも，証拠のゆがめられ方を確認でき，ひとたびバイアスを確認すれば，自分の解釈を深めるときに取り除くことができる。

　だから，証拠に関する問題があっても，使える確かな方法がある。キーポイントは，可能な限り広い網を投げる必要があるということだ——これはこの節の例すべてに一貫するテーマである。証拠を評価する際は，文脈がすべてだ。より大局的な見方について理解を深める必要があるだけでなく，関心のある文書に密接に関係するもの（別の場所にある，違うバージョンの文書を含む）にも，とくに注意する必要がある。

　これが，本格的な歴史研究をするときに，扱っている問題にできるだけ深く打ち込む必要がある理由の1つである。こうやって研究課題に取り組むのは，膨大な細かい情報を吸収すること自体が目的だからではない。このような研究をするのは，より大局的な見方のために，できるだけ深い理解をすべきだからだ。

歴史研究の基本

　一次資料を調べるときは技術を磨く必要がある。最も大切な技術には，とても平凡なものもある。トピックに関連する重要な資料を特定する方法を学ばないといけない。資料を利用する方法を学ぶことも必須だ。資料館に足を運ぶと

きに何をすべきかも学ぶべきである。このようなことをたくさん学ぶ必要があ
る。この節では，こういった比較的単調な事柄について少し話したい。だが，
ここでの議論は基本の一部を扱うだけにしよう。より詳細な情報は附録 II に
掲載する。

　ここでは 3 種類の資料について話していこう。出版された（この文脈では印刷
されたことを意味する）資料，つぎにマイクロフォームと電子資料，最後に資料
館の資料だ。この順番は決して思いつくままではない。研究をするとき，普通，
最も容易に入手でき，最も簡単に利用できる資料の調査から始めるのが当然で
ある。すなわち，資料を調べ始めるときには，出版されたものを読むことから
始めるべきだ。

　これらの資料のうちで最も重要なのは，多くの政府が出している外交文書の
コレクションである。これは私たちの目的にとってきわめて重要だから，少し
時間をかけて説明したい。主要なアメリカのコレクションは，これまでに何度
も言及してきた，国務省の *Foreign Relations of the United States* シリーズ，
つまり FRUS だ。これは現在1861年から1976年までの期間を取り扱っている。
かつては暦年ごとに 1 冊以上の巻が発行されていた。だが，1952〜54年のもの
から，いくつかの巻で 3 〜 4 年の期間を扱うことになった。それぞれの巻は，
特定の主題（国家安全保障問題や経済問題など）か，世界の特定の地域を扱って
いる。国務省の文書だけでなく，大統領の文書など他の政府機関が作成したも
のも収録している。このシリーズには，特別な巻やコレクションもある。たと
えば，1919年のパリ講和会議に関するシリーズや，ヤルタに関する巻，ポツダ
ムに関する 2 巻などだ。特別なコレクションの一部はマイクロフィッシュで公
開され——たとえば，トルーマン期およびアイゼンハワー期初めの国務長官の
会談記録（memoranda of conversation）——近年，紙バージョンの一部はマイ
クロフィッシュの増補とともに刊行されている。すべての一覧はオンラインで
利用可能だ[34]。多くの巻もオンラインで利用可能であり，一覧も現在，政府出版
局（Government Printing Office）から購入できる[35]。FRUS のウェブサイトを調
べると，どの巻が近い将来公開されることになっているか，そしてそれがいつ
であるかを知ることもできる[36]。

　イギリスもまた文書の重要なコレクションを多数出版している。*British
Documents on the Origins of the War, 1898-1914*（『戦争の起源に関するイギ

リス文書 1898-1914』）（11巻）, *Documents on British Foreign Policy, 1919-1939* （『イギリス外交政策文書 1919-1939』）（65巻）, *Documents on British Policy Overseas* （『イギリス対外政策文書』）（現在のところ15巻。第二次世界大戦後のある側面を1975年まで扱っている）などだ。最後のシリーズは，マイクロフィッシュの増補とともに公開されることもある。*British Documents on Foreign Affairs* （『イギリス外交文書』）という，重要なイギリスの文書のコレクションも民間の出版社から刊行されている。この並外れたコレクションは，19世紀中頃から1950年までの期間を扱っており，「機密文書」——当時作成され，イギリスの主要な当局者に回覧された文書——と呼ぶにふさわしい文書を収録し，とても広範囲にわたる。文書の原本がコピーされ，500巻以上がこれまで出版されている。出版されたものの一覧はオンラインで利用可能である[37]。

　フランスの外交文書のコレクションは，イギリスのものと同様に多くの分類があるが，イギリスのものとは違い，すべて同一のタイトルだ。1871〜1914年の *Documents diplomatiques français* （DDF）（『フランス外交文書』）は，何年も前に出版され，41巻からなる。1914〜39年の期間を扱ったものが多く出版されている。このシリーズのほとんどの巻（そのうちの32巻）は1932〜39年の期間を扱っているが，1914〜19年，1920〜32年，1939〜44年の期間を扱った巻もまた出版されている。第二次世界大戦後の時期を扱った DDF のシリーズも 2 つある。1944〜54年のシリーズでは，10巻がすでに公開されている。1954年以降の時期を扱っているシリーズでは，1965年までの時期を扱った28巻がこれまで出版されている。一覧については，より詳しく知りたければ，このコレクションのウェブサイトを見てほしい[38]。

　ドイツの外交政策を扱っているコレクションもある。ワイマール期とナチス期を扱っているコレクション，*Akten zur deutschen auswärtigen Politik, 1918-1945* （『ドイツ外交政策ファイル 1918-1945』）は，5 つのシリーズ，62巻に及ぶ。このシリーズのうち 2 つは英訳が出版されている。*Documents on German Foreign Policy, 1918-1945* （『ドイツ外交政策文書，1918-1945年』）は，18巻からなっており，1933〜1941年までの時期を扱っている。*Akten zur auswärtigen Politik der Bundesrepublik Deutschland* （『ドイツ連邦共和国外交政策ファイル』）は1949年以降の時期を扱っている。少なくとも 1 巻が毎年出版されており，1949〜53年と1963〜74年の期間を扱い，これまでに30巻以上が出版さ

れている。1914年以前のドイツの政策を扱ったコレクションもある。とりわけ有名なのは *Die grosse Politik der europäischen Kabinette, 1871-1914*（『ヨーロッパ諸政府の大政治 1871-1914』）（54巻のうち40巻）であり，*La Politique extérieure de l'Allemagne, 1870-1914*（『ドイツの外交政策 1870-1914』）（32巻）としてフランス語に翻訳されている。普仏戦争につながった危機以降のドイツ文書の巻もあり，1957年に英訳された。ジョルジュ・ボニン（Georges Bonnin）編の *Bismarck and the Hohenzollern Candidature for the Spanish Throne*（『ビスマルクとホーエンツォレルン家のスペイン国王継承者』）だ。

　外交文書の主要なコレクションは言うまでもなく基本だが，他にも多くの重要な出版された資料があり，実際には多すぎてここで列挙し始めることすらできない。多くの日記や文書のコレクションが出版されている。たとえば，*Papers of Woodrow Wilson*（『ウッドロー・ウィルソン文書』）は68巻が刊行されており，*Papers of Dwight David Eisenhower*（『ドワイト・デヴィッド・アイゼンハワー文書』）も21巻がこれまでに出版されている。このような資料の場所を特定するためのちょっとしたコツは，自分が所属する機関の図書館の検索エンジンで詳細検索をして，関心のある個人の名前を，著者，タイトル，件名欄など2つか3つの欄に同時に入力することだ。意外なものがヒットするかもしれない。または，著者欄に名字を入れて検索できるし，同時にタイトル欄に，"papers"（「文書」），"correspondence"（「書翰」），"letters"（「親書」），"writings"（「著作」），"diaries"（「日記」），"works"（「著作物」）といった言葉を入力して検索できる（可能であればブーリアン・コネクター「OR」でこれらを一緒につないで）。日記や個人文書からの抜粋を伝記で見つけることもできる。アリステア・ホーン（Alistair Horne）によるマクミランの伝記はこの好例である。[39)]

　目的によっては，出版された資料だけでなく，もう少し深く調べた方がいい。マイクロフィルムやマイクロフィッシュの資料，または CD-ROM かインターネットで使える資料を用いる必要があるだろうということだ。こういった大量の資料が利用可能であり，使いにくいものではない。ほとんどのマイクロフィルムやマイクロフィッシュのコレクションには紙のガイドがついており，それを使うと，調べるべきなのはどのリールやフィッシュか，場合によってはどのフレームかまでも，すぐにおおまかにつかめる。ほとんどの図書館では，ボタンを押すだけで興味を持った文書のコピーをとれるマイクロフィルム・リーダ

ーを使うことができる。

　関心のあるトピックに関連したコレクションを見つけるには、どうすればいいだろうか。資料の公開状況のガイドを、ざっと読むことから始めた方がいい。私が見つけたたぶん最良のガイドは、シカゴ大学図書館が所蔵しているコレクションを扱ったものである。この資料は、自分が所属している組織で、または図書館の相互貸借を通じても、おそらく利用可能だろう。⁴⁰⁾次の段階として、専門家向けのマイクロ資料や CD-ROM の資料を扱っている、主要な民間の出版社のオンライン・カタログをざっと読んだ方がいい——具体的には、ユニバーシティ・パブリケーションズ・オブ・アメリカ（University Publications of America〔UPA〕）、スカラリー・リソーシーズ（Scholarly Resources）、トムソン・ゲイル（Thomson Gale）、アダム・マシュー（Adam Matthew）だ。そして、アメリカ国立公文書館が公開したマイクロフィルムのカタログも見る必要がおそらくあるだろう。これらのカタログは、それ自体が重要なコレクションでもあり、附録 II でより詳細に議論する。

　もっとも、資料館以外の資料が有益であったとしても——たしかに、こういった資料から驚くほど多くのことが学べる——より深くテーマに取り組むべきだろう。つまり、資料館で実際に調査をする必要があるということだ。多くの人は、これがやっかいだと思う。資料館での研究はまるで高度に訓練された学者のみが可能なことかのように、どうしても資料館での調査に基づいた研究に恐れをなす。

　だが、資料館での研究が歴史の他の研究よりも難しいというわけではない。資料館での研究は謎めいたものではない。秘伝の技術は必要ないのである。そして、こうした研究が実際にどうやって行われているかを説明するのも難しくはない。まず、見たいコレクションを特定する。そして、コレクションの資料目録を手に入れる——つまり、ボックスごとに、または簿冊ごとに、場合によってはフォルダーごとでも、何を収録しているかがわかるガイドだ。どのボックスや簿冊、またはフォルダーを見たいかを決めたら、資料の請求フォームに記入し提出する。これは、最近では電子的にできる場合が多く、訪問する 1 日ほど前に電話でできることもある。こうして、資料が書庫から出されてくる。請求したものを受け取り、その簿冊やボックス、フォルダーの資料を調べる。その際、文書が自分の目的にとって重要だと思ったら、コピーをとったり、ス

キャンをしたり，メモをとったりする（文書のコピーをとる場合，あとで引用する場合に備えて，正確な所蔵場所を必ずメモすること）。

　あるコレクションを使うためには，事前に許可を得る必要があるかもしれないし，または，自分がちゃんとした研究者であることを証明する手紙や，身分証明書を携えて行く必要があるかもしれない。だが，普通，必要とされているものは難なくわかる。守るべき基本的なルールは資料館のウェブサイトに通常掲載されており，必要な申請書がどんなものであれ，電子的に入力し送信することができる場合もある。

　見るべきコレクションを判断するにはどうすればいいか。政府の資料は大概すぐにわかる場所にある。たとえば，国立の資料館，国務省や外務省の資料館，アメリカの大統領図書館といった特別な記録保管施設（リポジトリ），軍の記録が保存されている様々な場所などだ。これらの施設には，コレクションについて説明した，紙やオンラインのガイドがだいたいある。政府の主要な記録保管施設に関するより詳しい情報は，附録IIに掲載している。

　多くの場合，私文書のコレクションも見る必要があるだろう。それらは，実際に利用できる資料のうちで，最も重要なコレクションの場合もある。私のお気に入りの一冊，ジョージ・モンガー（George Monger）の *The End of Isolation*（『孤立の終わり』）は，主にこうした資料に依拠している。民間の資料館は，キーパーソンの個人文書を中心として設立されるが——たとえば，マンデス・フランス研究所（Institut Mendès France）——大概はこれまでに紹介した記録保管施設にも，そのような原稿のコレクションの多くがある。アメリカでは，議会図書館が重要なコレクションを多数所蔵しており，主要な研究大学に付属している様々な図書館や組織にもある。ドイツでは，重要なコレクションは主要政党関連の組織に所蔵されていることがある。個人文書は，フランス国立中央文書館やイギリス国立公文書館といった，公的な記録保管施設でも見つかるかもしれない。個人に関連づけられた文書のコレクションもときどきある。たとえば，アチソン文書のコレクションは，イェール大学のスターリング図書館や，ミズーリ州のトルーマン大統領図書館にあり，メリーランド州カレッジ・パークの国立公文書館には国務省の資料とともに所蔵されている。

　このように，個人文書は様々なところにある。アメリカの記録保管施設にある文書は，全米原稿コレクション総合目録（National Union Catalogue of Manuscript Collections〔NUCMC〕）で調べられる。全米研究図書館グループの Eureka 検索エンジン（RLIN とも呼ばれる）を使って，全米研究図書館グループ総合カタログ（Research Library Group's Union Catalog）の資料を検索することもできる。イギリスの私的なコレクションの情報は，イギリス国立公文書館のウェブサイトで見ることができる。ドイツのコレクションについての情報は，ワシントンのドイツ歴史研究所（German Historical Institute）を通じてオンラインで提供されている。ヨーロッパ，いや世界中で，様々なウェブサイトが，公式および非公式両方の重要な記録保管施設にリンクを張っている。附録Ⅱでこれらすべてについてもっと語ろう。

　他の方法でも主な資料の手がかりを得ることができる。文書の具体的な保管場所は，出版された外交文書に（または，附録Ⅱで話すアメリカ機密解除文書データベース〔Declassified Document Reference System〕のような他の資料に）通常記されている。その注釈から，資料が大量にあるファイルがわかることもあり，自分でそのファイルを現地に見に行ける。関連する資料館のコレクションは，資料集の導入部分や，編集後記に掲載されていることもある。歴史研究，中でも政府が編纂した歴史書は（出版されたものも出版されていないものも），だいたい脚注と参考文献リストに資料の出典を記している。こうした情報も正しい方向に導いてくれる手がかりだ。資料についてのアイディアを得るためには，アーキビスト〔資料館の記録管理の専門家〕や他の研究者とも相談することもできる。この点については，世界の特定の地域（とくに旧ソ連圏）における資料館の状況を論じた論文が役に立つかもしれない。[41]

　ひとたび，どのコレクションを見る必要があるかがわかれば，対応する資料目録を調べて，請求すべきボックスや簿冊を特定しよう。実際に資料館に行けば，アーキビストが，資料目録がどこにあるかや，請求フォームをどうやって記入し提出するのかを教えてくれるだろう。だが，時間を節約するために，または研究出張をより効率的に計画するために，事前に資料目録を調べておいた方がいい。目録はどんどんオンラインで公開されている。とくに重要な文献案内は附録Ⅱで取り上げよう。多くのものは『全米文書資料目録』（*National Inventory of Documentary Sources*〔NIDS〕）を使って調べられる。NIDS はもともとマイクロフィッシュの資料目録のコレクションで，利用可能なものを解説する紙のガイドがあったが，今では購読契約を結んでいる図書館を通じてオンラ

インで利用可能である。ブリテン諸島とカナダ向けバージョンの NIDS もある。とくに一度資料館に行けば，通常は，比較的簡単に資料目録を見つけて使うことができる。しかし，カレッジ・パークのアメリカ国立公文書館の状況はもう少し複雑だ。そこのシステムがどのように機能しているかについては附録 II で詳しく語ろう[42]。

　以上は基本である。実際に資料館で研究をするにつれて，より多くのことを学ぶだろう。その際，アーキビストと話をするのを忘れてはならない。彼らは，自分が存在を知らないコレクションについて教えてくれることもあるだろう（存在するものがガイドにすべて掲載されているとは限らないからだ）。開架にない資料目録を見せてくれることもある。同時に文書をただ見ているだけで学べることもある。たとえば，以前は国務省がセントラル・ファイルの記録をまとめるために十進分類法のシステムを使っており，そのシステムがときにはやや恣意的でありうるといったことだ。分類方法からは，あるテーマに関する文書を具体的にどこで見つけられるかを判断するのが難しい場合もある。たとえば，第一次世界大戦に関する資料は，十進分類法上のオーストリアとセルビアの政治的な関係という項目にファイルされており，これは必ずしも予想した場所ではないかもしれない。だから，ファイルについての相互参照は，文書の余白にしばしば鉛筆で書かれていると知ることが重要だ。そのメモから，同じテーマを扱っている他の文書の場所がわかる[43]。

　こうしたことは，資料館での調査をするにつれて学んでいくことである。やっていってコツをつかむだけだ。とくに難しいことはなく，資料館に足を踏み入れることを恐れる必要は少しもない。資料館での調査は，基本的にとても簡単で，少なくとも私が思うには，歴史家がすることの中でずば抜けて楽しい。

注

1） これらのコレクションは，本章の最後の節と附録 II でしっかりと論じる。

2） Theodore Sorensen, *Kennedy* (New York: Harper and Row, 1965), p. 712 （シオドア・ソレンセン［大前正臣訳］『ケネディの道――未来を拓いた大統領』サイマル出版会，1987年，376-377頁）と Alexander George, "The Cuban Missile Crisis, 1962," in *The Limits of Coercive Diplomacy,* ed. Alexander George et al. (Boston: Little Brown, 1971), pp. 104-105 を参照。

3） Special Journal of the Russian Council of Ministers, July 24, 1914, in Geiss,

July 1914, p. 187. Sazonov to Strandtmann, July 24, 1914, and Memorandum of the Day of the Russian Ministry of Foreign Affairs, July 24, 1914, ibid., pp. 187 -188, 189-191 も参照。

4） Luigi Albertini, *The Origins of the War of 1914*, 3 vols. (London: Oxford University Press, 1952-57), 2 : 504, 522-525.

5） この点に関する最近の事例として，"Did Truman Meet with NATO Foreign Ministers on 3 April 1949? A Cold War Mystery," ed. William Burr を参照。そこには，スティーブン・シュカー（Stephen Schuker）からメルヴィン・レフラー（Melvyn Leffler）への E メールの本文や，問題の文書へのリンクが載っている（http://www.gwu.edu/~nsarchiv/nsa/DOCUMENT/200008/）。これに関して，私が2000年8月25日に H-Diplo に投稿したコメントも参照（http://www.polisci. ucla.edu/faculty/trachtenberg/cv/hdiplo.html）。この文書はもともと，国務省によ る *Foreign Relations of the United States series*, "Memoranda of Conversations of the Secretary of State, 1947-52" (Washington, D. C.: GPO, 1988) のマ イクロフィッシュの追補に収められていた。これは Cees Wiebes and Bert Zee- man, "Eine Lehrstunde in Machtpolitik: Die Vereinigten Staaten und ihre Part- ner am Vorabend der NATO-Gründung," *Vierteljahrshefte für Zeitgeschichte* 40, no. 3 (July 1992): 413-423 に再掲されている。

　疑わしい証拠をどのように扱うかに関して，他の例としては，William Langer, *The Diplomacy of Imperialism, 1890-1902*, 2 vols. (New York: Knopf, 1935), 2 : 501-502, 727-731 に掲載されている，ドイツの外交官エッカードシュタイン（Eckardstein）の議論を参照。アルベルティーニ（Albertini）が，フランスの『イ エロー・ブック』（*Yellow Book*）で「隠匿，改変，改竄」に言及したものも参照。『イエロー・ブック』は，第一次世界大戦の勃発に関連する文書のコレクションで，フランス政府が1914年に公刊した。その特徴を裏づける分析については，Alberti- ni, *The Origins of the war of 1914*, 2 : 322（上記の引用の箇所），575, 593, and 616; 3 : 163-164 を参照。多くの参照指示が，両方の目次の "France, *French Yel- low Book*" にある（2 : 701 と 3 : 744）。最後に，『ブルー・ブック』（*Blue Book*）で 公刊されたバージョンから重要な段落が抜け落ちているとの，アルベルティーニの 指摘に注目しよう。『ブルー・ブック』とはイギリスが1914年に公刊したコレクシ ョンであり，第3巻 p. 163の注に「症状が表れている」と彼は特徴づけている。

6） "Remarks of President Kennedy to the National Security Council Meeting of January 22, 1963," U. S. Department of State, *Foreign Relations of the Unit- ed States* (FRUS), 1961-63, vol. 8 (Washington, D. C.: GPO, 1996), doc. 125 and p. 457n; microfiche supplement to FRUS 1961-63, vols. 7-9 (Washington, D. C.: Department of State, 1997), docs. 284-286.

7)　Dulles-Pineau meeting, November 19, 1957, 740.5/11-1957, State Department Central Files, Record Group 59, U. S. National Archives, and *Documents diplomatiques français*, 1957（DDF）（Paris: Imprimerie Nationale, 1991）, 2 : 712.

8)　アメリカの記録は, FRUS 1961-63, vol. 13（Washington, D. C.: GPO, 1994）, pp. 1091-1112 に収録されている。イギリスの記録は, キュー（Kew）にあるイギリス国立公文書館（British National Archives [BNA], かつてはパブリック・レコード・オフィスと呼ばれた）の Prem 11/4229 に収録されている。

9)　Thompson Minutes of August 1, 1945, plenary meeting, United States Department of State, *Foreign Relations of the United States : The Conference of Berlin*（The Potsdam Conference）1945, 2 vols.（Washington, D. C.: GPO, 1960）, 2 : 566-567.

10)　Cohen notes of August 1, 1945, plenary meeting, ibid., 2 : 579. アトリーは当時イギリスの首相だった。

11)　*Documents on British Policy Overseas*, ed. Rohan Butler and M. E. Pelly, Series I, vol. 1, *The Conference at Potsdam, July-August 1945*（London: HMSO, 1984）: 1128.

12)　*Tehran Yalta Potsdam : The Soviet Protocols*, ed. Robert Beitzell（Hattiesburg, Miss.: Academic International, 1970）, p. 288.

13)　出席した 4 人の指導者による回顧録の中で, ランブイエ会談に関する箇所は以下の通り。Charles de Gaulle, *Memoirs of Hope : Renewal, 1958-62*（London: Weidenfeld and Nicolson, 1971）, pp. 222-224（シャルル・ドゴール［朝日新聞外報部訳］『希望の回想』朝日新聞社, 1971 年, 309-313 頁）; Harold Macmillan, *Pointing the Way, 1959-1961*（London: Macmillan, 1972）, pp. 100-114; Dwight Eisenhower, *Waging Peace, 1956-1961*（Garden City, N. Y.: Doubleday, 1965）, pp. 508-509（アイゼンハワー［仲晃・佐々木謙一・渡辺靖訳］『アイゼンハワー回顧録 2　平和への戦い』みすず書房, 1968 年, 443-444 頁）; Konrad Adenauer, *Erinnerungen 1959-1963 : Fragmente*（Stuttgart: Deutsche Verlags-Anstalt, 1968）, pp. 23-28. フランスの記録に関しては, *Documents diplomatiques français 1959*（DDF）（Paris: Imprimerie Nationale, 1995）, 2 : 749-775（doc. 295）を参照。イギリスの文書は, ロンドン郊外キューのイギリス国立公文書館所蔵の Prem 11/2996 がある。アメリカの多くの図書館にある CD-ROM で *Macmillan Cabinet Papers, 1957-1963*（London: Adam Matthew Publications, 1999）も利用可能だ。

14)　Eisenhower, *Waging Peace*, p. 508.

15)　Eisenhower-Macmillan-de Gaulle meeting, December 20, 1959, p. 1, Prem 11/2996, BNA. これらのイギリスのメモはアメリカ国務省に渡されており（アメリカ政府は独自の公式記録を保持していない）, このコメントが書かれている文書

の一部は FRUS 1958-60, 7, part 2（Washington, D. C.: GPO, 1993）, p. 319 に掲載されている。フランスの記録のこの部分は, DDF 1959, doc. 295 のパート IV の初めに掲載されている。

16) 危機の間のブロムリー・スミスによる議事録については, FRUS 1961-63, vol. 11（Washington, D. C.: GPO, 1996）, docs. 73, 79, 90, 94, 97を参照。テープのコピーは, ボストンのケネディ図書館にてオーディオ・カセットで利用可能であり, 一部のテープはオンライン上で公開されている。たとえば, "History and Politics Out Loud" のウェブサイト（http://www.hpol.org/）や, WhiteHouseTapes.org のウェブサイト（http://whitehousetapes.org/）も参照。一部の書き起こしは, 1980年代初めからケネディ図書館が公開し始めた。1990年代半ばに, 新しい書き起こしが, *The Kennedy Tapes : Inside the White House during the Cuban Missile Crisis,* ed. Ernest May and Philip Zelikow（Cambridge, Mass.: Belknap Press of Harvard University Press, 1997）として出版された。だが, その書き起こしには誤りが多く, 重大な間違いもあると批判された。とくにシェルドン・スターン（Sheldon Stern）の 2 つの論文を参照。"What JFK Really Said," *Atlantic Monthly* 285, no. 5（May 2000）および "Source Material: The 1997 Published Transcripts of the JFK Cuban Missile Crisis Tapes: Too Good to Be True ?" *Presidential Studies Quarterly* 30, no. 3（September 2000）: 586-593. 2001年には改訂された書き起こしが公刊された。Philip Zelikow, Ernest May, and Timothy Naftali, eds., *The Presidential Recordings : John F. Kennedy,* vols. 1-3, The Great Crises（New York: W. W. Norton, 2001）. だが, その書き起こしにも多くの誤りが残されているとスターンは批判した。彼の著書, *Averting "The Final Failure," John F. Kennedy and the Secret Cuban Missile Crisis Meetings*（Stanford: Stanford University Press, 2003）の附録と, レビュー論文 "The JFK Tapes: Round Two," *Reviews in American History* 30, no. 4（December 2002）: 680-688 を参照。編者たちは当然弁明し, 他の研究者も議論に加わった。http://whitehousetapes.org/pages/news_articles.htm に掲載されている論文のリストも参照。

17) Arnold Wolfers, *Britain and France between Two Wars : Conflicting Strategies of Peace since Versailles*（New York: Harcourt, Brace, 1940）; E. E. Schattschneider, *Politics, Pressures and the Tariff : A Study of Free Private Enterprise in Pressure Politics, as Shown in the 1929-1930 Revision of the Tariff*（New York: Prentice-Hall, 1935）.

18) Richard H. Kohn, "The Erosion of Civilian Control of the Military in the United States Today," *Naval War College Review* 55, no. 3（Summer 2002）.

19) Graham Allison, *Essence of Decision : Explaining the Cuban Missile Crisis*

(Boston: Little, Brown, 1971), p. 181（グレアム・T・アリソン［宮里政玄訳］『決定の本質——キューバ・ミサイル危機の分析』中央公論社，1977年，209頁）で引用されている。Richard Neustadt, *Alliance Politics*（New York: Columbia University Press, 1970), p. 7 も参照。

20)　J. Garry Clifford, "Bureaucratic Politics," *Journal of American History* 77, no. 1（June 1990）: 164.

21)　Meeting of high U. S. officials, December 16, 1962, FRUS 1961-63, 13 : 1088.

22)　Rubel, notes of McNamara-Thorneycroft meeting, December 11, 1962, p. 4, Neustadt Papers, box 19, John F. Kennedy Library, Boston; also available online in Declassified Documents Reference System, document number CK3100078274. マクナマラは，しかし，「もちろん，ドイツやフランス，さらに，貴国のこと，および共同市場への貴国のコミットメントを考慮に入れなければならない」と続けた。

23)　とても有名な事例として，第一次世界大戦の起源について，ワイマール期のドイツ政府が公刊した文書がある。このエピソードに関しては，Holger Herwig, "Clio Deceived: Patriotic Self-Censorship in Germany after the Great War," *International Security* 12, no. 2（Autumn 1987）: esp. 13-17 を参照。この論文の n. 21 に引用されている資料も参照。

24)　それらの記録の破棄に関する公式説明は，統合参謀本部の事務局長が「作成された書き起こしは会談の公式な議事録の一部ではなく，記録者の意見を反映させた，ただの報告書である」と決定したというものだ。McBride to Hastings, January 25, 1993, linked to http://www.gwu.edu/~nsarchiv/nsa/DOCUMENT/940228. htm.
　　他の事例もときどき表に出てくる。たとえば，"C. I. A. Destroyed Files on 1953 Iran Coup," *New York Times,* May 29, 1997 を参照。"Destruction of Documents" and "18 1/2 minute Gap," in the "Records of the Executive Assistant Pertaining to Presidential Tape Recordings," box 3, U. S. National Archives, College Park, Maryland のファイルも参照（http://www.archives.gov/research_room/independent_counsel_records/watergate/presidential_tape_recordings. html を見よ）。最近表出した他の事例は，国連に関するものだ。国連のイラクへの石油食料交換プログラムに対する訴えに関して調査をするべく「独立した，上級」委員会が設置された。その直後に国連事務総長コフィ・アナン（Kofi Annan）の官房長が重要なファイルの破棄を許可していたことが，2005年3月に明らかになったのだ。Independent Inquiry Committee into the United Nations Oil-for-Food Programme, *Second Interim Report,* March 29, 2005（http://www.iic-offp.org/documents/Interim-ReportMar2005.pdf), pp. 81-82.

25) この方法については，Jon Tetsuro Sumida, "A Matter of Timing: The Royal Navy and the Tactics of Decisive Battle," *Journal of Military History* 67, no. 1 (January 2003): esp. 129-130 を参照。

26) 重要な例として，James Leutze, *Bargaining for Supremacy : Anglo-American Naval Collaboration, 1937-1941* (Chapel Hill: University of North Carolina Press, 1977), pp. 202-205 を参照。

27) Marc Trachtenberg, *A Constructed Peace : The Making of the European Settlement, 1945-1963* (Princeton: Princeton University Press, 1999), pp. 30-31 を参照。

28) Bowie Report, "The North Atlantic Nations: Tasks for the 1960's," August 1960, FRUS 1958-60, 7, part 1 : 622-627. 1989年に機密解除されたバージョンは，アメリカ機密解除文書データベースで利用可能であり（とくに doc. nos. CK3100280059, CK3100280079, CK3100280087 を参照），購読している図書館でオンラインで調べられる。手の加えられていない完全版は，1991年の核の歴史プログラム（Nuclear History Program）で公開された。このバージョンのタイトルページに押された機密解除のスタンプによると，この文書は1980年7月に国務省によって完全に機密解除されていた。FRUS バージョンで削られた部分を読むには，以下の URL にアクセス。http://www.polisci.ucla.edu/faculty/trachtenberg/documents /bowie.html.

29) この方法（私は「機密解除分析」["declassification analysis"] と呼んでいる）に関するより一般的な議論については，http://www.polisci.ucla.edu/faculty/ trachtenberg/documents/doclist.html を参照。

30) Dulles-Brentano meeting, November 21, 1957, *Foreign Relations of the United States, 1955-1957*, vol. 4 (Washington, D. C.: GPO, 1986), p. 202.

31) たとえば，Maurice Vaïsse, "Aux origines du mémorandum de septembre 1958," *Relations internationales,* no. 58 (Summer 1989): 261-262, and Peter Fischer, "Die Reaktion der Bundesregierung auf die Nuklearisierung der westlichen Verteidigung (1952-1958)," *Militärgeschichtliche Mitteilungen* 52, no. 1 (1993): 127-128.

32) 文書の完全版からの関連する抜粋については（公刊されたバージョンでは削られた部分を赤色で強調している）http://www.polisci.ucla.edu/faculty/trachten berg/documents/brentano.html を参照。完全な文書そのものは，国務省セントラル・ファイル Record Group 59, 740.5/11-2157 にある。

33) イギリスのメモのコピー（アメリカの文書の削除部分に相当する箇所が強調されているもの）については，http://www.polisci.ucla.edu/faculty/trachtenberg/ documents/nassau.html を参照。この会談に関する，一部が削除されたアメリカ

の記録は，FRUS 1961-63, 13：1091-1101 に収録されている。

34)　http://www.state.gov/r/pa/ho/frus/c4035.htm.

35)　http://www.state.gov/www/about_state/history/frusonline.html；http://www.state.gov/r/pa/ho/frus/gpo/.

36)　http://www.state.gov/r/pa/ho/frus/c10996.htm.

37)　http://www.lexisnexis.com/academic/2upa/Isiaas/BritishDocumentsForeign Affairs.asp.

38)　http://www.france.diplomatie.fr/archives/service/publications/doc-diplos/doc-diplos.html.

39)　Alistair Horne, *Macmillan*, 2 vols.（London：Macmillan, 1988-89）.

40)　Frank Conaway, comp., "Guide to Microform and CD-Rom Sources for History and Political Science in the University of Chicago Library"（http://www.lib.uchicago.edu/e/su/hist/mfguide.html）. "Major Microform Collections in the Combined Arms Research Library"（http://www-cgsc.army.mil/carl/resources/microform.asp）も参照。

41)　たとえば，Patricia Grimsted, "Archives of Russia Seven Years After," Cold War International History Project Working Paper No. 20（2 parts）（Washington, D. C.：CWIHP, 1998）（http://wwics.si.edu/topics/pubs/ACF518.pdf and http://wwics.si.edu/topics/pubs/ACF51B.pdf）を参照。

42)　附録IIのセクションIVを参照。

43)　たとえば，1957年11月21日に開催されたダレス・ブレンターノ会談記録からの引用の余白に書き込まれた，2つの相互参照を見よ。http://www.polisci.ucla.edu/faculty/trachtenberg/documents/brentano.html に再掲されている。

第6章
プロジェクトを始める

STARTING A PROJECT

自分が政治科学者で，ある理論的な事柄を具体的な歴史の文脈で研究して，理解するのが目標だとしよう。具体的にどのように進めていこうか。どうやってこのプロジェクトをスタートさせようか。プロジェクトの第一歩を踏み出すにあたって，実際に何をすればよいだろうか。

本章では，こうしたプロジェクトのやり方について，ちょっと説明したい。いくつかの例題を解いてもらいながら話をしていくつもりだ。2つの具体的なプロジェクトと，プロジェクトの早い段階で実際にすることについて，少し詳しく述べていこう。これらのプロジェクトはいずれも，相対利得（relative gains）の問題と関係がある——つまり，協力的な取り決めによって，他国が自国よりも利益を得ることを恐れるため，国家が互いに協力するのは難しいという考えに関わる議論だ。とりたてて特別なことは何もない。実は，ここで使っていく方法から学べるのはありふれたことである。

では，いろいろな文脈で相対利得の議論を見つけ，本格的に分析する価値があると思ったとしよう。どのように始めようか。おそらく2つのレベルでとりかかる必要がある——まず概念的なレベル，次に実証的なレベルだ。だから，このテーマに関する理論的な文献を調べることから始めよう。これまでの議論に目を通して，議論がどう積み重なってきたかを知る必要がある。その議論の論理にのっとって考えて分析をしていこう。目的は，その議論の筋が通っているかを確かめることだ。普通は，考え方全体を詳細に見ていく必要があるだろう。

だが，そのためには，この分野の文献がどのようなものか，とくに，重要な研究が何なのかをまず理解しないといけない。これは比較的すぐにできる。第3章と附録Iで説明しているやり方の一部を使えばいい。最もわかりやすい始

247

め方は，"relative gains" をまず JSTOR で，次にソーシャル・サイエンス・サイテーション・インデックス（Social Science Citation Index: SSCI）で，タイトル検索（title search）をすることである[1]。JSTOR では，データベースに含まれる政治科学のジャーナルを指定して，用語を簡易検索（basic search）すると，10のタイトルが出てくる[2]。詳細検索（advanced search）では，少し広い網を投げて，"relative" と "gains" の両方を含むタイトルを検索できるが，2つの単語は必ずしも隣り合っているわけではない。こうすると，11番目のタイトルとして，*International Security* の1996年夏号に掲載された，ピーター・リバーマン（Peter Liberman）の *"Trading with the Enemy : Security and Relative Economic Gains"*（「敵と貿易する──安全保障と相対的経済利得」）が出てくる。SSCI のタイトル検索だと15件がヒットする。SSCI の方が数が多いのは，JSTOR のジャーナルの多くに「ムービング・ウォール」（"moving wall"）があることと関係している。つまり，JSTOR では，過去3年か5年の号は利用できないのだ。また，"relative gains" について SSCI で単純にトピック検索をすれば──つまり，"title only"（「タイトルのみ」）のボックスをチェックしなければ──89件がヒットする。その多くは，タイトル検索で出てきた項目と比べて，今調べていることに直接的に関係があるわけではないが，それでも注目する価値がある。

　また，Google で "relative gains" と検索することもできる[3]。検索する場合，詳細検索のウィンドウで検索結果を "edu" ドメインのファイルに限定し，できれば pdf か doc〔および docx〕形式のファイルにも限定するのを忘れてはいけない。この検索で最近の学術論文やシラバスが数多く出てくる。その本文（や参考文献）でこの問題が扱われている。または，代わりに（あるいは加えて）Google Scholar で "relative gains" を検索してもいい[4]。検索すれば，関連性が高い順番にこの分野の項目が多数出てくる。その多くは，引用された論文の本文にリンクしている。どちらの場合も，最初の2，3頁に焦点を合わせて，より最近の記事や学術論文を読んでみよう。著者は通常，自分の研究がどのように位置づけられるかを示すために，序論でそのテーマに関する既存の学術文献の要約を試みている。だから，序論を読むと，その分野の状況について手早く理解をすることができる──とくに，どれが必読の論文なのかについてだ[5]。そして，こうした理解は，検索して出てきたシラバスの内容で補強されていく。

　では，この分野で最も重要な研究は何なのか。序論やこれまでに見てきたシ
ラバスでは，（グリエコ〔Joseph Grieco〕，パウエル〔Robert Powell〕，スナイダル
〔Duncan Snidal〕による）一握りの論文が繰り返し引用されており，ウォルツの
Theory of International Politics（『国際政治の理論』）の105頁の一節も頻繁に引
用されている。そこで，それぞれの論文について SSCI を使って "cited refer-
ence search"（「引用された文献の検索」）をしてみよう。そうすると，興味を引
かれるかもしれない，より新しい研究——タイトルに "relative gains" という
用語がたまたま入っていないもの——があるかどうかを知ることができる[6]。
"cited reference search" で出てきた論文のタイトルを調べるだけで，相対利
得の概念の重要性や関連する文献について，おおよその雰囲気をつかむことが
可能だ。論文のタイトル一覧からは，その概念が特定の分野でどう使われてい
るかを学べるのである。たとえば，米中関係や日米関係，米欧関係を扱った論
文がどのように相対利得の議論に触れているかに，とくに興味を持つかもしれ
ない[7]。該当する論文を調べ，相対利得の研究が引用されている脚注を見つけ，
対応する文章を読むのは難しいことではない。検索をするとレビュー論文がい
くつか出てくることに気づく場合もあるだろう。もちろん，こうしたレビュー
論文は，この段階の目的にとって，とくに価値があるものだ。
　JSTOR では "relative gains" を全文検索することもでき，多くのものがヒッ
トする——政治科学のジャーナルで265件，もし経済学と金融論のジャーナル
も含めて検索範囲を広げたら558件だ。読むにはかなり多いが，引用された論
文は「スコア」——どれだけ頻繁に，そして論文のどれだけ最初の方で，検索
した用語が出てくるかによる——に応じて並んでいることに留意しよう。この
リストから，一流の学者が——何より，自分が名前を認識している学者という
意味である——相対利得の議論にどう加わってきたかがとても簡単にわかる。
それぞれの項目には "page of first match"（「最初にマッチしたページ」）へのリ
ンクがあるから，関連する箇所にすぐに行くことができる。こうやって，この
分野全体の中で，どのようにこの概念が捉えられているかをある程度理解でき
る。
　以上の検索エンジンを使うと，興味深い文献のファイルをとても簡単にまと
めることができる。たいした手間をかけずに，関心を引かれる論文の全文を保
存できる場合も多い。そうすると，じきに，かなり大きな資料のコレクション

を手にできるだろう。このコレクションは専用のファイルに保存しておこう。そうしておいて，より体系的に文献を分析する段階になってから，ふたたび参照すればいい。

　この学問分野がどういったものかをある程度理解するためだけに，こうした文献の調査をしていても，ときどき宝石に出くわす——言い換えれば，プロジェクトの終盤で自分の発見をまとめるときに大変役立つだろうと思う文章だ。SSCI の検索で出てきた論文の 1 つに，*International Security* の1999年夏号に掲載された，ロバート・ジャーヴィスの "Realism, Neoliberalism, and Cooperation: Understanding the Debate"（「リアリズム，ネオリベラリズム，協調——論争を理解する」）がある。この論文の中で，ジャーヴィスは次のように書いている。「相対・絶対利得の文献における最大の欠陥は，理論と対処法のレベルにほとんどとどまっており，いつ実際に意思決定者が相対利得に関心を示すかにはあまり注目していないことだ」と。これから書こうとしているのが，この問題を具体的な実証的文脈で扱おうとする論文なら，こういった引用（とくにその分野で最も有名な人からの）から自分の議論を始められれば，とてもいい。

　こうした引用はあとで使うべきだとわかっているので，どこかに保存するだけでいい。今のところは，主に理論に焦点を合わせている。その内容をつかもうとはしているが，同時に，理論的な議論の中心にある問いをどうすれば理解できるかも考えているだろう。基本的には，問題の分析を実証的な証拠の調査に結びつける方法を理解すべきだということである。

　このような問いは，とくに研究を始めるにあたって，何と言っても重要だ。プロジェクトの概念的な面と実証的な面が，実際どう相互に関連するのか。一体なぜある実証的なテーマが焦点を合わせるに値するのか。そうすることで，基本的な概念を理解する役に立つのか。自分が見つけた重要な理論的主張を前提とすると，歴史的な文脈で具体的に何を発見する見込みがあるのか。理論的な文献で展開された明確な主張（実証的な証拠に基づいて検証できるものだ）を見つけられるのか。かなり早い段階で，こういった問いについて考えることに時間をかけるべきだろう。

　このテーマについて取り組もうとしている実証的研究から，他に何をつかむことができるだろうか。議論の一部が何か間違っているという，ぼんやりとした感覚から始まる場合もある。実証的な研究をすることが，考えの焦点を絞る

役に立つのかもしれない。または，自分が今まで見落としていた，物事の一般
的な本質をつかむ役に立つこともあるだろう——それどころか，その問題につ
いて研究をしてきた人たちが誰も気づいていない本質をつかむかもしれないの
だ。

技術移転の問題——アメリカの事例

　さて，実証的に調べるべき事柄を選ばないといけないわけだが，何にすべき
だろうか。もし相対利得の理論家が基本的に正しいのなら，国家は経済的な資
産を蓄えると予想できる。たとえば，その国家が他国に対して技術的に優位に
あるのなら，優位であり続けようとすると想定できる。とくに，国家が重要な
軍事利用のできる技術で，優勢を保とうとすると予想するだろう。この問題を
理解するために，この分野のアメリカの政策を見てみよう。アメリカ政府はア
メリカの技術，中でも防衛技術の移転についてどのような見解を持っているの
か。技術の共有についての取り決めが，アメリカの利益となるかもしれないが，
他の国にとってはもっと大きな利益になるかもしれない場合，どう考えている
のか。

　この問題はどのように研究していけばいいだろうか。研究を始める1つの方
法は，Google で "export military technology"（「輸出 軍事技術」）などと検索す
ることだ。そうすると，興味深い検索結果が多く出てくる。1つ例を挙げれば，
戦略国際問題研究所（Center for Strategic and International Studies: CSIS）とい
うワシントン DC にある有名な研究機関が，2000年から2001年まで実施した
"Technology and Security in the 21st Century: Study on Military Export
Control Reform"（「21世紀の技術と安全保障：軍事輸出管理改革の研究」）というプ
ロジェクトがある。[9] このプロジェクトのウェブサイトには，おもしろい手がか
りがたくさんある。とくに，プロジェクトに関係した人々——もしこのテーマ
に本気で足を踏み入れるのなら，いつかは話をしてみる必要があるかもしれな
い人々——の名前のリストが載っている。Google の検索で，同じくワシント
ン DC にある，アメリカ国防大学技術・国家安全保障政策センター（Center
for Technology and National Security Policy at the National Defense University）
へのリンクも出てくる。[10] そこの様々なメンバーが出版してきたものを見ること

もできる。その中の一人，ダニエル・バーグハート（Daniel Burghart）は，関連する問題について本を書いている。1992年出版の *Red Microchip : Technology Transfer, Export Control and Economic Restructuring in the Soviet Union*（『赤いマイクロチップ——ソ連の技術移転，輸出管理，経済再建』）だ。

　これは，文献を調べる際の入門書として役に立つ。この本を図書館の目録で調べ，記載された項目（subject entries）をメモする。その１つが，"Technology transfer — Soviet Union"（「技術移転——ソ連」）だ。こうして何の件名標目（subject heading）を調べるべきかがわかる。"Soviet Union" を削り，"technology transfer" という用語で始まる件名標目を検索する。このとき "bibliography"（「文献案内」）という単語を含むものには，とくに関心を払おう。[11]"Technology transfer — United States"（「技術移転——アメリカ」）といった標目は，思った以上の項目が出てくるから，何らかの方法で一覧を絞り込んだ方がいい。タイトルに "defense"（「防衛」）か "security"（「安全保障」）という単語を含む本もこのカテゴリーで検索してみよう。すると結構多くの検索結果が出てくる。そのほとんどは，せいぜい少し興味を引かれるぐらいだが，関心を持っているトピックに直接関係するようなものもいくつかある。[12]これらの本に特徴的なのは，"technology transfer" という件名標目だけではなく，"national security"（「国家安全保障」）という件名標目でも出てくることだ。こうやって，２つの用語を同時に検索する。出てきたリストには，関連する研究がすべて載っており，議会の公聴会記録と報告書も多く含まれる。そして，この検索でもっと興味深い研究が出てくれば，リンクをたどることでリストを簡単に広げることができる。

　このように，１時間か２時間の調査で，かなりしっかりとした資料のリストができる。議会資料だけでも多くの収穫があるだろう。出てきた本には，ある目的にとって興味深いものもある。たとえば，マイケル・マスタンドゥーノ（Michael Mastanduno）の *Economic Containment*（『経済的封じ込め』）は，いろいろな理由から読む価値がある。[13]まず，コーネル大学出版の政治経済シリーズから出版されていることから，優れたものだとすぐにわかる。そして，覚えているかもしれないが，マスタンドゥーノは，逐次刊行物で "relative gains" と検索したときに出てきた主な論文の１つを書いた人物だ。だから，その本で，自分が関心を持っている事柄に意を用いている可能性が十分にあると考えられ

る。さらに，その本から，この分野の議論を政治科学者がどうやって展開していくかがある程度わかり，自分がすべき研究で使える資料についてもある程度わかるだろう。他にも，別の理由で興味深い研究がある。マーティン・トルチン（Martin Tolchin）の *Selling Our Security : The Erosion of America's Assets*（『安全保障を売り渡す——アメリカの資産の侵食』）には，論争的な響きすらあり——少なくとも書名はそう示唆しているように思われる——この本（と出版されたときの書評）から，全体として，国家の相対利得の問題に関して，より広い文脈でどのような反響があったかわかるかもしれない[14]。また，たとえば，アメリカ議会技術評価局（Office of Technology Assessment: OTA）の報告書 *Arming Our Allies : Cooperation and Competition in Defense Technology*（『同盟国を武装させる——防衛技術における協力と競争』）などの研究は，同盟国との協力という問い全体に関わるので，とくにおもしろい[15]。敵に対して軍事的に重要な輸出を管理するなら別に意外ではないが，同盟国が対象なので注目に値する。もし同盟国が強くなりすぎると懸念する国があれば，驚くべきことだろう。だから，とくに興味深いのだ。

　だが，この資料収集自体は重要だが，始まりに過ぎない。多少，場当たり的なところがあるので，できればもっと包括的なものにしたい。そこで，図書館の書架，とくに，作った本のリストの請求記号が集中している書架のセクションに行き——この場合，とりわけ HF 1414.5セクションだが，HC 110エリアも——自分のリストにある本だけではなく，関心のあるテーマに関連した他の本，とりわけ評判のいい出版社から最近出された本も探す。それらを見つけたら，とくに序論，脚注，そして参考文献一覧を読む。

　こうやってただ文献の調査をするだけでも，この分野で誰が重要なのかを少しずつつかんでいくことになる——本の著者についてのみならず，上述のCSIS のプロジェクトや *Arming Our Allies* の報告書を提出した OTA 研究などのプロジェクトで，主要な役割を果たした人々についてもだ。この目的のために，いろいろな検索エンジン（附録 II の終わりの「公開資料」で議論する）を使って，彼らが他のことを新聞や雑誌に書いているかどうか，または議会で証言しているかどうか，議会のために論考を書いているかどうかがわかる。それらの人々を Google で検索することもできる。1つ例を挙げよう。ウィリアム・W・ケラー（William W. Keller）は，*Arming Our Allies* の研究を生み出した

253

OTA プロジェクトのディレクターと記載されている。ケラーについて Google で検索すると，最初に出てくるリンクから，彼の出版物一覧が掲載されているウェブサイトに行ける。そのうちの 1 つは，たまたま自分の目的に合致している。2001 年 5 月の *International Studies Perspectives* に掲載された，"Mortgaging Security for Economic Gain? U. S. Arms Policy in an Insecure World"（「安全保障を担保にして経済的利得を得る？――不安定な世界におけるアメリカの武器政策」）という，ケラーとジャン・ノラン（Janne Nolan）の共著論文だ。ここからさらに，いろいろな資料を見つける役に立つキーワードを理解していくことにもなる――たとえば "FSX" だ。というのも，FSX の問題は，この検索で出てきた多くの本が扱っているテーマだからである。

　ここでの基本的な考え方は，とても単純だ。このような調査をすると，ある資料が別の資料につながっていく。ふたたび *Arming Our Allies* の研究を例にとると，これが，OTA の国際安全保障・通商プログラム（International Security and Commerce Program）によるものだと気づく。タイトルがまさに示しているように，このプログラムは他にも見た方がいい報告書を出しているかもしれない。プログラム名で著者検索をできるが，*Arming Our Allies* のもともとのカタログを見ると，オンラインで利用可能だと気づくかもしれない。カタログのリンクをクリックすれば，報告書の原文が出てくるだけでなく，自分の研究に関連した他の OTA 報告書の入手方法も，その URL からわかる。報告書の完全な URL は http://govinfo.library.unt.edu/ota/Ota_2/DATA/1990/9005.PDF だが，インターネット上の国家安全保障の資料に関するガイドで，ビル・アーキン（Bill Arkin）が「URL 手術」と呼んでいることを実行できる。インターネットのアドレスの文書を特定する部分を切り取り，短くした URL http://govinfo.library.unt.edu/ota/ を試してみる。このリンクは有効で，ノース・テキサス大学図書館の "Cybercemetery"（「サイバーセメトリー」）にある，OTA の報告書すべての検索エンジンにたどり着く。「サイバーセメトリー」は，ノース・テキサス大学図書館とアメリカ政府出版局が提携したもので，もう存在しない政府機関のウェブサイトと出版物に半永久的にアクセスできる（OTA は1995年に閉鎖された）。こうして，「サイバーセメトリー」の OTA のウェブ・ページに行き，"International Security and Commerce Program" を検索する。便利な70の項目が出てきて，すべて pdf で読むことができる（そして

ダウンロードすることもできる）。これらの文書の多くは，自分が関心を持っているテーマに直接関係していることがわかる。

　だが，この一連の検索過程はかなり変則的なやり方，つまり Google 検索でバーグハートの本が出てきたことから始まったのに気づいたかもしれない。それでも，ここで心に留めておくべきポイントは，最終的にどのようなリストができあがるかは検索で使った項目（entry）に左右されないということだ。いろいろな方法で検索を始められるが，遅かれ早かれ，同じ件名のリストにたどり着くだろう。たとえば，"technology"（「技術」），"military"（「軍事」），"security"（「安全保障」），"export"（「輸出」），"policy"（「政策」）そして，"control"（「管理」）といった単語を使い，複数の検索欄を使って，様々な方法でいろいろなタイトル，件名，そしてキーワード検索をすることができる。または，"United States — foreign economic relations"（「アメリカ——対外経済関係」）といった標準的な件名検索をして，同時に "technology" あるいは "security" のような単語を含む件名（もしくはタイトルでさえ）を検索する。こういった検索をして出てくる本にリンクしている件名を調べるべき場合もあるだろうが——実際にはこのプロセスを一度か二度繰り返さないといけないかもしれない——最終的に，特定した項目のいくつかは技術移転の件名のリストにリンクしているだろう。このように，どうやって始めても，前述のものと同じ，タイトルのリストにたどり着くことになるはずだ。

　他にも，参考文献を増やしていくと，多くの本が当たり前のようにサブカテゴリーに分類されていることに気づく。かなりの数の本や議会資料が，アメリカの対中政策に関係している。アメリカの対日政策に関連するものも多く，ヨーロッパと関係があるものもいくつかある。これ自体が示しているのは，体系的に研究計画を立てた方がいいということだ。そうすると，書こうとしている論文をどう構成するかを考えるのに実際に役立つ。まず総論の節があり，中国，日本，ヨーロッパのそれと続いていく。これでうまくいくこともあるだろう。文献の地域分布を理解すると，他にもわかることがある。地域ごとにわかれた文献のリストを見たら，さらに資料が見つかる可能性があると思いつくかもしれない。たとえば，日米経済関係の歴史に関する文献について理解を深めるために，ロバート・ベイズナー（Robert Beisner）の *American Foreign Relations since 1600 : A Guide to the Literature*（『1600年以降のアメリカの対外関係——

文献へのガイド』）の "The United States, Japan, Korea, and the Pacific since 1961"（「1961年以降のアメリカ，日本，韓国」）の章を見つける。そして，1572～1573頁の日本に関する節，"Trade and Other Economic Issues"（「貿易と他の経済的課題」）を読む。

　こうした考えをまとめながら，資料の検索を続けていく。ここまでは本に集中してきたが，今度は技術移転の問題を扱った論文のリストを作成してみよう。ここでは SSCI が基本的な道具であり，今まで出てきた論文や――見てきた本の脚注や参考文献リストで言及されている論文――このテーマの本を書いた人の名前，その他目立って引用されてきた人の名前から検索を始めるべきだ。または，通常のキーワード検索もできる。このように，かなり多くの項目が出てくることになる。博士論文や書評についての方法は附録Ⅰにまとめた。

　附録Ⅱで説明するテクニックを使って，どういったマイクロフィルムが利用可能かを確認した方がいい。すると，役に立ちそうな UPA のシリーズがあるとわかる。"International Trade: Special Series, 1971-1988"（「国際貿易：特別シリーズ 1971-1988」）という，シンクタンクの研究のコレクションだ。ここから明らかなのは，このコレクションで技術移転の問題が多く扱われているということである[16]。

　これまでは二次資料に焦点を合わせてきた。この段階ですら，使える一次資料がないかを考え始めるべきだろう。議会資料を中心として，ある程度の一次資料をすでに特定してきた。だが，調べるべき行政機関の資料はあるだろうか。FRUS シリーズには，対外経済政策を扱っている巻もある。これらは文書資料として，または文献案内として見る価値があるだろう。アメリカ機密解除文書データベースで何かを見つけられるかもしれない。資料館で調査することもできるだろう。

　こういった資料を集めて調べ始めるとき，目的は技術移転の分野で何が実際に行われたか――つまり管理が実際にどう行われたか――を理解することだけではない。政府だけでなくそれに準じる団体や国全体における考え方に，より強く関心を持つはずだ。これらを整理するには，明確な問いを念頭に置いて，具体的になぜそれらの問いに焦点を絞るべきなのかをしっかりと理解している必要がある。

19世紀のイギリスの貿易政策

　相対利得の問題に関心があっても，現在のアメリカの政策に関係があるトピックを選ぶ必要はない。アメリカの事例はある意味で注目されすぎている――国際政治に関する私たちの理解がたった1つの事例の分析（それ自体がいかに重要であろうとも）に過度に依拠しているのは正しくないと考える人もいるかもしれない。だから，歴史上の他の時期から研究すべきことを探すとしよう。その場合，19世紀初頭のイギリスの事例が思い浮かぶこともあるだろう。誰でも知っているように，イギリスは「初の工業国」だった。だが，イギリスは（どこかで教わったかもしれないが）他の国に追いつかせないことを意図した政策をとっていたわけではない。当時古い重商主義的な規制は撤廃され，イギリスは非常に自由主義的な政策を選んだ。彼らにとって具体的にどのように自由貿易の利益が配分されるかはあまり重要でなかったように思われる。

　このストーリーは，相対利得の理論から予期されることと食い違っており，だからこそ，この事例を選びたくなるだろう。相対利得の議論を好まないなら，イギリスの事例は反証として役に立つと考えるかもしれないが，これはこの問題にアプローチするのに適切な方法ではない。もし前もって答えを知っていると考えるのなら，研究から多くを得ることは決してできない。前もって答えはわからないが，証拠が示していることに基づいて問いを作っていく方がよっぽどいい。たとえば，この事例では，安全保障上の考慮があったとすれば，そうした考慮がイギリスの対外経済政策を形成する際にどういった役割を果たしたのか，または当時の政策の議論にどう取り込まれたのかを知るべきだろう。

　では，どのように進めていけばいいのか。図書館の蔵書目録で，簡単なこと，つまり"history British trade policy"（「歴史 イギリスの 貿易 政策」）といったものを検索することから始めてみよう。タイトル検索ではあまりヒットしないが，キーワード検索は83件のヒットがある。いくつかの項目はとくに関係があるように思えるが，関係がないものからも――別の時期を扱っているものであっても――どの件名標目を検索するべきかがわかる。以下が出てくる基本的な件名標目の一部だ。

Free trade（自由貿易）― Government policy（政府の政策）― Great Britain

（イギリス）— History（歴史）

Great Britain（イギリス）— Commercial policy（通商政策）— History（歴史）

Great Britain（イギリス）— Commercial policy（通商政策）

Great Britain（イギリス）— Foreign economic relations（対外経済関係）

Great Britain（イギリス）— Foreign economic relations（対外経済関係）— History（歴史）

これらの件名のリストを，全部，または何らかの方法で絞り込んで調べていくと，目を引く文献がたくさんある。こうした文献がとくに興味深く思われるのは，経済と政治の問題が互いにどう関係するかという問いを直接扱っているからだろう。もしくは，ある研究をしっかり読んでみようとするきっかけは，とても長い期間を扱っておりトピックの全体像がよくわかるだろうという理由かもしれない。または，政治科学に関係するような気がするから（この研究の出発点を考えると重要な理由だ），興味を持つ本もいくつかあるだろう。場合によっては，価値のある参考文献リストが載っていそうだというだけで，十分，本を読んでみる理由になる。以下が，いろいろなカテゴリーに分類されるタイトルだ。

D. C. M. Platt, *Finance, Trade, and Politics in British Foreign Policy, 1815-1914*（『イギリスの外交政策における財政，貿易，政治1815-1914』）（Oxford: Clarendon Press, 1968）

Judith B. Williams, *British Commercial Policy and Trade Expansion, 1750-1850 ; with a Bibliographical Chapter by David M. Williams*（『イギリスの通商政策と貿易拡張1750-1850 デイビット・M・ウィリアムズによる文献案内の章付き』）（Oxford: Clarendon Press, 1972）

Cheryl Marie Schonhardt, *A Model of Trade Policy Liberalization : Looking Inside the British "Hegemon" of the Nineteenth Century*（『貿易政策自由化のモデル——19世紀の「覇権国」英国の内幕』）（Ph.D. diss., UCLA, 1991）

Steven E. Lobell, *The Challenge of Hegemony : Grand Strategy, Trade, and Domestic Politics*（『覇権の挑戦——大戦略，貿易，内政』）（Ann Arbor: University of Michigan Press, 2003）

Alexander Brady, *William Huskisson and Liberal Reform : An Essay on the Changes in Economic Policy in the Twenties of the Nineteenth Century*（『ウィリアム・ハスキソンとリベラル改革——1820年代における経済政策の変化に関する一考察』）（London: Oxford University Press, 1928）

　見つけた本が書架のどこに集中しているかわかったら——この場合は，HF 1533と HF 2044〜 HF 2045のエリアがとくに有望に思える——そこにどのような本があるかを調べてみよう。とくに，その書架で見つけた本の文献案内に注目だ。だが，もっと大きな網を投げて探索範囲を広げることもできる。すでに説明した，他のテクニックをいくつか使えるのである。たとえば，Google 検索を試してみよう。もし "history of British trade policy"（「イギリスの貿易政策の歴史」）ぐらい単純なことを検索すると，何か出てくるだろうか。このフレーズで検索すると，たまたまいくつかヒットする。実際，オンライン上にある，世界貿易機関に関する論文の脚注に，「19世紀のイギリスの貿易政策に関する包括的な政治史については，A. C. Howe（ハウ），*Free Trade and Liberal England, 1846-1946*（『自由貿易とリベラル・イングランド1846-1946』）（Oxford: Clarendon, 1998）を参照」と出てくる。この本は，かなりの掘り出し物のように思えるが，HF 2045の請求記号さえあれば，Google 検索なしでも見つけることができただろう。

　手がかりはあらゆる方法で得ることができる。たとえば，当時のイギリスに関するさまざまな歴史書の最後にある，文献案内（bibliography）を見るべきだろう。"bibliography" という単語を（文献の調査を進めるにつれて出てくる）件名標目に追加すると，本ほどの長さがある文献案内を手にすることができる。または，検索欄にその標目のいずれかを入力し件名検索をして，2つ目の検索欄に "bibliography" を入力すればいい。以上の方法を使うと，多くの文献案内が出てくる。

David Nicholls, *Nineteenth-Century Britain, 1815-1914, Critical Bibliographies in Modern History series*（『19世紀イギリス1815-1914 現代史の批判

的文献案内シリーズ』)（Hamden: Archon Books, 1978）

Lucy M. Brown and Ian R. Christie, eds., *Bibliography of British History, 1789-1851*（『イギリス史の文献案内1789-1851』）（Oxford: Clarendon Press, 1977）

Ian R. Christie, *British History since 1760 : A Select Bibliography*（『1760年以降のイギリス史——文献案内精選』）（London: Historical Association, 1970）

Robert Goehlert, *Resources for the Study of British Politics*（『イギリス政治研究のための資料』）（Monticello: Vance Bibliographies, 1979）

他の参考文献も——たとえば，R. C. Richardson and W. H. Chaloner, *British Economic and Social History : A Bibliographical Guide*（『イギリスの経済社会史——文献案内ガイド』）（1996）——研究のこの段階で読むであろう，いくつかの本で言及されている。

　興味を引く本がある書架に行き，それらの序論と参考文献リストを読むと，他にも多くの手がかりを得ることになるだろう。たとえば，E・L・ウッドワード（E. L. Woodward）の *The Age of Reform, 1815-1870*（『改革の時代 1815-1870』）というイギリスに関する歴史書は（同書が重要なのは多くの版を重ねていることからわかる），書架のDA530のセクションにある。ジョン・クラーク（John Clarke）による，1782〜1865年におけるイギリスの対外政策に関する通史も，請求記号はDA530から始まっており，ウッドワードの *The Age of Reform* があるエリアを調べていると見つけることができる。そこで，「自由貿易」をクラークの本の索引で調べると，その問いを扱っている10頁分の箇所が見つかる。クラークはそこで多くの研究について述べており，貿易問題に当てられた文献案内の段落で，そのテーマを扱っている重要な研究を網羅している[17]。彼が挙げている本の１つが，バーナード・センメル（Bernard Semmel）の *The Rise of Free Trade Imperialism*（『自由貿易帝国主義の興隆』）[18]だ。センメルはその本の冒頭で，このテーマに関する多くの研究について論じている。その最初のものは，同書よりも古い，R・L・シュイラー（R. L. Schuyler）の本で，センメルいわく，「重商主義コロニアリズム・システムの解体」をテーマにしている[19]。書架のセンメルの本の近くには前述のハウの本があり，ハウも本の最初の数頁で，より古い文献について述べており，（他の研究とともに）シュイラー

の本を引用している。さらに，ハウは，A・J・B・ヒルトン（A. J. B. Hilton）の *Corn, Cash, and Commerce : The Economic Policies of the Tory Governments, 1815-1830*（『トウモロコシ，カネ，通商――保守党政権の経済政策 1815-1830』）などのより綿密な研究を始め，多くの研究を挙げている[20]。さらに，書架のセンメルとハウの本の近くには，アンナ・ギャンブルズ（Anna Gambles）の *Protection and Politics : Conservative Economic Discourse, 1815-1852*（『保護と政治――保守派の経済的言説 1815-1852』）がある。同書には，この問題に関する参考文献のリストが載っている――たとえば，C・ションハート・ベイリー（C. Schonhardt-Bailey）の *The Rise of Free Trade*（『自由貿易の興隆』）だ[21]。後者の著者とタイトルを Google で検索すると，このテーマに関する最近のレビュー論文へのリンクが見つかる。この論文で，関連文献を素早く理解できるようになるかもしれない[22]。次から次へと本や文献案内に目を通すと，図書目録で通常の文献調査をしたときには出てこなかった研究を，次第にたくさん見つけることになる。たとえば，アルバート・イムラ（Albert Imlah）の *Economic Elements in the Pax Britannica*（『パックスブリタニカにおける経済的要素』）などは，欠かせないだろう[23]。

　さらに続けよう。この問題に取り組む方法は無限にある。たとえば，経済史か技術革新の歴史を取り上げることができる――デーヴィッド・ランデス（David Landes）の1998年の素晴らしい本，『「強国」論――富と覇権の世界史』（竹中平蔵訳，三笠書房，2000年：*The Wealth and Poverty of Nations*）は，とてもよく知られた研究だ。技術の知識の拡散と，それを管理しようとする努力について，議論を展開している。たとえば，ランデスはその問いを扱う章を設けており（"The Wealth of Knowledge"［「知識の財産」]），その章で，別の学者ジョン・ハリス（John Harris）の研究に多くを依拠している。ハリスによる11の研究のほとんどでこの問題が扱われており，実際に，ランデスの参考文献リストにも載っている。

　ここで頭を切り換えて，論文を探そう。基本的な道具は，また SSCI だ。実際，読んだ本で引用されていた論文（ハリスの論文など）を SSCI 検索の出発点として使うことができる。全体の流れとしてはあまり体系的でないが，こうした調査をするにつれて，同じ研究が繰り返し言及されていることに徐々に気づいていく。そうなれば，そのテーマを扱う重要な著作をほとんど確認したと感

じるだろう。

　さらに，この調査をしていると，多くの一次資料に出くわす。ラース・マグ
ヌソン（Lars Magnusson）が編集した *Free Trade : 1793-1886*（『自由貿易——
1793-1886』）[24] 全 4 巻が参照されているのに気づいたら，これは調べる価値があ
る文献だと思うだろう。なぜか。1 つには，単純にごく最近出版されたからだ。
この理由だけで，序論を読む価値があるだろうし，参考文献リストもとくに優
れていると思われる。収録されている資料自体も自分の目的にとって価値があ
るかもしれない。

　文献調査をして出くわした様々な一次資料の中で，他よりも際立っているも
のがいくつかある。第一に，*Goldsmiths'-Kress Library of Economic Litera-
ture*（『ゴールドスミス・クレス文庫』）だ。これは膨大なマイクロフィルムの資料
コレクションで，1831年までの期間を扱い，2 万4246点の文献（と複数巻のハ
ードコピーのガイド）を収録している。そして，"Great Britain — Politics and
government"（「イギリス——政治と政府」）と "sources"（「資料」）という 2 つの
件名を同時に検索すると，他の資料も出てくる。

Papers of the Prime Ministers of Great Britain（『イギリス首相文書』）マイ
　クロフィルム459リール，ガイド付き（Brighton: Harvester Microform, 1981-）

Series 1. Papers of William Pitt the Younger（シリーズ1. ウィリアム・ピッ
　ト文書）

Series 2. Papers of Sir Robert Peel（シリーズ2. サー・ロバート・ピール文書）

Series 3. Papers of Lord Liverpool（シリーズ3. リヴァプール卿文書）

Series 4. Papers of the Duke of Newcastle（シリーズ4. ニューカッスル公爵
　文書）

Series 5. Papers of Lord North（シリーズ5. ノース卿文書）

Series 6. Papers of George Grenville（シリーズ6. ジョージ・グレンヴィル文
　書）

Series 7. Papers of Spencer Perceval（シリーズ7. スペンサー・パーシヴァル
　文書）

Series 8. Papers of William Ewart Gladstone（シリーズ8. ウィリアム・ユワ
　ート・グラッドストン文書）

ただし，これは，当時の基本的なこと——つまり政治システムがどう機能し，誰が重要な人物だったのかなど——を学んでから扱うべき資料だろう。

以上が，5時間程度の文献調査でできることだ。もちろん他の資料も使える——たとえば，*Parliamentary Debates* や，ロンドンの *Times* といった逐次刊行物もあり，そのインデックスは18世紀にさかのぼる。調査を進めるにつれて——つまり他の人々がどの資料を使ってきたかがわかるにつれて——間違いなく，他にも多くの資料が出てくる。それでも，この分野で本格的に研究に取り組むために十分な資料は，自分の所属機関の図書館できっと利用可能だろうし，または図書館を通じて手に入れることができるだろう。

注

1）　これらの検索エンジンがどのように使われているかについては，附録Iを参照。

2）　本章で言及する数字は，2004年後半の検索結果に基づく。この検索は，カリフォルニア大学図書館システムの総合目録，MELVYL 検索エンジンを使用した（http://melvyl.cdlib.org/）。

3）　http://www.Google.com.

4）　http://www.scholar.google.com/.

5）　このような序論に関するとくに優れた例は，Google 検索で上位に出てくる，Robert Franzese and Michael Hiscox, "Bargains, Games, and Relative Gains: Positional Concerns and International Cooperation" (1998; http://www-personal.umich.edu/~franzese/rg15.pdf), pp. 1-3 を参照。

6）　ウォルツの本への言及を検索しても意味がない。というのも，膨大な結果が出てきて，そのほとんどが今扱っていることにほぼ関係ないからだ。

7）　たとえば，H. Fukui, "The U. S.-Japan Alliance: Past, Present, and Future," *Journal of Japanese Studies* 26, no. 2 (Summer 2000): 520-526; P. A. Papayoanou and S. L. Kastner, "Sleeping with the (Potential) Enemy: Assessing the U. S. Policy of Engagement with China," *Security Studies* 9, no. 1-2 (Fall 1999): 157-187; Mark Sheetz, "Exit Strategies: American Grand Designs for Postwar European Security," *Security Studies* 8, no. 4 (Summer 1999): 1-43.

8）　Robert Jervis, "Realism, Neoliberalism, and Cooperation: Understanding the Debate," *International Security* 24, no. 1 (Summer 1999): 47 n. 14（強調はジャーヴィスの原文のママ）.

9）　http://www.csis.org/export/projdescript.htm.

10）　http://www.ndu.edu/ctnsp/about.html.

11) こういった件名標目に含まれるタイトルには次のものがある。Stephen Still-well, *Technology Transfer and National Security : A Bibliography of Journal Articles*, CSIA working paper no. 89-5 (Cambridge, Mass.: Center for Science and International Affairs, John F. Kennedy School of Government, Harvard University, 1989); Betty Taylor, *Transfer of Technology : A Bibliography of Materials in the English Language : International Law Bibliography* (New York: Oceana Publications, 1985); and John Chumack, ed., *Global Technology Transfer : Issues and Bibliography* (New York: Nova Science Publishers, 2002).

12) たとえば, 次のものがある。Gary K. Bertsch and John R. McIntyre, eds., *National Security and Technology Transfer : The Strategic Dimensions of East-West Trade*, Westview Special Studies in National Security and Defense Policy (Boulder, Colo.: Westview Press, 1983), and Herman Kahn, *National Security Policy Issues in U. S.-Soviet Technology Transfer* (Croton-on-Hudson, N. Y.: Hudson Institute, 1974).

13) Michael Mastanduno, *Economic Containment : CoCom and the Politics of East-West Trade*, Cornell Studies in Political Economy (Ithaca: Cornell University Press, 1992).

14) Martin Tolchin, *Selling our Security : The Erosion of America's Assets* (New York: Knopf, 1992).

15) U. S. Congress, Office of Technology Assessment, *Arming our Allies : Cooperation and Competition in Defense Technology* (Washington, D. C.: GPO, 1990).

16) http://www.lexisnexis.com/academic/2upa/Abe/SpecialStudiesInternational Trade.asp.

17) John Clarke, *British Diplomacy and Foreign Policy, 1782-1865* (London: Unwin Hyman, 1989), pp. 300-309, 344-345.

18) Bernard Semmel, *The Rise of Free Trade Imperialism* (Cambridge: Cambridge University Press, 1970).

19) R. L. Schuyler, *The Fall of the Old Colonial System : A Study in British Free Trade, 1770-1870* (New York: Oxford University Press, 1945), p. 1.

20) A. J. B. Hilton, *Corn, Cash, and Commerce : The Economic Policies of the Tory Governments, 1815-1830* (Oxford: Oxford University Press, 1977).

21) Anna Gambles, *Protection and Politics : Conservative Economic Discourse, 1815-1852* (Rochester: Boydell Press, for the Royal Historical Society, 1999); C. Schonhardt-Bailey, ed., *The Rise of Free Trade*, 4 vols. (London: Routledge, 1997). 第4巻のタイトルは *Free Trade Reappraised : The New Secondary Liter-*

ature だ。

22)　Kevin H. O'Rourke, "British Trade Policy in the Nineteenth Century: A Review Article," *European Journal of Political Economy* 16, no. 4 (November 2000): 829-842.

23)　Albert Imlah, *Economic Elements in the Pax Britannica : Studies in British Foreign Trade in the Nineteenth Century* (Cambridge, Mass.: Harvard University Press, 1958).

24)　Lars Magnusson, ed., *Free Trade : 1793-1886* (New York: Routledge, 1997).

第 7 章

書き上げる

　歴史の主な研究プロジェクト——つまり原資料の詳細な調査に基づくもの——は，研究の「状況」をつかもうとすることから始まる。プロジェクトを始めるにあたって，最初の目標は，自分が興味を持っているテーマに関する，研究者の主張を知ることだ——つまり，どこで意見が異なっており，その違いの核心は具体的に何なのかを知ることである。何が中心的な問いで，その問いが互いにどう関係しているのかを理解する必要がある。言い換えれば，問題の「構造」をつかんでいくことが目的だ。こういう調査をして，歴史の文献を分析するにつれて，研究プロジェクトの第二段階へと進む準備が自然とできてくる。

　この段階は明らかにとても重要だ。調査をすることで，問いに答え，問題を解決し，何が起きていたかを理解するようになるのである。実際に，この段階は研究プロジェクトの中で重大な位置を占めているから，調査が完了すると，研究がほとんど終わったように感じるかもしれない。もちろん何かを書き上げる必要があることはわかっているだろう。事実，比較的秩序立った方法で，考えをまとめて結論を出し，研究を完成させるべきだ。ひょっとしたら，これはかなり簡単で，結論を書くのにあまり時間はかからないと思うかもしれない。

　だが，どんなに経験豊富な学者でも言うように，何かを書き上げるのは容易ではない。なぜなら，書くこととは考えることだからである。今までやってきた研究すべてからどんな重要なことを導けるかを，書くときに真剣に考える必要に迫られる。わかったことを書く準備をするにつれて，どんな価値のあることを示さないといけないのかと自問する。自分がたどり着いた結論になぜ他の人も関心を持つべきなのか。何を言うべきかを決めたとしても，具体的にどの程度言うべきなのかを判断しないといけない。前提となる考えはいろいろな方

法で表現でき，言うべき様々なポイントも多くの方法でまとめられる。これを
どうするかが大変重要である。考えをどう表現するか，文章をどう構築するか
は，あまり注意する価値のない，たんなる「文体の問題」ではない。この「文
体の問題」は想像以上にずっと大切だ。

　著名な歴史家ピーター・ゲイ（Peter Gay）は，「スタイルとは思想の飾りで
はなく，その本質の一部である」とかつて書いた[1]。有名な裁判官ベンジャミ
ン・カドーゾ（Benjamin Cardozo）も，同じ基本的な点を指摘した。彼は，形
式はただの装飾ではないと言う。「形式から生まれる強さと形式の欠如から生
まれる弱さは，実のところ，ものの実体だ。本質のしるしだ。ありのままを表
しているのである[2]」。この洞察は説得力があり，歴史研究にも当てはまる。歴
史の叙述がただだらだらと続くとしよう。議論にしっかりした主張がなければ，
そのストーリーには筋が通っていないということである——または，もしある
としても，著者は自覚できなかったということだ。だが，わかりやすく，うま
く組み立てられた文章には，大きく異なるメッセージがある。何が物事を動か
していたのかを，何が本当に重要だったのかを，読み手はつかむことになる。
だから，何が重要かを明らかにするのが目的なら，できる限りわかりやすく書
く必要があるのだ。

　このように，ミクロとマクロの両方のレベルで，文体の問題に関心を持つ必
要がある。実際問題として，文章と格闘するのに多くの時間を費やす必要があ
るだろう。好きであろうとなかろうと，しないといけないことである。ジャッ
ク・バーザン（Jacques Barzun）とヘンリー・グラフ（Henry Graff）が，歴史の
研究と執筆に関するよく知られた入門書で指摘しているように，「表現に十分
に注意することは，研究にあってもなくてもいい装飾ではない。研究がスター
ト地点に立つための手段なのだ[3]」。

　この点について，やや憂鬱に感じることもあるだろう。書く力は——生まれ
ながらに備わっている，または備わっていない——才能だと考えるかもしれな
いし，運がなければ決してうまく書けないと思うかもしれない。だが，書く力
は磨ける技術である。実際，3つの方法で磨くことができる。経験によって，
実例によって，そして広く言われているような原則（たとえば「意図を明確にせ
よ」や「つねに読者を意識せよ」など）によってだ。これらの中で，経験が最も重
要だ。経験を重ねると，何が役に立つかがわかるようになるだろう。役に立つ

コツを自分のものにしよう。役に立たないものは忘れてしまおう。

　読んだ本や論文から文体を学ぶこともできる。歴史の文章を読むときはいつも，著者が書き手として何をしているかに注意しよう。どのように議論が組み立てられ，いかに文章が書かれているのかについて，そして，使われている様々なレトリックについてだ。もしある研究の歴史の書き方が嫌いなら，なぜ嫌いなのかを突き止めるようにしよう。そうすれば，自分の研究で何を避けるべきかをつかむことになるだろう。他方，ある歴史家のやり方が好きなのであれば，それも覚えておこう。そのテクニックを自分の研究で使った方がいい。これは，いい引用から文章を始めたり一文だけの段落で節を終えたりといった，ちょっとしたことにも当てはまる。

　より抽象的なレベルを意識することによっても，書き手としての技術を磨ける。一般的に，どうしたらうまく歴史を書けるのかを理解してみよう。歴史の文章はどうあるべきだろうか。書き上げる準備ができているときに，何を目指すべきだろうか。歴史の書き方の基本を少し学んでみよう——つまり，普通どのように歴史の文章の構成をまとめる作業にとりかかるのか，そして，実際にどうやって書き始めるのかについてだ。

何を目指すべきか

　歴史の研究を執筆するとき，具体的に何をしようとするだろうか。もしあることがわかり，それを読者に伝えられる文章を書きたいとしよう。このような文章とは，どういったものだろうか。

　この問いに答えるために，まず，何かを理解するとはどういう意味かを考える必要がある。この本の最初の2章で，この問題をどのように扱ったかを覚えているだろうか。基本的に，理解とは物事がどう組み合わさっているかがわかることだ，というのがそこでの要点だった。過去にはある種の構造があり，解釈を深めていく際の目的は，その構造が何であるかを示すことだ——つまり，「データが理解可能な形をとって現れるためのパターンを提供する」ことである。資料で見つけたことすべてを提示してしまうと，何がその構造なのか，何がそのパターンなのかをつかむことはできない。提示することは選別しないといけない。何が本当に重要なのかを明らかにする必要がある。つまり，比較的

細かいことはあまり注目されないという意味だ。結局，現実そのものと同じぐらい複雑な叙述をすることが目的ではない。ハンソンが言ったように，「地図が現実の鏡像に近づくほど，地図としては使い物にならなくなる[5]」。

　もし何かを説明することが目的なら，ストーリーの中の主な要素がどのように互いに関連しているかという因果関係を示す必要がある——つまり，「当然の結果として」ある事柄がどう他のことにつながっているのか，あることが他のことに続いてどう起こったのかだ。言い換えると，どのように世界が動いているかについての見解を示しつつ，なぜ出来事が実際に起きたように起きなければならなかったのか——そして，自分が気づいたことがなぜある意味で当然なのかを，多少なりとも示す必要がある。強く主張しすぎるべきではないが，できる範囲で，ストーリーにおける必然性（necessity）の要素を説明しないといけない。出来事の流れの根底にある，基本的な論理（logic）をつかむべきだということである。

　ここで強調した2つの単語は，わざと並べている。第1章で説明したハンソンの議論を覚えているだろうか。「原因および結果として解釈される2つの出来事の組み合わせには，通常は必然性がある。ではこの必然性が一体どこで生じるのかというと，1つの出来事からもう1つの出来事への推論を保証する理論の前提と結論の間なのである[6]」と彼は言った。これが，「真に因果的な系列と偶然の継起とを明確に区別するのは，理論が因果的推論に与えるこの論理的保証」なのである[7]。もちろん，歴史は物理学と大きく異なる。歴史の変化の論理はとても緩やかで，必然性の要素は比較的弱い。だが，歴史を分析するとき——つまり歴史の解釈を深めようとするとき——しかるべき物事のあり方についても，私たちはある程度語る。こうやって，世界の動き方についての自分の見解を示すのだ。

　たとえば，1960年代末と1970年代初めの大国間政治について書きたいとしよう。まず1つの節で1960年代における中ソ関係の悪化について語り，他の節でヨーロッパのデタントと米ソ関係の改善について説明できる。そうすると，読者はいろいろなことを学ぶかもしれないが，これらの展開がどのように関連しているかはわからないだろう。こうではなくて，ロシアと中国の関係がどう悪化していったのか，それがどのようにヨーロッパのデタントにつながる主要因の1つとなっていったのかについて説明する手もある。その際，この出来事は

たまたまその経過をたどったのであり，ちょっとしたことで違う展開がありえたと示唆しながら議論できる。または，中ソ関係の悪化は，ソ連と西側との関係に影響する運命であったと議論して，それらの節をまとめることもできる。3番目の説明の仕方は，ある種，必然性の要素を描き出すため，解釈により鋭い切れがある。

1960年代末のヨーロッパにおけるデタントの到来と，60年代における中ソ関係の悪化には，つながりがあったに違いないと言うとき，具体的には何を意味しているだろうか。本書の前の方で指摘したように，このような言い回しは，文字通り受け取るべきではない。そうした事例では強い圧力が作用したと推定できると言っているのであり，この圧力は根本的に抑えられなかったと言っているのではない，ということをただ省略しただけだ。物事が「そうであったに違いない」とおおざっぱに語るときでさえ，一種の演繹をしているということをこの表現は示している。この主張をする際には，国際政治がどう動くかという自分の認識に基づかざるをえない。つまり，一種の「理論」に頼っているのだ。

このように，ハンソンの基本的なポイントは，歴史の研究に当てはまり，私たちのここでの目的にとってとても重要だ。歴史の説明は歴史の議論である。つまり，説明をすることはある種の演繹的な構造に手を出すことなのだ。もしどのように物事が他の原因となって（*causally*）結びついているのかを示すことが目的なら，歴史家がまとめる要点は論理的に（*logically*）つながっていないといけない。たとえば，アイゼンハワー政権末期に，なぜアメリカの何百もの核兵器がヨーロッパの同盟国の管理下に置かれることとなったのかを説明したいとしよう。私なら，ヨーロッパの防衛を永久にアメリカの双肩に担いたくないとアイゼンハワーがどれほど強く思っていたかを説明することから始めるだろう。そして，このことが示唆していた（*this implied*）のは，ヨーロッパは究極的には自立しないといけないということだと指摘していく――アイゼンハワーの言葉を使えば，ヨーロッパは世界情勢における「第三の陣営」とならないといけないということである。この議論の意味は，グローバルなバランス・オブ・パワーと世界におけるアメリカの地位に与える影響のために，ソヴィエトが全ヨーロッパを支配下に置くのを認めるのはありえない（*inconceivable*）ということだ。したがって（*therefore*），大陸におけるソヴィエトのパワーへの対

抗勢力が必要であり，もしアメリカがそれを担わないのであれば，ヨーロッパが自分たちでソヴィエトのパワーとバランスをとらないといけなかっただろう。だが，もし（if）ヨーロッパが直接的なアメリカの支援なしに，ソ連のような核大国に立ち向かうのならば（then），自分たちの核戦力を持たないといけなかっただろう。したがって（therefore），アイゼンハワーは彼らがその能力を高める手助けをしたかったし，そのために，領土に配備された多くのアメリカの武器をヨーロッパに効果的にコントロールしてほしかったのだ。

　ここで傍点を打ってきた言葉に注目してもらいたい。こうした言葉は議論を展開しているときに——つまり，文章に一種の演繹的な構造があってほしいときに，使う言葉である。この文から，私が一種の理論に，すなわち，国際政治がどう動くかについての自分の基本的な理解に依拠していることもわかる。これは，多くの歴史研究の中心にある典型的な議論だ。特別なことではない。もし何かを説明することが目的なら，文章が備えるべきある種の構造——ある種の雰囲気——だ。これは，歴史の物語にさえ当てはまる。もちろん，歴史家はストーリーを語ることによって何かを説明すべきだろうが，そのストーリーには一種の論理がないといけない。この場合の目標は，ストーリーの様々な要素を明らかにし，どのようにそれらが互いに関係しているか，重要な展開が自然に，論理的に，既知のことにどう続いたのかを示すことである。そして，理想的には，読み手が理解しにくいこと（ヨーロッパが，アメリカの核兵器を事実上コントロールするのを認められたことなど）が，より理解しやすい他のこと（アメリカが永遠にヨーロッパの防衛を負担しないといけないとは望まなかったこと）からどのように当然の帰結として出てきたのかを示して，説明するのが目標だ。ハンソンは「ある1つの事象が説明されたと言えるのは，説明の必要がない，いくつかの事象にまで原因をさかのぼることができたとき」だと述べている[8]。

　この基本的な考え——もし何かを説明したいのなら，ある種の演繹的な構造が分析の中心にあるべきだ——から，文章がどのように書かれるべきかについてのヒントがいくつか見つかる。まず，文章には議論がないといけない。この観点からとくに重要なのは，節の変わり目や文章の様々な要素を結びつける表現である。これらの要素が実際にどう関係しているかについて，自分の見解を反映させる必要がある。論理的なつながりを明らかにするためには，文章で，「だから」や「このようにして」，「したがって」のような言葉や，「もし〜なら

ば」という構文,「これが示唆するのは」,「ということになる」「これが意味していることは」といった成句を使うべきだろう。もしこうした表現がなければ,とくに,文章を「別の」や「同様に」のように,しばしば弱い構造を表す言葉で始めるのならば,思ったより議論がまとまっていないということである。こうした場合は,議論そのものに戻って,要点が互いにどう関係しているかを,より深く考えた方がいい。

　文章には概念的な核が必要で,一種の議論が文章の中心にあるべきだ。この基本的なポイントは,実証的な証拠をどう扱うかに大きく関係する。肉のつまった感謝祭の七面鳥とは違って,文章は可能な限り詳細なことを盛り込めばいいというものではない。実証的な証拠はそれ自体のために,または「それ自体が物語る」と考え,提示されるべきではない。すべての実証的な事実には,依拠すべき概念的な支えが必要である。実証的な証拠を使うのはあくまでも主張をするためであって,議論にあまり直接的に関係しない証拠なら,原則として提示するべきではない。それどころか,もし証拠が示しているポイントと直接的に関係しているとしても,文章に含めるべきではないかもしれない。証拠が多すぎると議論の質が下がることもあるのだ。ドナルド・ラムズフェルド(Donald Rumsfeld)が別の文脈で有名にしたフレーズのように,文章を「時間がかかり骨の折れる仕事」にすべきではない。このように,自分の意見を主張するときは,強力な証拠だけを文章の中で出すのがもっともいい場合がある(より弱い証拠は脚注に引用することができる)。同様のことは,引用にも当てはまる。いい引用は,手元にある金塊のようなものだ。だが,引用,とくに改行するほどの長い引用は,控えめに使われる必要がある。もし使いすぎると,その価値を失ってしまう。

　もちろん,以上は議論の実証的な側面を軽んじるという意味ではない。ちゃんとした歴史家はみな,強力な証拠は非常に重要であると,そして歴史的な分析には緻密な実証が必要だと知っている。言おうとすることは,当然事実に基づかないといけない。主張は,資料で見つかった証拠によって,効果的に裏づけられないといけない。演繹的な構造に頼ろうとするかもしれないが,完全に頼り切ることはできないとわかるだろう。歴史上の事実に,実際に起こったと考えられること以上に,強固な論理を当てはめることはできないのだ。歴史は数学のようなものでも,物理学のようなものですらない。変化に関する歴史の

論理はかなり緩い。可能性と選択の要素がいつも影響するからである。なぜ出来事が現実の通りに起こったのかを説明するために，多くを語る必要がある。行われた具体的な選択について，当時たまたま存在した考えについて，偶発的な出来事が実際に起きたことにどう影響したかについてだ。だから，もちろん事実に関する資料を多く示さないといけないし，純粋に演繹的には説明できない多くのことについて語る必要がある。

　すべてはバランスの問題であり，歴史の研究をする技術の大部分は，分析の概念的側面と実証的側面の間——つまり論理や議論と，証拠の間——のちょうどいいバランスを決める方法を知ることだ。どちらかに偏りすぎてはいけない。たしかに，実証的な証拠の重要性を軽視すべきではない。だが，適度に，できる範囲で，何が本当に重要だったのかを浮かび上がらせるべきだ。文章の概念的な核がわかりにくくなってはいけない。

　もし何が本当に重要だったかを際立たせるのが目的であれば，文章には比較的わかりやすくて，単純構造が当然必要だ。読み手が詳細な記述の海でおぼれて，何が起こっていたのかがわからないような，複雑な叙述をしていくべきではない。出てきた証拠を，初めて見たときと同じぐらい複雑な状態のまま解釈しようとしたなら，解釈が「生み出された根本的な目的を台なしにしてしまう」。「すなわち，複雑な現象に現実世界で直面したときには思いもよらなかった『構造の理解』を提供する目的を台なしにしてしまう」のである。もし文章が複雑すぎたら，パターンが現れることはない。「構造の意識」を持たせるためには，ある程度の明確さと単純さが必要だ。文章は，無駄がなく，焦点が合っており，比較的理解しやすく受け入れやすくないといけない。

　これらの基礎的な方針から4つのキーポイントが導かれる。第一に，基本を強調する必要がある。まず，国際政治とは紛争をめぐるものだ。ここで，具体的な出来事を研究していて，ある紛争がそのストーリーの中心にあるとしよう。すると，次のように考えるだろう。その紛争は何をめぐるものなのか。双方は何を求めているのか。とられた政策はどのようなものか。その政策はどのような考えに根ざしているのか。これらの問いによって，何が本当に重要なのか，そして何を文章で強調する必要があるのかを，意識することになるだろう。

　第二のキーポイントは，妥当性に関する厳しいルールを，すべての記述に当てはめることである。各文章は議論全体にどう関係するのか。もしわずかに関

274

係するだけなら，それ自体がどれほどおもしろいと思ったとしても，書くべきではないかもしれない。その文章は直前や直後に書いたこととどういう関係にあるのだろうか。うまく合わない点があれば，他に書くべき場所を見つけないといけない。どこにもうまく合わなければ，脚注か附録に書くか，または完全に削除する必要すらある。議論の流れを壊さないことがきわめて重要なのである。最もすべきでないのは，支離滅裂であったり流れを追いづらかったりする文章を書くことだ。

　第三のキーポイントは，「集中の原則」と私が呼ぶことに関係がある——つまり，ある具体的な点に影響する証拠と議論は，文中のしっかりと構成された箇所に集中させるべきであるという考えだ。「集中の原則」は，もともとは古い「戦争の原則」の 1 つだ。この考えは，戦力は戦場全体に分散されるべきではなく，最も効果的な場所に集中させるべしというものである。歴史を書くときにも，持てる力を文章のキーポイントに集中させよう。このように関連する要点をまとめると，より簡潔で無駄のない構造となり，議論の柱が頑丈になるため，中心的な議論がより強力になるだろう。

　4 番目のキーポイントは，調べた膨大な証拠から，重要だと考えられるわずかなことを引き出すということである。これは，歴史家としての仕事の大部分を占める。読者が，未整理の資料を多く見せられたと感じることがあってはならない。文章はより洗練され，「こなれた」感じでないといけないのだ[10]。事実は決して自ら語ることはないので，ここでの仕事は，意味を解釈し，適切な解説をすることで——つまり，読者に気づいてもらいたい少数の主要な議論のポイントを明らかにすることで——事実に「語ら」せることだ。だが，あくまでも少しだけにしよう。文章は比較的簡潔な構造であるべきだ。それが，歴史的事実についての理解——つまり，ストーリーの中で何が本当に重要なのかについての理解——を伝える唯一の方法だからである。

方　法

　では，どんな文章を書きたいか，だいたいわかったとしよう。だが，実際にどのようにして書き始めるだろうか。何かを書く準備ができているとして，具体的に何をするだろうか。この節では，私には有用な方法について述べていき

たい。この方法は，誰にとっても役に立つものではないかもしれない。だが，もし発見したことをどうやって書き上げたらいいかがわからない場合には，とにかく前に進んでいく助けとなる。

　ここでの基本的な前提は，歴史の研究には構成を考える必要があるということだ——つまり，書き始める前に，何らかの計画が必要である。これは当たり前だと思うかもしれないが，すべての人が賛成するわけではない。しばらくトピックに取り組んでから，ペンと紙を持って座り書くことに没頭できる，と言う人もいる。アイディアはただ流れ出てくる。原稿が書かれて初めて，ギアを入れ替え満足するものへと原稿を書き換える，と言うのだ。この方法は一部の人にはいいのかもしれないが，私にとっては恐ろしく非効率な方法に思える。遅かれ早かれ，何を言うべきかや，どう言うべきかを真剣に考える必要があるだろうし，それが早ければ早いほどいいように私には思える。

　では，どうやって計画を立てるのか。二段階でやろう。第一に，言うべきこと，つまり言いたい要点を考えてみる。第二に，要点が互いにどう関連している可能性があるのかを考えてみる。言い換えれば，その要点に基づいた文章をどのように構成できるかを考えてみるのだ。

　だから，第一の目標は，言うべきポイントをとにかくおおまかにつかむことだが，どうやっていけばいいだろうか。重要なのは，何もないところから始めているわけではないと思い出すことだ。アイディアは頭の中ですでに形になっている。調査をしたときに，「浜辺の小石のように」ただデータを集め，事実に関する情報を何も考えずに取り入れていたのではない。問いを意識してテーマにとりかかったのだ。たぶんいくつかの答えを考えついたはずである。よく考えたから，何らかの手がかりにたどり着いたはずだ。答えは何か。具体的にどこにたどり着いたのか。きっといくつものことを書き留められる。

　そして，他にも大切な問いを多く自問できる。考えついたことの何が興味深いのか，重要なのか，または驚くべきなのか。自分の今の考えは，この分野の従来の知識とどう違うのだろうか。自分の研究は，「だから何？」というテスト，「誰が気にするのか？」というテスト，「なぜこれが大事なのか？」というテストに合格するだろうか。そのテーマの初学者に，自分の発見が具体的になぜ重要なのかをどう説明するだろうか。研究を進める中で，自分自身のテーマへの見解はどのように変わったのか。より一般的なレベルで，自分の研究から，

国際政治に関する自らの見解はどのような影響を受けたのか。自分の説明から，読者に何を「得て」もらいたいのか，そしてなぜそうなのか。実施した研究から，どんな重要なことを個人的に「得て」きたのか。これらの問いすべてに対する答えは，言うべきポイントを決める役に立つだろうし，ポイントが心に浮かべば，ここでも，ただ書き留めればいい。

　最後に——後ほどまた触れるが——自分のメモや調査の段階で集めた資料を読んで，何を言うべきかについての理解を深めることもできるだろう。

　だが，言いたいポイントのアイディアが浮かぶことは，第一歩に過ぎない。次の目標は，これらのポイントの少なくとも一部を——全部を使う必要はない——1つの包括的な議論にまとめることだ。一種の構造，つまり文章のある種の枠組みを求め，見つけ出したポイントを土台となる資料として使い，それから構造を築き始める。書き留めた様々なポイントの関係を手始めに理解しようとするためだ。繰り返すが，関係を考えるのは，何もないところから始めるわけではない。様々な関係はすでに頭の中で形になっている。研究をする中で，興味深い歴史の問題に関わる「構成」について，ある程度つかんできた——つまり，どのように別々の事柄が互いに関連しているかについて理解してきた。これが意味しているのは，それらの事柄について言えるポイントが，互いにどう関連しているかが，ほとんど自動的にわかるようになるだろうということだ。たとえば，どのように全体の議論が具体的な主張に基づいているのかがわかるようになり，証拠に照らして，具体的な主張の一部を検証してきた。このように，その具体的な主張について言うべきポイントがわかった。そして，これまで頭を使ってきたから，こうしたポイントが，より一般的な事柄とどう関連するか，すでにわかるようになっているのである。

　こうして構造が具体化してきた。たいして苦労することなく，ある程度その構造ができてきたのだ。具体的な考えは（少なくともその大部分は），プロジェクトの早い段階で出てきた。だから，この時点では，何が主な議論なのかや，比較的限定的で様々な主張が，より一般的な議論にどう関係するか，難なくわかる。第4章で語った，1941年のアメリカの参戦過程に関する研究計画を事例として取り上げてみよう。この問題に関連する争点がまとまるにつれて，3つの主要な議論が出てきた。第一に，アメリカの政策についての議論があった。アメリカ政府がわざと日米が衝突するように仕向けたというものだ。さらに，

日本の政策についての議論があった。一般的に思われている以上に，日本がアメリカとの戦争の回避に関心を持っていたというものである。最後に，アメリカの対日政策と対独政策との関係をめぐる議論があった。アメリカの対日政策は，アメリカをヨーロッパの戦争に介入させようとするローズヴェルトの政策の文脈で理解しないといけないというものだ。そして，研究を進める中で，より限定的な主張が多く出てきた。たとえば，暫定協定案について，または石油禁輸に関する官僚政治の解釈についてである。今や研究の大部分が完了しており，それらの具体的なポイントが，より一般的な主張とどう関連しているのかが簡単にわかる。たとえば，ローズヴェルト大統領がまだ政策を指揮していたということが——つまり，政策がアチソンのような中級の官僚に乗っ取られていなかったということが——1941年末のアメリカの対日政策に関するより一般的な議論にどのように結びつくのかについて，理解するのは難しくない。こうして，ある程度文章の構成をまとめてみると，かなり直接的に構造が現れてくる。

　ある程度（決して全部ではないが，基本的に），文章をどうまとめるべきかについて，多くのことを決めないといけない。ある順番で主張は展開される必要があるが，その具体的な順番が自明ではないこともある。たとえば，1941年の事例では，アメリカの対独政策から語り始めるのが最もいいだろうか。またはアメリカの対日政策からだろうか。基本的にどちらからでも可能だが，どちらかがより優れているということはないのか。決断をしないといけないし，そのためには，どれほどどうまくこの2つの構造がそれぞれ機能するかを考えないといけない。そして，様々な具体的なポイントをどこに書くべきかについても留意しないといけない。暫定協定について議論すべきなのは，日本の政策についての節だろうか，アメリカの対日政策の節だろうか。両方の節にうまく当てはまるかもしれないが，繰り返して議論すべきだとは普通思わない。では，どこが最もいい場所だろうか。

　このように考えるべきことはたくさんあり，これらを考える枠組みを作る最も簡単な方法は，概要を書くことだ。概要があるからといって，縛られることはない。概要は単純な見取り図であって，それを書くことは，文章を構成する方法を見極めるにあたって，あまりコストがかからない方法だ。ある概要を読んで，そのような構成でうまくいくかを想像してみる。思ったように議論は流れているだろうか。ばらばらな感じはしないだろうか。問題があるときは，方

法を変えれば解決できるだろうか。あるやり方がうまくいかない場合には，別の概要を書いて他のやり方を試してみることができる。そのために，最初からやり直す必要があるかもしれない。本当に言いたいことは何か。具体的に何をしようとしているのか。

　議論を構築するいろいろな方法を試してみて，できるだけベストな概要をようやく考え出すことになる。そして，実際に書き始めるときに，その概要が様々な点で役に立つ。たとえば，ある一節を書くときに，概要のおかげでより大きな全体像，文章が全体としてどう見えるかをつかめる。このように概要は，議論をどう組み立てるか——全体の文章へどう組み込むかを理解する役に立つ。

　だが，概要はただの道具だ。束縛となってはならない。文章はそれ自体，命を持っている。書いていくと，言うべきことがよりはっきりしてくるから，前に進むにつれて新しい概要を書く必要が出てくることもある。最終的に，書いた文章と最初の概要との間に，大きなギャップがあるかもしれない。だが，これは，概要を書く過程にたいした意味がなかったということではない。アイゼンハワーが言ったように（たしかに大きく異なる文脈だが，要点はここでも当てはまる），「計画自体には価値がない。計画を考えることこそが重要なのだ」。

　これが意味しているのは，書き始めるときに必要なのは比較的単純な概要だけということである。概要は変わるものだから，また，その主な役目は，より大きな全体像（比較的単純にしておくべき全体像）をつかむ役に立つことだから，手の込んだものにする必要はない。ある節に盛り込むべき，具体的な主張が出てくるかもしれない。その場合，概要の中で対応する箇所に主張を書き留めるだけでいい。この段階では，基本的な議論の概略を書いているだけであり，言うべきことを詳細に仕上げる必要はないのだ。

　こうして書き始めると，ある一節を書かないといけなくなって初めて，具体的な計画を考える必要が出てくる。すでにプロジェクトでやってきたことに基づき，その箇所の概要をまとめていく。ここでの材料は，調査の段階で書きためたメモや集めた資料だ。このように，この段階での進め方は，自分がどんな調査をしてきたかにかかっている。どういったメモをとってきたのか。文書をたくさんコピーしてきたのか。集めた資料をどう扱ってきたのか。

　では，このありふれた意味での調査は，どのようになされるべきだろうか。昔なら，この答えはとても簡単だった。調査をするときには注意深くメモをと

らないといけない。索引カードを使ってもノートを使ってもいいが，読んだこ
とについては詳細なメモをとらないといけない。事実，これが昔ながらの調査
方法だ。だが，高くない値段で資料をコピーできるようになったおかげで，研
究者は全然違う方法を使えるようになった。詳細なメモをとる代わりに，重要
だと思われる資料は何でも簡単にコピーできるようになったのである。だが，
この方法は，反感を買うこともある。たとえば，バーザンとグラフは，研究者
はそうしないようにと，はっきりとアドバイスしている[11]。

　私自身の見方は大きく異なる。もしこの分野で本格的に研究したいのなら，
しっかりとコピーをとるのは理にかなっていると，私は考える。重要な文章を
手で書き写すのは時間がかかるし，文章を書き写すといろいろな誤りが生じが
ちだからだが，それだけではない。より基本的な点は，文書を初めて読んだと
きに，どの文に書き写す価値があるのかや，文書全体の意味についてどんなメ
モをとるべきかがわかりにくいということだ。文書の意味は，そのテーマにつ
いてもっと多くの研究をした後に，初めて明らかになるかもしれない。実際に
文書全体を，できれば他の関連資料も全部，読み返す必要が出てくることもあ
る。だから，索引カードやノートよりも，コピーした資料を扱う方がはるかに
いいと考えるが，どのように私がその資料を使うかを説明させてもらいたい。
その上で自分にとってその方法が理にかなっているかどうかを判断してほしい。

　まず，私がどうやって公刊資料を扱っているかだ。読んだ本や論文について
メモをとる——それはあまり詳細なものではなく（細部に圧倒されたくないから
だ），重要だと考えることを最低限メモする。同様に，読んだ大量の文書につ
いてもメモをとる。それらの本が自分のものなら，鉛筆で重要な部分に印をつ
け，短いコメントを余白に書くこともある。もし自分のものでなければ，大事
な部分をコピーして，同じように印をつける。そして，その資料についてのメ
モと（もしあれば）コピーを一緒にホッチキスでとじる。このセットの表紙に
は，執筆時に引用する必要が出てくる場合に備えて，必要な情報は何でも付け
加えておく。その資料が公刊された文書のコレクションのようなものなら，著
者の名字かタイトルのアルファベット順に，別々のファイルに並び替える。

　未公刊資料——資料館の資料と，マイクロフィルムやマイクロフィッシュ，
電子形式で利用可能な資料——の扱いは少し違う。興味がある文書は何であれ，
最初の頁の下に資料館などの完全な情報を忘れずに書きながら，写真を撮るか

印刷する。コピーした文書を読むときに，印をして「ポストイット」の付箋を最初の頁に貼る。その付箋に，重要な部分がある頁を書きながら，大切なことをできるだけ簡潔にメモする（これらはだいたいすでに印をつけた箇所だ）。最初の頁の右上の角には文書の日時を書き——これは主に文書を特定する印として役立つ——時系列順に文書をファイルする。同じ作成日の文書が複数あれば，文書を互いに区別できるように，日付の後に文字を書く——9/12/50a，9/12/50b などだ。

　執筆時には，以上の資料すべてに目を通す——つまり，（時系列順に並べた）文書と，本と論文のメモとコピーした頁である。これは２つの点で目的にかなう。第一に，ストーリーと主張をより明確にしてくれるので，全体の文章を構成していくのに有用だ。第二に，集めてきたものすべてをまとめるのに役立つ。そして，どの文書や資料がどの事柄に関連しているかがわかるようになり，書いていく文章のどの部分に関連しているかがわかるようになる。本や論文の資料や記述は，「ヤルタ協定」や「ドイツ核問題」のように，だいたい１つか２つのトピックに関連している。資料の山を読むことで，そのトピックが何かがわかるようになる。こうして，トピックごとに別々の紙を用意して，それぞれのトピックの紙に，文書（日付だけで特定したもの）と他の資料（著者や場合によっては短いタイトルでだいたい特定したもの）をリスト化する。そして，この資料が調べている問題とどう関係しているかをごく簡単に記す。たとえば，もしある文書が，シャルル・ド・ゴール（Charles de Gaulle）フランス大統領の，西ドイツの核能力（West German nuclear capability）問題に関する見方を示していて興味深いのであれば，「ドイツ核問題」の紙に文書の日付を書き入れた上で，「deG on Ger nuc」と書くだろう。

　ある一節を書く準備ができたとき，そのトピックの紙を手元に用意しておく。この段階で，関係するトピックの紙をとって，集めてきたファイルからリスト化された資料すべてを抜き取り，資料をふたたび読む。どのように出来事が時間とともに展開したかをつかむために，時系列順に文書を読む。そして，読んだものの中で何が重要かを考えることが，どんな具体的な主張を書くべきかを決める役に立つ。そして，その部分の概要を作ろうとするとき，資料すべてを手元に置いてその下書きを書いているので，重要な文章から容易に引用することができる。手元に正確な参考文献リストがあるから，脚注もまた簡単に書け

る。

　この方法を使うと，次々と文章を書いていくことができ，最後には下書きができあがる。だが，この最初の下書きはただの始まりに過ぎない。最初の下書きが書かれた後ですら，ほぼ確実に長い道が待ち受けている。見直す過程が何と言っても重要であり，たいてい非常に時間をとられるのは避けられないのだ。その際，マクロとミクロ両方のレベルから見直す必要がある。文章の基本的な構成にも納得できていないのに，下書き全体を見直すことになるかもしれない。この見直す過程は，とくに早い段階で，根本的なものになりうる。2番目の，または3番目，4番目の下書きでさえも抜本的に一から書き直す必要があるかもしれない。文章の基本的な構造に納得した後ですら，まだすべきことがおそらく多く残っている。議論の自然な流れをさえぎる部分は，移動させるか削除する必要があるだろう。文章で別の要素をつなぎ合わせる論理は，より明快にする必要があるかもしれない。ある文章が少し「ずれている」ようであれば，書き直したり削ったりもしないといけないだろう。

　実際，削除することはこの段階で最も重要だ。書き始めるとき，起こったことすべてを盛り込もうとして，最初の原稿がいわば「台所の流し台」のようなありさまとなることがよくある。だが，見直しの段階で，考えが大きく変わるに違いない。文章全体の特徴——一貫性，なめらかさ，明確さ——は，主要な関心事でないといけない。この段階で，非の打ち所がないほど効果的な主張がむしろ害になるかもしれないし，ある主張を削除することによって実際に文章を補強できるかもしれないとわかってくることもある。こうして，下書きが次々と直され，かなりの資料が最終的に削られることになる。

　言い換えれば，編集者や批評家の目線から見直しをするのだ。ここでは，第3章でまとめた方法を自分の研究に当てはめることができる。文章の中で基本的な議論は何か。十分明確に伝わっているか。どのような構造が文章にあるのか。読んだ直後に何が思い浮かぶのか。読者は自分が書いたものをどう要約するのか，そして読者は要約にどれだけ苦労するのか。これらを考えるにつれて，まったく別の議論の構造——よりいい構造だ——を考え出すかもしれない。こうして，場合によっては以前の下書きの一部を使い（しばしば「解体」と呼ばれる），新しい下書きを書く。基本の構造がうまくできれば，ミクロレベルの文章にとりかかる。そして，ふたたび批評家の目で見る。議論は十分につながっ

ているだろうか。繰り返しすぎていないだろうか。議論を強化できているだろうか。文章を効果的に削れているだろうか。構文や言葉の選択などにもとりかかろう。とくに，「道しるべ」に注意しよう——つまり，タイトル，副題，章や節のタイトル，序論，結論（あれば），章や節，研究全体の最初と最後の段落，最初と最後の文などだ。これらはそれぞれの役目を果たしているだろうか。目に入るすべてがよく思え，すべてがあるべき姿となるまで，文章を改良していく——たとえば，参考文献リストはすぐに書き上げられる。こういったことを定めている標準的なルールもある。もし何かわからないことがあれば，シカゴ大学出版の *The Chicago Manual of Style* を参照するべきだ。

　これがすべて意味しているのは，書き手としてある種の技術を上達させないといけないということであり，幸いにも最適な本がある。ウィリアム・ストランク（William Strunk）とE・B・ホワイト（E. B. White）の『英語文章ルールブック』（*The Elements of Style*）（荒竹三郎訳，荒竹出版，1985年）はキラリと光っている——簡潔で，当を得ており，自分のものにしやすい。ジョセフ・ウィリアムズ（Joseph Williams）の *Style : Toward Clarity and Grace*（『文体——明確さと上品さのために』）も私は好きだ。こちらはより難しい本だが，読む価値は十分にある。執筆する必要があるが時間に追われているのなら，その本の17〜79頁と135〜150頁だけでも読むべきである[12]。これらの箇所を読むのに最もいいタイミングは，最初の下書きを見直し始めようとしているときだ。さらに，いろいろな専門書を何らかの目的でどこかの時点で参照した方がいい——たとえば，語法を確認するため，または，研究費の申請書を書かないといけない場合や，博士論文を出版できる原稿にしたい場合である[13]。

　以上は，もちろん，歴史の研究をするのに必要な技術のほんの一部だ。他のこともこれまでの章で議論してきた。そこで，技術がどのようなもので，どうやって上達させていくことができるかを示してみた。技術は理解できない謎めいたものではない。これが本章の，それどころか本書全体の基本的な主張である。歴史は技法であり，技法は身につけることができるのだ。

注
1）　Peter Gay, *Style in History*（New York: Basic Books, 1974）, p. 189（ピーター・ゲイ［鈴木利章訳］『歴史の文体』ミネルヴァ書房，2000年，224頁）.

2) Benjamin N. Cardozo, "Law and Literature," in *Selected Writings of Benjamin Nathan Cardozo*, ed. M. Hall (New York: Matthew Bender, 1975), pp. 339-340; このエッセイはもともと1925年に出版された。この引用がされている部分で, カドーゾは, ヘンリー・ジェイムズ (Henry James) を引用している。「形だけが有効であり, 本質を保ち維持し, 無駄な言い回しのうねりから救ってくれる。われわれはそのうねりの中を, 味のない生ぬるいプディングの海にいるかのように, 泳いでいるのだ」。

3) Jacques Barzun and Henry Graff, *The Modern Researcher*, 5th ed. (New York: Harcourt Brace, 1992), p. 34.

4) N. R. Hanson, *Patterns of Discovery : An Inquiry into the Conceptual Foundations of Science* (Cambridge: Cambridge University Press, 1958), p. 90 (ハンソン『科学的発見のパターン』189頁)。

5) Ibid., p. 28 (同上, 61頁)。N. R. Hanson, *Observation and Explanation : A Guide to the Philosophy of Science* (New York: Harper, 1971), pp. 79-83 も 参照。

6) Hanson, *Patterns of Discovery*, p. 90 (ハンソン『科学的発見のパターン』190頁)。

7) N. R. Hanson, *Perception and Discovery : An Introduction to Scientific Inquiry* (San Francisco: Freeman, Cooper, 1969), pp. 285ff., 295, 309-310 (この引用は309頁)(ハンソン『知覚と発見』下, 177頁)。

8) Hanson, *Patterns of Discovery*, p. 94 (ハンソン『科学的発見のパターン』197-198頁)。*Observation and Explanation*, pp. 39-40 と, この本の p. 43 も参照。「未知のことを既知のことと結びつけるのは, かねがね理論科学の誉れであった」。

9) Hanson, *Observation and Explanation*, p. 81. もとの文章でハンソンはモデル一般について論じているが, ここではその要点をとくに歴史の解釈に当てはめている。

10) 短い文章で膨大な量の資料を要約している素晴らしい例として, Bernadotte Schmitt's *The Coming of the War, 1914* (New York: Scribner's, 1930) 第 2 巻の最初のパラグラフを参照。

11) Barzun and Graff, *The Modern Researcher*, p. 25n.

12) Joseph M. Williams, *Style : Toward Clarity and Grace* (Chicago: University of Chicago Press, 1990)。Williams, *Ten Lessons in Clarity and Grace*, 6th ed. (New York: Longman, 2000) も参照。

13) 語法に関する最も有名な研究は, H. W. Fowler, *A Dictionary of Modern English Usage* (多くの版がある) と, Wilson Follett, *Modern American Usage* (New York: Hill and Wang, 1966) だ。Theodore Bernstein, *The Careful Writer : A*

Modern Guide to English Usage（New York: Atheneum, 1965）も参照。研究費の申請書執筆に関しては，Lynn Miner and Jeremy Miner, *Proposal Planning and Writing*（Westport, Conn.: Greenwood, 2003）を参照。このテーマに関しては，カリフォルニア大学バークレー校の国際学研究所（Institute of International Studies）が詳しい（http://globetrotter.berkeley.edu/DissPropWorkshop/）。博士論文を書籍にする際には，Beth Luey, ed., *Revising Your Dissertation : Advice from Leading Editors*（Berkeley: University of California Press, 2004）, esp. chap. 1, 4, and 7 を参照。本書の参考文献リストに掲載している研究も参照。

主要参考文献

Albertini, Luigi. *The Origins of the War of 1914.* 3 vols. London: Oxford University Press, 1952-57.

Allison, Graham, and Morton Halperin. "Bureaucratic Politics: A Paradigm and Some Policy Implications." In "Theory and Policy in International Relations," edited by Raymond Tanter and Richand Ullman. *World Politics* 24, Supplement (Spring 1972).

Anderson, Irvine. "The 1941 *De Facto* Embargo on Oil to Japan: A Bureaucratic Reflex." *Pacific Historical Review* 44 (1975).

Appleby, Joyce, Lynn Hunt, and Margaret Jacob. *Telling the Truth about History.* New York: Norton, 1994.

Atkinson, R. F. *Knowledge and Explanation in History.* Ithaca: Cornell University Press, 1978.

Australia. Department of Foreign Affairs. *Documents on Australian Foreign Policy, 1937-49.* Canberra: Australian Government Publishing Service, 1975-.

Barnhart, Michael. *Japan Prepares for Total War : The Search for Economic Security, 1919-1941.* Ithaca: Cornell University Press, 1987.

Beisner, Robert. *American Foreign Relations since 1600 : A Guide to the Literature.* Santa Barbara: ABC-CLIO, 2003.

Blum, John Morton. *From the Morgenthau Diaries : Years of Urgency, 1938-1941.* Boston: Houghton Mifflin, 1965.

Boyd, Carl. *Hitler's Japanese Confidant : General Oshima Hiroshi and MAGIC Intelligence, 1941-1945.* Lawrence: University Press of Kansas, 1993.（カール・ボイド［左近允尚敏訳］『盗まれた情報──ヒトラーの戦略情報と大島駐独大使』原書房，1999年）

British Documents on Foreign Affairs : Reports and Papers from the Foreign Office Confidential Print. Part III (1940-45), Series E (Asia). Bethesda, Md.: University Publications of America, 1997.

Brodie, Bernard. *War and Politics.* New York: Macmillan, 1973.

Butow, Robert. *Tojo and the Coming of the War.* Princeton: Princeton University Press, 1961.（ロバート・J. C. ビュートー［木下秀夫訳］『東条英機』上下，時事通

信社，1961年；歴代総理大臣伝記叢書，第28・29巻，ゆまに書房，2006年として復刊）

Collingwood, R. G. *The Idea of History.* New York: Oxford University Press, 1956. （R・G・コリングウッド［小松茂夫・三浦修訳］『歴史の観念　復刊版』紀伊國屋書店，2002年）

Copeland, Dale. *The Origins of Major War.* Ithaca: Cornell University Press, 2000.

Craven, Wesley, and James Cate, eds. *The Army Air Forces in World War II.* Vol. 1: *Plans and Early Operations, January 1939 to August 1942.* Chicago: University of Chicago Press, 1948.

Crowley, James. *Japan's Quest for Autonomy : National Security and Foreign Policy, 1930-1938.* Princeton: Princeton University Press, 1966.

Dallek, Robert. *Franklin D. Roosevelt and American Foreign Policy, 1932-1945.* Oxford: Oxford University Press, 1979. Paperback edition, 1981.

Dilks, David, ed. *The Diaries of Sir Alexander Cadogan, O. M., 1938-1945.* London: Cassell, 1971.

Documents on British Policy Overseas. Edited by Rohan Butler and M. E. Pelly. Series I, vol. 1: *The Conference at Potsdam, July-August 1945.* London: HMSO, 1984.

Donagan, Alan. "Can Philosophers Learn from Historians?" In *Mind, Science, and History,* edited by Howard Kiefer and Milton Munitz. Albany: State University of New York Press, 1970.

―――. "The Popper-Hempel Theory Reconsidered." *History and Theory* 1 (1964). Reprinted with minor changes in *Philosophical Analysis and History,* edited by William Dray. New York: Harper and Row, 1966.

Dooman, Eugene. "Reminiscences of Eugene Hoffman Dooman." Columbia University Oral History Collection, 1962. New York.

Dray, William. *Laws and Explanation in History.* Oxford: Oxford University Press, 1957.

―――. *On History and Philosophers of History.* Leiden: Brill, 1989.

―――. *Philosophy of History.* Englewood Cliffs, N. J.: Prentice-Hall, 1964.

Fearey, Robert. "Tokyo 1941: Diplomacy's Final Round." *Foreign Service Journal,* December 1991.

Feis, Herbert. *The Road to Pearl Harbor: The Coming of the War between the United States and Japan.* Princeton: Princeton University Press, 1950. （ハーバート・ファイス［大窪愿二訳］『真珠湾への道』みすず書房，1956年）

Fischer, Fritz. *Germany's Aims in the First World War.* New York: Norton, 1967.

———. *War of Illusions : German Policies from 1911 to 1914*. New York: Norton, 1975.

Geiss, Imanuel, ed. *July 1914 : The First World War, Selected Documents*. New York: Scribner's, 1967.

Geyl, Pieter. *Use and Abuse of History*. New Haven: Yale University Press, 1955. Reprint, Archon Books, 1970.

Goda, Norman. *Tomorrow the World : Hitler, Northwest Africa, and the Path toward America*. College Station: Texas A&M University Press, 1998.

Great Britain. Foreign Office. *British Foreign Office : Japan Correspondence, 1941–1945*. Microfilm. Wilmington, Del. : Scholarly Resources, 1978.

Grew, Joseph. *Turbulent Era : A Diplomatic Record of Forty Years, 1904–1945*. 2 vols. Boston: Houghton Mifflin, 1952.

Halevy, Elie. "The World Crisis of 1914–1918." In Elie Halevy, *The Era of Tyrannies : Essays on Socialism and War*. London: Allen Lane, 1967.

Hanson, N. R. *The Concept of the Positron : A Philosophical Analysis*. Cambridge: Cambridge University Press, 1963.

———. *Observation and Explanation : A Guide to Philosophy of Science*. New York: Harper, 1971.

———. *Patterns of Discovery : An Inquiry into the Conceptual Foundations of Science*. Cambridge: Cambridge University Press, 1958. （N・R・ハンソン［村上陽一郎訳］『科学的発見のパターン』講談社学術文庫, 1986年）

———. *Perception and Discovery : An Introduction to Scientific Inquiry*. San Francisco: Freeman, Cooper, 1969. （ノーウッド・ラッセル・ハンソン［野家啓一・渡辺博訳］『知覚と発見――科学的探究の論理』上下, 紀伊國屋書店, 1982年）

Haskell, Thomas L. *Objectivity Is Not Neutrality : Explanatory Schemes in History*. Baltimore: Johns Hopkins University Press, 1998.

Hattori, Takushiro. *The Complete History of the Greater East Asia War*. Translated by the U. S. Army, 500th Military Intelligence Service Group, 1953. Microfilm. Washington, D. C.: Library of Congress, Photoduplication Service, 1977. （服部卓四郎『大東亜戦争全史』全8巻, 鱒書房, 1953-56年；本編・別冊, 原書房, 1965年；新装版, 原書房, 1996年）

Hearden, Patrick. *Roosevelt Confronts Hitler : America's Entry into World War* II. DeKalb: Northern Illinois University Press, 1987.

Heinrichs, Waldo. *Threshold of War : Franklin D. Roosevelt and American Entry into World War II*. New York: Oxford University Press, 1988.

Hempel, Carl. "The Function of General Laws in History." *Journal of Philosophy* 39

(1942). Reprinted in *Theories of History,* edited by Patrick Gardiner (New York: Free Press, 1959).

――. "Reasons and Covering Laws in Historical Explanation." In *Philosophy and History,* edited by Sidney Hook. New York: New York University Press, 1963.

Hexter, J. H. "The One That Got Away." *New York Review of Books,* February 9, 1967.

Hillgruber, Andreas. "Der Faktor Amerika in Hitlers Strategie 1938-1941." *Aus Politik und Zeitgeschichte* (supplement to *Das Parlament*), May 11, 1966.

Hinsley, F. H. *British Intelligence in the Second World War : Its Influence on Strategy and Operations.* 5 vols. in 6. London: HMSD, 1979-90.

Hook, Sidney, ed. *Philosophy and History : A Symposium.* New York: New York University Press, 1963.

Ickes, Harold L. *The Secret Diary of Harold L. Ickes.* 3 vols. New York: Simon and Schuster, 1954-55.

Ike, Nobutaka, ed. *Japan's Decision for War : Records of the 1941 Policy Conferences.* Stanford: Stanford University Press, 1967.（底本となったと思われるのは，日本国際政治学会太平洋戦争原因研究部編『太平洋戦争への道――開戦外交史 別巻 資料編』朝日新聞社，1963年，第4章「日米開戦」）

Jervis, Robert. "Cooperation under the Security Dilemma." *World Politics* 30, no. 2 (January 1978).

Kahn, David. "United States Views of Germany and Japan in 1941." In *Knowing One's Enemies : Intelligence Assessment before the Two World Wars,* edited by Ernest May. Princeton: Princeton University Press, 1984.

Kellner, Hans. *Language and Historical Representation : Getting the Story Crooked.* Madison: University of Wisconsin Press, 1989.

Koyre, Alexandre. *Newtonian Studies.* Cambridge, Mass.: Harvard University Press, 1965.

Kuhn, Thomas. *The Essential Tension : Selected Studies in Scientific Tradition and Change.* Chicago: University of Chicago Press, 1977.

――. *The Structure of Scientific Revolutions.* 2d ed. Chicago: University of Chicago Press, 1970.（トーマス・クーン［中山茂訳］『科学革命の構造』みすず書房，1971年。底本は原著初版だが，第2版に追加された "Postscript-1969" は，もとはこの日本語訳のために用意されたもので，原著第2版と同じように「補章――一九六九年」として所収。また訳者あとがき［とくに270頁］から判断すると，原著第2版と同様の改訂を，クーンからの要請で反映しているようである）

――. *The Trouble with the Historical Philosophy of Science.* Cambridge, Mass.:

Harvard History of Science Department, 1991.

Lakatos, Imre. "Falsification and the Methodology of Scientific Research Programmes." In *Criticism and the Growth of Knowledge,* edited by Imre Lakatos and Alan Musgrave. Cambridge: Cambridge University Press, 1970. (イムレ・ラカトシュ［中山伸樹訳］「反証と科学的研究プログラムの方法論」イムレ・ラカトシュ, アラン・マスグレーヴ編［森博監訳］『批判と知識の成長』木鐸社, 1985年)

―――. "History of Science and Its Rational Reconstructions." In *Method and Appraisal in the Physical Sciences : The Critical Background to Modern Science, 1800-1905,* edited by Colin Howson. Cambridge: Cambridge University Press, 1976.

―――. "Lectures on Scientific Method." In Imre Lakatos and Paul Feyerabend, *For and Against Method : Including Lakatos's Lectures on Scientific Method and the Lakatos-Feyerabend Correspondence,* edited by Matteo Motterlini. Chicago: University of Chicago Press, 1999.

Langer, William, and S. Everett Gleason. *The Undeclared War, 1940-1941.* New York: Harper, 1953.

Leach, Barry. *German Strategy against Russia, 1939-1941.* Oxford: Clarendon, 1973. (バリー・リーチ［岡本雷輔訳］『独軍ソ連侵攻』原書房, 1981年)

Leutze, James. *Bargaining for Supremacy : Anglo-American Naval Collaboration, 1937-1941.* Chapel Hill: University of North Carolina Press, 1977.

Logevall, Fredrik. *Choosing War : The Lost Chance for Peace and the Escalation of War in Vietnam.* Berkeley: University of California Press, 1999.

Malachowski, Alan, ed. *Reading Rorty : Critical Response to Philosophy and the Mirror of Nature (and Beyond).* Oxford: Blackwell, 1990.

Maruyama, Masao. *Thought and Behaviour in Modern Japanese Politics.* Expanded edition. Oxford: Oxford University Press, 1969. Originally published 1953. (丸山眞男『現代政治の思想と行動〔増補版〕』未來社, 1964年［新装版, 2006年])

Matloff, Maurice, and Edwin Snell. *Strategic Planning for Coalition Warfare, 1941-1942.* Washington, D. C.: Center of Military History, 1999.

Maxon, Yale. *Control of Japanese Foreign Policy : A Study of Civil-Military Rivalry, 1930-1945.* Berkeley: University of California Press, 1957.

Michaelis, Meir. "World Power Status or World Dominion ? A Survey of the Literature on Hitler's 'Plan of World Dominion' (1937-1970)." *Historical Journal* 15, no. 2 (June 1972).

Morrow, James D. "International Conflict: Assessing the Democratic Peace and Offense-Defense Theory." In *Political Science : The State of the Discipline,* edited by Ira Katznelson and Helen Milner. New York: Norton, 2002.

Neustadt, Richard. *Report to JFK : The Skybolt Crisis in Perspective.* Ithaca: Cornell University Press, 1999.

Newell, R. W. *Objectivity, Empiricism and Truth.* London: Routledge, 1986.

Novick, Peter. *That Noble Dream : The "Objectivity Question" and the American Historical Profession.* Cambridge: Cambridge University Press, 1988.

Oakeshott, Michael. *Experience and Its Modes.* Cambridge: Cambridge University Press, 1933.

Oka Yoshitake. *Konoe Fumimaro : A Political Biography.* New York: Madison Books, 1992.（岡義武『近衛文麿──「運命」の政治家』岩波新書，1972年）

Overy, Richard. "Germany, 'Domestic Crisis' and War in 1939." *Past and Present,* no. 116 (August 1987). Reprinted in Overy, *War and Economy in the Third Reich.*

―――. *War and Economy in the Third Reich.* Oxford: Clarendon, 1994.

Overy, Richard (with Andrew Wheatcroft). *The Road to War.* London: Macmillan, 1989.

Parker, R. A. C. *Struggle for Survival : The History of the Second World War.* Oxford: Oxford University Press, 1989.

Public Papers and Addresses of Franklin D. Roosevelt. Compiled by Samuel Rosenman. Vol. 9, New York: Macmillan, 1941. Vol. 10, New York: Harper, 1942.

Reynolds, David. *The Creation of the Anglo-American Alliance, 1937-41 : A Study in Competitive Co-operation.* Chapel Hill: University of North Carolina Press, 1982.

Rohwer, Jurgen. "Die USA und die Schlacht im Atlantik 1941." In *Kriegswende Dezember 1941,* edited by Jurgen Rohwer and Eberhard Jackel. Koblenz: Bernard and Graefe, 1984.

Roosevelt Letters. Edited by Elliott Roosevelt with Joseph Lash. Vol. 3. London: Harrap, 1952.

Rorty, Richard. *Objectivism, Relativism, and Truth.* Cambridge: Cambridge University Press, 1991.

―――. *Philosophy and the Mirror of Nature.* Princeton: Princeton University Press, 1979.（リチャード・ローティ［野家啓一監訳，伊藤春樹・須藤訓任・野家伸也・柴田正良訳］『哲学と自然の鏡』産業図書，1993年）

Ross, Steven, ed. *American War Plans, 1919-1941. Vol. 5.* New York: Garland, 1992.

Schelling, Thomas. *Arms and Influence.* New Haven: Yale University Press, 1966.

（トーマス・シェリング［斎藤剛訳］『軍備と影響力——核兵器と駆け引きの論理』勁草書房，2018年［2008年出版の第2版の邦訳］）

———. *The Strategy of Conflict*. Cambridge, Mass.: Harvard University Press, 1960.（トーマス・シェリング［河野勝監訳］『紛争の戦略——ゲーム理論のエッセンス』勁草書房，2008年）

Schroeder, Paul. *The Axis Alliance and Japanese-American Relations, 1941*. Ithaca: Cornell University Press, 1958.

Searle, John. *The Construction of Social Reality*. New York: Free Press, 1995.

Sherwood, Robert E. *Roosevelt and Hopkins : An Intimate History*. New York: Harper, 1948.（ロバート・シャーウッド［村上光彦訳］『ルーズヴェルトとホプキンズ』全2巻，みすず書房，1957年；同邦訳の合本再刊として未知谷，2015年）

Simpson, B. Mitchell. *Admiral Harold R. Stark : Architect of Victory, 1939-1945*. Columbia: University of South Carolina Press, 1989.

Stoler, Mark. *Allies and Adversaries : The Joint Chiefs of Staff, the Grand Alliance, and U. S. Strategy in World War II*. Chapel Hill: University of North Carolina Press, 2000.

Taylor, A. J. P. *The Origins of the Second World War*. New York: Atheneum, 1962.（A・J・P・テイラー［吉田輝夫訳］『第二次世界大戦の起源』講談社学術文庫［底本は中央公論社，1977年］，2011年）

Tehran Yalta Potsdam : The Soviet Protocols. Edited by Robert Beitzell. Hattiesburg, Miss.: Academic International, 1970.

Thorne, Christopher. *Allies of a Kind : The United States, Britain and the War against Japan, 1941-1945*. New York: Oxford University Press, 1978.（クリストファー・ソーン［市川洋一訳］『米英にとっての太平洋戦争』上下，草思社，1995年）

Toulmin, Stephen. *Foresight and Understanding : An Enquiry into the Aims of Science*. New York: Harper, 1961.（Stephen Toulmin［水野益継訳］『学問への洞察眼と理解力——人間学的な科学目標の探究』水野益継，1993年［Ryukyus 郷学研究ブックレット，No. 11］［本既存訳は所蔵がきわめて限られており，参照できなかった］）

———. "From Form to Function: Philosophy and History of Science in the 1950s and Now." *Daedalus* 106, no. 3（Summer 1977）.

———. *Human Understanding*. Vol. 1. Princeton: Princeton University Press, 1972.

Trachtenberg, Marc. *A Constructed Peace : The Making of the European Settlement, 1945-1963*. Princeton: Princeton University Press, 1999.

———. *History and Strategy*. Princeton: Princeton University Press, 1991.

Tsunoda Jun. *The Final Confrontation : Japan's Negotiations with the United*

States : Japan's Road to the Pacific War. Vol. 5 of *Japan's Road to the Pacific War,* edited by James Morley. New York: Columbia University Press, 1994.（角田順「第一編　日本の対米開戦」3 - 5 章，日本国際政治学会太平洋戦争原因研究部編『太平洋戦争への道　開戦外交史　7——日米開戦』朝日新聞社，1963年；新装版，1987年）

Tuchman, Barbara. *The Guns of August.* New York: Macmillan, 1962.（バーバラ・W・タックマン［山室まりや訳］『八月の砲声』上下，ちくま学芸文庫，2004年［底本は1965年および1980年，筑摩書房］）

United States. Department of State. *Foreign Relations of the United States : The Conference of Berlin*（*The Potsdam Conference*）*1945.* 2 vols. Washington, D. C.: GPO, 1960.

United States. Department of State. *Foreign Relations of the United States*: *Japan, 1931-1941.* 2 vols. Washington, D. C.: GPO, 1943.

Utley, Jonathan. *Going to War with Japan, 1937-1941.* Knoxville: University of Tennessee Press, 1985.（ジョナサン・G・アトリー［五味俊樹訳］『GOING TO WAR WITH JAPAN　アメリカの対日戦略』朝日出版社，1989年）

―――. "Upstairs, Downstairs at Foggy Bottom: Oil Exports and Japan, 1940-41." *Prologue* 8（1976）.

Van Evera, Stephen. *Causes of War : Power and the Roots of Conflict.* Ithaca: Cornell University Press, 1999.

Walsh, W. H. *An Introduction to the Philosophy of History.* London: Hutchinson's, 1951.

Waltz, Kenneth. "Evaluating Theories." *American Political Science Review* 91, no. 4 （December 1997）.

―――. *Theory of International Politics.* New York: McGraw-Hill, 1979.（ケネス・ウォルツ［河野勝・岡垣知子訳］『国際政治の理論』勁草書房，2010年）

Weinberg, Gerhard. "Germany's Declaration of War on the United States: A New Look." In Gerhard Weinberg, *World in the Balance : Behind the Scenes of World War II.* Hanover, N. H.: University Press of New England, 1981.

―――. *A World at Arms : A Global History of World War II.* Cambridge: Cambridge University Press, 1994.

White, Hayden. *The Content of the Form : Narrative Discourse and Historical Representation.* Baltimore: Johns Hopkins University Press, 1987.

―――. *Metahistory : The Historical Imagination in Nineteenth-Century Europe.* Baltimore: Johns Hopkins University Press, 1973.（ヘイドン・ホワイト［岩崎稔訳］『メタヒストリー——19世紀ヨーロッパにおける歴史的想像力』作品社，2017年）

————. *Tropics of Discourse : Essays in Cultural Criticism*. Baltimore: Johns Hopkins University Press, 1978.

Woodward, Llewellyn. *British Foreign Policy in the Second World War*. 5 vols. London: HMSO, 1970-.

訳者あとがき

> 本格的な歴史学の分析手法を知らずに，国際政治を理解できるなどと思ってはいけない。(x頁)

> 多少とも歴史研究をまともにやりもせずに，理論に対する判断力を身につけられるとは思えない。(62頁，強調は原文通り)

1．本書の主張

　歴史家による国際関係史と政治科学者による国際政治理論は，同じ現象を異なる方法で分析しているのだから接合されるべきだ，との主張はよく聞かれる。ただし，その際に想定されている「橋のかけ方」は，それぞれの方法論の個性を理解した上で，相手の成果を互いの研究のヒントとすることだ。もちろん，こうした相互尊重・参照の必要性は，本書も大いに認めるところである。だが，本書の著者，マーク・トラクテンバーグの主張は，そこにとどまらない。上で引用したように，政治科学者もみずから歴史研究をするべしとの主張が，本書の眼目なのである。

　先述の引用文だけ見れば，相互尊重とはかけ離れた，明らかにけんか腰の主張である。しかし，著者はそうではないと言う。なぜなら，「すべての資料を読め」と大学院で教わるだけの「歴史学に奥義はない」からだ (vii, x頁)。そのことを，著者は自身の経験に沿って力説するだけでなく，第4章で実演してみせる（しかも，すべての資料を読む必要がないことまで）。こうして「歴史学の神秘性を取り払って，歴史研究をやってみようと政治科学者に思わせること」を著者は目指すのである（x頁）。

　それでも著者は歴史家なのだから——こう思う政治科学者もいるかもしれない。実は，外交史の側から見ても，著者の実演は尋常ではない。いくら「奥義」がないとはいえ（草書体による，手書きの文書資料の読解はやや例外かもしれない），土地勘のない時代やテーマで歴史研究をするのは，歴史家にとって

もすこぶる勇気のいる行為だからだ。

　しかし本書を読み進めれば，著者の言う歴史研究——歴史家の手になる二次
資料（研究書や論文）とその裏付けとなっている一次資料（原資料）の批判的な
読解——は，専門分野に関係なく必須だと納得するはずだ。歴史叙述が事実の
羅列ではなく解釈である以上（その必然性は第1章で明らかにされる），自分の研
究の鍵となる個別事例の解釈を，他の研究者にすべて委ねることはできないか
らである。しかも，本書が説得的に示すように，他者の解釈を批判的に検討し，
自分自身の解釈を示そうとするときに，政治科学者が提示する国際政治の理論
は心強い助けになってくれる。

　それでも歴史研究はたしかに大変である。だが，それは，難解な手法を使い
こなす必要があるからではなく，書店や図書館に行って，歴史書を読んだり資
料集を確認したりしないといけないから大変なのだ。しかも，本書が示す批判
的な読解を実践すれば，自分の理論的（一般的）な主張を支えている，個別事
例の解釈を見直さねばならない場面も出てくる。要するに，歴史研究は面倒く
さい。だが，だからこそ歴史研究は信頼にたる解釈を組み立てるにあたって効
果的だし，自身の一般的な主張の裏付けを現実の中に求めるのであれば，その
実践を避けて通るべきではないのである。

2．時代の変化と本書の位置づけ

　ただし，現実との接点を確保する方法は，歴史研究だけではない。もし読者
の専攻が政治科学であれば，本書が俎上に載せているのは，歴史家による実証
研究と政治科学者による理論研究だけであり，政治科学者による実証研究が検
討されていないとすぐに気づくだろう。とくに原著が出版された2006年と比較
しても，現在の政治科学の主戦場は，統計分析や心理学的な実験を主な手法と
する実証に移っている。つまり，現在の国際関係研究は，歴史家による国際関
係史，伝統的な定性的手法を用いる政治科学者による理論研究（通常，その実
証は，二次資料を根拠とする複数の事例の比較でなされる），そして最新の定量的な
手法を駆使する政治科学者による実証研究（その前提は，数理的手法による理論研
究）の3つに，おおよそ分かれている。相互の関係は本書が描くよりも複雑に
なっているのである。

　もっとも，政治科学者による実証研究の興隆が，本書を時代遅れにしたと訳

者は考えない。政治科学と歴史学の対比を軸に本書が実際に論じたのは，理論と実証の関係というよりは，（たとえば184〜185頁で著者が説くように）一般と特殊の関係であるからだ。そして，統計学や実験は，繰り返し発生する無数の個別事例に共通する，一般性を示す強力な手法である。つまり，実証的な政治科学の結果は，自然科学における統計分析や実験の結果とまったく同じように，最終的には理論として提示される。したがって，政治科学の実証研究は，歴史研究による個別事例の解釈を代替できない——一般を特殊につなぐには，歴史研究による観察と理解が不可欠なのである。

　同時に，著者が説くように「理解するとは，すなわち特殊性の中に一般性を見出す」こと（185頁）ならば，より強力な実証手法を備えた政治科学の成果は，これまで以上に歴史研究に興味深い問いを与えてくれるはずだ。どちらの場面でも本書に勝るガイドはなく，むしろ政治科学者による実証研究の発展で，その価値は以前にまして高まっているのである。

　もう１つ，政治科学者による実証研究の隆盛と並んで，時代の変化（少なくともそう見えるもの）が本書の評価に影響を与えるとすれば，「戦争の侵略者原因論」に対する著者の手厳しい批判をめぐってだろう（ただし，体系的に述べられているのは，2019年２月に書かれた「日本語版の読者へ」の中である）。2022年２月に始まったロシア・ウクライナ戦争の原因が，ロシア（もっと言えばウラジミール・プーチン［Vladimir Putin］大統領）による侵略にあるのは自明だ，との批判が当然予想されるからである。

　しかし，本書を通読すればよくわかるように，戦争の当事者が負うべき道義的な責任はつねに平等だと，著者が主張しているわけではない。あるいは，特異な世界観や極端なイデオロギーを持つ指導者の政策決定が，戦争という悲劇を生む可能性を否定するわけでもない。その点は，たとえば第３章で著者が展開する，A・J・P・テイラーの『第二次世界大戦の起源』に対する批判的な分析（91〜100頁）を読めば，よく理解できる。「日本語版の読者へ」の中で，フランクリン・ローズヴェルト大統領の「裏口政策」を「できる限り最良の政策判断を行った」と評価する著者の態度（iii頁）からも，同様の判断が可能だ。

　それだけに，「ロシア・ウクライナ戦争は例外だ」とは著者はきっと言わないだろう。国家や指導者の侵略性以外にも注目すべき要素が少しでもあるのなら（ないと断言できる国際政治の研究者はほとんどいないはずだ），「紛争に関与した

すべての国家の視点から問題を検討し，とくにすべての国の行動に影響していた国際政治上の制約を理解する」べきだと，著者は主張するだろう（ⅴ頁）。

　もちろん，ロシア・ウクライナ戦争は「75年も前に起こった出来事」（ⅳ頁）ではなく，今も許容しがたい悲劇を生み出し続けている。「可能なかぎり制限を取り払って……開戦原因を解明することだけを共通の目的とする段階」（ⅳ頁）では到底ない。さらに，日米戦争とロシア・ウクライナ戦争は，あらゆる戦争がそうであるように，それぞれ個性を持った個別事例で，「勢力関係といった相対的な要因」（ⅴ頁）が開戦過程で果たした具体的な役割も，当然異なるだろう。

　しかし，だからこそ，歴史研究なしには答えられない部分があることを，私たちは意識しておかなければならない。「太平洋戦争への道」を理解することを出発点とした，戦後日本の国際政治学の系譜に少しでも連なる研究者ならば，それは困難ではないはずである。

3．なぜ歴史学を信頼すべきなのか

　それでも，歴史学をそこまで信頼できるかという疑問は残るだろうか。とくに，2つの世界大戦の原因をめぐって，著名な歴史解釈を次々と批判する著者の議論を読めば，歴史家とはまともに文書資料も読めない人々なのかと，不安に思う読者もいるかもしれない。

　だが，そういうときこそ，「相当に旧態依然で理想化された科学像」（18頁）と歴史研究を対比してはならないという，第1～2章の議論を思い起こしてほしい。統計分析や実験結果の再現性をめぐって自然科学者や社会科学者が論争するように，歴史家も文書資料の解釈をめぐって論争しているのである。

　しかも，ピーター・ヘイルやフリッツ・フィッシャー，A・J・P・テイラーらの研究が実際に「行きすぎ」てしまったのなら，その原因は，直観に頼って「とにかく資料を読み進め」たためではない（研究不正でもないだろう）。彼らが「理論」（本書の採用する定義だと「全体構造に関する理解」）に導かれて資料を読んだからなのだ。「惚れ込んでしまったモノの見方に合うように，過去を解釈して」しまったのである（28，29，49，53頁）。

　当然，以上は歴史研究に固有の欠陥ではない。なぜなら，やはり第1～2章で著者が論じるように，科学者も歴史家も「目指すべきは理解」だからである

(28頁)。そして「『浜辺の小石のように』ただ積み上げられた事実から，理論そのものが自動的に姿を現すことなどありえない」(19頁)。つまり，あらゆる研究にとって解釈が核心を占める。しかし，同じ理由から，研究者の間で「根本的な問題をめぐって激しい議論」が生じてもおかしくはないのである（16頁）。

よって，権威ある研究者の見解が批判されることは，歴史学を疑う理由にはまったくならない（なので，安心して批判しよう！）。重要なのは，こうした論争に参加している研究者が，「論理的に説得力のあるやり方で洞察を深めることができる手法を用いているかどうか，およびそうした洞察を裏づけているのが，容易に利用できる実証可能な根拠であるかどうか」なのである（16〜17頁）。それに必要な具体的な方法論は，まさに本書が示す通りである。

そうは言っても，自然科学と歴史学の類似性を議論する第1章の議論には，わかりにくさを覚える読者もいるかもしれない。おそらくその理由は，2つの異なる哲学的な批判を同時に向こうに回して，著者が「歴史学の弁明」を展開しているからである。

一方の相手は，「相当に旧態依然で理想化された科学像を背景に」既存の歴史学の主観性（恣意性）を批判する人々である（以下，便宜的に科学主義者と呼ぶ）。他方に位置するのは，過去（さらに言えば，私たちの外的世界の全部）の客観的な認識は不可能だ，との立場をとる人々である（本書の表現だと構成主義者だが，ポストモダニストと呼ぶ方が一般的だろう）。

もちろん，両者の相違は，ほとんどの読者に問題なく理解されるはずだ。とくに，著名なポストモダニストの多くが，自然科学の客観性や合理性をも批判している事実を知っている読者には，誤解の余地はないだろう。

ただ，科学主義者にせよ（たとえばカール・ヘンペル），ポストモダニストにせよ（たとえばヘイドン・ホワイトやリチャード・ローティ），彼らの議論自体がそもそも複雑なのである。さらに，こうした2つの歴史学批判に反駁するために著者が依拠している，1950〜60年代以降の新しい科学史の担い手（たとえばN・R・ハンソンやトーマス・クーン）の議論も，独自の哲学的基盤を持っている（しかも，ローティら一部のポストモダニストの科学理解に影響を与えた）。また，こうした議論の前提として，なぜ著名な歴史哲学（その旗手はR・G・コリングウッド）ではなく，科学哲学こそが歴史家にとって有用なのかも，著者は議論している。

このため，簡明な議論を旨とする著者をもってしても，立ち止まりながら読まねばならない，入り組んだ説明になっているのである。

　しかし，訳者の解説でよくあるように，第1章は読み飛ばしてもかまわないとは，言いたくない。第2章以降と順番は前後してもいいので，じっくり通読していただきたい（クーンらの科学史の描き方になじみがない初学者なら，たとえば野家啓一『パラダイムとは何か――クーンの科学史革命』講談社学術文庫，2008年［原本は野家『クーン――パラダイム』講談社，1998年］が有益なガイドになるだろう）。読者が歴史家であれ，政治科学者であれ，著者の哲学的な基盤を最後には理解して，本書の価値を判断してもらいたいからである。

　くわえて，著者はそこまで明示していないが，第1章は歴史学を批判する両極端の哲学にたんに反駁したのではない。なぜなら，科学主義もポストモダニズムも，常識に基づいた人間の認識能力を信頼しない点では，まったく共通しているからである。

　もちろん，現在の科学主義（「主義」という表現は，実証的な政治科学者には受け入れがたいかも知れないが）は，統計や実験といった人間の常識に頼らない客観的な手法を提示している点で，ポストモダニズムとは根本的に異なる（だから，政治科学の成果は歴史家の役に立つ）。だが，観察事実から理論を構築したり，理論を個別事例の解釈に結びつけたりするためには――つまり一般と特殊を行き来するには――人間の常識的な判断能力を信頼する以外にない。そして，妥当な方法論に基づいた人間の判断であれば，よりよい解釈を手に入れるための基盤として信頼していい。この2点こそが，第1章で著者が示した洞察なのである。

　当然，以上の洞察を無批判に受け入れる必要はない。しかし，その不完全さは，本書が示すように，科学や歴史学の個別の研究と大きく変わらない。同時に，個々の研究が完璧でなくとも問題はない。なぜなら「最終的な理論選択を行うのは科学者の共同体だからである」（23頁）。この必ずしも計画的でない共同行為の中で，著者の最重視する，論理性と証拠資料に基づく先行研究の批判的な検証が決定的な意味を持つのは，言うまでもない。こうして，15頁で著者が説くように，「私たちは，存在する現実とその現実を私たちがどの程度知ることができるかに関して常識的な前提を立て，それを頼りに前に進むのである」。

　本邦訳の完成までには，多くの方のお世話になった。その中でも，訳者がとくに感謝をお伝えしたいのは，泉川泰博先生と小南有紀さんである。

　泉川先生は，観念的な問題を扱う第1章と第2章を中心に，翻訳原稿と原文の双方に目を通され，数多くの翻訳上の問題への助言を惜しまれなかった。本書が説く歴史研究と理論研究の接合を，政治科学の側から実践する泉川先生のご助力と励ましがなければ，本邦訳は未完成に終わっていただろう。小南さんは，翻訳原稿の端から端まで目を通し，懇切丁寧に改善点を指摘してくださった。本書が第一の読者と想定する学生（大学院生）の視点からの小南さんの助言は，私たちの翻訳作業にとって，不可欠のものだった。

　このように，泉川先生と小南さんのおかげで，原著に対する私たちの理解が格段に正確になったと同時に，当初の草稿よりも相当に読みやすい訳文にすることができたと深く感謝している。それでも多くの問題が残っているに違いないが，当然その責任は訳者の3人にある。さらに，阿部亮子，片山慶隆，庄司貴由，田中慎吾，土屋貴裕，西村真彦，松本浩延の各先生からも，翻訳原稿の一部について，有益なコメントを得た。あわせて感謝申し上げる。

　このように多く方の助力を得ながら，翻訳原稿の完成には長い時間がかかってしまった。そのため，当初の編集者である田引勝二さんに最後まで担当いただくことができなかった。結果，その後を引き継いでくださったミネルヴァ書房のほかの二人の編集者にも，多大なご迷惑をおかけした。とくに最後の担当者として数々の配慮をしてくださり，丁寧に編集作業に尽力してくださった冨士一馬さんには，十分な御礼の申し上げようもない。

　最後に，著者のトラクテンバーグ先生に厚く御礼を申し上げる。先生は，email による私たちの質問に，いつも丁寧に，そして原著から受ける印象と同じく，とても情熱（エナジェティック）的にお答えくださった。私たちが依頼した「日本語版の読者へ」もすぐに執筆してくださった。

　先生に最初に連絡をとったのは，2019年初めのことで，そのとき私たちは「今年の秋には」完成予定とお伝えしたのだが，それからさらに3年もお待たせすることになってしまった。最終確認のために，2022年初めに恐る恐る再度連絡をしたところ，コロナ禍での私たちを気遣いながら，日本語への翻訳作業が最終段階に入ったことを，とても喜んでくださった。

　先生の簡明かつ論理的な文章と，何よりも情熱のこもった思考を，私たちの

翻訳がどこまで再現できているかは心許ない。それでも，すでに日本でもよく知られた本書が本邦訳の出版で一層多くの読者を得て，日本における国際関係の歴史研究が新たな発展を見せることを，強く願っている。

2022年9月13日

訳者一同

［付記］　翻訳にあたっては，まず中谷と山口が下訳を作成した後に，村田を加えた3人で，数回原文と照合しながら訳文を一から練り直した。その上で，村田が全体の訳文を再確認し，文体を整え訳語を統一した。したがって，本邦訳は，ウェブ掲載の附録 I・II を含めて，すべてが3人による共訳である。

　　本邦訳は JSPS 科研費 16K13346 の助成を受けたものである。記して深く感謝申し上げる。

索　引

《訳者紹介》

村田晃嗣（むらた・こうじ）

　1964年　生まれ
　1995年　神戸大学大学院法学研究科政治学専攻博士課程単位修得退学
　1998年　博士（政治学）
　現　在　同志社大学法学部政治学科教授
　主　著　『トランプ vs バイデン——「冷たい内戦」と「危機の20年」の狭間』PHP 新書，2021年
　　　　　『映画はいつも「眺めのいい部屋」——政治学者のシネマ・エッセイ』ミネルヴァ書房，
　　　　　2022年

中谷直司（なかたに・ただし）

　1978年　生まれ
　2008年　同志社大学大学院法学研究科政治学専攻博士課程後期課程修了，博士（政治学）（同志社
　　　　　大学）
　現　在　帝京大学文学部社会学科准教授
　主　著　『強いアメリカと弱いアメリカの狭間で——第一次世界大戦後の東アジア秩序をめぐる日
　　　　　米英関係』千倉書房，2016年
　　　　　「日本外交による満洲事変正当化の論理——『満蒙特殊権益論』の二度の転換，1919〜
　　　　　1932年」片山慶隆編著『アジア・太平洋戦争と日本の対外危機——満洲事変から敗戦に
　　　　　至る政治・社会・メディア』ミネルヴァ書房，2021年

山口　航（やまぐち・わたる）

　1985年　生まれ
　2014年　同志社大学大学院法学研究科政治学専攻博士課程後期課程退学
　2016年　博士（政治学）（同志社大学）
　現　在　帝京大学法学部政治学科専任講師
　主　著　『冷戦終焉期の日米関係——分化する総合安全保障』吉川弘文館，近刊
　　　　　『テキスト日米関係論——比較・歴史・現状』（共著），ミネルヴァ書房，2022年

《著者紹介》

マーク・トラクテンバーグ（Marc Trachtenberg）

1946年生まれ。カリフォルニア大学バークリー校を卒業後，同大学大学院で1974年に Ph. D. (History) を取得。ペンシルヴェニア大学歴史学部で27年間教鞭をとり，その後カリフォルニア大学ロサンゼルス校（UCLA）政治学部教授として，国際関係史，国際安全保障，歴史研究方法論を教える。現在，同大学名誉教授。国際関係史と国際理論研究の架橋に熱心で，関連する業績も多く，本書はその代表的成果。著書は他に4冊あり，第一次世界大戦後のドイツの賠償問題をめぐる国際関係史である *Reparation in World Politics : France and European Economic Diplomacy, 1916-1923*（New York: Columbia University Press, 1980），歴史学の導入による戦略理論研究の復興を掲げる *History and Strategy*（Princeton: Princeton University Press, 1991），米独仏の一次資料を軸に「冷戦政治体制」の確立に至る国際関係史を描き，アメリカ歴史学会から2つの賞を受けた *A Constructed Peace : The Making of the European Settlement, 1945-1963*（Princeton: Princeton University Press, 1999），本書の続編と言える内容で，「核兵器時代」の多数の事例研究からなる *The Cold War and After : History, Theory, and the Logic of International Politics*（Princeton: Princeton University Press, 2012）があるが，いずれも未邦訳。他にも論文・編著書多数。

国際関係史の技法
——歴史研究の組み立て方——

2022年11月30日　初版第1刷発行　　　　　　　（検印省略）

定価はカバーに
表示しています

訳　者　　村　田　晃　嗣
　　　　　中　谷　直　司
　　　　　山　口　　　航

発行者　　杉　田　啓　三

印刷者　　江　戸　孝　典

発行所　株式会社　ミネルヴァ書房

607-8494 京都市山科区日ノ岡堤谷町1
電話代表　(075)581-5191
振替口座　01020-0-8076

© 村田・中谷・山口, 2022　　　共同印刷工業・藤沢製本

ISBN978-4-623-09372-4
Printed in Japan

エリック・ホブズボーム 著／原剛 訳
ホブズボーム 歴史論
四六判／456頁
本 体 4000円

南塚信吾・小谷汪之 編著
歴史的に考えるとはどういうことか
四六判／280頁
本 体 2500円

熊本史雄 著
近代日本の外交史料を読む
A5判／416頁
本 体 5000円

宮城大蔵 編著
戦後日本のアジア外交
A5判／308頁
本 体 3000円

木畑洋一・後藤春美 編著
帝国の長い影
A5判／304頁
本 体 5500円

益田実・池田亮・青野利彦・齋藤嘉臣 編著
冷戦史を問いなおす
A5判／434頁
本 体 7000円

スティーヴン・M・ウォルト 著／今井宏平・溝渕正季 訳
同盟の起源
A5判／450頁
本 体 5500円

畠山圭一 編著
テキスト日米関係論
A5判／458頁
本 体 4000円

村田晃嗣 著
映画はいつも「眺めのいい部屋」
四六判／276頁
本 体 2800円

―――― ミネルヴァ書房 ――――
https://www.minervashobo.co.jp/